经济法概论

主　编　马明华　虎　岩
副主编　张　剑　陈伟昌　袁大帅

Introduction to Economic Law

图书在版编目(CIP)数据

经济法概论/马明华,虎岩主编. —北京:北京大学出版社,2022.1
ISBN 978-7-301-32749-4

Ⅰ. ①经… Ⅱ. ①马… ②虎… Ⅲ. ①经济法—中国—高等学校—教材 Ⅳ. ①D922.29

中国版本图书馆CIP数据核字(2021)第247086号

书 名	经济法概论 JINGJIFA GAILUN
著作责任者	马明华 虎 岩 主编
责任编辑	杨丽明
标准书号	ISBN 978-7-301-32749-4
出版发行	北京大学出版社
地 址	北京市海淀区成府路205号 100871
网 址	http://www.pup.cn 新浪微博 @北京大学出版社
电子信箱	sdyy_2005@126.com
电 话	邮购部 010-62752015 发行部 010-62750672 编辑部 021-62071998
印 刷 者	三河市北燕印装有限公司
经 销 者	新华书店
	787毫米×1092毫米 16开本 19.25印张 444千字 2022年1月第1版 2022年1月第1次印刷
定 价	58.00元

未经许可,不得以任何方式复制或抄袭本书之部分或全部内容。
版权所有,侵权必究
举报电话: 010-62752024 电子信箱: fd@pup.pku.edu.cn
图书如有印装质量问题,请与出版部联系,电话: 010-62756370

第一章 经济法概述

第一节 经济法的产生与历史发展 ·· 1
第二节 经济法的概念和调整对象 ·· 5
第三节 经济法的基本原则 ·· 8
第四节 经济法律关系 ·· 10

第二章 个人独资企业法律制度

第一节 个人独资企业法概述 ·· 15
第二节 个人独资企业的设立 ·· 17
第三节 个人独资企业的投资人及事务管理 ································· 18
第四节 个人独资企业的解散与清算 ·· 19
第五节 法律责任 ··· 20

第三章 合伙企业法律制度

第一节 合伙企业法概述 ·· 22
第二节 普通合伙企业 ·· 23
第三节 有限合伙企业 ·· 31
第四节 合伙企业解散和清算 ·· 34
第五节 法律责任 ··· 35

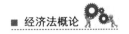

第四章　公司法律制度

第一节　公司法律制度概述 …………………………………… 38
第二节　有限责任公司 …………………………………………… 41
第三节　股份有限公司 …………………………………………… 50
第四节　公司财务、会计制度 …………………………………… 61
第五节　公司的合并、分立和终止 ……………………………… 62
第六节　法律责任 ………………………………………………… 64

第五章　证券法律制度

第一节　证券概述 ………………………………………………… 67
第二节　证券法概述 ……………………………………………… 70
第三节　证券发行制度 …………………………………………… 72
第四节　证券交易 ………………………………………………… 78
第五节　上市公司的收购 ………………………………………… 84
第六节　信息披露 ………………………………………………… 87
第七节　投资者保护 ……………………………………………… 89
第八节　证券交易所 ……………………………………………… 91

第六章　企业破产法律制度

第一节　破产法概述 ……………………………………………… 95
第二节　破产的申请和受理 ……………………………………… 96
第三节　管理人 …………………………………………………… 99
第四节　债务人财产和破产债权 ………………………………… 101
第五节　债权人会议 ……………………………………………… 104
第六节　重整与和解制度 ………………………………………… 107
第七节　破产清算 ………………………………………………… 112

第七章　合同法律制度

第一节　合同法律制度概述 ……………………………………… 116
第二节　合同的订立 ……………………………………………… 119
第三节　合同的效力 ……………………………………………… 126

第四节 合同的履行	129
第五节 合同的变更、转让、解除和终止	135
第六节 违约责任	139

第八章 担保法律制度

第一节 担保法律制度概述	144
第二节 保证	145
第三节 抵押权	147
第四节 质权	152
第五节 留置权	154
第六节 定金	155

第九章 反不正当竞争法律制度

第一节 反不正当竞争法律制度概述	157
第二节 不正当竞争行为的类型	159
第三节 对涉嫌不正当竞争行为的调查	163
第四节 法律责任	164

第十章 反垄断法律制度

第一节 反垄断法概述	167
第二节 垄断协议	168
第三节 滥用市场支配地位	170
第四节 经营者集中	171
第五节 行政垄断	175
第六节 反垄断法的实施	176
第七节 法律责任	178

第十一章 产品质量法律制度

第一节 产品质量法概述	180
第二节 产品质量监督管理制度	183
第三节 产品质量责任	186

第十二章 消费者权益保护法律制度

第一节 消费者权益保护法概述 …………………………………………… 197
第二节 消费者的权利与经营者的义务 …………………………………… 200
第三节 消费者权益的保护 ………………………………………………… 205
第四节 消费者权益争议的解决途径 ……………………………………… 206
第五节 损害消费者权益的法律责任 ……………………………………… 209

第十三章 知识产权法律制度

第一节 商标法律制度 ……………………………………………………… 214
第二节 专利法律制度 ……………………………………………………… 230
第三节 著作权法律制度 …………………………………………………… 250

第十四章 劳动与社会保障法律制度

第一节 劳动法 ……………………………………………………………… 260
第二节 社会保障法 ………………………………………………………… 283

第十五章 经济纠纷解决法律制度

第一节 经济纠纷概述 ……………………………………………………… 287
第二节 经济诉讼 …………………………………………………………… 289
第三节 经济仲裁 …………………………………………………………… 296

参考文献 ……………………………………………………………………… 302
后记 …………………………………………………………………………… 304

第一章

经济法概述

重点与难点

本章重点：经济法调整对象的范围；市场优先原则；经济法律关系的内容。
本章难点：正确理解经济法产生和发展的社会基础。

第一节 经济法的产生与历史发展

一、经济法产生的社会基础

经济法是资本主义市场经济发展到垄断阶段，由于国家对市场经济的干预而产生的。

17世纪，随着资产阶级政权在英国的建立，资本主义市场经济的自由时期也随之开始。在这个时期，经济领域盛行着强烈的自由主义思潮。以亚当·斯密为代表的古典经济学派，热烈地鼓吹自由市场的作用。亚当·斯密认为，人的自利动机和追求自身利益最大化的动力，赋予了市场充分的活力；在市场"看不见的手"的周密安排下，建立在个人自发的创造性、个人的利害观和个人利己主义之上的自然秩序，使经济行为充满理性、经济活动有条不紊。他还认为，市场是一台精妙的机器，可以解决市场中出现的一切问题。因此他主张市场调节，减少国家干预经济；主张"小政府"，要求国家仅仅充当资本主义"守夜人"的角色，不要干预经济生活。由于当时社会生产力水平低、生产关系简单，在这种思潮影响下，国家奉行自由放任的经济政策，基本上置身于经济活动之外，国家的经济职责主要是维护市场秩序。由于上述原因，这个时期私人之间的经济关系成为社会关系的主要组成部分，而调整它的法律则以民商法为主。随着市场经济越来越发达，调整经济关系的民商法也进入黄金时期。由于没有国家对经济的干预，经济法还不具备产生的基础。

进入19世纪后，随着生产规模的扩大，经济关系日趋复杂，市场调节的缺陷不断暴露出来，妨碍着资本主义市场经济的顺利发展。市场调节的缺陷首先表现在垄断上。为了打破垄断，保护竞争，资本主义国家在19世纪末期就开始干预垄断行为。1890年，美国颁布了《谢尔曼反托拉斯法》以规制垄断行为，从而启动了国家干预经济的机器。国家对经济的大规模干预，起始于20世纪20—30年代爆发的世界性经济危机。

1929年,资本主义国家爆发了严重的经济危机。这场危机沉重打击了资本主义国家的经济。为了克服这场世界性的灾难,拯救资本主义经济,西方各国采取了各种措施,其中最为著名的是以国家干预经济为主要内容的"罗斯福新政"。

1933年,美国第32任总统罗斯福上台。他一改胡佛政府坐等经济复苏的做法,采用美国芝加哥学派的经济学说,主动实施国家干预,依靠国家的力量克服经济危机。罗斯福在任职后的短短3个月内,就颁布了70多个法令,对工业、农业、土地、金融、劳工以及社会救济等领域实行国家干预。这就是历史上著名的罗斯福新政。罗斯福新政引领美国经济走出了危机。受此影响,加拿大、比利时、法国和英国等也先后推行新政,以应对经济危机所带来的萧条。1936年,凯恩斯的《就业、利息和货币通论》出版,这标志着国家干预经济的实践获得了理论基础,国家全面干预经济的时期到来了。

随着国家干预经济范围和规模的扩大,以私人为基本主体的经济关系结构也发生了重大变化。在国家的不断干预下,经济活动处处都留下了国家干预的印记,国家作为一种崭新而又特殊的主体,深深地植入旧有的经济关系中,一种以国家干预为内容的新的经济关系出现了。它的出现,打破了原有的经济关系格局,冲击着西方传统的公私分立的法律架构,突破了原有部门法律的调整范围,经济法就是在这种背景下诞生的。

以上分析表明:市场经济体制的建立和国家对经济生活的干预是经济法产生的两大社会基础。首先,市场经济体制是经济法产生的经济基础。市场经济体制是以市场作为社会资源基本调节方式的经济体制。市场经济体制通过价值规律、供求规律和竞争规律实现社会资源的优化调节。市场经济体制是有史以来被证明最成功的资源调节方式。马克思曾经指出,资本主义创造的生产力远远大于它以前所有时期的生产力总和。但是市场经济体制也存在着诸多自身难以克服的缺陷。这些缺陷随着市场经济的进一步发展而不断加深,最终会导致市场调节失灵,这就是人们所说的"市场失灵"。"市场失灵"是国家干预的主要原因。其次,国家对市场的干预是经济法产生的主体基础。国家对经济的干预自国家产生时就已经开始,只是在不同的历史时期,国家干预的规模、程度和方式有所不同。国家对市场经济的干预,导致了新的经济关系的诞生,从而为经济法的产生奠定了主体基础。市场经济的经济基础和国家干预的主体基础构成了经济法产生的社会基础。

二、经济法的产生和发展

(一)外国经济法的产生和发展

"经济法"一词最早出现于法国空想社会主义者摩莱里的著作《自然法典》。1755年,摩莱里在《自然法典》中首次使用了"经济法"一词。1842年,法国另一位空想社会主义者德萨米,在他的著作《公有法典》中再次使用了"经济法"一词。摩莱里和德萨米认为,社会存在诸多恶习和祸害,原因在于社会财富占有的不平等。因此,只有公平分配才能消除这些社会的罪恶。他们还认为,颁布和实施经济法是公平分配的重要手段。可见,摩莱里和德萨米使用的"经济法"概念,仅仅是关于财富分配的法律,并不具有现代经济法的意义,和今天作为一个独立法律部门的经济法不能相提并论。但是,这两位思想家把法律和经济联系起来,提出经济法的概念,并且其中包含着国家对经济干预的意思,对经济法的产生和形成具有启迪意义。

1865年,法国小资产阶级激进派人物蒲鲁东在其《工人阶级的政治能力》一书中也提到了"经济法",认为经济法是政治法和民法的补充和必然产物。这对于我们认识经济法的性质以及它与其他法律部门的关系具有重要的参考价值。

1916年,德国法学家赫德曼在《经济学字典》中使用了"经济法"概念,认为经济法是经济规律在法律上的反映。他还将有关经济法制和保护、监督卡特尔的法律称为经济法,从深层次上解释了经济法产生的客观必然性。

1890年,美国国会制定了《谢尔曼反托拉斯法》(简称《谢尔曼法》)。该法规定:(1)所有限制州际或对外商业贸易,以托拉斯或其他形式组成联合,签订合同或秘密协议的,都属于违法行为。(2)任何人垄断或企图垄断,或与他人联合、共谋垄断州际或与外国间的商业和贸易,是严重犯罪。(3)任何契约,托拉斯形式或其他形式的联合,共谋,用来限制美国准州内、哥伦比亚区内,准州之间、准州与各州之间、准州与哥伦比亚区之间,哥伦比亚区同各州间,准州、州、哥伦比亚区与外国间的贸易或商业都是非法的。《谢尔曼法》是美国历史上第一个授权联邦政府控制、干预经济的法案。它的产生具有重要的历史意义:它标志着资本主义已经从自由时期进入垄断时期,并且企业的垄断行为已经成为困扰资本主义市场经济正常运转的首要难题,因此国家对经济的干预就从反垄断开始。《谢尔曼法》可以说是第一部具有现代意义的经济法规。

第一次世界大战前后,德国反对经济自由,大力倡导国家干预的思潮盛行,促使了经济法在德国的产生。战前,德国政府为了适应战争的需要,加强对重要物资的控制,颁布了大量的法规。1914年8月,帝国议会通过了14项战时经济法规,其中最重要的是《授权法》,授权参政院在战争期间"发布对于防止经济损害所必要的措施"。战败后的德国,为了摆脱经济上的困境,制定了一些重要的产业统制法和卡特尔法,如1919年的《煤炭经济法》,这是世界上第一个以经济法命名的经济法规。这些法律的出现引起了法学界的重视。一些学者认为这些法律即是经济法。由于经济法规的出现和战争紧密相关,所以,人们又把它们称为战时经济法,并把导致经济法产生的战争称为经济法产生的病理原因。这种说法不无道理,但实际上它仍然是市场经济发展到垄断阶段由于市场缺陷的产生所造成的,因为正是这一时期的市场缺陷为国家干预提供了条件,战争的爆发只是使它更加迅速地产生了。

1929年,资本主义世界爆发了严重的经济危机,这场危机给市场经济造成了严重破坏。为了度过这场危机,各国政府纷纷放弃不干预经济政策,运用国家力量对社会经济实行全面干预,并在此过程中颁布了大量经济法规。由于这些法规产生于经济危机期间,人们称之为经济危机对策法或反危机经济法。

第二次世界大战后,无论是战胜国还是战败国,都面临着恢复和振兴经济的局面。此时,各主要资本主义国家大力推行凯恩斯经济理论,以财政赤字和廉价货币政策刺激经济发展,国家的经济职能得到充分的发挥。这个时期经济法也有了显著的发展,经济法规数量大增。如联邦德国在30年的时间内制定了2000多个经济法规。

1965年,捷克斯洛伐克社会主义共和国颁布了世界上迄今为止唯一的一部经济法典,即《捷克斯洛伐克社会主义共和国经济法典》。虽然这仅是制定经济法典的一次尝试,但是它反映了社会主义国家运用法律管理经济的实践。应当指出的是,当时的社会主义国家如苏联和东欧诸国以及中国所实行的是计划经济,由于经济体制的内在要求,国家对经济的管理手段主要是行政手段,而调节国家经济管理的法律也只能是行政法或经济行政法。

1979年,日本颁布了日本国的《六法全书》,把日本国的法律划分为六个部门,包括宪法、刑法、民法、诉讼法、税法和经济法。这标志着经济法从立法上被作为一个独立的法律部门。

20世纪70年代以来,由于国家对经济的过度干预,各主要资本主义国家饱尝了生产停滞和通货膨胀的"滞涨"苦果,从而也暴露出凯恩斯主义干预经济理论的局限性。因此在西方各国出现了一些新的经济理论和经济学派。以"供给学派""货币学派"等为代表的新兴经济学派主张适度干预经济,要求在干预的规模、重点、机制、方式等方面作出修改,使市场机制能够充分发挥其基础性调节作用。在这种背景下,经济法的内容和功能也发生了一些变化,从单纯的国家对经济实行干预的工具发展为还对政府的干预行为进行理性约束的规范,使国家的经济功能限制在一个合理的限度内,防止其破坏市场的自我调节和恢复功能。

(二)我国经济法的产生和发展

我国经济法的发展史大致可以分为两个阶段。第一阶段从1978年到1992年,是经济法的初创阶段;第二阶段从1992年至今,属于经济法的完善阶段。

1978年之前,我国实行的是计划经济,一切生产、销售、流通和消费都被列入国家的计划体系,企业没有生产经营自主权,虽然国家颁布了关于企业管理、计划、财税、金融、价格等方面的经济法规,但究其实质,是要通过经济立法把国民经济运行纳入计划轨道,属于适应计划体制而产生的经济行政法。

1978年,中共十一届三中全会作出了把全国工作重心转移到经济建设上来的重大决定。1984年,中共十二届三中全会通过了《中共中央关于经济体制改革的决定》,确定社会主义经济是"公有制基础上的有计划的商品经济",并提出改革的目标是建立具有中国特色的、充满生机和活力的社会主义经济体制。这个决定拉开了中国全面经济体制改革的序幕。1987年,党的十三大提出"社会主义有计划商品经济的体制,应该是计划和市场内在统一的体制","新的经济运行机制,总体上来说是国家调节市场,市场引导企业"。在这个基本路线的指引下,经济运行中市场调节的范围开始扩大,计划的范围不断缩小,国家通过计划对全部经济生活进行干预的局面发生改变。

伴随着经济体制改革的进程,经济法立法和理论研究开始萌芽。1978年到1979年,党和国家领导人邓小平、胡乔木、叶剑英、彭真等同志,在不同场合提出要加强经济立法,叶剑英和彭真同志还在讲话中使用了"经济法"一词。之后,我国颁布了一系列的经济法规,如1979年的《中外合资经营企业法》《环境保护法(试行)》,1980年的《个人所得税法》《外汇管理暂行条例》,1981年的《经济合同法》,1985年的《会计法》《涉外经济合同法》,1986年的《矿产资源法》《外资企业法》,1988年的《全民所有制工业企业法》《中外合作经营企业法》《私营企业暂行条例》,1991年的《城镇集体所有制企业条例》等。自此,我国的经济法建设进入一个新的历史时期。

与此同时,经济法理论研究也呈现出欣欣向荣的景象。全国各大专院校纷纷成立经济法理论研究和教学机构,编写经济法教材,撰写经济法文章,各种经济法学说,如纵横统一说、综合说、经济—行政法说、学科经济法说、经济管理关系说、国际经济管理关系说、密切联系说等流派纷纷出现,形成了百花齐放、百家争鸣的局面。虽然学术研究如火如荼,但是由于经济体制和经济立法仍然处于转型期,法学界在经济法的概念、调整对象以及体系等核心问题上众说纷纭,存在着不少模糊认识,出现了"经济法是调整一切经济关系的法律规范的总称"的"大经济法"观点。大经济法观点的出现,说明经济法理论还处于探索阶段。

1992年,党的十四大提出了建立社会主义市场经济体制的目标。1993年中共十四届三中全会又作出了建立社会主义市场经济体制的决定,我国的经济体制改革开始进入制度创新阶段。经济体制改革按照建立市场经济体制的要求全面展开。国有企业、财政、价格、税收、金融、外汇、计划和投融资体制、流通领域、商品市场、市场规则等方面都在进行市场化改革,并取得了重大进展。经过近十年的建设,到2000年,社会主义市场经济体制初步形成。

随着市场经济体制的建立,国家的经济职能开始发生变化。过去无所不能的计划管理模式被市场化的管理方式所取代。国家通过制定市场规则、维护市场秩序、实施宏观调控,实现对国民经济的调控。与经济体制和国家经济管理职能的变化相适应,经济立法也有了质的飞跃。1993年,我国颁布了《反不正当竞争法》《产品质量法》和《消费者权益保护法》。这三部法律的颁布具有重大意义,标志着建立在市场经济基础上的国家干预市场的经济法诞生了。之后十多年间,国家陆续颁布《预算法》《价格法》《银行法》《农业法》《科学技术促进法》《促进科技成果转化法》《清洁生产促进法》《中小企业促进法》等经济法,不仅标志着我国经济法进入相对成熟的发展时期,同时也标志着我国开始比较熟练地利用经济法调控经济。

在此背景下,我国经济法学者们开始以市场体制为背景重新思考经济法的定位,出现了各种新的理论。其中最具代表性的有"需要干预论""经济协调关系论"和"经济调节关系论"。这些新的理论在经济法的调整对象、调整手段和方式以及调整目标上,进行了深入的探索,奠定了我国经济法理论的雏形。

第二节 经济法的概念和调整对象

一、经济法的概念

经济法是调整宏观调控关系和市场规制关系的法律规范的总和。把握这个概念,应该注意以下几个方面:

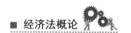

第一,经济法的目的是实现经济的持续协调发展。经济的持续协调发展是国民经济健康发展的重要标志,要实现这个目标,除了市场调节的基础性作用外,还必须依靠国家经济管理职能的发挥。当市场调节出现缺陷的时候,国家必须运用法律和行政手段,主动对经济发展实施调节,以实现经济的持续协调发展。

把经济法的目标定位于经济的持续协调发展,符合经济法的经济性特征。经济法是关于经济的法律,具有经济性特征,所以在界定经济法的目标特征时,必须注意把这个目标限定在经济性的范围内,不能把它扩大化。比如,有观点把经济法的目标定位于社会公共利益、社会整体利益等,这就不能清楚地表达经济法的经济性特征,有把经济法调整目标扩大化的倾向,容易和其他法律的目标特征混淆。

第二,经济法调整的是国家调制经济运行过程中所发生的经济关系。国家调制包括宏观调控和市场规制。宏观调控属于宏观层面,追求的是宏观经济秩序;市场规制属于微观层面,追求的是微观经济秩序。二者相辅相成,不可偏废。只有市场规制做得好,市场秩序规范,宏观经济才能健康发展。同理,当宏观经济健康发展的时候,恰恰印证了微观经济秩序良好,市场规制做得好。当宏观调控形势好的时候,也为微观规制的实现创造了更加有利的条件。

把经济法中的"国家干预"具体化,是经济法学的主要任务,把国家干预定位于国家调制,正是这种具体化的成果。它克服了长期以来法学界在这个问题上的抽象化和模糊化的状态,所以这种界定具有突出的理论意义和实践意义。

第三,经济法是一系列法律规范的总和。经济法从表现形式上看,是由一系列的法律规范组成的,所以经济法具有集合性的特征,这是由经济法调整对象的多样性和复杂性所决定的。经济法调整范围广,涉及的经济关系复杂,特别是经济关系的动态性,决定了经济法的表现形式不可能是一部独立的法典、法律或者法规,它只能是众多法律法规的集合。

二、经济法的调整对象

(一) 已有的观点与共识

所谓调整对象,即法律所调整的社会关系。独立的调整对象是一个法律部门能否获得独立的基本标志。作为新兴的法律,经济法能否成为一个独立的法律部门,关键要看它是否具有独立的调整对象。

自 20 世纪 70 年代经济法概念在我国出现以来,我国法学界关于经济法调整对象的争论就一直没有停止。概括起来主要有两种论点,一是经济法调整经济关系;二是经济法调整特定的经济关系。第一种观点已被抛弃。对于第二种观点,学者们的论述存在差别,但观点在不断接近,概括起来大致有以下六种主要观点:

第一,国家协调说。该说认为,经济法的调整对象是国家协调本国经济运行过程中发生的经济关系,即国家经济协调关系。国家经济协调关系包括:企业组织管理关系、市场管理关系、宏观调控关系和社会保障关系。

第二,需要国家干预说。该说认为,经济法的调整对象是国家为了克服市场调节的盲目性和局限性而调整需要由国家干预的具有全局性和社会公共性的经济关系,即需要由国家干预的经济关系。它包括市场主体调控关系、市场秩序调控关系、宏观经济调控关系和可持续发展保障关系、社会分配关系。

第三,社会公共性经济管理说。该说认为经济法的调整对象是发生在政府、政府经济管理机关和经济组织、公民个人之间的以社会公共性为根本特征的经济管理关系,即经济管理关系。它包括市场管理关系和宏观经济管理关系。

第四,国家调制说。该说认为,经济法的调整对象是现代国家进行宏观调控和市场规制的过程中发生的社会关系,即国家调制关系,它包括宏观调控关系和市场规制关系。

第五,纵横统一说。该说认为,经济法的调整对象是经济管理关系、维护公平竞争关系、组织管理性的流转和协作关系,即纵横经济关系,它包括纵向的经济管理关系以及横向的经济流转和协作关系。

第六,国家调节说。该说认为经济法的调整对象是国家调节社会经济过程中发生的各种社会关系,即国家经济调节关系。它包括市场障碍排除关系、国际投资经营关系和宏观调控关系。

上述六种代表性的观点,达成了如下共识:

第一,经济法调整的是特定的经济关系,而不是一切经济关系。调整特定的经济关系,确定了经济法的调整范围,使经济法拥有独立的调整对象,从而成为独立的法律部门,它是经济法区别于其他法律部门特别是民法和行政法的重要特征。

第二,经济法所调整的特定经济关系的一方主体总是国家。国家干预是经济法产生的社会基础,明确国家作为经济法的基本主体,大大缩小了经济法调整的经济关系的范围,是经济法区别于其他部门法从而获得独立的重要标志。

第三,经济法所调整的经济关系是在国家干预经济的过程中产生的。虽然上述学说对干预的表述各异,如协调、调整、调节、管理、规制和调控等,但是都承认在经济法调整的经济关系中,国家始终处于主导和支配地位,具有强烈的国家意志性和国家主导性。这是经济法与其他法律部门的重要区别。

第四,从经济法调整对象的目标性特征看,上述观点都认为经济法的调整对象具有明显的目标性特征,这个目标就是社会整体利益或者社会公共利益。但是我们认为,经济法的目标应当是经济的持续、协调发展。目标性特征使经济法的调整对象范围进一步缩小,从而提高了经济法调整对象理论的科学性。

综上所述,我们认为,国家调制说符合上述共识,经济法的调整对象应当是国家调制关系。

(二) 经济法调整对象的范围

我们认为,经济法的调整对象是国家调制关系,包括宏观调控关系和市场规制关系。

1. 宏观调控关系

宏观调控是指国家为了实现社会总需求与社会总供给之间的平衡,保证国民经济持续、稳定、协调增长,而运用经济、法律和行政手段对社会经济运行进行调节与控制。

人们对宏观经济运行状况的认识,是通过分析一些宏观经济变量如国民生产总值、价格水平、通货膨胀率、失业率、利率和货币兑换率、国际收支等要素的变化规律来实现的。在此基础上,政府通过调节这些宏观经济变量的存在状态使之达到优化状态,譬如总量平衡、经济增长、价格稳定、充分就业和国际收支平衡等,进而达到优化宏观经济状态的目的。

宏观调控是一种公共产品,个人和一般经济组织都不愿或不能提供。从要实现的目标看,宏观调控追求的是社会目标,是国民经济的持续和协调发展。这个目标,是个人和单位不能承担或者不愿意承担的。从范围和难度看,宏观调控需要庞大的调控力量和物质基础,需要关于社会经济全局的准确信息,这也不是一个单位和个人所能承担的,只有国家才能完成这个任务。因此,宏观调控的主导一方是政府,宏观调控是国家的重要职责。

随着国家宏观调控实践以及经验的增多,国家对宏观经济的调控手段也越来越丰富,出现了计划调控、财税调控、金融调控、产业调控、投资调控和涉外调控等调控手段。因此在上述调控过程中所发生的宏观调控关系,包括计划调控关系、财税调控关系、金融调控关系、产业调控关系、投资调控关系和涉外调控关系等,都属于经济法的调整对象。

2. 市场规制关系

市场规制是国家依法规范市场主体市场竞争的行为。市场竞争是市场经济的动力,规范有序的市场竞争是市场经济的灵魂。它不仅关系到微观经济秩序的维持,而且也会影响到宏观经济的正常运行,所以对市场竞争行为的规制是国家的主要职责,是经济法的重要任务。

在市场竞争的过程中,存在着诸多损害市场秩序的问题,比如不规范竞争问题、产品质量问题、侵害消费者权益问题等,因此国家在对上述危害市场秩序的行为进行规制的过程中所产生的市场规制关系,包括竞争规制关系、产品质量规制关系、消费者权益保护关系等,都属于经济法的调整对象。

第三节 经济法的基本原则

一、经济法基本原则概述

经济法的基本原则是指由经济法的本质所决定的,贯穿于经济法始终,在经济立法和经济司法工作中必须遵循的根本准则。在确定经济法的基本原则时,必须坚持以下标准:

第一,经济法的基本原则必须能够反映经济法的本质。经济法的本质是经济法产生、发展和变化的内在规定性,是决定经济法的调整目标、调整范围和调整手段的基础,也是确定经济法基本原则的指导思想。从经济法的本质看,经济法是市场经济的产物,是界定市场和国家关系的法律,是实现经济持续协调发展目标的法律。因此,经济法的基本原则必须能够体现市场主导性和国家辅助性特征,体现维护经济持续协调发展的目标。

第二,经济法的基本原则必须具有普遍性。作为经济法的基本原则必须贯彻整个经济法,具有全局性、普遍性的特征,而不是某个方面的局部性指导原则。根据这个要求,作为经济法的基本原则,既不能是一般的法制原则,也不能是部门经济法的原则,而是作为独立法律部门的经济法自己所特有的原则。

第三,经济法的基本原则必须具有实用性。所谓实用性,指的是作为经济法的基本原则对经济立法和司法工作都具有重要的指导作用。由于经济关系的复杂性和多变性,决定了我国经济立法存在模糊地带和空白区域,这就给经济司法工作带来了困难;解决这个问题,除了由立法机构或者司法机关进行解释外,司法工作人员善于运用经济法的基本原则,对经济司法工作将是一种有益的补充。

二、经济法基本原则的内容

根据上述标准,我们认为经济法有两项基本原则:市场优先原则和间接干预与直接干预相结合原则。

(一)市场优先原则

市场优先原则就是要把市场作为经济运行最主要的调节方式,在市场作用的基础上发挥国家的调节作用,国家对社会经济的干预不能替代市场。

为什么要坚持市场优先原则呢?首先,这是由市场自身的特性所决定的。虽然市场经济存在着整体协调能力差、经济调节功能滞后等缺点,但它仍然是最佳的经济体制,所以应该把市场调节放在优先地位。其次,单纯国家调节的失败证明了市场优先原则的正确性。计划经济体制下,计划被作为调节经济运行的唯一手段,其功能被无限夸大。由于单纯的计划调节违背了经济规律,最终导致了该种体制的失败。最后,市场经济国家中,不遵守市场优先原则,过度的国家调节也有过相同的教训。20世纪30年代世界性经济危机后,资本主义国家按照凯恩斯的经济学说,对市场经济实行全面干预,虽然带来了一段时期的经济繁荣,但是由于不尊重市场调节,过度干预经济,以至于20世纪70年代后期,经济出现了"滞涨"局面,从而宣告了不遵守市场优先原则的失败。

市场优先原则要求必须遵守下列规定:

(1)国家调节必须尊重市场规律,使国家对社会经济运行的控制能够充分反映市场规律的要求。市场规律包括竞争规律、价值规律、供求规律。人们能否在市场活动中取得成功,取决于其对市场规律的认知和遵守程度,超越和破坏市场规律是不能取得成功的。从短期看,国家调节可以独立存在,可以按照自己的规律调节经济运行,但是从长远看,国家调节必须遵守市场规律,否则必然遭受失败。

(2)国家调节的范围和程度应以弥补市场调节的缺陷为限度,不能替代市场调节。市场调节的缺陷,从微观的角度看,主要表现在不能提供有序的市场运行环境,比如不能解决垄断、限制竞争、市场的外部性、环境破坏以及不能提供公共产品等问题。从宏

观的角度看,由于市场调节的自发性、盲目性和滞后性,市场调节不能实现整个国民经济的持续协调发展。因此,国家调节的重点应当在宏观经济调控和微观市场秩序维护上。

3. 国家使用强制手段进行超市场干预时,必须具备特定的条件。即必须是在市场功能丧失或发生严重经济危机时,才得以行使,否则,国家应当避免使用超市场的强制手段。

市场优先原则肯定了国家干预必须接受市场的制约,从而界定了国家和市场的关系,奠定了经济法的存在基础,对经济法影响重大,可以作为其基本原则。

(二) 间接干预与直接干预相结合原则

所谓间接干预,是指国家运用经济手段通过干预市场,从而实现社会经济持续协调发展的目标。在间接干预模式下,国家不是直接干预经济运行状况,而是通过经济手段和法律手段影响市场,最终达到干预经济的目标。

间接干预主要采取经济手段进行。经济手段主要包括货币手段、财税手段、国际收支手段、宏观经济计划等,其中利率、汇率和税率等是政府控制经济运行的重要杠杆。

直接干预是指国家运用行政手段对经济运行状态进行强制干预。直接干预的特点是它的强制性。当市场调节失败和国家间接干预无效时,就必须进行直接干预。但是,应该清醒地认识到,直接干预从本质上讲,是超市场的,有时可能悖逆市场规律,比如冻结产品价格,停止股市、汇市、债市交易,停止银行取款等。所以,它不能作为国家干预的主要手段,只能作为辅助手段。

强调间接干预和直接干预相结合原则,对我国经济建设有重要意义。因为我们长期实行的是计划经济,运用行政力量,采用行政手段,对经济实行行政管理,已经形成了惯性。同时,由于我国公有制力量的强大,在增强了国家经济调控能力的同时,也助长了国家干预经济的随意性,因此必须约束国家直接干预行为。将间接干预和直接干预结合起来,可以适应纷繁复杂的经济情况,实现对国家干预的理性约束。

间接干预和直接干预相结合原则的确立,为国家干预市场的方式和手段提供了指导原则,它也将影响到经济法调整对象的确立,所以是具有全局性的经济法基本原则。

第四节 经济法律关系

一、经济法律关系的概念和特征

经济法律关系是在协调经济运行过程中按照经济法在当事人之间所形成的经济权利和经济义务关系。

经济法律关系与其他法律关系相比具有如下特征:

第一,经济法律关系是依照经济法产生的。经济法律关系是经济法对经济关系经过选择和塑造的结果,经济法是经济法律关系成立的法律基础。

第二,经济法律关系发生在国家协调经济运行的过程中。这是经济法律关系赖以存在的物质基础,是经济法律关系区别于其他法律关系的重要标志,是界定经济法律关系性质和内容的前提条件。

第三,国家在经济法律关系中居于主导地位。在经济法律关系中,国家总是一方主体,离开了国家,经济法律关系就失去了存在的基础。国家在经济法律关系中常常居于主导地位。无论是在宏观调控中还是在市场规制中,都表现为国家利用经济职权对经济运行进行协调,因而决定了国家在经济法律关系中处于支配和主导地位。

二、经济法律关系的构成

(一) 经济法律关系的主体

经济法律关系的主体就是经济法律关系的当事人,它主要包括:

1. 国家

国家是经济法的重要主体,但是具体参加经济法律关系并享有权利、承担义务的是国家经济管理机关。国家经济管理机关是在协调经济运行过程中,负有经济管理职权的国家行政机关。它包括:(1)宏观调控机关,如国家发展改革委员会、财政部、中国人民银行、国家外汇管理局等。国家经济管理机关运用计划、财税、金融、外汇等手段,对经济运行的总体状况进行宏观调控。(2)市场规制机关,如工商行政管理机关、物价主管机关、质量监督检验检疫机关等负责市场秩序的规制,维护公平有序的市场竞争环境,为国民经济的持续协调发展塑造微观基础。

2. 市场主体

市场主体是指在经济法律关系中享有经济权利、承担经济义务的法人、自然人和非法人组织。

(1) 法人。法人是一种主要的民事主体。我国《民法典》第57条规定:"法人是具有民事权利能力和民事行为能力,依法独立享有民事权利和承担民事义务的组织。"取得法人资格需具备以下条件:第一,依法成立。法人成立必须符合法定的条件和程序。第二,有必要的财产或经费。第三,有自己的名称、组织机构和场所。第四,能够以自己的名义独立承担民事责任。法人作为一个独立的民事主体,以自己的名义对自己的行为独立承担民事责任。

(2) 自然人。自然人是具有生命的人类个体。自然人参加民事法律关系,应当具有民事权利能力和民事行为能力。

(3) 非法人组织。非法人组织是不具有法人资格,但是能够依法以自己的名义从事民事活动的组织。非法人组织包括个人独资企业、合伙企业、不具有法人资格的专业服务机构等。

(二) 经济法律关系的内容

经济法律关系的内容指的是经济法律关系的主体在经济活动中按照经济法所享有的经济权利和承担的经济义务。

1. 经济权利

经济权利是指国家经济管理机关或市场主体,按照经济法的规定所享有的作出一定行为、不作出一定行为或者要求他人作出一定行为或不作出一定行为的资格。

国家经济管理机关的经济权利实质上是一种经济职权,它既是一种权力,又是一种职责,因此称为经济职权。经济职权主要包括宏观调控权和市场规制权。宏观调控权包括计划调控权、财政调控权、金融调控权、产业政策调控权、价格调控权等。市场规制权包括制止垄断、制止不正当竞争的权力;监督产品质量的权力;保护消费者权益的权力等。

市场主体的经济权利主要包括财产权、经营自主权和请求权等。财产权包括物权、债权、知识产权等;经营自主权包括生产管理权、产品销售权、市场竞争权等;请求权包括请求国家机关保护自己经济权利以及请求其他市场主体尊重自己合法经济权利的权利。

2. 经济义务

经济义务是指国家经济管理机关或市场主体根据经济法的规定,必须作出一定行为、不作出一定行为的责任。

国家经济管理机关的经济义务实质上是一种经济职责,它是一种职守,一种责任,这种职责和它的职权紧密相连,不能分割。经济职责主要包括:(1)执行国家宏观调控和市场规制的法律法规的义务;(2)制定、颁布和实施宏观调控及市场规制的政策和措施的义务;(3)保护市场主体的合法权益的义务。

市场主体的经济义务主要包括:(1)遵守国家宏观调控和市场规制的政策和法律法规的义务;(2)合法有序竞争的义务;(3)保证产品质量的义务;(4)保护消费者合法权益的义务;(5)尊重其他经营者合法权益的义务。

(三)经济法律关系的客体

经济法律关系的客体是经济法律关系的构成要素之一,它是指经济法律关系主体所享有的经济权利和承担的经济义务所指向的对象。经济法律关系的客体主要包括以下种类:

1. 物

物指的是能够满足人们需要,可以为人所控制和支配,存在于人身之外的自然物和人造物。物可以从以下角度进行分类:

(1)动产和不动产。动产是指可以移动而不损害其价值和用途的物。如机器设备、交通工具等。不动产是指不可移动或者移动会损害其价值和用途的物。不动产主要指土地和地上定着物。

物的这种区分的意义在于,动产转移所有权以交付标的物为标志,不动产转移所有权必须到法定的国家机关进行登记。

(2)特定物和种类物。特定物是指自身具有独立的特征或者被权利人指定而特定化,不能以其他物代替的物。比如作家的一页手稿或者画家的一幅画作。种类物是指具有共同的特征,能以品种、规格、质量和度量衡加以确定的物,如同一型号的钢管、水泥等。

物的这种分类的意义在于,当特定物灭失时,交付人可以免除交付的义务。而种类物灭失时,不能免除交付人的交付义务。

(3)流通物和限制流通物。流通物是指依法可以在民事主体之间自主流转的物。限制流通物是指其流转受到法律不同程度限制的物。

限制流通物的意义是:某些物只能依法转让其使用权,其所有权不能转让,如专属国家或集体所有的物如矿藏、水流等;某些物必须依法调拨使用,或由有关部门批准购买,不得在市场上流通,如武器、弹药、爆炸物、剧毒物等。

(4)主物和从物。主物是指可以独立存在,但须与同属于一个主体所有的其他物合并使用而起主要效用的物。从物是相对于主物而言的,它是指同属于一个主体与主物配合使用、起辅助作用的物。比如,电视机和遥控器就是主物和从物的关系。

主物和从物划分的意义是:在法律没有相反规定或当事人没有相反约定时,主物所有人处分主物时,效力及于从物,如转移主物所有权,从物的所有权也随之转移。因主物不符合约定解除合同的,解除合同的效力及于从物。对主物所有权的限制,也及于从物。

2. 货币与有价证券

(1)货币。货币是充当一般等价物的商品,具有价值尺度和支付手段的功能。

我国的法定货币是人民币。人民币是我国境内唯一通行的货币,外国货币、金银都不得作为支付手段。货币是一种种类物,货币的占有权与所有权合二为一,除非有特别规定,货币的占有人即视为货币的所有人。货币所有权的转移以交付为要件。

(2)有价证券。有价证券是设定并证明某种财产权利的凭证。有价证券分为记名有价证券和不记名有价证券。记名有价证券在证券上写明权利人的姓名;不记名有价证券没有具体写明权利人,合法持有人拥有证券上的财产权利。有价证券主要有股票、债券、汇票、本票、支票、仓单和提单等。

3. 智力成果

智力成果又称知识产品,它是人们通过创造性劳动创造的,具有一定表现形式的成果。智力成果包括文学艺术和科学作品、发明、实用新型、外观设计、科学发现、商标等。由于智力成果自身的特点,它的保护需要专门的法律。

4. 行为

行为是指经济法律关系主体在生产经营中为达到一定目的所进行的活动,包括完成一定的工作和履行一定的劳务。

(1)完成一定的工作。完成一定的工作是指经济法律关系的主体在经济活动中应另一方的要求完成一定的工作。比如绘制图纸、勘察设计等。

(2)履行一定的劳务。履行一定的劳务是指经济法律关系的主体利用自己的设施与条件为对方提供一定的劳务、对方支付费用的行为。比如运输行为、保管行为等。

三、法律事实

所谓法律事实,是指能够引起法律关系产生、变更和终止的客观事实。法律事实可以分为两类:一是行为;二是事件。

（一）行为

行为是指能够引起经济法律关系产生、变更和终止的人的有意志的活动。能够引起经济法律关系产生、变更和终止的行为包括市场主体的经营行为和经济管理机关的经济管理行为。

（二）事件

事件是指不以人的意志为转移的客观现象，比如各种自然灾害，如地震、洪水等。这些事件能够引起经济法律关系的产生、变更和终止。比如，地震和洪水可以导致合同的变更和解除；同时也会引起国家经济管理机关的经济管理行为发生变化，如对灾区的财政、金融支持行为，投资和减税、减息和免息等。

复习思考题

1. 经济法产生的社会基础是什么？
2. 简述外国经济法的产生历程。
3. 什么是经济法？经济法的调整对象是什么？
4. 什么是经济法的基本原则？经济法都有哪些基本原则？
5. 如何理解市场优先原则？
6. 什么是经济法律关系？它有什么特点？
7. 经济法律关系都有哪些主体？经济法律关系的内容是什么？经济法律关系的客体有哪些？

第二章

个人独资企业法律制度

重点与难点

本章重点:个人独资企业的概念、特征、设立条件、法律地位;投资人的资格、责任形式。

本章难点:个人独资企业与一人公司的区别;对善意第三人的法律保护。

第一节 个人独资企业法概述

一、个人独资企业的概念和特征

个人独资企业,是指依照法律在中国境内设立,由一个自然人投资,财产为投资人个人所有,投资人以其个人财产对企业债务承担无限责任的经营实体。个人独资企业具有以下特征:

第一,在投资人方面,个人独资企业是由一个自然人投资设立的。这是在投资主体上与合伙企业和公司的主要区别。合伙企业的投资人可以是自然人、法人和其他组织,但人数必须是2人以上。公司的股东通常也是2人以上(一人公司除外),且投资人不仅包括自然人,还包括法人和非法人组织及国家。

第二,在企业财产方面,个人独资企业的财产为投资人个人所有,投资人是企业财产的唯一所有者。基于此,投资人对企业的经营与事务管理享有绝对的控制与支配权,不受任何其他人的干预。

第三,在责任承担方面,个人独资企业的投资人以其个人财产对企业债务承担无限责任。这是在责任形态方面,独资企业与公司的本质区别。投资人以其个人财产对企业债务承担无限责任,包括三层意思:一是企业的债务全部由投资人承担;二是承担企业债务的责任范围不限于出资,其责任财产包括独资企业中的全部财产和其他个人财产;三是投资人对企业债权人直接负责。换言之,无论是企业经营期间还是因各种原因解散时,对经营中所产生的债务,如不能以企业财产清偿,则投资人须以其个人所有的其他财产清偿。

第四,在法律地位方面,个人独资企业不具有法人资格。尽管个人独资企业有自己的名称和商号,并以企业名义从事经营活动和参加诉讼,但它不能够以自己的名义独立承担民事责任,从性质上讲属于非法人组织,这一点与合伙企业相同。

二、个人独资企业和相关经济组织的区别

(一)个人独资企业和个体工商户的区别

个人独资企业和个体工商户都是自然人出资,这是它们的共同点。两者的区别在于:

(1)个人独资企业是一个自然人出资设立的经营实体,而个体工商户则是指在法律允许的范围内,依法经核准登记,从事工商业经营的自然人。

(2)个人独资企业投资人以其个人财产对企业债务承担无限责任;仅在企业设立登记时明确以其家庭共有财产作为个人出资的,才依法以家庭共有财产对企业债务承担无限责任。而根据我国《民法典》的规定,个体工商户的债务,个人经营的,以个人财产承担;家庭经营的,以家庭财产承担;无法区分的,以家庭财产承担。

(3)个人独资企业依照我国《个人独资企业法》设立,个体工商户依照我国《民法典》《个体工商户条例》的规定设立,两者所依据的法律不同。

(4)个人独资企业是经济实体,是一种企业组织形态,性质上属于非法人组织,具有团体人格的组织体属性;个体工商户则不采用企业形式,不具有组织体的属性。

(二)个人独资企业和一人公司的区别

个人独资企业和一人公司都是一个投资主体出资设立的企业,但两者的性质完全不同,具体体现在以下几个方面:

(1)出资人不同。个人独资企业只能由一个自然人出资设立;而一人公司既可以由一个自然人出资设立,也可以由一个法人出资设立。

(2)主体资格不同。个人独资企业属于非法人组织,不具有法人资格;而一人公司是企业法人,在公司成立时即取得法人资格。

(3)责任承担不同。个人独资企业的投资人对企业债务承担无限责任;而一人公司的股东通常情况下仅以其出资额为限对公司债务承担有限责任。

(4)设立的法律依据不同。个人独资企业依照我国《个人独资企业法》设立;一人公司则须依照我国《公司法》设立。

三、个人独资企业法的概念

个人独资企业法是调整个人独资企业在设立、变更、终止和生产经营活动中产生的各种社会关系的法律规范的总称。为了规范个人独资企业的行为,保护个人独资企业投资人和债权人的合法权益,维护社会经济秩序,促进社会主义市场经济的发展,1999年8月30日第九届全国人大常委会第十一次会议通过了《个人独资企业法》,自2000年1月1日起施行。

第二节　个人独资企业的设立

一、个人独资企业的设立条件

根据我国《个人独资企业法》的规定,设立个人独资企业,应当具备下列条件:

第一,投资人为一个自然人。

第二,有合法的企业名称。个人独资企业作为一个经济实体享有名称权和商号权。个人独资企业的名称应当与其责任形式及所从事的业务相符合,在企业的名称中不得使用"有限""有限责任"或者"公司"字样。同时,应遵守《企业名称登记管理规定》的规定,企业只准使用一个名称,在登记主管机关辖区内不得与已登记注册的同行业企业名称相同或者近似。

第三,有投资人申报的出资。设立个人独资企业,可以用货币出资,也可以用实物、土地使用权、知识产权或者其他财产权利出资。因为个人独资企业的出资人承担的是无限责任,故我国《个人独资企业法》并不规定出资的最低限额,而只要求投资人有自己申报的出资即可。这一规定便于个人独资企业的设立,并且有利于个人独资企业的发展。

第四,有固定的生产经营场所和必要的生产经营条件。

第五,有必要的从业人员。

二、个人独资企业的设立程序

申请设立个人独资企业,应当由投资人或者其委托的代理人向个人独资企业所在地的登记机关提交投资人签署的个人独资企业设立申请书、投资人身份证明、企业住所证明、国家市场监督管理总局规定提交的其他文件。委托代理人申请设立登记时,应当出具投资人的委托书和代理人的身份证明或者资格证明。

个人独资企业不得从事法律、行政法规禁止经营的业务;从事法律、行政法规规定须报经有关部门审批的业务,应当在申请设立登记时提交有关部门的批准文件。

其中,个人独资企业设立申请书应当载明下列事项:企业名称和住所;投资人的姓名和居所;投资人的出资额和出资方式;经营范围。如果个人独资企业投资人以个人财产出资或者以其家庭共有财产作为个人的出资的,应当在设立申请书中予以明确说明。

登记机关应当在收到符合法律法规要求提供的全部文件之日起15日内,作出核准登记或者不予登记的决定。予以核准的,发给营业执照;不予核准的,发给企业登记驳回通知书。个人独资企业的营业执照的签发日期,为个人独资企业成立日期。

个人独资企业设立分支机构的,应当由投资人或者其委托的代理人向分支机构所在地的登记机关申请登记,领取营业执照。分支机构经核准登记后,应将登记情况报该分支机构隶属的个人独资企业的登记机关备案。分支机构的民事责任由设立该分支机构的个人独资企业承担。

三、个人独资企业的变更

个人独资企业的变更是指个人独资企业存续期间登记事项发生的变更。如企业名称、企业住所、经营范围、投资人姓名和居所、出资额和出资方式等方面发生的改变。

个人独资企业存续期间登记事项发生变更的,应当在作出变更决定之日起15日内依法向登记机关申请办理变更登记。未按我国《个人独资企业法》及《个人独资企业登记管理办法》的规定办理有关变更登记的,责令限期办理变更登记;逾期不办理的,处以2000元以下的罚款。

四、公示和证照管理

根据《个人独资企业登记管理办法》的规定,登记机关应当将个人独资企业登记、备案信息通过企业信用信息公示系统向社会公示。个人独资企业应当于每年1月1日至6月30日,通过企业信用信息公示系统向登记机关报送上一年度年度报告,并向社会公示。年度报告公示的内容和监督检查按照国务院的规定执行。

第三节 个人独资企业的投资人及事务管理

一、个人独资企业的投资人

(一)个人独资企业投资人的条件

个人独资企业的投资人,只能是一个自然人,并且应当具有完全民事行为能力。但法律、行政法规禁止从事营利性活动的人,不得作为投资人申请设立个人独资企业。

(二)个人独资企业投资人的权利和责任

根据我国《个人独资企业法》的规定,个人独资企业投资人对本企业的财产依法享有所有权,其有关权利可以依法进行转让或继承。这表明,个人独资企业并不是独立的财产所有权主体,个人独资企业的财产与投资人的个人财产没有明确的界限。因此,个人独资企业并无独立的人格,其人格与投资人的人格是密不可分的,企业财产所有权均归投资人所有,投资人对于企业财产享有充分和完整的支配与处置权。

对于个人独资企业的债务,投资人应承担无限责任。对于企业财产不足以清偿的债务,投资人应以其个人的其他财产予以清偿。如果个人独资企业投资人在申请企业设立登记时明确以其家庭共有财产作为个人出资的,应当依法以家庭共有财产对企业债务承担无限责任。

二、个人独资企业的事务管理

(一)个人独资企业事务管理的方式

个人独资企业投资人有权自主选择企业事务的管理形式,可以自行管理企业事务,也可以委托或者聘用其他具有民事行为能力的人负责企业的事务管理。

投资人委托或者聘用他人管理个人独资企业事务,应当与受托人或者被聘用的人签订书面合同,明确委托的具体内容和授予的权利范围。投资人委托或者聘用的人员管理个人独资企业事务时违反双方订立的合同,给投资人造成损害的,应承担民事赔偿责任。

（二）受托人或者被聘用人的义务

受托人或者被聘用的人员应当履行诚信、勤勉义务,按照与投资人签订的合同负责个人独资企业的事务管理。当然,投资人对受托人或者被聘用的人员职权的限制,不得对抗善意第三人。

根据我国《个人独资企业法》的规定,投资人委托或者聘用的管理个人独资企业事务的人员不得有下列行为:(1)利用职务上的便利索取或者收受贿赂;(2)利用职务或者工作上的便利侵占企业财产;(3)挪用企业的资金归个人使用或者借贷给他人;(4)擅自将企业资金以个人名义或者以他人名义开立账户储存;(5)擅自以企业财产提供担保;(6)未经投资人同意,从事与本企业相竞争的业务;(7)未经投资人同意,同本企业订立合同或者进行交易;(8)未经投资人同意,擅自将企业商标或者其他知识产权转让给他人使用;(9)泄露本企业的商业秘密;(10)法律、行政法规禁止的其他行为。

三、个人独资企业的权利和义务

根据我国《个人独资企业法》的规定,个人独资企业可以依法申请贷款、取得土地使用权,并享有法律、行政法规规定的其他权利。任何单位和个人不得违反法律、行政法规的规定,以任何方式强制个人独资企业提供财力、物力、人力;对于违法强制提供财力、物力、人力的行为,个人独资企业有权拒绝。

个人独资企业应当承担一定的法律义务,主要包括:(1)从事经营活动必须遵守法律、法规的规定,遵守诚实信用原则,并不得损害社会公共利益;(2)依法履行纳税义务;(3)依法设置会计账簿,进行会计核算;(4)保障职工权益。个人独资企业招用职工的,应当依法与职工签订劳动合同,保障职工的劳动安全,按时、足额发放职工工资。同时,个人独资企业还应当按照国家规定参加社会保险,为职工缴纳社会保险费。

第四节　个人独资企业的解散与清算

一、个人独资企业的解散

个人独资企业的解散是指个人独资企业因出现某些法定事由而导致其民事主体资格消灭的行为。根据我国《个人独资企业法》第26条的规定,个人独资企业有下列情形之一时,应当解散:(1)投资人决定解散。只要不违反法律规定,投资人有权决定在任何时候解散个人独资企业。(2)投资人死亡或者被宣告死亡,无继承人或者继承人决定放弃继承。在投资人死亡或者被宣告死亡的情况下,如果其继承人继承了个人独资企业,则企业可继续存在,只需办理投资人的变更登记;但若出现无继承人或全部继承人均决定放弃继承的情形,个人独资企业失去继续经营的必备条件,应当解散。(3)被依法吊销营业执照。这是个人独资企业解散的强制原因。根据我国《个人独资企业法》的规定,个人独资企业在出现以下情形时将被处以吊销营业执照的处罚:个人独资企业提交虚假文件或采取其他欺骗手段,取得企业登记,情节严重的;个人独资企业有涂改、出租、转让营业执照的行为,情节严重的;个人独资企业成立后无正当理由超过6个月未开业的,或者开业后自行停业连续6个月以上的。(4)法律、行政法规规定的其他情形。

二、个人独资企业的清算

我国《个人独资企业法》规定,个人独资企业解散时,应当进行清算。个人独资企业解散的,可以由投资人自行清算,也可以由债权人申请人民法院指定清算人进行清算。投资人自行清算的,应当在清算前15日内书面通知债权人,无法通知的,应当予以公告。债权人应当在接到通知之日起30日内,未接到通知的应当在公告之日起60日内,向投资人申报其债权。

个人独资企业解散的,财产应当按照下列顺序清偿:(1)所欠职工工资和社会保险费用;(2)所欠税款;(3)其他债务。个人独资企业财产不足以清偿债务的,投资人应当以其个人的其他财产予以清偿。个人独资企业解散后,原投资人对个人独资企业存续期间的债务仍应承担偿还责任,但债权人在5年内未向债务人提出偿债请求的,该责任消灭。

个人独资企业清算结束后,投资人或者人民法院指定的清算人应当编制清算报告,并于15日内到登记机关办理注销登记。

第五节 法律责任

我国《个人独资企业法》规范的对象不仅仅限于投资人及其企业,也涉及其他有关主体,如独资企业事务管理人、登记机关及其主管人员、摊派人等。我国《个人独资企业法》对不同主体的不同违法行为分别设定了法律责任,包括行政责任、民事责任和刑事责任。

一、投资人及其个人独资企业的法律责任

(1)提交虚假文件或采取其他欺骗手段,取得企业登记的,责令改正,处以5000元以下的罚款;情节严重的,并处吊销营业执照。(2)未领取营业执照,以个人独资企业名义从事经营活动的,责令停止经营活动,处以3000元以下的罚款;伪造营业执照的,责令停业,没收违法所得,处以5000元以下的罚款;构成犯罪的,依法追究刑事责任。(3)涂改、出租、转让营业执照的,责令改正,没收违法所得,处以3000元以下的罚款,情节严重的,吊销营业执照。(4)个人独资企业登记事项发生变更时,未在作出变更决定之日起15日内依法向登记机关申请办理变更登记的,责令限期办理变更登记,逾期不办理的,处以2000元以下的罚款。(5)个人独资企业使用的名称与其在登记机关登记

的名称不相符合,责令限期改正,处以 2000 元以下的罚款。(6) 个人独资企业成立后无正当理由超过 6 个月未开业的,或者开业后自行停业连续 6 个月以上的,吊销营业执照。(7) 个人独资企业侵犯职工合法权益,未保障职工劳动安全,不缴纳社会保险费用的,按照有关法律、行政法规予以处罚,并追究有关人员责任。(8) 个人独资企业及其投资人在清算前或清算期间隐匿或者转移财产、逃避债务的,依法追回其财产,并按照有关规定予以处罚;构成犯罪的,依法追究刑事责任。行为人违反《个人独资企业法》,应当承担民事责任和缴纳罚款、罚金,其财产不足以支付的,或者被判处没收财产的,应当先承担民事责任。

二、受托或者受聘的事务管理人的法律责任

(1) 投资人委托或者聘用的人员管理个人独资企业事务时违反委托或聘用合同,给投资人造成损害的,承担民事赔偿责任。(2) 投资人委托或者聘用的人员违反法定义务,侵犯个人独资企业财产权益的,责令退还侵占的财产;给企业造成损失的,依法承担赔偿责任;有违法所得的,没收违法所得;构成犯罪的,依法追究刑事责任。

三、登记机关及其主管人员的法律责任

(1) 登记机关对不符合法定条件的个人独资企业予以登记,或者对符合法定条件的企业不予登记的,对直接责任人员依法给予行政处分;构成犯罪的,依法追究刑事责任。(2) 登记机关的上级部门的有关主管人员强令登记机关对不符合法定条件的企业予以登记,或者对符合法定条件的企业不予登记的,或者对登记机关的违法登记行为进行包庇的,对直接责任人员依法给予行政处分;构成犯罪的,依法追究刑事责任。登记机关对符合法定条件的申请不予登记或者超过法定时限不予答复的,当事人可依法申请行政复议或提起行政诉讼。

四、摊派人的法律责任

违反法律、行政法规的规定,强制个人独资企业提供财力、物力、人力的,按照有关法律、行政法规予以处罚,并追究有关责任人员的责任。

复习思考题

1. 个人独资企业都有哪些特征?
2. 个人独资企业如何承担债务?
3. 个人独资企业与其他类型的企业的区别是什么?
4. 个人独资企业的设立需要具备什么条件?
5. 个人独资企业如何进行清算?
6. 个人独资企业不同主体的法律责任有哪些?

第三章

合伙企业法律制度

重点与难点

本章重点：合伙企业的特征；普通合伙企业合伙事务的执行；特殊的普通合伙企业；有限合伙企业的特征。

本章难点：合伙企业的内部关系与外部关系；普通合伙人退伙的法律后果。

第一节　合伙企业法概述

一、合伙企业的概念和特征

合伙企业，是指自然人、法人和其他组织依照《合伙企业法》在中国境内设立的普通合伙企业和有限合伙企业。

普通合伙企业，是指全体合伙人对企业债务承担无限连带责任的合伙企业。普通合伙企业全部由普通合伙人组成，除法律有特别规定外，合伙人对合伙企业债务承担无限连带责任。根据合伙企业的业务性质以及承担责任的方法的不同，普通合伙企业又可以分为一般的普通合伙企业和特殊的普通合伙企业。

有限合伙企业是指由承担无限连带责任的普通合伙人和承担有限责任的有限合伙人组成的合伙企业。普通合伙人对合伙企业债务承担无限连带责任，有限合伙人以其认缴的出资额为限对合伙企业债务承担责任。

合伙企业具有以下特征：

第一，合伙企业是营利性非法人组织。作为企业的一种形态，合伙企业以营利为目的，具有营利性特征；与个人独资企业一样，合伙企业没有独立的财产，不能独立承担民事责任，不具有法人资格，但它能够依法以自己的名义对外从事民事活动。

第二，合伙协议是合伙企业成立的法律基础。合伙协议是调整合伙人之间权利和义务关系、处理合伙企业纠纷的法律文件，是合伙企业成立的法律基础。合伙企业的合伙协议应当采取书面形式。

第三，合伙人因不同的合伙企业类别而承担不同的责任形式。如前所述，合伙企业分为普通合伙企业与有限合伙企业，由此，将合伙人分为无限责任合伙人和有限责任合伙人。两种性质的合伙人在权利的享有和义务的承担上均存在差别。实践中，承担无限责任的合伙人一般负责企业经营,执行企业事务,对外代表企业。而有限合伙人不能执行合伙企业事务,对外不得代表合伙企业,仅依据合伙协议享受收益,同时对企业债务承担有限责任。

二、合伙企业法的立法概况

1997年2月23日第八届全国人大常委会第二十四次会议通过了《合伙企业法》。2006年8月27日第十届全国人大常委会第二十三次会议对该法进行了修订,修订后的《合伙企业法》自2007年6月1日起施行。

我国《合伙企业法》适用于自然人、法人和其他组织依照《合伙企业法》在中国境内设立的普通合伙企业和有限合伙企业。另外,根据我国《合伙企业法》第107条的规定,非企业专业服务机构依据有关法律采取合伙制的,其合伙人承担责任的形式可以适用《合伙企业法》关于特殊的普通合伙企业合伙人承担责任的规定。根据我国《合伙企业法》第108条的规定,外国企业或者个人在中国境内设立合伙企业的管理办法由国务院另行规定。

第二节 普通合伙企业

一、普通合伙企业的设立

(一)普通合伙企业设立的条件

根据我国《合伙企业法》第14条的规定,设立普通合伙企业,应具备以下条件:

1. 有符合要求的合伙人

设立合伙企业必须有两个以上合伙人。合伙人可以是自然人、法人和其他组织。自然人作为合伙人的,应当具有完全民事行为能力;根据我国《合伙企业法》第3条的规定,当合伙人为法人或其他组织时,其不得为国有独资公司、国有企业、上市公司以及公益性的事业单位、社会团体。

2. 有书面合伙协议

合伙协议是合伙企业成立的必要要件。根据我国《合伙企业法》第18条的规定,合伙协议应当载明以下内容:合伙企业的名称和主要经营场所的地点;合伙目的和合伙经营范围;合伙人的姓名或者名称、住所;合伙人的出资方式、数额和缴付期限;利润分配、亏损分担方式;合伙事务的执行;入伙与退伙;争议解决办法;合伙企业的解散与清算;违约责任。

合伙协议依法由全体合伙人协商一致,以书面形式订立。

合伙协议须经全体合伙人签名、盖章后生效。如果修改或者补充合伙协议,应当经全体合伙人一致同意,但是,合伙协议另有约定的除外;合伙协议未约定或者约定不明确的事项,由合伙人协商决定,协商不成的,依照《合伙企业法》和其他有关法律、行政法规的规定处理。

3. 有合伙人认缴或者实际缴付的出资

合伙人的出资是合伙企业从事经营活动和对外承担责任的物质基础。根据我国

《合伙企业法》的有关规定,合伙企业有各合伙人认缴或者实际缴付的出资。合伙人可以用货币、实物、知识产权、土地使用权或者其他财产权利出资,也可以用劳务出资。合伙人以实物、知识产权、土地使用权或者其他财产权利出资,需要评估作价的,可以由全体合伙人协商确定,也可以由全体合伙人委托法定评估机构评估。合伙人以劳务出资的,其评估办法由全体合伙人协商确定,并在合伙协议中载明。合伙人应当按照合伙协议约定的出资方式、数额和缴付期限,履行出资义务。以非货币财产出资的,依照法律、行政法规的规定,需要办理财产权转移手续的,合伙人应当依法办理。如果合伙人违反了这一义务,即构成违约,其他合伙人可追究其违约责任。

4. 有合伙企业的名称和生产经营场所

合伙企业名称必须遵守相关法律、法规。企业名称一般由以下几部分组成:企业所在地行政区划名称、字号、行业或者经营特点、组织形式。另外,根据我国《合伙企业法》第15条的规定,合伙企业名称中应当标明"普通合伙"字样;根据《合伙企业法》第56条的规定,特殊的普通合伙企业名称中应当标明"特殊普通合伙"字样,合伙企业名称中不得使用"公司""股份"等称谓。

合伙企业进行经常性、持续性的生产经营活动,必须有自己的生产经营场所。只有这样,才能便于和其他市场主体进行正常的经营往来,也便于执法机关依法对其进行监督管理。

5. 法律、行政法规规定的其他条件

例如,特殊的普通合伙企业要求根据有关法律、法规建立执业风险基金、办理职业保险等。

(二)普通合伙企业设立的程序

合伙企业成立应当办理注册登记手续。申请设立合伙企业应包括下列具体程序:合伙人订立合伙协议;合伙人缴付出资;申请合伙企业登记;企业登记机关予以登记,发给营业执照等。

二、普通合伙企业的财产

(一)合伙企业财产的构成

我国《合伙企业法》第20条规定:"合伙人的出资、以合伙企业名义取得的收益和依法取得的其他财产,均为合伙企业的财产。"由此可见,合伙企业的财产由两部分构成:(1)原始财产,即合伙人按照合伙协议实际缴付的出资,该出资是合伙企业成立的必要条件,也是合伙企业积累财产的重要基础。(2)积累财产,是指合伙企业成立后,以合伙企业的名义依法取得的全部收益。积累财产包括两个方面,一是以合伙企业名义取得的收益,即合伙人以合伙企业的名义从事经营活动的所得;二是依法取得的其他财产,如财产出租获取的收益、受赠的财产等。

(二)普通合伙企业财产的分割、转让与出质

在合伙企业清算前,合伙人不得请求分割合伙企业的财产,但是《合伙企业法》另有

规定的除外,如人民法院强制执行合伙人财产。如果合伙人在合伙企业清算前私自转移或者处分合伙企业财产的,合伙企业不得以此对抗善意第三人。

合伙企业财产的转让,是指合伙人将自己在合伙企业中的全部或者部分财产份额转让给他人的行为。根据受让对象不同,合伙企业财产的转让可以分为内部转让和外部转让两种。内部转让,是合伙人之间的转让,外部转让是向非合伙人转让。关于财产转让,合伙协议有约定的,按约定办理。合伙协议没有约定的,合伙人向合伙人以外的人转让其在合伙企业中的全部或者部分财产份额时,须经其他合伙人一致同意,在同等条件下,其他合伙人有优先购买权。合伙人以外的人依法受让合伙人在合伙企业中的财产份额的,经修改合伙协议即成为合伙企业的合伙人,依照修改后的合伙协议享有权利,履行义务。另外,合伙人之间转让在合伙企业中的全部或者部分财产份额时,应当通知其他合伙人。

质押是指债务人或者第三人将其动产或者权利出质给债权人占有,作为债权的担保,当债务人不履行到期债务或者发生当事人约定的实现质权的情形时,债权人可以与出质人协议以质押财产折价,也可以就拍卖、变卖质押财产所得的价款优先受偿。根据我国《合伙企业法》的有关规定,合伙人以其在合伙企业中的财产份额出质的,须经其他合伙人一致同意;未经其他合伙人一致同意,其行为无效,由此给善意第三人造成损失的,由行为人依法承担赔偿责任。

三、普通合伙企业合伙事务的执行

(一) 普通合伙人的权利

合伙人是合伙企业的投资人,也是合伙企业财产的共有人。合伙人对合伙企业的权利既来自于其投资行为,同时也来自于合伙协议中的约定。合伙人基于合伙关系而取得并行使其正当的权利,受《合伙企业法》及其他相关法律的保护。但合伙人权利的行使,必须遵守法律的规定,且要接受合伙协议的约束,并应当履行相关的义务。合伙人的权利主要包括两个方面:

1. 财产上的权利

合伙人向合伙企业履行出资义务后,即与其他合伙人共同共有合伙企业的全部财产。合伙人虽不能以自己意志去支配其投入合伙企业中的财产,但这只是一种限制,不排除经其他合伙人同意或者合伙企业解散时,合伙人自然可取得属于自己的财产份额。

合伙人也是以合伙企业名义取得收益和依法取得其他财产的共有人,在合伙企业解散时合伙人可以参与分配此财产。此外,合伙人有权分配合伙企业年度的经营收入,这是投资所获利益的直接回报。对于以上利润分配,我国《合伙企业法》第33条规定:"合伙企业的利润分配、亏损分担,按照合伙协议的约定办理;合伙协议未约定或者约定不明确的,由合伙人协商决定;协商不成的,由合伙人按照实缴出资比例分配、分担;无法确定出资比例的,由合伙人平均分配、分担。合伙协议不得约定将全部利润分配给部分合伙人或者由部分合伙人承担全部亏损。"

另外,合伙人按照合伙协议的约定或者经全体合伙人决定,可以增加或者减少对合伙企业的出资。

2. 企业管理权

合伙人作为合伙企业财产的共有投资人，拥有管理企业的权力。合伙人拥有企业的管理权主要表现在以下几个方面：(1) 全面的管理权。作为合伙企业财产的共有人，合伙人对合伙企业拥有全面的管理权。(2) 知情权。合伙人拥有了解合伙企业经营状况和财务状况的权利。(3) 监督权。执行合伙人以外的合伙人有权监督执行事务合伙人执行合伙事务的情况。(4) 表决权。依照我国《合伙企业法》的规定，合伙人有对合伙企业有关事项作出决议的权利。

(二) 普通合伙人的义务

由于合伙企业具有"人合"的性质，信任关系对于合伙企业的存续意义很大，由此派生出一系列的行为准则，主要包括以下几个方面：

1. 竞业禁止

合伙人不得自营或者同他人合作经营与本合伙企业相竞争的业务。合伙人也不能接受他人委托，为他人经营与本企业相竞争的业务。

2. 交易禁止

除合伙协议另有约定或者经全体合伙人一致同意外，合伙人不得同本合伙企业进行交易。

3. 其他损害行为的禁止

合伙人不得从事损害本合伙企业利益的活动，如玩忽职守、隐瞒真实情况、在事务执行中谋私利等。

(三) 普通合伙企业的事务执行

根据我国《合伙企业法》第26条的规定，合伙人对执行合伙事务享有同等的权利。合伙企业事务的执行方式可以在合伙协议中预先约定，没有约定的，由全体合伙人共同决定。可供选择的具体方式有：全体合伙人共同执行；各合伙人分别执行；委托一名合伙人执行；委托数名合伙人执行。作为合伙人的法人、其他组织执行合伙事务的，由其委派的代表执行。执行合伙事务的合伙人对外代表合伙企业。

1. 全体合伙人共同执行

全体合伙人都直接参与经营，都有权对外代表合伙企业。

2. 委托一名或数名合伙人执行和监督

委托一名或者数名合伙人执行合伙事务的，其他合伙人不再执行合伙事务。不执行合伙事务的合伙人有权监督执行事务合伙人执行合伙事务的情况。受托执行合伙事务的一名或者数名合伙人，应当定期向其他合伙人报告事务执行情况以及合伙企业的经营和财务状况，其执行合伙事务所产生的收益归合伙企业，所产生的费用和亏损由合伙企业承担。合伙人为了解合伙企业的经营状况和财务状况，有权查阅合伙企业会计账簿等财务资料。

3. 合伙人分别执行和监督

合伙人分别执行合伙事务的，执行事务合伙人可以对其他合伙人执行的事务提出异议。提出异议时,应当暂停该项事务的执行。如果发生争议,按照合伙企业有关事项的表决方式处理。受委托执行合伙事务的合伙人不按照合伙协议或者全体合伙人的决定执行事务的,其他合伙人可以决定撤销该委托。

(四)合伙企业事项的表决方式

合伙人对合伙企业有关事项作出决议,按照合伙协议约定的表决办法办理。合伙协议未约定或者约定不明确的,实行合伙人一人一票并经全体合伙人过半数通过的表决办法。但是,合伙企业的下列事项应当经全体合伙人一致同意:(1)改变合伙企业的名称;(2)改变合伙企业的经营范围、主要经营场所的地点;(3)处分合伙企业的不动产;(4)转让或者处分合伙企业的知识产权和其他财产权利;(5)以合伙企业名义为他人提供担保;(6)聘任合伙人以外的人担任合伙企业的经营管理人员。

四、普通合伙企业与第三人的关系

(一)对外代表权的效力

执行合伙事务的合伙人对外代表合伙企业,其执行合伙事务所产生的收益归全体合伙人,所产生的亏损或者民事责任,由全体合伙人承担。即执行合伙事务的合伙人对外代表合伙企业,具有合伙企业的对外代表权。

(二)合伙企业与善意第三人的关系

我国《合伙企业法》第 37 条规定:"合伙企业对合伙人执行合伙事务以及对外代表合伙企业权利的限制,不得对抗善意第三人。"所谓善意,是指第三人和合伙企业进行交易时,对于合伙企业对合伙人执行合伙事务以及对外代表合伙企业权利的限制的事实不知情。这里的不知情,从主观上讲是指第三人没有义务,也没有能力知道。如果第三人明知合伙人没有此种权利或者根据正常的判断应当知道合伙人没有此种权利,则不是善意第三人,而是恶意第三人。对于恶意第三人,合伙企业则有权对抗,其与合伙人所进行的交易一般对合伙企业不产生法律效力。为了维护交易的安全和社会经济关系的稳定,对于善意第三人与合伙企业之间的交易关系,法律给予保护。

(三)合伙企业的债务与合伙人的无限连带责任

1. 合伙企业债务的性质

合伙企业与债权人的关系就是合伙人对外承担责任的问题。合伙企业对其债务,应先以其全部财产进行清偿;合伙企业财产不足以清偿其债务的,各合伙人应当承担无限连带清偿责任。因此,合伙人对于合伙企业债务的清偿责任的性质属于补充性责任,即只有当合伙企业财产不足以清偿债务时,方由合伙人承担责任。换句话说,合伙企业的债权人应当先向合伙企业求偿;只有当企业财产不足清偿时,才能向合伙人求偿。

合伙人清偿超过了其依法应分担亏损的比例时,有权就该超出部分,向其他合伙人追偿。合伙人对于合伙企业亏损分担的比例,按照合伙协议约定办理;合伙协议未约定或者约定不明确的,由合伙人协商决定;协商不成的由合伙人按照实缴出资比例分担;无法确定出资比例的,由合伙人平均分担。

2. 普通合伙人对合伙债务承担无限连带责任

无限连带责任,是指每个合伙人对合伙债务都负有全部清偿的义务,而合伙企业的债权人也有权向合伙人中的任何一人或数人要求其清偿债务的一部分或全部。各合伙人对于合伙财产不足以清偿的债务,负无限清偿责任,而不以出资额为限。连带责任意味着:一是每个合伙人均须对全部合伙债务负责,债权人可以依其选择,请求全体、部分或者个别合伙人清偿,被请求的合伙人即须清偿全部的合伙债务,不得以自己应承担的份额为由拒绝;二是每个合伙人对合伙债务的清偿,均对其他合伙人发生清偿的效力;三是合伙人由于承担连带责任所清偿债务数额超过其应当承担的数额时,有权向其他合伙人追偿。

(四)合伙人的债权人与合伙企业的关系

为了维护合伙企业的利益,保障合伙企业财产关系的稳定,因为合伙人的个人债务,债权人对其在合伙企业中的财产份额提出清偿要求的,我国《合伙企业法》作出了限制性规定。

1. 债权人抵销权的禁止

当合伙人发生与合伙企业无关的债务,而该合伙人的债权人同时又负有对合伙企业的债务时,该债权人只能请求合伙人履行债务,不得以其对合伙人的债权抵销其对合伙企业的债务。

2. 代位权的禁止

当合伙人发生与合伙企业无关的债务时,该合伙人的债权人不得以其债权人的身份而主张代位行使合伙人在合伙企业中的权利。

3. 合伙份额的强制执行

当合伙人的自有财产不足清偿其个人债务时,该合伙人的债权人可以请求人民法院强制执行该合伙人在合伙企业中的财产份额以清偿债务。人民法院强制执行合伙人的财产份额时,应当通知全体合伙人,其他合伙人享有优先购买权。

人民法院强制执行合伙人的财产份额通常可以采用协议转让或拍卖、变卖的方法;若采用拍卖或变卖的方法,合伙人以外的第三人可以参加竞买。但是,如果其他合伙人不同意将该合伙人的财产份额转让给第三人,则第三人不能受让该财产份额。其他合伙人不购买该强制执行的财产份额,又不同意将该财产份额转让给合伙人以外的第三人的,则按退伙处理,合伙企业应当为该合伙人办理退伙结算,该合伙人退出合伙。如果强制执行的只是该合伙人的部分财产份额而非全部财产份额,则应当为该合伙人办理削减其相应财产份额的结算,即该合伙人被人民法院强制执行的财产份额价值由受让人取得,该合伙人持有份额的比例相应减少。

五、普通合伙企业的入伙、退伙

(一)入伙

入伙,是指在合伙企业存续期间,非合伙人加入合伙企业,取得合伙人身份的行为。我国《合伙企业法》对于入伙作了如下规定:

1. 入伙的方式

入伙的方式一般有三种：一是非合伙人接受原合伙人转让的全部或者部分财产份额，从而成为新合伙人；二是在没有合伙人转让财产份额的情况下，非合伙人依法加入合伙企业，从而成为新合伙人；三是合伙人死亡或者依法宣告死亡时，对该合伙人在合伙企业的财产份额享有合法继承权、愿意成为该企业合伙人的人，依法加入合伙企业，成为新合伙人。

2. 入伙的条件及程序

新合伙人加入合伙企业成为合伙人必须具备如下条件并履行相应的法律手续：

（1）应当经原合伙人一致同意

新合伙人入伙，除合伙协议另有约定外，应当经全体合伙人一致同意，并依法订立书面入伙协议。订立入伙协议时，原合伙人应当向新合伙人如实告知原合伙企业的经营状况和财务状况。入伙的新合伙人与原合伙人享有同等权利，承担同等责任。入伙协议另有约定的，从其约定。新合伙人对入伙前合伙企业的债务承担无限连带责任。

（2）办理变更登记手续

新合伙人入伙，执行合伙事务的合伙人应当自作出变更决定或者发生变更事由之日起 15 日内，向企业登记机关申请办理变更登记。

（二）退伙

退伙，是指合伙人在合伙企业存续期间退出合伙企业，从而丧失合伙人资格的法律事实。我国《合伙企业法》对于退伙作了如下规定：

1. 退伙的情形

（1）协议退伙

协议退伙是指基于合伙协议约定事由出现而退伙。根据《合伙企业法》的规定，合伙协议约定合伙期限的，在合伙企业存续期间，有下列情形之一的，合伙人可以退伙：① 合伙协议约定的退伙事由出现；② 经全体合伙人一致同意；③ 发生合伙人难以继续参加合伙的事由；④ 其他合伙人严重违反合伙协议约定的义务。

（2）单方通知退伙

单方通知退伙即声明退伙，是指基于退伙人的单方意思表示而退伙。合伙协议未约定合伙期限的，合伙人在不给合伙企业事务执行造成不利影响的情况下，可以退伙，但应当提前 30 日通知其他合伙人。合伙人违反上述规定退伙的，应当赔偿由此给合伙企业造成的损失。

（3）当然退伙

当然退伙又称法定退伙，是指发生了某种客观情况，基于法律直接规定的事由，而使合伙人丧失合伙人资格的情形。根据《合伙企业法》第 48 条的规定，合伙人有下列情形之一的，当然退伙：① 作为合伙人的自然人死亡或者被依法宣告死亡；② 个人丧失偿债能力；③ 作为合伙人的法人或者其他组织依法被吊销营业执照、责令关闭、撤销，或者被宣告破产；④ 法律规定或者合伙协议约定合伙人必须具有相关资格而丧失该资格；⑤ 合伙人在合伙企业中的全部财产份额被人民法院强制执行。退伙事由实际发生之日为退伙生效日。

(4) 除名退伙

除名退伙也称开除退伙,是指被除名人因为其他合伙人的一致要求,而被强制退出合伙企业的情形。根据《合伙企业法》第49条的规定,合伙人有下列情形之一的,经其他合伙人一致同意,可以决议将其除名:① 未履行出资义务;② 因故意或者重大过失给合伙企业造成损失;③ 执行合伙事务时有不正当行为;④ 发生合伙协议约定的事由。

对合伙人的除名决议应当书面通知被除名人。被除名人接到除名通知之日,除名生效,被除名人退伙。被除名人对除名决议有异议的,可以自接到除名通知之日起30日内,向人民法院起诉。

2. 退伙的后果

根据《合伙企业法》的规定,合伙人退伙,其他合伙人应当与该退伙人按照退伙时的合伙企业财产状况结算,退还退伙人的财产份额。退伙人对给合伙企业造成的损失负有赔偿责任的,相应扣减其应当赔偿的数额。退伙时有未了结的合伙企业事务的,待该事务了结后进行结算。退伙人在合伙企业中财产份额的退还办法,由合伙协议约定或者由全体合伙人决定,可以退还货币,也可以退还实物。退伙人对基于其退伙前的原因发生的合伙企业债务,承担无限连带责任。合伙人退伙时,合伙企业财产少于合伙企业债务的,退伙人应当依照《合伙企业法》第33条第1款的规定分担亏损。

六、特殊的普通合伙企业

(一) 特殊的普通合伙企业的概念

特殊的普通合伙企业,又称有限责任合伙,是普通合伙企业的一种特殊形式,是指以专门知识和专门技能(如法律知识与技能、医学和医疗知识与技能、会计知识与技能等)为客户提供有偿服务的专业机构性质的合伙企业,如会计师事务所、评估师事务所等。特殊的普通合伙企业是指合伙人依照《合伙企业法》的特别规定承担责任的普通合伙企业。特殊的普通合伙企业名称中应当标明"特殊普通合伙"字样。

(二) 特殊的普通合伙企业的法律责任承担

在特殊的普通合伙企业的合伙人中,一个合伙人或者数个合伙人在执业活动中因故意或者重大过失造成合伙企业债务的,应当承担无限责任或者无限连带责任,而其他合伙人以其在合伙企业中的财产份额为限承担责任。合伙人在执业活动中非因故意或者重大过失造成的合伙企业债务以及合伙企业的其他债务,由全体合伙人承担无限连带责任。

特殊的普通合伙企业的责任制度设计,很可能会降低合伙企业的偿债能力,损害债权人的权益。因此,为了保护债权人利益,根据我国《合伙企业法》的规定,特殊的普通合伙企业应当建立执业风险基金、办理职业保险。执业风险基金用于偿付合伙人执业活动造成的债务。执业风险基金应当单独立户管理。具体管理办法由国务院规定。

第三节 有限合伙企业

一、有限合伙企业的特征

和普通合伙企业相比,有限合伙企业有三大特征:

第一,普通合伙人和有限合伙人同在。有限合伙企业是由普通合伙人和有限合伙人共同组成的。其中最少要求有一名普通合伙人,并且同时要求最少有一名有限合伙人,二者缺一不可。根据我国《合伙企业法》的规定,如果有限合伙企业只剩下有限合伙人的,就只能解散;如果只剩下普通合伙人的,就应该依法变更为普通合伙企业。第二,双重责任形式并存。有限合伙人对合伙企业的债务以其认缴的出资额为限承担有限责任,而普通合伙人则对合伙企业的债务承担无限或无限连带责任。这种双重责任形式使得有限合伙企业既区别于普通合伙企业,又区别于有限责任公司形式。第三,有限合伙人不执行合伙企业事务。即普通合伙人掌控有限合伙企业的经营权。

二、有限合伙企业的设立

设立有限合伙企业除需具备设立普通合伙企业的条件外,还需具备以下条件:

(一)合伙人符合法定人数

有限合伙企业由两个以上五十个以下的合伙人设立,但是,法律另有规定的除外。有限合伙企业至少应当有一个普通合伙人。有限合伙企业由普通合伙人和有限合伙人共同构成,缺少任何一种类型的合伙人,有限合伙企业就无法成立。

(二)有书面的合伙协议

设立有限合伙企业与普通合伙企业一样,也应有书面的合伙协议。合伙协议除符合《合伙企业法》第18条的规定外,还应当载明下列事项:(1)普通合伙人和有限合伙人的姓名或者名称、住所;(2)执行事务合伙人应具备的条件和选择程序;(3)执行事务合伙人权限与违约处理办法;(4)执行事务合伙人的除名条件和更换程序;(5)有限合伙人入伙、退伙的条件、程序以及相关责任;(6)有限合伙人和普通合伙人相互转变程序。

(三)有合伙企业的名称和生产经营场所

这方面的要求与普通合伙企业基本相同。为便于社会公众及交易对象了解有限合伙企业的性质,有限合伙企业名称中应当标明"有限合伙"字样。

(四)有合伙人认缴或者实际缴付的出资

有限合伙人按照约定出资。有限合伙人应当按照合伙协议的约定按期足额缴纳出资;未按期足额缴纳的,应当承担补缴义务,并对其他合伙人承担违约责任。有限合伙人不得以劳务出资。

(五)法律、行政法规规定的其他条件

如果法律、行政法规对有限合伙企业的设立规定了其他条件,应当符合该规定的条件。

三、有限合伙企业的事务执行

（一）普通合伙人执行合伙事务，有限合伙人不执行合伙事务

有限合伙企业由普通合伙人执行合伙事务，对外代表有限合伙企业。有限合伙人不执行合伙企业事务，不得对外代表有限合伙企业。根据《合伙企业法》第68条的规定，有限合伙人的下列行为，不视为执行合伙事务：(1) 参与决定普通合伙人入伙、退伙；(2) 对企业的经营管理提出建议；(3) 参与选择承办有限合伙企业审计业务的会计师事务所；(4) 获取经审计的有限合伙企业财务会计报告；(5) 对涉及自身利益的情况，查阅有限合伙企业财务会计账簿等财务资料；(6) 在有限合伙企业中的利益受到侵害时，向有责任的合伙人主张权利或者提起诉讼；(7) 执行事务合伙人怠于行使权利时，督促其行使权利或者为了本企业的利益以自己的名义提起诉讼；(8) 依法为本企业提供担保。

有限合伙人未经授权以有限合伙企业的名义与他人进行交易，该行为构成无权代理，由此给其他合伙人造成损失的，该有限合伙人应当承担赔偿责任。如果第三人有理由相信有限合伙人为普通合伙人并与其交易的，该行为构成表见代理，该有限合伙人对该笔交易承担与普通合伙人同样的责任。

（二）有限合伙企业的利润分配

《合伙企业法》第69条规定："有限合伙企业不得将全部利润分配给部分合伙人；但是，合伙协议另有约定的除外。"

普通合伙企业的合伙协议不得约定将全部利润分配给部分合伙人。但是，有限合伙企业则不同，其合伙协议可以约定将全部利润分配给部分合伙人。

（三）有限合伙人与合伙企业交易与竞业的开放

普通合伙企业的合伙人，禁止同本企业进行交易，也不得违背竞业禁止的规定，除非合伙协议允许。但是对有限合伙企业，由于有限合伙人的特殊地位，我国《合伙企业法》作出了完全不同的规定。《合伙企业法》第70条规定："有限合伙人可以同本有限合伙企业进行交易；但是，合伙协议另有约定的除外。"第71条规定："有限合伙人可以自营或者同他人合作经营与本有限合伙企业相竞争的业务；但是，合伙协议另有约定的除外。"这种规定的原因是，有限合伙人与普通合伙人不同，其不参与有限合伙企业事务的执行，对有限合伙企业的重大决策并无实质控制权，有限合伙人参加与本企业的交易及竞业，一般不会损坏合伙企业的利益。同时为了防止此种规定对企业利益造成损害，合伙企业可以通过合伙协议加以禁止。

四、有限合伙人的财产处理

（一）有限合伙人财产份额的转让

有限合伙人对外转让其在有限合伙企业的份额应当依法进行。我国《合伙企业法》第73条规定，有限合伙人对外转让其在有限合伙企业的份额时要具备两个方面的条件：一是按照合伙协议的约定进行转让。有限合伙人对外转让其在有限合伙企业中的

财产份额,是有限合伙企业经营活动中的重要事项,合伙人应当在有限合伙协议中对此问题作出约定。转让发生时,应当按照协议的约定进行。二是应当提前30天通知其他合伙人,以便其他合伙人决定是否行使优先购买权。

有限合伙企业是兼具资合和人合因素的企业。其中,有限合伙人与普通合伙人之间的联系属于资本的联合,而普通合伙人之间的联合属于信用的联合。有限合伙人向合伙人以外的其他人转让其在有限合伙企业中的财产份额,并不影响有限合伙企业的财产基础和有限合伙企业债权人的利益,因此,有限合伙人的财产份额可以对外转让。

(二) 有限合伙人财产份额的出质

有限合伙人可以将其在有限合伙企业中的财产份额出质,但是合伙协议另有约定的除外。

(三) 有限合伙人个人债务的清偿

有限合伙人在清偿其与合伙企业无关的债务时,首先应当以自有财产进行清偿。如果自有财产不足清偿时,有限合伙人可以以其在有限合伙企业中分取的收益进行清偿。

有限合伙人拒绝清偿债务的,债权人可以请求人民法院依法强制执行有限合伙人在有限合伙企业中的财产份额。人民法院强制执行有限合伙人在有限合伙企业中的财产份额时,在同等条件下,其他合伙人有优先购买权,因此,人民法院应当通知全体合伙人。

(四) 有限合伙企业的解散

当有限合伙企业仅剩有限合伙人时,该有限合伙企业应当解散;但是有限合伙企业仅剩普通合伙人时,该有限合伙企业就转为普通合伙企业。

五、有限合伙人的入伙和退伙

(一) 入伙

新的有限合伙人入伙,除合伙协议另有约定外,应当经全体合伙人一致同意,并依法订立书面协议。但新入伙的有限合伙人对入伙前的有限合伙企业的债务仅以其认缴的出资额为限承担有限责任,这一点明显区别于普通合伙企业中新合伙人入伙的责任承担。

(二) 退伙

有限合伙人退伙的条件及程序基本可以适用普通合伙企业中的相关规定。关于有限合伙人的退伙情形,《合伙企业法》还作了如下规定,即有限合伙人有下列情形之一的当然退伙:(1) 作为合伙人的自然人死亡或者被依法宣告死亡;(2) 作为合伙人的法人或者其他组织依法被吊销营业执照、责令关闭撤销,或者被宣告破产;(3) 法律规定或者合伙协议约定合伙人必须具有相关资格而丧失该资格;(4) 合伙人在合伙企业中的全部财产份额被人民法院强制执行。但作为有限合伙人的自然人在有限合伙企业存续期间丧失民事行为能力的,其他合伙人不得因此要求其退伙。

有限合伙人退伙后,对基于其退伙前的原因发生的有限合伙企业债务,以其退伙时从有限合伙企业中取回的财产承担责任。

六、合伙人性质的转换

有限合伙企业中,普通合伙人转变为有限合伙人,或者有限合伙人转变为普通合伙人,其本质是两类法律责任的转变,这对有限合伙企业的生产经营会产生影响。因此,对有限合伙企业两类合伙人的转变,除合伙协议另有约定外,应当经合伙人一致同意。对于转变后的债务承担问题,依照《合伙企业法》第83条、第84条的规定,有限合伙人转变为普通合伙人的,对其作为有限合伙人期间有限合伙企业发生的债务承担无限连带责任。普通合伙人转变为有限合伙人的,对其作为普通合伙人期间合伙企业发生的债务承担无限连带责任。

第四节 合伙企业解散和清算

一、合伙企业的解散

合伙企业解散,是指依法定原因或约定原因而使合伙企业终止经营活动,全体合伙人的合伙关系归于消灭的法律行为。

根据《合伙企业法》第85条的规定,合伙企业有下列情形之一的,应当解散:(1)合伙期限届满,合伙人决定不再经营;(2)合伙协议约定的解散事由出现;(3)全体合伙人决定解散;(4)合伙人已不具备法定人数满30天;(5)合伙协议约定的合伙目的已经实现或者无法实现;(6)依法被吊销营业执照、责令关闭或者被撤销;(7)法律、行政法规规定的其他原因。

二、合伙企业的清算

所谓清算,是指依法对宣布解散的合伙企业的财产进行清理,收回债权,清偿债务,并最后分配所剩财产和分担债务的行为。合伙企业的清算是与合伙企业解散密切相联系的,是结束合伙企业的一个法定程序。合伙企业解散后,只有在清算结束后,合伙企业才能真正终止合伙关系,终止其活动。合伙企业的清算主要包括以下几个方面:

(一)确定清算人

清算人是负责企业清算事务的人。合伙企业解散,应当由清算人进行清算。清算人的产生有几种方法:(1)由全体合伙人担任清算人。合伙人是合伙企业的财产所有者,在合伙企业解散时,可以由全体合伙人担任清算人。(2)由合伙人指定或者委托清算人。经全体合伙人过半数同意,可以自合伙企业解散事由出现后15日内指定一个或者数个合伙人,或者委托第三人,担任清算人。(3)由人民法院指定清算人。自合伙企业解散事由出现之日起15日内未确定清算人的,合伙人或者其他利害关系人可以申请人民法院指定清算人。

（二）清算人的职责

根据《合伙企业法》第 87 条的规定，清算人在清算期间执行下列事务：(1) 清理合伙企业财产，分别编制资产负债表和财产清单；(2) 处理与清算有关的合伙企业未了结事务；(3) 清缴所欠税款；(4) 清理债权、债务；(5) 处理合伙企业清偿债务后的剩余财产；(6) 代表合伙企业参加诉讼或者仲裁活动。

（三）清算的通知与公告

清算人自被确定之日起 10 日内将合伙企业解散事项通知债权人，并于 60 日内在报纸上公告。债权人应当自接到通知书之日起 30 日内，未接到通知书的自公告之日起 45 日内，向清算人申报债权。债权人申报债权，应当说明债权的有关事项，并提供证明材料。清算人应当对债权进行登记。

（四）财产分配

合伙企业财产在支付清算费用和职工工资、社会保险费用、法定补偿金以及缴纳所欠税款、清偿债务后的剩余财产的分配，按照合伙协议的约定办理；合伙协议未约定或者约定不明确的，由合伙人协商决定；协商不成的，由合伙人按照实缴出资比例分配；无法确定出资比例的，由合伙人平均分配。

（五）合伙企业的破产和债务的负担

《合伙企业法》对合伙企业破产问题首次作出了明确规定，即合伙企业不能清偿到期债务的，债权人可以依法向人民法院提出破产清算申请，也可以要求普通合伙人清偿。合伙企业依法被宣告破产的，普通合伙人对合伙企业债务仍应承担无限连带责任。合伙企业注销后，原普通合伙人对合伙企业存续期间的债务仍应承担无限连带责任。

（六）清算终结

清算结束，清算人应当编制清算报告，经全体合伙人签名、盖章后，在 15 日内向企业登记机关报送清算报告，申请办理合伙企业注销登记。

第五节　法律责任

一、合伙企业的法律责任

（一）骗取合伙企业登记的法律责任

《合伙企业法》第 93 条规定："违反本法规定，提交虚假文件或者采取其他欺骗手段，取得合伙企业登记的，由企业登记机关责令改正，处以五千元以上五万元以下的罚款；情节严重的，撤销企业登记，并处以五万元以上二十万元以下的罚款。"

（二）合伙企业名称违法的法律责任

《合伙企业法》第 94 条规定："违反本法规定，合伙企业未在其名称中标明'普通合伙'、'特殊普通合伙'或者'有限合伙'字样的，由企业登记机关责令限期改正，处以二千元以上一万元以下的罚款。"

（三）未领取营业执照而从事合伙业务的法律责任

《合伙企业法》第95条第1款规定："违反本法规定，未领取营业执照，而以合伙企业或者合伙企业分支机构名义从事合伙业务的，由企业登记机关责令停止，处以五千元以上五万元以下的罚款。"

（四）未按照合伙企业法进行变更登记的法律责任

合伙企业登记事项发生变更时，未依照我国《合伙企业法》的规定办理变更登记的，由企业登记机关责令限期登记；逾期不登记的，处以2000元以上2万元以下的罚款。

二、合伙人的法律责任

（一）执行合伙事务的合伙人未按期申请办理变更登记的法律责任

合伙企业登记事项发生变更，执行合伙事务的合伙人未按期申请办理变更登记的，应当赔偿由此给合伙企业、其他合伙人或者善意第三人造成的损失。

（二）合伙人侵占合伙企业财产的法律责任

合伙人执行合伙事务，利用职务上的便利，将应当归合伙企业的利益据为己有的，或者采取其他手段侵占合伙企业财产的，应当将该利益和财产退还合伙企业；给合伙企业或者其他合伙人造成损失的，依法承担赔偿责任。

（三）合伙人擅自处理合伙事务的法律责任

《合伙企业法》规定或者合伙协议约定必须经全体合伙人一致同意始得执行的事务，合伙人擅自处理，给合伙企业或者其他合伙人造成损失的，依法承担赔偿责任；不具有事务执行权的合伙人擅自执行合伙事务，给合伙企业或者其他合伙人造成损失的，依法承担赔偿责任。

（四）合伙人从事与合伙企业相竞争的业务的法律责任

违反《合伙企业法》的规定或者合伙协议的约定，从事与本合伙企业相竞争的业务的，该收益归合伙企业所有；给合伙企业或者其他合伙人造成损失的，依法承担赔偿责任。

（五）合伙人与合伙企业进行交易的法律责任

合伙人违反《合伙企业法》的规定或者合伙协议的约定，与本合伙企业进行交易的，该收益归合伙企业所有，给合伙企业或者其他合伙人造成损失的，依法承担赔偿责任。

此外，合伙人违反合伙协议应当依法承担违约责任；合伙人违反《合伙企业法》的规定，构成犯罪的，依法追究其刑事责任。

三、清算人的法律责任

（一）违法报送清算报告的法律责任

清算人未依照《合伙企业法》的规定向企业登记机关报送清算报告，或者报送清算报告隐瞒重要事实，或者有重大遗漏的，由企业登记机关责令改正。由此产生的费用和损失，由清算人承担和赔偿。

(二) 牟取非法收入或者侵占合伙企业财产的法律责任

清算人执行清算事务,牟取非法收入或者侵占合伙企业财产的,应当将该收入和侵占的财产退还合伙企业;给合伙企业或者其他合伙人造成损失的,依法承担赔偿责任。

(三) 损害债权人利益的法律责任

清算人违反《合伙企业法》的规定,隐匿、转移合伙企业财产,对资产负债表或者财产清单作虚假记载,或者在未清偿债务前分配财产,损害债权人利益的,依法承担赔偿责任。

此外,清算人违反《合伙企业法》的规定,构成犯罪的,依法追究其刑事责任。

四、企业从业人员、有关行政管理机关工作人员的法律责任

(一) 合伙企业从业人员违反《合伙企业法》的法律责任

合伙企业从业人员违反《合伙企业法》的行为,表现为利用职务上的便利,将应当归合伙企业的利益据为己有的,或者采取其他手段侵占合伙企业财产的行为。对此行为的处罚主要是应承担民事责任和刑事责任,违法者应当将侵占的利益和财产退还合伙企业;给合伙企业造成损失的,依法承担赔偿责任;构成犯罪的,依法追究其刑事责任。

(二) 有关行政管理机关工作人员违反《合伙企业法》的法律责任

国家机关工作人员违反《合伙企业法》的行为,表现为滥用职权、徇私舞弊、收受贿赂、侵害合伙企业合法权益的行为。对有上述行为的国家机关工作人员,依法给予行政处分;构成犯罪的,依法追究其刑事责任。

五、民事赔偿责任的先承担问题

《合伙企业法》第106条规定:"违反本法规定,应当承担民事赔偿责任和缴纳罚款、罚金,其财产不足以同时支付的,先承担民事赔偿责任。"

复习思考题

1. 合伙企业都有哪些特征?
2. 合伙企业如何承担债务?
3. 合伙企业与其他类型的企业的区别是什么?
4. 合伙企业的设立需要具备什么条件?
5. 合伙企业如何进行清算?
6. 合伙企业不同主体的法律责任有哪些?

第四章

公司法律制度

> **重点与难点**
>
> **本章重点**:公司与公司法的含义及其特征,公司设立条件及内容,公司设立程序,公司变更的形式与要求,公司终止的原因与清算要求;公司设立、变更、终止和清算过程中的实体和程序要求;公司组织机构的地位、组成、职权、议事规则;公司财务会计制度体系;公司的利润分配顺序;公司提取公积金的要求。
>
> **本章难点**:公司内部组织机构与内部关系处理原则;公司资本的募集与转让以及变更的方式与要求;公司的财务核算及利润分配等。

第一节 公司法律制度概述

一、公司的概念和特征

(一)公司的概念

根据我国《公司法》和《民法典》的规定,公司是指由股东共同投资,依照法定的条件与程序设立的,以营利为目的的企业法人。这一概念包含如下内涵:第一,公司是企业的一种组织形式。公司具有各种企业的所有属性,因此,公司是企业。但企业与公司不是同一概念,公司与企业是种属关系,凡公司均为企业,但企业未必都是公司。第二,公司是具有法人资格的企业。公司具有完整的法人特征,是具有法人资格的企业,这使它既不同于非企业的法人(如国家机关法人、事业单位法人和社会团体法人),也不同于非法人的企业(如独资企业、合伙企业)。第三,公司是依《公司法》成立的企业法人。依法设立是各种法人的共同要求,企业法人也不例外。但唯有公司是依照《公司法》规定的条件和程序设立并受《公司法》保护的企业。

(二)公司的特征

公司具有以下特征:一是营利性。营利是一切企业组织存在和活动的基本动力和目的,是经营活动的出发点和归属点。因此,营利性是公司的首要特征,也是其不同于公益性法人的根本区别。二是独立性。独立性是指公司具有独立的法律人格。公司作为法人,最重要的是具有独立的财产并且能够以自己的名义享有民事权利并独立承担民事责任。公司独立性表现应从主体和内容两个角度理解:从主体的角度,公司独立性是其与公司外部的其他组织或个人之间的相互独立以及与公司内部的出资者、管理者等的相对独立;从内容角度,公司独立包括财产独立和责任独立两个方面。三是社团性。社团性亦称联合性,是指公司一般是由两个以上的股东组成。我国《公司法》对于股东人数的规定,以二人以上为常态,以一人为特例。

(三) 公司法人人格否认制度

公司法人人格否认制度,又称"刺破公司的面纱"或"揭开公司的面纱",是指为阻止公司独立法人人格的滥用和保护公司债权人利益,就具体法律关系中的特定事实否认公司与其股东各自独立的人格及股东的有限责任,责令股东对公司的债务直接负责的一种法律措施。我国《公司法》第 20 条规定:"公司股东应当遵守法律、行政法规和公司章程,依法行使股东权利,不得滥用股东权利损害公司或者其他股东的利益;不得滥用公司法人独立地位和股东有限责任损害公司债权人的利益。公司股东滥用股东权利给公司或者其他股东造成损失的,应当依法承担赔偿责任。公司股东滥用公司法人独立地位和股东有限责任,逃避债务,严重损害公司债权人利益的,应当对公司债务承担连带责任。"

(四) 公司在法律上的分类

(1) 无限责任公司、有限责任公司、两合公司、股份有限公司和股份两合公司。这是以股东对公司债务的责任形式为标准进行的分类,也是大陆法系国家公司法对公司进行的最基本的分类。

无限责任公司,简称无限公司,是指由两个以上的股东组成的、全体股东对公司的债务负连带无限责任的公司。无限责任公司是公司的最初形态。有限责任公司,亦称有限公司,是指由两个以上的股东共同出资组成,每个股东以其认缴的出资额为限对公司债务承担责任,公司以其全部资产对其债务承担责任的公司。有限责任公司是我国《公司法》所确定的公司基本形式之一。两合公司,是指由无限责任股东与有限责任股东共同组成,无限责任股东对公司债务负连带无限责任,有限责任股东对公司债务以其出资额为限承担有限责任的公司。两合公司是大陆法系国家公司法中规定的公司形式。股份有限公司,又称股份公司,是指由一定人数以上的股东组成,公司全部资产分为等额股份,股东以其所认购的股份为限对公司债务承担责任,公司以其全部资产对其债务承担责任的公司。股份有限公司也是我国《公司法》确定的公司基本形式之一。股份两合公司,即由无限责任股东和有限责任股东共同组成的公司。

(2) 母公司和子公司。根据公司之间的控制与被控制关系可将公司划分为母公司和子公司。母公司是指持有一定比例的出资或者股份而可以控制其他公司的公司;子公司是指一定比例以上的出资或股份为其他公司所控制的公司。母公司和子公司均具有独立的法人资格。

(3) 总公司和分公司。根据公司之间的管辖与被管辖关系可将公司分为总公司和分公司。总公司管理分公司,对所属分公司的业务、资金、人事等方面行使指挥、管理、监督的权利,具有法人资格,可以独立承担民事责任。分公司与总公司相对应,是指在业务、资金、人事等方面受总公司管理,不具有法人资格的分支机构。分公司在法律、经济上没有独立性,属于总公司的附属机构。

(4) 本国公司和外国公司。根据公司国籍不同可将公司分为本国公司和外国公司。凡依中国法律在中国境内登记设立的公司,都是中国公司,亦即本国公司;外国公司是未依所在国法律,也未在所在国登记而成立,但经所在国政府许可在所在国进行业务活动的机构。一般来说,外国公司均为外国总公司在他国设立的分公司。

此外,根据公司的股票能否上市流通,可将公司分为上市公司和不上市公司等。

二、公司法的概念和立法概况

(一) 公司法的概念

所谓公司法,是指调整公司设立、变更、终止以及其他与公司组织有关的内外关系的法律规范的总称。

公司法有以下特征:

第一,公司法是组织法与行为法的结合,以组织法为主。公司法是规定公司法律地位和资格的法,所以,公司法是一种组织法。作为组织法,公司法对公司的设立、变更和终止,公司内部机构的设置及其职权等都作出了规定,并对公司内部关系,如公司与股东之间的关系、公司股东相互之间的关系等作出了相应规定。公司法也是行为法。作为行为法,公司法对与公司的组织特点有关的一些活动,如公司的财务、会计管理,公司股票的发行、交易,公司债券的发行和转让等都作出了明确的规定。

第二,公司法的规范是强制性和任意性的结合。公司法具有强制性。所谓强制性,是指必须依照法律、不能依个人意志进行变更的性质。公司法规范的强制性体现了国家的意志和对经济生活的干预。其原因在于公司的设立不仅涉及公司的设立者、内部的股东或当事人的利益,更涉及公司之外的第三人、相对人或未来债权人的利益,为了保障这些外部主体的利益和社会交易的安全,必须将公司法的某些制度和规则法定化和强制化。

第三,公司法具有一定的任意性。所谓任意性,是指法律的规定可以由当事人改变或变通,公司章程的规定或当事人的约定可以排除法律的适用。公司是投资的工具,公司法则是体现投资者意志并为实现投资收益而服务的法,公司法没有理由完全排除公司当事人就公司经营管理事项及相互关系所作的自愿协商和安排。由此,公司法规范具有一定的任意性。

(二) 公司法的立法概况

公司法有广义与狭义之分。狭义的公司法专指以公司法命名的公司法典,在我国是指《中华人民共和国公司法》,该法于1993年12月29日由第八届全国人大常委会第五次会议通过,此后,全国人大常委会于1999年12月25日进行了第一次修正,2004年8月28日进行了第二次修正,2005年10月27日进行了修订,2013年12月28日进行了第三次修正,2018年10月26日进行了第四次修正。广义的公司法包括一切有关公司的法律、行政法规、规章和司法解释等,如《证券法》《股票发行与交易管理暂行条例》等。

2013年12月28日,第十二届全国人大常委会第六次会议审议并通过了《公司法修正案(草案)》,修改了现行《公司法》的12个条款。这次公司法修改主要涉及三个方面:首先,将注册资本实缴登记制改为认缴登记制。也就是,除法律、行政法规以及国务院决定对公司注册资本实缴有另行规定的以外,取消了关于公司股东(发起人)应自公司成立之日起2年内缴足出资,投资公司在5年内缴足出资的规定;取消了一人有限责任公司股东应一次足额缴纳出资的规定;转而采取公司股东(发起人)自主约定认缴出资额、出资方式、出资期限等,并记载于公司章程的方式。其次,放宽注册资本登记条件。除对公司注册资本最低限额有另行规定的以外,取消了有限责任公司、一人有限责任公司、股份有限公司最低注册资本分别应达3万元、10万元、500万元的限制;不再限制公司设立时股东(发起人)的首次出资比例以及货币出资比例。第三,简化登记事项和登记文件。有限责任公司股东认缴出资额、公司实收资本不再作为登记事项。公司登记时,不需要提交验资报告。

2018年10月26日进行了第四次修正,主要针对《公司法》第142条在实践中存在的问题,从三个方面对该条规定作了修改完善:一是补充完善允许股份回购的情形。将原来规定的"将股份奖励给本公司职工"这一情形修改为"将股份用于员工持股计划或者股权激励",增加"将股份用于转换上市公司发行的可转换为股票的公司债券"和"上市公司为维护公司价值及股东权益所必需"两种情形,以及"法律、行政法规规定的其他情形"的兜底性规定。二是适当简化股份回购的决策程序,提高公司持有本公司股份的数额上限,延长公司持有所回购股份的期限。规定公司因将股份用于员工持股计划或者股权激励、用于转换上市公司发行的可转换为股票的公司债券,以及上市公司为避免公司遭受重大损害,维护公司价值及股东权益所必需而收购本公司股份的,可以依照公司章程的规定或者股东大会的授权,经2/3以上董事出席的董事会会议决议,不必经股东大会决议。因上述情形收购本公司股份的,公司合计持有的本公司股份数不得超过本公司已发行股份总额的10%,并应当在3年内转让或者注销。三是补充上市公司股份回购的规范要求。为防止上市公司滥用股份回购制度,引发操纵市场、内幕交易等利益输送行为,增加规定上市公司收购本公司股份应当依照证券法的规定履行信息披露义务,除国家另有规定外,上市公司收购本公司股份应当通过公开的集中交易方式进行。

此外,根据实际情况和需要,删去了《公司法》中原来关于公司因奖励职工收购本公司股份,用于收购的资金应当从公司的税后利润中支出的规定。

第二节 有限责任公司

一、有限责任公司的概念和特征

(一)有限责任公司的概念

有限责任公司,亦称有限公司,是指依据公司法设立的,由一定人数的股东出资组成,股东以其认缴的出资额为限对公司承担责任,公司以其全部资产对公司债务承担责任的企业法人。

(二)有限责任公司的特征

作为我国《公司法》规定的主要类型,有限责任公司具有公司的最一般特征,但与其他公司类型相比较,有限责任公司还具有以下特征:

第一,股东最高人数的限制性。我国《公司法》对有限责任公司的股东人数作了最高限制。有限责任公司由五十个以下股东出资设立。

第二,股东责任的有限性。股东责任的有限性,是指有限责任公司的股东仅以其认缴的出资额为限对公司承担责任,除此之外,股东对公司及公司的债权人不负其他责任,公司的债权人亦不得直接向股东主张债权或请求清偿。

第三,股东出资的非股份性。有限责任公司的资本,除采取"出资平等制",一般不分为均等的股份,每个股东只有一份出资。

第四,公司资本的封闭性。有限责任公司设立时,其全部注册资本都由发起人认缴,不能向社会募集股份,不能发行股票;公司发给股东出资数额的证明书被称为出资证明,由于有限责任公司不向社会募集股份,其公司财务会计账簿亦无需公开;股东出资不得随意转让。

第五,公司设立程序、组织机构较简单。有限责任公司只有发起设立,而没有募集设立;组织机构亦较简单、灵活,其股东会由全体股东组成,董事由股东选举产生;在公司股东较少或规模小的情况下,公司可不设董事会和监事会而只设一名执行董事和一名至二名监事;股东会的召集方法及决议的形成程序亦较简便。

第六,资合与人合的统一性。有限责任公司虽然从本质上说是一种资本的联合,但因股东人数有上限的规定,资本又具有封闭性的特点,故股东相互之间又具有人身信任因素,具有人合的色彩。

二、有限责任公司的设立

(一)有限责任公司设立的条件

根据我国《公司法》第23条及其他有关条款的规定,设立有限责任公司应具备下列条件:

第一,股东符合法定人数。设立一般有限责任公司的,其股东人数为1人以上50人以下;设立一人有限责任公司的,股东为一个自然人或法人;设立国有独资公司的,出资人为一个,即由国务院或者地方人民政府授权的本级人民政府国有资产监督管理机构。

第二,有符合公司章程规定的全体股东认缴的出资额。根据我国《公司法》规定,有限责任公司注册资本取消了最低限额的限制,但法律、行政法规对有限责任公司注册资本最低限额有较高规定的,从其规定。

关于出资的形式,根据我国《公司法》的规定,股东可以用货币出资,也可以用实物、知识产权、土地使用权等非货币财产出资;非货币财产出资的财产,应当可以用货币估价并可以依法转让;但是,法律、行政法规规定不得作为出资的财产除外。对作为出资的非货币财产应当评估作价,核实财产,不得高估或者低估作价。法律、行政法规对评估作价有规定的,从其规定。

此外,股权、债权也可以作为出资。股东或者发起人可以以其持有的在中国境内的公司的股权出资;债权人可以将其依法享有的对在中国境内设立的债权,转为公司股权。债权转为公司股权的,公司应当增加注册资本。

第三,有股东共同制定的公司章程。公司章程是规定公司组织和行为的基本准则的重要文件,对公司的股东、董事、监事和经理等具有法律约束力。我国《公司法》第25条规定了有限责任公司章程应当载明的具体事项:公司名称和住所;公司经营范围;公司注册资本;股东的姓名或者名称;股东的出资方式、出资额和出资时间;公司的机构及其产生办法、职权、议事规则;公司法定代表人;股东会会议认为需要规定的其他事项。股东应当在公司章程上签名、盖章。公司章程在股东签名、盖章后对股东发生效力,而对外正式生效则要经公司登记机关核准。

第四,有公司名称,建立符合有限责任公司要求的组织机构。公司的名称通常应由地名、字号、经营业务和法律性质组成,公司名称中要标明"有限责任公司"字样。有限责任公司的组织机构,包括股东会、董事会或执行董事、监事会或执行监事、经理以及法定代表人。符合有限责任公司要求的组织机构是保证对内组织生产经营活动、进行管理,对外发生各种权利义务关系所必需的条件。

第五,有公司住所。公司的住所即公司的主要办事机构所在地。主要办事机构的所在地,是指决定和处理公司事务的机构所在地,是公司的中枢机构,判断公司的主要办事机构以登记时所注明的主要办事机构为准。和住所相关的另一个概念是"公司的经营场所"。公司的经营场所可以有多处,但其住所只能有一处。确定公司的住所具有重要的法律意义:一是作为法律文书的送达处所;二是作为诉讼管辖的根据;三是在一定意义上是公司享有权利和履行义务的法定场所。

(二)有限责任公司设立的程序

(1)订立发起设立公司的协议。实践中,当设立有限责任公司的股东为数人时,一般要签订发起设立公司的协议,明确各个股东在公司设立过程中的权利和义务。

(2)股东共同制定公司章程。公司章程主要是规范股东之间及公司内部关系的文件,所以必须严格按照法律、法规的规定订立。有限责任公司股东共同制定公司章程,经全体股东同意并签名、盖章,报登记主管机关批准后才能正式生效。

(3)申请公司名称预先核准。设立公司应当申请名称预先核准。法律、行政法规或者国务院决定规定设立公司必须报经批准,或者公司经营范围中属于法律、行政法规或者国务院决定规定在登记前须经批准的项目的,应当在报送批准前办理公司名称预先核准。经核准的名称保留期限为6个月,在此期间公司名称不得用于从事经营活动,不得转让。

(4)必要的行政审批。现行公司法实行的是以严格准则制为主、审批制为补充的公司设立原则。依我国有关法律的规定,公司设立原则上实行严格准则主义,对于涉及国家安全、公共利益和关系国计民生的特殊行业或经营项目的公司设立仍实行审批核准制度。

(5) 股东认缴出资额。根据我国《公司法》第 26 条的规定,有限责任公司的注册资本为在公司登记机关登记的全体股东认缴的出资额。

(6) 设立公司机关。股东认缴出资额后,要确定公司董事会或执行董事乃至经理人员以及监事会或执行监事。

(7) 申请公司设立登记。我国各级工商行政管理机关是公司设立登记的机关。设立有限责任公司,应当由全体股东指定的代表或者共同委托的代理人向公司登记机关申请设立登记。

(8) 核准登记并公告。公司登记机关就成立公司的申请,应依法进行审查。对符合《公司法》规定条件的,予以登记,发给公司《企业法人营业执照》;对不符合《公司法》规定条件的,公司登记管理机关不予登记。申请设立登记的申请人,如对登记机关不予登记的决定不服的,可以依法提起行政诉讼。

《企业法人营业执照》签发日期为公司成立日期。公司自成立之日起取得法人资格。公司凭公司登记机关核发的《企业法人营业执照》刻制印章,开立银行账户,申请纳税登记,并以公司的名义对外开展经营活动。

三、有限责任公司的组织机构

(一) 股东会

1. 股东及其权利

股东是指向公司出资、持有公司股份、享有股东权利和承担股东义务的人。股东可以是自然人、法人、非法人组织,也可以是国家。

根据我国《公司法》的规定,股东的权利主要包括财产权和管理参与权:(1) 参加股东会会议和表决的权利;(2) 选举和被选举为公司董事、监事的权利;(3) 查阅、复制公司章程、股东会会议记录、董事会会议决议、监事会会议决议和财务会计报告的权利;(4) 分取公司红利的权利;(5) 公司新增资本时优先认缴出资的权利;(6) 转让出资和优先受让其他股东转让出资的权利;(7) 公司终止时,分配剩余财产的权利;(8) 提议召开临时股东会的权利;(9) 权利损害救济和股东代表诉讼权;(10) 公司重整申请权;(11) 对公司经营的建议质询权。

2. 股东的义务

作为公司股东,应当根据出资协议、公司章程和法律、行政法规的规定,履行相应的义务。有限责任公司股东的义务主要包括:(1) 出资义务。出资协议或公司章程约定出资需一次缴纳的,股东应当一次缴纳;约定公司成立后分期缴纳的,股东应当按约定期限分期缴纳出资。对以实物特别是不动产、设备和知识产权出资的,股东应当依相关规定办理财产权利转移手续,使公司取得对出资财产的合法权利并能有效行使该权利。股东逾期缴纳出资的,应当向已履行出资义务的股东承担违约责任。对已缴纳给公司的财产,股东不能抽回。(2) 参加股东会议的义务。参加股东会议既是股东的权利,同时也是股东的一项义务。股东应当按照公司组织机构通知的时间、地点参加股东会议，不能参加时可以委托其他股东出席股东会议并行使表决权。(3) 不干涉公司正常经营的义务。无论股东是否参与经营，只能依公司章程及有关法律规定进行，股东不能干涉公司正常经营活动。(4) 不得滥用股东权利的义务。股东行使股东的权利只能通过股东会进行，股东的权利是法定的，股东不得以任何借口滥用股东权利。

3. 股东会的概念及地位

股东会由全体股东组成，即股东会的组成人员应是全体股东，凡是具有股东资格者均是股东会的成员，不论其持股多少，也不论其持有的是何种类的股份。

股东会是公司的最高权力机构，依照公司法行使公司重大问题的决策权；股东会是公司的法定必设但非常设机构，是股东表达意愿、形成集体意志的机构。但股东会只能就法定事项形成决议，不能对外代表公司，也不能对内执行管理业务。

4. 股东会的职权

根据《公司法》第37条的规定，我国公司股东会行使如下职权：(1) 决定公司的经营方针和投资计划；(2) 选举和更换非由职工代表担任的董事、监事，决定有关董事、监事的报酬事项；(3) 审议批准董事会的报告；(4) 审议批准监事会或者监事的报告；(5) 审议批准公司的年度财务预算方案、决算方案；(6) 审议批准公司的利润分配方案和弥补亏损方案；(7) 对公司增加或者减少注册资本作出决议；(8) 对发行公司债券作出决议；(9) 对公司合并、分立、解散、清算或者变更公司形式作出决议；(10) 修改公司章程；(11) 公司章程规定的其他职权。

5. 股东会会议的召开及议事规则

股东会会议分为首次会议、定期会议和临时会议。首次会议是有限责任公司成立后的第一次会议，由出资最多的股东召集并主持。定期会议，是指公司依据法律和公司章程的规定在一定时间内必须召开的股东会议。定期会议主要决定股东会职权范围内的例行重大事项。股东会临时会议，也称特别会议，是指在定期会议以外，由于发生法定事由或者根据法定人员或机构的提议而召开的股东会议。根据我国《公司法》第39条的规定，有限责任公司有下列情况之一的应当召开临时股东会议：(1) 代表 1/10 以上表决权的股东提议；(2) 1/3 以上的董事、监事会或者不设监事会的公司的监事提议。

股东会议除首次由出资最多的股东召集主持外，设董事会的有限公司，由董事会召集、董事长主持；不设董事会的则由执行董事主持。董事会或者执行董事不能履行或者不履行召集股东会会议职责的，由监事会或者不设监事会的公司的监事召集和主持；监事会或者监事不召集和主持的，代表 1/3 以上表决权的股东可以自行召集和主持。会议召开 15 日前应通知全体股东；但是公司章程另有规定或者全体股东另有约定的除外。

股东会的议决事规则是指股东会的议事方式和表决程序，分为法定议决事规则和章程定议决事规则。根据我国《公司法》第43条的规定，股东会的议事方式和表决程序，除公司法有规定的外，由公司章程规定。根据《公司法》的有关规定，其法定议决事规则包括：一是除非公司章程另有规定，股东按出资比例行使表决权；二是股东会议作出修改公司章程、增加或者减少注册资本的决议,以及公司合并、分立、解散或者变更公司形式的决议,必须经代表 2/3 以上表决权的股东通过;三是股东会议所议事项的决议应作出会议记录,由出席会议的股东在记录上签名,并应妥善保存会议记录。

(二)董事会

1. 董事会的概念及地位

有限责任公司的董事会,是根据我国《公司法》的规定设立,由全体董事组成的公司经营决策和业务执行的常设机构。它是由股东会选举产生的。股东较少、规模较小的有限责任公司,可以设执行董事一人。

董事会地位:一是董事会是股东会的执行机关。公司股东会以会议的形式存在,不是公司的常设机关。因此,股东会通过选举董事会成员,组成公司的董事会,以此作为公司的对外代表机关。董事会要对股东会负责,执行股东会的决议并报告工作。二是董事会是公司的日常经营决策机关。董事会执行股东会决议,负责公司的经营决策,它有自己独立的职权,在法律和章程规定的范围内对公司的经营管理行使决策权力。三是董事会是公司对外代表机关。在公司的组织机构中,公司的股东会和监事会都是公司内部机关,唯有董事会是公司的对外代表机构,其活动具有对外效力。公司法定代表人代表公司进行一系列的对内对外的经营活动及其他相应活动,从而产生以公司作为一方当事人的各种法律关系。四是董事会是公司法定的常设机关,董事会自公司成立之日起就一直以组织形式存在,其下设相应的机构,与公司经理一起形成公司的经营决策和管理系统,对公司的运营实行全面的管理和控制。虽然它的成员可依法随时更换,但董事会本身作为一个组织始终存在,不能更换和撤销。

2. 董事会的组成

有限责任公司设董事会,其成员为 3 人至 13 人;但是股东人数较少或者规模较小的有限责任公司,可以设一名执行董事,不设董事会。执行董事可以兼任公司经理。

董事会由符合条件的当选董事组成。公司董事会一般由股东董事和职工董事两部分组成。股东董事由股东会从公司股东中选举产生,职工董事由公司职工民主选举产生。

董事会设董事长一人,可以设副董事长。有限责任公司的董事长、副董事长的产生办法由公司章程规定。董事长依法行使两项主要职权,即召集、主持董事会会议,检查董事会决议的实施情况。其他职权可由公司章程规定。

有限责任公司股东董事,由全体股东选举产生。在公司成立后,董事一般均由股东会任免。具体而言,股东董事由股东会选举更换,职工董事则由公司职工通过职工代表大会、职工大会或者其他形式民主选举更换。董事被选举聘任后,即开始行使职权,任期也开始计算。董事任期由公司章程规定,但每届任期不得超过 3 年。董事任期届满,可以连选连任。

3. 董事会的职权

根据我国《公司法》第 46 条的规定,有限责任公司董事会具有以下职权:(1)召集股东会会议,并向股东会报告工作;(2)执行股东会的决议;(3)决定公司的经营计划和投资方案;(4)制订公司的年度财务预算方案、决算方案;(5)制订公司的利润分配方案和弥补亏损方案;(6)制订公司增加或者减少注册资本以及发行公司债券的方案;(7)制订公司合并、分立、变更公司形式、解散的方案;(8)决定公司内部管理机构的设置;(9)决定聘任或者解聘公司经理及其报酬事项,并根据经理的提名决定聘任或者解聘公司副经理、财务负责人及其报酬事项;(10)制定公司的基本管理制度;(11)公司章程规定的其他职权。

4. 董事会会议的召开及其议决事规则

董事会会议按章程的规定召开,董事会会议由董事长召集和主持;董事长不能履行职务或者不履行职务的,由副董事长召集和主持;副董事长不能履行或者不履行职务的,由半数以上董事共同推举一名董事召集和主持。董事会的议决事方式和表决程序除《公司法》有规定的外,由公司章程规定。董事会实行一人一票。董事会应当将所议事项的决定作成会议记录,出席会议的董事应当在会议记录上签名。

5. 经理

经理,是负责组织公司日常经营管理活动的常设业务执行机构,由董事会聘任和解聘,对董事会负责。

根据我国《公司法》第49条的规定,经理行使下列职权:(1)主持公司的生产经营管理工作,组织实施董事会决议;(2)组织实施公司年度经营计划和投资方案;(3)拟订公司内部管理机构设置方案;(4)拟订公司的基本管理制度;(5)制定公司的具体规章;(6)提请聘任或者解聘公司副经理、财务负责人;(7)决定聘任或者解聘除应由董事会决定聘任或者解聘以外的负责管理人员;(8)董事会授予的其他职权。公司章程对经理职权另有规定的,从其规定。经理应股东会或者股东大会要求列席董事会会议。

(三)监事会

1. 监事会的地位

监事会是对公司事务进行监督的常设机构。监事会的监督职能一般包括两个方面的内容:一是对董事、经理的经营行为进行监督;二是对公司财务进行监督,也称专业监督。

2. 监事会的设置与职权

有限责任公司根据其经营规模设立监事会或者设一名至两名监事。根据我国《公司法》的规定,监事会拥有以下职权:(1)检查公司财务;(2)对董事、高级管理人员执行公司职务的行为进行监督,对违反法律、行政法规、公司章程或者股东会决议的董事、高级管理人员提出罢免的建议;(3)当董事、高级管理人员的行为损害公司的利益时,要求董事、高级管理人员予以纠正;(4)提议召开临时股东会会议,在董事会不履行公司法规定的召集和主持股东会会议职责时召集和主持股东会会议;(5)向股东会会议提出提案;(6)当公司董事、高级管理人员执行公司职务时违反法律、行政法规或者公司章程的规定,给公司造成损失时,向人民法院提起诉讼;(7)公司章程规定的其他职权。

监事会、不设监事会的公司的监事发现公司经营情况异常,可以进行调查;必要时,可以聘请会计师事务所等协助其工作,费用由公司承担。

3. 监事会会议决议

监事会会议决议应当经半数以上监事通过。监事会会议决议的通过原则为多数决定原则，即半数以上监事表示同意，决议方为通过。监事会应当将所议事项的决定作成会议记录，出席会议的监事应当在会议记录上签名。监事会每年度至少召开一次会议，监事可以提议召开监事会会议。

四、一人有限责任公司

一人有限责任公司是指只有一个自然人股东或者一个法人股东的有限责任公司。一人有限责任公司是我国修改后的《公司法》增加的内容。我国《公司法》对一人有限责任公司作了以下特别规定：

（一）再投资的限制

一个自然人只能投资设立一个一人有限责任公司。该一人有限责任公司不能投资设立新的一人有限责任公司。此一限制仅适用于自然人，而不适用于法人。换言之，一个法人可以投资设立两个或两个以上的一人有限责任公司，由一个法人设立的一人有限责任公司可以再投资设立一人有限责任公司，成为一人有限公司的股东。

（二）财务会计方面的要求

一人有限责任公司应当在每一会计年度终了时编制财务会计报告，并经会计师事务所审计。这也是它与个人独资企业的区别。

（三）人格混同时股东连带责任

一人有限责任公司的股东不能证明公司财产独立于股东自己财产的，应当对公司债务承担连带责任。

五、国有独资公司

（一）国有独资公司的概念和特征

国有独资公司，是指国家单独出资，由国务院或者地方人民政府授权本级人民政府国有资产监督管理机构履行出资人职责的有限责任公司。国有独资公司是我国借鉴现代世界通行的公司制度，结合中国的特殊国情，为促进国有企业制度改革而专门创立的一种特殊的有限责任公司形态。国有独资公司的主要特征有：国有独资公司为有限责任公司；国有独资公司的股东具有唯一性；国有独资公司的股东具有法定性。

（二）国有独资公司的组织机构

1. 国有独资公司的权力机关

国有独资公司不设股东会，由国有资产监督管理机构行使股东会职权。国有资产监督管理机构可以授权公司董事会行使股东会的部分职权，决定公司的重大事项，但公司的合并、分立、解散、增减注册资本和发行公司债券，必须由国有资产监督管理机构决定；其中，重要的国有独资公司合并、分立、解散、申请破产的，应当由国有资产监督管理机构审核后，报本级人民政府批准。

2. 国有独资公司的董事会与经理

国有独资公司设立董事会,依照我国《公司法》第46条的规定行使一般有限责任公司董事会的职权,按照我国《公司法》第66条的规定行使一般有限责任公司股东会的职权。董事每届任期不得超过3年。董事会成员中应当有公司职工代表。董事会成员由国有资产监督管理机构委派;但是,董事会成员中的职工代表由公司职工代表大会选举产生。董事会设董事长一人,可以设副董事长。董事长、副董事长由国有资产监督管理机构从董事会成员中指定。

国有独资公司设经理,由董事会聘任或者解聘。经理依照我国《公司法》第50条的规定行使职权。经国有资产监督管理机构同意,董事会成员可以兼任经理。

国有独资公司的董事长、副董事长、董事、高级管理人员,未经国有资产监督管理机构同意,不得在其他有限责任公司、股份有限公司或者其他经济组织兼职。

3. 国有独资公司的监事会

国有独资公司设监事会,作为公司的监督机构。国有独资公司监事会成员不得少于5人,其中职工代表的比例不得低于1/3,具体比例由公司章程规定。监事会成员由国有资产监督管理机构委派;监事会中的职工代表由公司职工代表大会选举产生。监事会主席由国有资产监督管理机构从监事会成员中指定。

监事会行使我国《公司法》第54条第1项至第3项规定的职权和国务院规定的其他职权。

六、有限责任公司股权转让

有限责任公司的股东之间可以相互转让其全部或者部分股权。

股东向股东以外的人转让股权,应当经其他股东过半数同意。股东应就其股权转让事项书面通知其他股东征求同意,其他股东自接到书面通知之日起满30日未答复的,视为同意转让。其他股东半数以上不同意转让的,不同意的股东应当购买该转让的股权;不购买的,视为同意转让。经股东同意转让的股权,在同等条件下,其他股东有优先购买权。两个以上股东主张行使优先购买权的,协商确定各自的购买比例;协商不成的,按照转让时各自的出资比例行使优先购买权。公司章程对股权转让另有规定的,从其规定。

人民法院依照法律规定的强制执行程序转让股东的股权时,应当通知公司及全体股东,其他股东在同等条件下有优先购买权。其他股东自人民法院通知之日起满20日不行使优先购买权的,视为放弃优先购买权。

自然人股东死亡后,其合法继承人可以继承股东资格;但是,公司章程另有规定的除外。

转让股权后,公司应当注销原股东的出资证明书,向新股东签发出资证明书,并相应修改公司章程和股东名册中有关股东及其出资额的记载。对公司章程的该项修改不需再由股东会表决。

有下列情形之一的,对股东会该项决议投反对票的股东可以请求公司按照合理的价格收购其股权:(1)公司连续5年不向股东分配利润,而公司该5年连续盈利,并且符合《公司法》规定的分配利润条件的;(2)公司合并、分立、转让主要财产的;(3)公司章程规定的营业期限届满或者章程规定的其他解散事由出现,股东会会议通过决议修改章程使公司存续的。自股东会会议决议通过之日起60日内,股东与公司不能达成股权收购协议的,股东可以自股东会会议决议通过之日起90日内向人民法院提起诉讼。

第三节 股份有限公司

一、股份有限公司的概念

股份有限公司,简称股份公司,是指由一定数额以上的股东组成,其全部资本分为等额股份,股东以其所认购的股份为限对公司承担责任,公司以其全部资产对公司债务承担责任的企业法人。

股份有限公司具有以下特征:

第一,发起人人数的双重限制性。我国《公司法》第78条对发起人人数作了最低人数和最高人数的双重限制,设立股份有限公司,应当有2人以上200人以下为发起人,其中须有半数以上的发起人在中国境内有住所。

第二,公司全部资本划分为等额股份,证明股东出资的凭证是股票。每一股的金额相等。股份不仅是构成公司资本的最小单位,而且也是确定股东表决权、股利分配的标准。通常,每一股份代表一个表决权,拥有股份的数额决定股东权利义务的大小。

第三,股东责任的有限性。股份有限公司的股东仅以其所认购的股份为限对公司负责,此外,对公司及公司的债权人不负任何财产上的责任。

第四,资本募集的公开性。股份有限公司通常以发行股票的方式公开募集资本,任何投资者只要认购股票和支付股款,都可成为股份公司的股东。资本募集的公开性决定公司股东的广泛性。资本募集的公开性是股份有限公司区别于其他各种公司的最主要特征。

第五,公司股份的流通性。股份有限公司的股票除可以在一般交易场所转让交易外,还可以申请在证券交易所挂牌上市交易,股份有限公司由此变成上市公司。

第六,公司信用基础的资合性。股份有限公司的信用基础在于其公司资本和资产,相对于有限责任公司来说,股份有限公司在募集资本和股东分布的广泛性、股份的流通性和转让的自由性等方面,都体现了更为充分和彻底的资合性。因此,股份有限公司是最典型的资合公司。

二、股份有限公司的设立

(一)股份有限公司的设立方式

股份有限公司的设立,可以采取发起设立或者募集设立的方式。发起设立,又称共同设立或单纯设立,是指由发起人认购公司应发行的全部股份而设立公司的方式。募集设立,是指由发起人认购公司应发行的股份总额的一部分,其余部分向社会公开募集或者向特定对象募集而设立公司的方式。根据我国《公司法》第 84 条的规定,发起人认购的股份不得少于公司股份总额的 35%。

(二)股份有限公司设立的条件

根据我国《公司法》第 76 条及其他有关条款规定,设立股份有限公司应具备下列条件:

(1)发起人符合法定人数。设立股份有限公司,应当有 2 人以上 200 人以下为发起人,其中须有半数以上的发起人在中国境内有住所。(2)有符合公司章程规定的全体发起人认购的股本总额或者募集的实收股本总额。法律、行政法规对股份有限公司注册资本的最低限额有较高规定的,从其规定。(3)股份发行、筹办事项符合法律规定。股份有限公司发起人承担公司筹办事务,股份有限公司股份的发行、筹办须经过有关程序并符合法律的要求。(4)发起人制定公司章程,采用募集方式设立的经创立大会通过。在发起设立中,发起人就是公司的股东,发起人制定的章程无须通过其他形式确认。但募集设立中,除发起人外,还有认股人,发起人制定的章程自然应得到认股人组成的创立大会通过。我国《公司法》第 81 条规定了股份有限公司章程应当载明的具体事项,除与有限公司相同的部分,还包括以下内容:公司设立方式;公司股份总数、每股金额和注册资本;发起人的姓名或者名称、认购的股份数、出资方式和出资时间;公司利润分配办法;公司的解散事由与清算办法;公司的通知和公告办法以及股东大会会议认为需要规定的其他事项。(5)有公司名称,建立符合股份有限公司要求的组织机构。依《公司登记管理条例》第 18 条的规定,设立股份有限公司在报送审批前,申请公司名称预先核准。同时,我国《公司法》还规定,发起设立时,发起人首次缴纳出资后,应当选举董事会和监事会。募集设立时,要召开创立大会和建立公司组织机构。(6)有公司住所。公司住所为公司主要办事机构所在地。

(三)股份有限公司的设立程序

依我国《公司法》的有关规定,股份有限公司可以采取发起设立方式或募集设立方式设立,采取发起设立方式设立时,其设立程序与有限责任公司基本相同;募集设立较发起设立复杂。主要包括以下方面:

第一,确定发起人并签订发起人协议。发起人应当签订发起人协议,明确各自在公司设立过程中的权利和义务。发起人协议的内容由发起人协商确定,一般包括以下主要内容:发起人及其法定代表人的姓名、住所、国籍、职务;将要设立的公司的名称、住所和经营范围等;公司的设立方式;资本总数及发行的股份总数、注册资本、每一发起人认购股份的数额;出资方式、期限、每股的金额等;发起人的权利义务和责任;发起人内部职责的分工;协议适用法律、纠纷解决办法;协议生效、终止的时间和所附的条件;其他需要载明的事项等。

第二,发起人制订公司章程。设立股份有限公司,由发起人制定公司章程,但设立方式不同,制定章程的程序不同。发起设立时,公司章程是由全体发起人在协商一致的基础上共同制定的。只要章程符合法律的规定,经工商登记后即生效;募集设立时,公司章程的制订分为两步：一是由公司发起人在协商一致的基础上先行制订公司章程，此为公司章程的基础；二是经创立大会通过。股份有限公司的创立大会是指在股份有限公司成立之前，由全体认股人参加的，决定是否设立公司并决定公司设立过程中以及成立之后的重大事项的决议机关。所以，凡是认购发行的股份并缴足了股款的人，都有权参加创立大会。召开公司创立大会是募集方式成立的股份有限公司的特有程序。我国《公司法》第89条、第90条对创立大会的有关问题作了规定。

第三，依法向社会募股。发起人向社会公开募集股份，必须公告招股说明书，并制作认股书。认股书应当载明《公司法》第86条所列事项，由认股人填写认购股数、金额、住所，并签名、盖章。认股人按照所认购股数缴纳股款。

第四，必要的行政审批。根据我国《公司法》的规定，法律、行政法规对设立公司规定必须报经审批的，在公司登记前依法办理审批手续。

第五，召开创立大会和建立组织机构。发行股份的股款缴足后，必须经依法设立的验资机构验资并出具证明。发起人应当在30日内主持召开公司创立大会。创立大会由认股人组成。发行的股份超过招股说明书规定的截止期限尚未募足的，或者发行股份的股款缴足后，发起人在30日内未召开创立大会的，认股人可以按照所缴股款并加算银行同期存款利息，要求发起人返还。

发起人应当在创立大会召开15日前将会议日期通知各认股人或者予以公告。创立大会应有代表股份总数过半数的认股人出席，方可举行。创立大会行使下列职权：第一，审议发起人关于公司筹办情况的报告；第二，通过公司章程；第三，选举董事会成员；第四，选举监事会成员；第五，对公司的设立费用进行审核；第六，对发起人用于抵作股款的财产的作价进行审核；第七，发生不可抗力或者经营条件发生重大变化直接影响公司设立的，可以作出不设立公司的决议。创立大会对前款所列事项作出决议，必须经出席会议的认股人所持表决权过半数通过。

第六，申请公司设立登记。股份有限公司成立必须办理工商登记。募集设立的股份有限公司应当于创立大会结束后30日内向公司登记机关申请设立登记。设立股份有限公司，应当由董事会向公司登记机关申请设立登记，并提交相应的文件。

第七，核准登记并公告。

（四）发起人的责任

第一，发起人、认股人缴纳股款或者交付抵作股款的出资后，除未按期募足股份、发起人未按期召开创立大会或者创立大会决议不设立公司的情形外，不得抽回其股本。

第二，公司不能成立时，发起人对设立行为所产生的债务和费用负连带责任；发起人对认股人已缴纳的股款，负返还股款并加算银行同期存款利息的连带责任。

第三，在公司设立过程中，由于发起人的过失致使公司利益受到损害的，应当对公司承担赔偿责任。

第四，公司成立后，发起人未按照公司章程的规定缴足出资的，应当补缴，其他发起人承担连带责任。发现作为设立公司出资的非货币财产的实际价额显著低于公司章程所定价额的，应当由交付该出资的发起人补足差额；其他发起人承担连带责任。

三、股份有限公司的组织机构

（一）股东大会

1. 股东大会的地位及职权

股东大会是股份有限公司全体股东组成的公司最高权力机关，它是由全体股东组成的形成公司意志的非常设机构，是每一个公司都必需的机构。股东大会的职权主要有两类：一是审议批准事项。二是决定决议事项。我国《公司法》第37条第1款关于有限责任公司的职权的规定，适用股份有限公司股东大会。

2. 股东大会的决议

股东出席股东大会会议，所持每一股份有一表决权，但是公司持有的本公司股份没有表决权。股东大会的决议实行股份多少决定原则，即股东大会依持有多数股份的股东的意志作出决议。股东大会决议实行股份多数表决原则，必须具备两个条件：一是要有代表股份多数的股东出席；二是要有出席会议的股东所持表决权的半数通过，但是股东大会作出修改章程、增加或者减少注册资本的决议及公司合并、分立、解散或者变更公司形式的决议，必须经出席会议的股东所持表决权的2/3通过。公司转让、受让重大资产或者对外提供担保等事项必须经股东大会作出决议，董事会应当及时召开股东大会会议，由股东大会就上述事项进行表决。股东大会应当对所议事项的决定作成会议记录，主持人、出席会议的董事应当在会议记录上签名。会议记录应当与出席股东的签名册及代理出席的委托书一并保存，股东可查阅。

股东大会必须按照法定的召集方法召集，并按照法定的决议方法通过内容不违法的决议。具备该条件的决议，才具有法律效力。如果股东大会的决议违法，股东有权通过诉讼途径请求法院宣告决议无效或撤销决议。

3. 累积投票权

我国《公司法》确立了累积投票制，规定在股东大会选举董事、监事时可以依照公司章程的规定或者股东大会的决议，实行累积投票制，即股东大会选举董事、监事时，每一股份拥有与应选董事或者监事人数相同的表决权，股东拥有的表决权可以集中使用。累积投票权制度的意义在于限制大股东或控股股东对董事、监事选举过程中的控制与操纵，有利于保护中小股东的利益。需要注意的是，我国《公司法》规定的累积表决权是任意性的，而非强制性的，即公司可以采用累积投票权制度，也可以不采用该制度，是否采用由公司章程作出规定或由股东大会作出决议。

（二）董事会

1. 董事会的地位及组成

股份有限公司的董事会，是由全体董事组成的公司经营决策和业务执行的法定常设机构。其地位与有限责任公司的董事会地位相同。董事会的组成成员为5人至19人，由股东大会选举产生。董事会成员中可以有公司职工代表董事，由公司职工通过职工代表大会、职工大会或者其他形式民主选举产生。董事会设董事长一人，可以设副董事长。董事长、副董事长以全体董事的过半数选举产生。董事任期由公司章程规定，每届任期不得超过3年,可以连选连任,董事任期届满未及时改选,或者董事在任期内辞职导致董事会成员低于法定人数,在改选出的董事就任前,原董事仍应当依照法律、法规和公司章程的规定,履行董事职务。

2. 董事会的职权

董事会的职权与有限责任公司董事会的职权相同。

3. 董事会会议的召开及决议事规则

董事会每年度至少召开两次会议,每次会议应当于会议召开10日前通知全体董事和监事;代表1/10以上表决权的股东、1/3以上董事或者监事,可以提议召开董事会临时会议。董事长应当自接到提议后10日内,召集和主持董事会会议。董事会召开临时会议,可以另定召集董事会的通知方式和通知时限。董事会会议应有过半数的董事出席方可举行。董事会作出决议,必须经全体董事的过半数通过。董事会决议的表决,实行一人一票。董事会会议应由董事本人出席;董事因故不能出席,可以书面委托其他董事代为出席,委托书中应载明授权范围。董事会应当将会议所议事项的决定作成会议记录,出席会议的董事应当在会议记录上签名。董事应当对董事会的决议承担责任。董事会的决议违反法律、行政法规或者公司章程、股东大会决议,致使公司遭受严重损失的,参与决议的董事对公司负赔偿责任。但经证明在表决时曾表明异议并记载于会议记录的,该董事可以免除责任。

4. 经理设置及职权

股份有限公司经理的性质、设置及职权与有限责任公司经理的规定基本相同。略有不同的是,股份有限公司董事会可以决定董事会成员兼任经理。公司不得直接或者通过子公司向董事、监事、高级管理人员提供借款。公司应当定期向股东披露董事、监事、高级管理人员从公司获得报酬的情况。

(三)监事会

1. 监事会的地位及职权

股份有限公司的监事会属于公司的监督机构。股份有限公司必须设监事会,其成员不得少于3人。监事会应当包括股东代表和适当比例的公司职工代表,其中职工代表的比例不得低于1/3,具体比例由公司章程规定。监事会中的职工代表由公司职工通过职工代表大会、职工大会或者其他形式民主选举产生。监事会设主席一人,可以设副主席。监事会主席和副主席由全体监事过半数选举产生。监事会主席召集和主持监事会会议;监事会主席不能履行职务或者不履行职务的,由监事会副主席召集和主持监事会会议;监事会副主席不能履行职务或者不履行职务的,由半数以上监事共同推举一名监事召集和主持监事会会议。董事、高级管理人员不得兼任监事。监事会的任期每届为3年,可以连选连任。

监事会的职权与有限责任公司监事会或监事的职权相同。监事会行使职权所必需的费用,由公司承担。

2. 监事会的议事方式和表决程序

监事会每6个月至少召开一次会议。监事可以提议召开临时监事会会议。监事会的议事方式和表决程序,除本法有规定的外,由公司章程规定。监事会应当将所议事项的决定作成会议记录,出席会议的监事应当在会议记录上签名。

四、股份有限公司股份发行和转让

(一) 股份的概念、表现形式及分类

1. 股份的概念

股份是股份有限公司特有的概念,它是股份有限公司资本的基本构成单位,也是划分股东权利义务的基本单位。

股份有以下特征:(1) 股份是公司资本构成的最小单位,具有不可分性。任何股份有限公司的资本均被划分为股份。资本分为股份,但股份则不可再分。(2) 股份是对公司资本的等额划分,具有金额的等额性。每一股份所代表的资本额一般都是相等的。(3) 股份是股权的基础,具有权利上的平等性。股份是股东法律地位的表现形式,股份所包含的权利义务一律平等。(4) 股份表现为有价证券,具有可自由转让性。股份一般通过股票形式来表示。除法律对特定股份的转让有限制性规定外,股份可以自由转让和流通。

2. 股份的表现形式

股份的表现形式是股票。股票是股份有限公司股份证券化的形式,是股份有限公司签发的证明股东所持股份的凭证。股份有限公司的股份采取股票的形式。股票具有以下特征:(1) 股票是一种要式证券,它的制作和记载事项必须按照法定方式进行。(2) 股票是一种非设权证券,即它仅是一种表彰股东权的证券,而非创设股东的证券。(3) 股票是一种有价证券,它以证券的持有为权利存在的条件。

3. 股份的分类

各国通行的股份分类主要有以下几种:(1) 根据股东承担的风险和享有权益的大小,分为普通股和特别股。普通股是指对公司权利一律平等,无任何区别待遇的股份。普通股是股份有限公司最基本、最重要的股份种类,也是公司发行量最大、风险最大的股份种类。特别股,是与普通股相对应的具有某种特别权利或者某种特别义务的股份,包括优先股和后分配股两种。(2) 根据股票上是否记载股票金额,分额面股和无额面股。我国公司发行的股份应是额面股,禁止发行无额面股。(3) 根据股票是否记载股东的姓名或名称,分为记名股和无记名股。(4) 根据股份有无表决权,分为表决权股和无表决权股。

在我国公司实践中,除采用国际通行的股份分类外,还结合中国的国情,按照不同的标准,对股份进行了分类,形成了独具特色的股份种类。国家股、法人股、社会公众股和外资股,这是以投资主体为标准进行的分类。流通股与非流通股,这是以股份是否流通为标准进行的分类。A股、B股、H股、N股、S股等,这是以认购股份的货币不同为标准进行的分类。A股,又称人民币股票,是指以人民币标明股票面值,由中国境内大陆投资者以人民币认购和交易的股票,我国香港、澳门和台湾地区的投资者不得买卖。B股,又称人民币特种股票。国务院最初规定B股是指以人民币标值,由外国和我国港澳台地区投资者认购和买卖的股票(以外汇买卖)。H股是指获香港联合交易所批准上市的人民币特种股票,即以人民币标明股票面值,以港币认购和进行交易,专供外国和港澳台投资者购买的股票。以此类推,N股在纽约批准上市、S股在新加坡批准上市,这些均是以外币认购和进行交易的股票。

(二)股份的发行

1. 股份发行的原则

(1)公平原则。公平原则要求股份发行对所有投资者应给予平等的对待,一视同仁,不得歧视。具体含义可归纳为三点:一是所有的投资者均有权获得平等的投资机会;二是同次发行的同类股份,发行的条件和价格应当相同;三是公司发行的同类股份应具有相同的权利或利益,同股同权,同股同利。(2)公正原则。公正原则要求证券监管机关在对股份发行活动的监管过程中,正确适用法律,公正地对待所有的当事人,公正地处理股份发行争议或纠纷。(3)公开原则。公开原则要求发行公司必须依照法定要求将与其发行股份相关的一切重要的信息和情况公之于众。因此,公开原则的目的在于防止欺诈行为,最大限度保护投资者的利益,使投资者在获悉公司及其股份真实信息的情况下作出投资判断和决策。

2. 股份发行的种类和条件

根据我国《公司法》和《证券法》的相关规定,股份发行可分为设立发行、新股发行及改组发行。

设立发行是指为筹集设立股份有限公司所需股本而进行股份的发行。设立股份有限公司申请公开发行股票的,应当符合下列条件:(1)其生产经营符合国家产业政策。(2)其发行的普通股限于一种,同股同权。(3)发起人认购的股本数额不少于公司拟发行的股本总额的35%。(4)在公司拟发行的股本总额中,发起人认购的部分不少于人民币3000万元,但是国家另有规定的除外。(5)向社会公众发行的部分不少于公司拟发行的股本总额的25%,其中公司职工认购的股本数额不得超过拟向社会公众发行的股本总额的10%;公司拟发行的股本总额超过人民币4亿元的,证监会按照规定可以酌情降低向社会公众发行的部分的比例,但是最低不少于公司拟发行的股本总额的10%。(6)发起人在近3年内没有重大违法行为。(7)证券监督管理机构规定的其他条件。

新股发行,又称增资发行,是指已经设立的股份有限公司为扩大经营规模需要增加股本而进行股份的再发行。股份有限公司发行新股,应当符合下列条件:(1)具备健全且运行良好的组织机构。(2)具有持续盈利能力,财务状况良好。(3)最近3年财务会计文件无虚假记载,无其他重大违法行为。(4)经国务院批准的国务院证券监督管理机构规定的其他条件。上市公司非公开发行新股,应当符合经国务院批准的国务院证券监督管理机构规定的条件,并报国务院证券监督管理机构核准。

改组发行是指原有企业改组设立股份有限公司而发行股票的行为。原有国有企业改组设立股份有限公司,除应当符合上述设立发行的条件外,还应当符合下列条件:(1)发行前一年末,净资产在总资产中所占比例不低于30%,无形资产在净资产中所占比例不高于20%,但是国务院证券监督管理机构另有规定的除外。(2)近3年连续盈利。(3) 国家拥有的股份在公司拟发行的股本总额中所占的比例符合规定。国有企业改组设立股份有限公司公开发行股票的,国家拥有的股份在公司拟发行的股本总额中所占的比例由国务院或者国务院授权的部门规定。

3. 股份发行的价格

股票发行价格可以按票面金额,也可以超过票面金额即溢价发行,但不得低于票面金额发行股票。以超过票面金额发行股票的溢价款,应列入公司资本公积金。

(三) 股份转让

1. 股份转让的方式

在我国,股份有限公司的股份转让方式因记名股和无记名股而不同。(1) 记名股的转让。记名股票转让方式,是由股东或者法律、行政法规规定的其他方式转让。(2) 无记名股的转让。无记名股的转让方式,是由股份所有人将股票交付给受让人,只要交付便发生法律效力,无须办理过户。

2. 股份转让的限制

股份有限公司股份转让受到如下限制:(1) 转让场所的限制。股东转让其股份,应当在依法设立的证券交易场所进行或者按照国务院规定的其他方式进行。(2) 对发起人所持股份转让的限制。发起人持有的本公司股份,自公司成立之日起1年内不得转让。(3) 对公司董事、监事、高级管理人员所持股份转让的限制。公司董事、监事、高级管理人员应当向公司申报所持有的本公司的股份及其变动情况。允许上述人员在任职期间内转让其所持有的股份,但每年转让的股份不得超过其所持有本公司股份总数的25％,如果公司股票在证券交易所上市交易的,自上市交易之日起1年内不得转让。上述人员离职后半年内,不得转让其所持有的本公司股份。此外,公司章程可以对公司董事、监事、高级管理人员转让其所持有的本公司股份作出其他限制性规定。(4) 上市公司股东转让股份的限制。公司公开发行股份前已发行的股份,自公司股票在证券交易所上市交易之日起1年内不得转让。(5) 对公司收购自身股份的限制。我国《公司法》采取了原则上禁止、例外允许的立法模式。根据我国《公司法》第142条的规定,允许公司收购本公司股份的情形包括:① 减少公司注册资本;② 与持有本公司股份的其他公司合并;③ 将股份奖励给本公司职工;④ 股东因对股东大会作出的公司合并、分立决议持异议,要求公司收购其股份;⑤ 对股票质押的限制,公司不得接受本公司的股票作为质押权的标的;⑥ 在法定的停止过户时限内股份转让的限制。在股东大会召开前20日内或者公司决定分配股利的基准日前5日内,不得进行记名股份转让后的股东名册的变更登记。但是,法律对上市公司股东名册变更登记另有规定的,从其规定。

五、上市公司

(一) 上市公司组织机构的特别规定

上市公司是指所发行的股票经国务院或者国务院授权证券管理部门批准在证券交易所上市的股份有限公司。上市公司在一年内购买、出售重大资产或者担保金额超过公司资产总额30％的,应当由股东大会作出决议,并经出席会议的股东所持表决权的

2/3以上通过。上市公司设立董事会秘书,负责公司股东大会和董事会会议的筹备、文件保管以及公司股权管理,办理信息披露事务等事宜。

上市公司董事与董事会会议决议事项所涉及的企业有关联关系的,不得对该项决议行使表决权,也不得代理其他董事行使表决权。该董事会会议由过半数的无关联关系董事出席即可举行,董事会会议所作决议须经无关联关系董事过半数通过。出席董事会的无关联关系董事人数不足3人的,应将该事项提交上市公司股东大会审议。

(二)上市公司的独立董事制度

中国证监会于2001年颁布了《关于在上市公司建立独立董事制度的指导意见》(以下简称《指导意见》),根据该规范性文件,上市公司应当建立独立董事制度。上市公司独立董事是指不在公司担任除董事外的其他职务,并与其所受聘的上市公司及其主要股东不存在可能妨碍其进行独立客观判断的关系的董事。独立董事对上市公司及全体股东负有诚信与勤勉义务。独立董事应当按照相关法律法规,以及《指导意见》和公司章程的要求,认真履行职责,维护公司整体利益,尤其要关注中小股东的合法权益不受损害。独立董事独立履行职责,不受上市公司主要股东、实际控制人或者其他与上市公司存在利害关系的单位或个人的影响。独立董事原则上最多在5家上市公司兼任独立董事,并确保有足够的时间和精力有效地履行独立董事的职责。上市公司董事会成员中应当至少包括1/3的独立董事,其中至少包括1名会计专业人士(即具有高级职称或注册会计师资格的人士)。该《指导意见》对上市公司的独立董事制度作了如下规定:

1. 任职条件

担任独立董事应当符合下列基本条件:(1)根据法律、行政法规及其他有关规定,具备担任上市公司董事的资格;(2)具有《指导意见》所要求的独立性;(3)具备上市公司运作的基本知识,熟悉相关法律、行政法规、规章及规则;(4)具有5年以上法律、经济或者其他履行独立董事职责所必需的工作经验;(5)公司章程规定的其他条件。

2. 资格限制

根据《指导意见》的规定,下列人员不得担任独立董事:(1)在上市公司或者其附属企业任职的人员及其直系亲属、主要社会关系(直系亲属是指配偶、父母、子女等;主要社会关系是指兄弟姐妹、岳父母、儿媳女婿、兄弟姐妹的配偶、配偶的兄弟姐妹等);(2)直接或间接持有上市公司已发行股份1%以上或者是上市公司前10名股东中的自然人股东及其直系亲属;(3)在直接或间接持有上市公司已发行股份5%以上的股东单位或者在上市公司前5名股东单位任职的人员及其直系亲属;(4)最近1年内曾经具有前三项所列举情形的人员;(5)为上市公司或者其附属企业提供财务、法律、咨询等服务的人员;(6)公司章程规定的其他人员;(7)中国证监会认定的其他人员。

3. 董事任期

独立董事每届任期与该上市公司其他董事任期相同,任期届满,连选可以连任,但是连任时间不得超过6年。独立董事连续3次未亲自出席董事会会议的,由董事会提请股东大会予以撤换。

4. 特别职权

独立董事除行使公司董事的一般职权外,还被赋予以下特别职权:(1)重大关联交易(指上市公司拟与关联人达成的总额高于300万元或高于上市公司最近经审计净资产值的5%的关联交易)应由独立董事认可后,提交董事会讨论;独立董事作出判断前,可以聘请中介机构出具独立财务顾问报告,作为其判断的依据。(2)向董事会提议聘用或解聘会计师事务所。(3)向董事会提请召开临时股东大会。(4)提议召开董事会。(5)独立聘请外部审计机构和咨询机构。(6)可以在股东大会召开前公开向股东征集投票权。

5. 其他权利

独立董事除履行上述职责外,还应当对以下事项向董事会或股东大会发表独立意见:(1)提名、任免董事;(2)聘任或解聘高级管理人员;(3)公司董事、高级管理人员的薪酬;(4)上市公司的股东、实际控制人及其关联企业对上市公司现有或新发生的总额高于300万元或高于上市公司最近经审计净资产值的5%的借款,或其他资金往来,以及公司是否采取有效措施回收欠款;(5)独立董事认为可能损害中小股东权益的事项;(6)公司章程规定的其他事项。独立董事应当就上述事项发表以下几类意见:同意;保留意见及其理由;反对意见及其理由;无法发表意见及其障碍。如有关事项属于需要披露的事项,上市公司应当将独立董事的意见予以公告,独立董事出现意见分歧无法达成一致时,董事会应将各独立董事的意见分别披露。

六、董事、监事、高级管理人员的资格、义务和责任

(一)董事、监事、高级管理人员的资格

1. 身份限制

对于董事的身份限制,实质是指董事是否由法人或自然人担任的问题。对此,《公司法》并没有作出规定,一般认为,法人或自然人可以担任董事,但法人担任董事的,必须指定一名有行为能力的自然人为其代表,自然人担任董事的,必须具备相应的民事行为能力。

2. 兼职限制

国有独资公司的董事长、副董事长、董事、高级管理人员,未经国有资产监督管理机构同意,不得在其他有限责任公司、股份有限公司或者其他经济组织兼职。

3. 品行限制

根据我国《公司法》第146条的规定,有下列情形之一的,不得担任公司的董事、监事、高级管理人员:(1)无民事行为能力或者限制民事行为能力;(2)因贪污、贿赂、侵占财产、挪用财产或者破坏社会主义市场经济秩序,被判处刑罚,执行期满未逾5年,或者因犯罪被剥夺政治权利,执行期满未逾5年;(3)担任破产清算的公司、企业的董事或者厂长、经理,对该公司、企业的破产负有个人责任的,自该公司、企业破产清算完结之日起未逾3年;(4)担任因违法被吊销营业执照、责令关闭的公司、企业的法定代表人,并负有个人责任的,自该公司、企业被吊销营业执照之日起未逾3年;(5)个人所负数额较

大的债务到期未清偿。公司违反前款规定选举、委派董事、监事或者聘任高级管理人员的,该选举、委派或者聘任无效。董事、监事、高级管理人员在任职期间出现本条第1款所列情形的,公司应当解除其职务。

上述规定情形中的第二至五项即是对董事、监事和高级管理人员的品行限制。

4. 其他限制

根据我国《公务员法》关于国家公务员不得从事营利性活动和不得在公司内兼职的规定,应当认为国家公务员不能兼任公司董事。此外,根据我国《公司法》的规定,公司董事和高级管理人员不得兼任监事。

(二)董事、监事、高级管理人员的义务

1. 忠实义务

公司董事、监事及高级管理人员应负的忠实义务包括如下内容:(1)禁止获得非法利益。即董事、监事、高级管理人员在行使职权处理事务时,应维护公司和股东利益,自己不能从中获利。(2)禁止越权挪用公司资金。即作为公司经营权的具体行使者,公司董事、高级管理人员必须合法使用公司资金,保证公司各项行为符合其宗旨所定的范围。(3)竞业禁止义务。竞业禁止义务,是指公司董事、高级管理人员不得擅自经营与其所任职公司同类的业务。(4)禁止与本公司交易或篡夺公司机会。与本公司交易,是指董事、高级管理人员以自己为一方当事人与本公司订立合同或者进行交易而从中牟利的行为。篡夺公司机会,是指公司董事、高级管理人员把属于公司的商业机会转归自己而从中取利。我国《公司法》对于此两种行为的态度采取了有条件的许可制度。(5)禁止擅自披露公司秘密。擅自披露公司秘密,是指未经公司允许,而将其掌握的公司秘密泄露的行为。这里的"公司秘密"通常是指公司采取了适当手段加以保密的各项技术秘密、商业秘密、管理诀窍、财务秘密、各种内部文件、决定及意向等。《公司法》第148条同时规定了董事、高级管理人员违反忠实义务所得收入应当归公司所有。

鉴于上市公司的特殊性,我国《刑法》第169条第1款规定了上市公司的董事、监事、高级管理人员违背对公司忠实义务的刑事责任。

2. 勤勉义务

董事、监事、高级管理人员的勤勉义务,如股东会或者股东大会要求董事、监事、高级管理人员列席会议的,董事、监事、高级管理人员应当列席并接受股东的质询。董事、高级管理人员应当如实向监事会或者监事提供有关情况和资料,不得妨碍监事会或者监事行使职权。

3. 董事、监事、高级管理人员的民事责任

(1)董事、监事、高级管理人员的民事责任种类。按照董事、监事、高级管理人员承担民事责任的对象,可以将其承担的民事责任分为对公司承担的民事责任、对股东承担的民事责任和对第三人承担的民事责任三种。① 对公司的责任。董事、监事、高级管理

人员对公司的民事责任,实质上是其违反法律、行政法规或者公司章程规定,违法行使职权损害公司利益时的赔偿责任。② 对股东的责任。董事、监事、高级管理人员对股东的民事责任,实质上是其违反法律、行政法规或者公司章程的规定,违法行使职权,损害股东利益时应当承担的赔偿责任。③ 对第三人的责任。对于董事、高级管理人员滥用权力致使第三人(如公司债权人)遭受损害的行为,应否承担责任,理论界意见尚不统一,各国的立法实践也不一致。但要求董事、高级管理人员与公司对第三人共负连带赔偿责任,是现代公司法的发展趋势。(2)对董事、监事、高级管理人员的责任追究方式。对董事、监事、高级管理人员的责任追究方式是对其提起诉讼,即通过诉讼的方式来追究其损害赔偿责任。

第四节 公司财务、会计制度

一、公司财务、会计制度的建立

公司股东、债权人等公司的利害关系人,最关心的是公司的经营、盈利等情况,而关心、了解公司的情况主要通过财务、会计资料来实现。所以,公司的财务、会计管理必须合法、规范、明确,只有这样,财务会计资料才能保证真实、有意义,股东和债权人等利害关系人的权益才会得到切实的保障。所以,公司应当依照法律、行政法规和国务院财政主管部门的规定建立本公司的财务、会计制度。

公司应当在每一会计年度终了时制作财务会计报告,并依法经会计师事务所审计。财务会计报告应依照法律、行政法规和国务院财政部门的规定制作。有限责任公司应按公司章程规定的期限将财务会计报告报送股东。股份有限公司的财务会计报告应在召开股东大会年会的20日以前置备于本公司,供股东查阅。公开发行股票的股份有限公司必须公告其财务会计报告。

二、公司利润分配

公司利润是公司在一定时期内(一般是1年)生产经营的财务成果,包括营业利润、投资收益及营业外收支净额。利润分配的原则和顺序如下:(1)弥补以前年度亏损,但不得超过税法规定的弥补年限。(2)缴纳所得税。(3)依第(1)项仍不足以弥补以前年度公司亏损的,弥补仍存在的亏损。(4)依法提取法定公积金。公司应提取税后利润的百分之十列入公司法定公积金。《公司法》规定,法定公积金累计额为公司注册资本的50%以上的,可不再提取。公积金用于弥补公司的亏损、扩大公司生产经营或者转为增加公司资本。但法定公积金转为资本时,所留存的该项公积金不得少于转增前公司注册资本的25%。(5)向股东分配利润。有限责任公司依股东出资比例或公司章程的规定进行分配,股份有限公司依股东持有的股份比例进行分配。

第五节 公司的合并、分立和终止

一、公司合并

公司合并,是指两个或两个以上的公司之间通过订立合并协议,依照法定程序归并为其中的一个公司或创设另一个新的公司的法律行为。

(一)公司合并的方式

公司合并的法定形式有吸收合并和新设合并两种。吸收合并,是指一个公司吸收其他公司,被吸收的公司解散的法律行为。新设合并,是指两个或两个以上的公司合并设立一个新的公司,合并各方解散的法律行为。

(二)公司合并的程序

(1)依法订立合并协议。(2)通过合并决议。(3)编制资产负债表和财产清单。合并各方都应按照规定编制资产负债表和财产清单。(4)通知和公告债权人。公司应当自作出合并决议之日起10日内通知债权人,并于30日内在报纸上公告。债权人自接到通知书之日起30日内,未接到通知书的自公告之日起45日内,可以要求公司清偿债务或者提供相应的担保。(5)召开股东(大)会或创立大会。(6)办理合并登记。因合并、分立而存续的公司,其登记事项发生变化的,应当申请变更登记;因合并、分立而解散的公司,应当申请注销登记;因合并、分立而新设立的公司,应当申请设立登记。公司合并、分立的,应当自公告之日起45日后申请登记。

二、公司分立

公司分立,是指一个公司依法定程序分为两个或两个以上公司的法律行为。

(一)公司分立的方式

关于公司分立方式,我国《公司法》没有作出明确的规定,但根据实践,公司的分立可以分为新设分立和派生分立两种。

新设分立又称分解分立或解散分立,是指将一个公司的资产进行分割,然后分别设立两个或两个以上的公司,原公司因此而消灭。派生分立,又称存续分立、分解分立或分拆分立,是指在不消灭原公司的基础上,将原公司资产分出一部分或若干部分而再成立一个或数个公司的行为。

(二)公司分立的程序

公司的分立是一个公司依法所为的单独行为,无须与其他第三方协商,这是分立与合并的显著区别。但公司分立与公司、股东、债权人甚至雇员关系重大,因此必须依照法定程序进行。公司分立的程序包括在股东(大)会作出特别决议、通知和公告债权人、订立内部分立协议、编制资产负债表及财产清单、办理工商登记等环节。除了通知和公告债权人、内部分立协议内容有其特殊要求外,其他环节与公司合并的程序要求基本一致。

三、公司终止与清算

（一）公司终止及其原因

1. 公司终止的概念

公司终止是指按照法定程序使公司法人资格归于消灭的事实状态或法律结果。作为一种事实状态或法律结果，公司终止具有自己的鲜明特征，表现在：(1) 公司终止导致公司的消灭。(2) 公司终止必须依据法定程序进行。(3) 公司终止必须经过清算程序。

2. 公司终止的原因

公司终止的原因，概括起来有解散和破产两大原因。

（1）解散。公司解散是指公司因发生章程规定或法律规定的除破产以外的终止事由而停止业务活动，并进行清算的状态和过程。我国《公司法》第180条规定，公司解散原因有：① 公司章程规定的营业期限届满或者公司章程规定的其他解散事由出现；② 股东会或者股东大会决议解散；③ 因公司合并或者分立需要解散；④ 依法被吊销营业执照、责令关闭或者被撤销；⑤ 人民法院依照《公司法》第182条的规定予以解散。上述原因中，④属于强制解散，其他属于自愿解散。

（2）破产。公司破产是指公司的全部资产不足以抵偿债务或不能清偿到期债务的一种事实和法律状态。在此种情况下，公司被依法宣告破产并对其全部财产强制进行清算分配，导致公司终止。

3. 公司清算程序

公司的清算，是指公司被解散或被宣告破产后，依照法律规定了结其事务，收回其债权，清偿其债务并分配财产，最终使其消灭的法定程序。除因合并或分立而解散外，其余原因导致的公司终止，均须经过清算程序。根据我国《公司法》及相关法律、法规的规定，公司清算主要包括以下程序：

（1）组成清算组。公司在除合并、分立之外的自愿解散中，自解散决定作出后15日内成立清算组。逾期不成立清算组进行清算的，债权人可以申请人民法院指定有关人员组成清算组进行清算。破产清算的，按照《民事诉讼法》和《破产法》等规定组织清算。

（2）通知、公告债权人并进行债权登记。清算组应当自成立之日起10日内通知债权人，并于60日内在报纸上公告。债权人应当自接到通知书之日起30日内，未接到通知书的自公告之日起45日内，向清算组申报其债权；债权人申报其债权，应当说明债权的有关事项，并提供证明材料，清算组应当对债权进行登记。

（3）清理公司财产和负债，分别编制资产负债表和财产清单。清算组要全面清理公司财产，包括公司的固定资产和流动资产、有形资产和无形资产、债权和债务等。在全面清理公司财产的基础上，清算组应当分别编制资产负债表和财产清单，作为下一步工作的基础。清算组在清理公司财产、编制资产负债表和财产清单后，还应当制订清算方案，并报股东（大）会或人民法院确认。

（4）特殊情况下，向人民法院申请宣告破产。清算组在清理公司财产、编制资产负债表和财产清单后，发现公司财产不足清偿债务的，应当依法向人民法院申请宣告破产。公司经人民法院裁定宣告破产后,清算组应当将清算事务移交给人民法院。公司被依法宣告破产的,依照有关企业破产的法律实施破产清算。

(5)制订清算方案,并经清算主管机关确认。清算组在清理公司财产、编制资产负债表和财产清单后,要提出合理的财产估价方案,计算出公司可分配财产的数额,并提出清算方案,报清算主管机关即股东(大)会或者人民法院确认。

(6)分配财产。公司的清算方案经确认后,清算组即可按照公司法规定的顺序分配公司财产:① 支付清算费用;② 支付职工的工资、社会保险费用和法定补偿金;③ 缴纳所欠税款以及清算过程中产生的税款;④ 清偿公司债务;⑤ 向股东分配剩余财产。

(7)清算终结。公司清算结束后,清算组应当制作清算报告,报股东会、股东大会或者人民法院确认,并报送公司登记机关,申请注销公司登记,公告公司终止。

第六节 法律责任

一、公司及其有关人员违反公司法的法律责任

(一)公司及其有关人员违反公司登记管理的法律责任

(1)根据我国《公司法》第198条的规定,虚报注册资本、提交虚假材料或者采取其他欺诈手段隐瞒重要事实取得公司登记的,由公司登记机关责令改正,对虚报注册资本的公司,处以虚报注册资本金额5%以上15%以下的罚款;对提交虚假材料或者采取其他欺诈手段隐瞒重要事实的公司,处以五万元以上五十万元以下的罚款;情节严重的,撤销公司登记或者吊销营业执照。

(2)根据我国《公司法》第210条的规定,未依法登记为有限责任公司或者股份有限公司而冒用有限责任公司或者股份有限公司名义的,或者未依法登记为有限责任公司或者股份有限公司的分公司,而冒用有限责任公司或者股份有限公司的分公司名义的,由公司登记机关责令改正或者予以取缔,可以并处10万元以下的罚款。

(3)根据我国《公司法》第211条的规定,公司成立后无正当理由超过6个月未开业的,或者开业后自行停业连续6个月以上的,可以由公司登记机关吊销营业执照。

(4)根据我国《公司法》第212条的规定,公司登记事项发生变更时,未依照本法规定办理有关变更登记的,由公司登记机关责令限期登记;逾期不登记的,处以1万元以上10万元以下的罚款。

(二)违反关于财务、会计的规定的法律责任

根据我国《公司法》第201条的规定,在法定的会计账簿以外另立会计账簿的,由县级以上人民政府财政部门责令改正,处以5万元以上50万元以下的罚款。

公司在依法向有关主管部门提供的财务会计报告等材料上作虚假记载或者隐瞒重要事实的,由有关主管部门对直接负责的主管人员和其他直接责任人员处以3万元以上30万元以下的罚款。

公司不依照我国《公司法》规定提取法定公积金的,由县级以上人民政府财政部门

责令如数补足应当提取的金额,可以对公司处以 20 万元以下的罚款。

公司在合并、分立、减少注册资本或者进行清算时,不依照我国《公司法》规定通知或者公告债权人的,由公司登记机关责令改正,对公司处以 1 万元以上 10 万元以下的罚款。

公司在进行清算时,隐匿财产,对资产负债表或者财产清单作虚假记载或者在未清偿债务前分配公司财产的,由公司登记机关责令改正,对公司处以隐匿财产或者未清偿债务前分配公司财产金额 5% 以上 10% 以下的罚款;对直接负责的主管人员和其他直接责任人员处以 1 万元以上 10 万元以下的罚款。

公司在清算期间开展与清算无关的经营活动的,由公司登记机关予以警告,没收违法所得。

二、公司发起人、股东违反公司法的法律责任

公司的发起人、股东虚假出资,未交付或者未按期交付作为出资的货币或者非货币财产的,由公司登记机关责令改正,处以虚假出资金额 5% 以上 15% 以下的罚款。

公司的发起人、股东在公司成立后,抽逃其出资的,由公司登记机关责令改正,处以所抽逃出资金额 5% 以上 15% 以下的罚款。

三、承担资产评估、验资或者验证的机构违反公司法的法律责任

承担资产评估、验资或者验证的机构提供虚假材料的,由公司登记机关没收违法所得,处以违法所得 1 倍以上 5 倍以下的罚款,并可以由有关主管部门依法责令该机构停业、吊销直接责任人员的资格证书,吊销营业执照。

承担资产评估、验资或者验证的机构因过失提供有重大遗漏的报告的,由公司登记机关责令改正,情节较重的,处以所得收入 1 倍以上 5 倍以下的罚款,并可以由有关主管部门依法责令该机构停业、吊销直接责任人员的资格证书,吊销营业执照。承担资产评估、验资或者验证的机构因其出具的评估结果、验资或者验证证明不实,给公司债权人造成损失的,除能够证明自己没有过错的外,在其评估或者证明不实的金额范围内承担赔偿责任。

四、公司登记机关违反公司法的法律责任

公司登记机关对不符合我国《公司法》规定条件的登记申请予以登记,或者对符合本法规定条件的登记申请不予登记的,对直接负责的主管人员和其他直接责任人员,依法给予行政处分。

公司登记机关的上级部门强令公司登记机关对不符合本法规定条件的登记申请予以登记,或者对符合本法规定条件的登记申请不予登记的,或者对违法登记进行包庇的,对直接负责的主管人员和其他直接责任人员依法给予行政处分。

违反我国《公司法》规定的上述行为,构成犯罪的,依法追究刑事责任。

五、外国公司违反公司法的责任

外国公司违反我国《公司法》规定,擅自在中国境内设立分支机构的,由公司登记机关责令改正或者关闭,可以并处 5 万元以上 20 万元以下的罚款。

 复习思考题

1. 简述公司与合伙企业、个人独资企业的异同。
2. 公司独立性的含义是什么?
3. 简述设立有限公司应具备的基本要素。
4. 简述股东出资的基本形式和要求。
5. 比较有限责任公司与股份有限公司的异同。
6. 试述公司组织机构的组成、职权、议事规则。

第五章

证券法律制度

重点与难点

本章重点：证券、证券市场、证券法的适用范围、证券发行、交易的原则、证券发行注册制度、证券交易、信息披露、投资者保护制度。

本章难点：证券发行和交易；证券发行、交易活动的禁止行为；投资者的保护制度。

第一节 证券概述

一、证券

(一) 证券的概念

证券是多种经济权益凭证的统称，是用来证明券票持有人享有的某种特定权益的法律凭证。证券的概念有广义和狭义之分。广义的证券是指以证明或设定权利为目的而做成的凭证，即指各类记载并代表一定权利的法律凭证的统称。它表现为证券持有人或第三人有权取得该证券拥有的特定权益，或证明其曾经发生过的行为。狭义的证券是指以一定书面形式或其他形式记载并代表特定民事权利的书面凭证。

我国1998年颁布的《证券法》[①]对证券概念未作明确定义，而是以列举的方式规定了证券的种类及范围，其第2条规定："在中国境内，股票、公司债券和国务院依法认定的其他证券的发行和交易，适用本法。本法未规定的，适用公司法和其他法律、行政法规的规定。政府债券的发行和交易，由法律、行政法规另行规定。"为适应证券市场发展的需要，2005年新修订的《证券法》第2条第2款和第3款增加了关于证券投资基金和

---

① 我国《证券法》于1998年12月29日第九届全国人大常委会第六次会议通过，根据2004年8月28日第十届全国人大常委会第十一次会议《关于修改〈中华人民共和国证券法〉的决定》第一次修正，2005年10月27日第十届全国人大常委会第十八次会议第一次修订，根据2013年6月29日第十二届全国人大常委会第三次会议《关于修改〈中华人民共和国文物保护法〉等十二部法律的决定》第二次修正，根据2014年8月31日第十二届全国人大常委会第十次会议《关于修改〈中华人民共和国保险法〉等五部法律的决定》第三次修正，2019年12月28日第十三届全国人大常委会第十五次会议第二次修订。

证券衍生品种的规定,从而使我国证券法所调整的证券种类和范围进一步扩大,并从根本上改变了原《证券法》只作为股票现货交易法的地位。2014年修正后的《证券法》采纳狭义证券概念,其第2条规定,在中国境内,股票、公司债券和国务院依法认定的其他证券的发行和交易,适用本法。2019年第二次修订的《证券法》采取了折中办法,是在狭义证券的基础上作了扩展,证券除了包括股票、公司债券外,也将存托凭证明确规定为法定证券,同时将资产支持证券和资产管理产品写入《证券法》,授权国务院按照证券法的原则规定资产支持证券、资产管理产品发行、交易的管理办法[①]。

(二)证券的特征

(1)它是一种投资凭证。证券作为投资者权利的载体,可以证明投资者的投资,同时代表了投资者的一定权利,如请求分配红利的权利、还本付息的权利、参加股东大会的权利等,投资者据此可以行使凭证上的一切权利。

(2)它是一种权益凭证。证券是一定权益的体现,投资者凭券获取相应收益,如股息分红、债息收入、基金分红、获得送股或赠股等。它既有收益性,又有风险性。投资不同的证券,收益不同,风险亦不相同。

(3)它是一种可转让的权利凭证。证券持有者可以随时将证券转让出卖,以实现自身权利。证券的可转让性,即流通性,是证券的本质属性。

(4)它是一种要式凭证。证券是具有一定形式要求的凭证,传统意义上的凭证一般须采用书面形式,并对样式或格式、记载内容以及签章有所规范。现代证券大多实行电子化或簿记方式,虽然证券的载体发生变化,但证券的要式性依然存在,如电子输入中的代码以及密码,是电子证券中不可缺少的基本要素。

(三)我国证券法上的证券种类

根据我国《证券法》的规定,我国证券法上的证券主要是股票、公司债券以及国务院依法认定的其他证券。目前,我国证券市场上发行和流通的证券,主要有以下几种:股票、公司债券、存托凭证、政府债券、证券投资基金份额。

我国证券法的调整对象涵盖了股票、公司债券、政府债券、证券投资基金份额以及国务院认定的其他证券。但应注意的是,证券法对这些证券的调整程度有所不同。股票、公司债券、存托凭证和国务院依法认定的其他证券的发行和交易,均由证券法调整;证券法未规定的,适用我国《公司法》和其他法律、行政法规的规定。对政府债券、证券投资基金份额,证券法只调整其上市交易,其发行则由其他法律、行政法规另行规定。对资产支持证券、资产管理产品的发行、交易,则授权国务院依照证券法的原则另行规定。

[①] 《证券法》第2条规定,在中华人民共和国境内,股票、公司债券、存托凭证和国务院依法认定的其他证券的发行和交易,适用本法;本法未规定的,适用《公司法》和其他法律、行政法规的规定。政府债券、证券投资基金份额的上市交易,适用本法;其他法律、行政法规另有规定的,适用其规定。资产支持证券、资产管理产品发行、交易的管理办法,由国务院依照本法的原则规定。

二、证券市场

（一）证券市场的概念

证券市场是证券发行与交易活动场所的总称。它由金融工具、交易场所以及市场参与主体等要素构成，是现代金融市场极其重要的组成部分。

（二）证券市场的主体

证券市场的主体是指参与证券市场活动的各种法律主体，包括证券发行主体、证券投资主体、证券服务中介机构、证券业自律组织和证券监管机构。

（1）证券发行主体，通常是指证券发行人，一般包括公司、企业、金融机构、基金组织、政府等。

（2）证券投资主体，通常是指证券投资人，一般分为个人投资者和机构投资者。机构投资者一般包括公司、企业、金融机构、基金组织、政府机构等。

（3）证券服务中介机构，通常是指为证券发行与交易提供服务的各种中介机构，一般包括证券交易所、证券登记结算机构、证券公司、证券服务机构。证券交易所是为证券发行和交易提供场所和设施服务的机构，通常依法兼有部分证券监管职责。证券登记结算机构是为证券发行和交易提供登记、保管、结算、过户等服务的中介机构。证券公司是为证券发行和交易提供证券承销服务与证券买卖代理服务的中介机构。证券服务机构是指为证券发行、交易提供各种其他服务的中介机构，一般包括投资咨询机构、财务顾问机构、资信评级机构、资产评估机构、会计师事务所、律师事务所等。

（4）证券业自律组织，通常是指证券业行业协会，如证券业协会、交易所协会等。

（5）证券监管机构，通常是指依法设置的对证券发行与交易实施监督管理的机构，如中国证券监督管理委员会。

（三）证券市场的功能

证券市场具有独特的功能，在市场经济中起着十分重要的作用。

（1）桥梁功能。证券市场是联系资金供应者与资金需求者的桥梁。证券市场提供经常性和统一性的市场，使证券发行者、证券购买者、证券转让者和中间机构得以通过这个市场联系起来，并使证券的发行与流通顺利进行。

（2）融资功能。证券市场为企业提供了筹集社会资金的重要渠道。企业可以通过证券市场直接融资，其所能达到的筹资规模和速度是企业依靠自身积累和银行贷款无法比拟的。企业在证券市场上发行股票和债券，能够迅速地把社会闲散资金集中起来，形成巨额的、可供长期使用的资本，用于社会化的大生产和大规模经营。

（3）投资功能。证券市场为投资者提供了投资渠道。大量的社会闲散资金通过证券市场投资于各种证券，并获得风险投资收益。证券市场的投资功能是证券市场赖以存在和发展的基础。失去投资功能的证券市场难以吸引投资者，没有了投资者，证券市场将成为无源之水、无本之木，其融资功能将会逐渐萎缩，亦难以持续发展。

（4）资源配置功能。证券市场可以优化资源配置。投资者投资证券一般要通过各种证券在市场上表现出的收益率差别,以及发行者所公布的各种财务信息,决定资金的投向。投资者往往抛弃收益率低、缺乏增长潜力的证券,购买收益率高、具有高成长性的证券。这种趋利行为,使效益好、具有发展前景的企业得到充裕的发展资金,而效益差、没有发展前景的企业资金匮乏,难以发展,以致被淘汰或被兼并,从而发挥出优化资源配置的功能。同时,也促使企业改善经营管理,提高企业效益。

(5) 晴雨表与杠杆功能。所谓晴雨表功能,是指成熟的证券市场能够充分反映国民经济运行的状况,为政府的宏观调控与决策提供重要依据;所谓杠杆功能是指证券市场为政府实施宏观经济政策提供重要途径。中央银行往往利用证券市场实施货币政策,通过在证券市场上进行公开市场操作,影响证券市场的交易活动,进而控制货币供应量,以实施宏观经济政策。当政府需要刺激经济活动,从而增加货币供应量时,可在证券市场购进大量证券,即投放货币;反之则售出大量证券,即回收货币。证券市场为公开市场操作提供了杠杆。

第二节 证券法概述

一、证券法的概念与特征

(一) 证券法的概念

证券法是调整证券市场的参与者在证券的募集、发行、交易、服务、监督管理过程中所发生的社会经济关系的法律规范的总称。

(二) 证券法的特征

证券法作为调整证券法律关系的规范,具有以下特征:

(1) 证券法规范主要是强制性规范。证券法的规范既有强制性,也有任意性,但以强制性为主。如强制发行人公开披露信息,禁止从事内幕交易、操纵市场、欺诈客户、虚假陈述等欺诈行为。证券法的强制性还体现在严格的法律责任上。违反证券法的法律责任,不仅有民事责任,还有行政责任、刑事责任。

(2) 证券法具有较强的技术性。证券的发行和交易必须遵守一定的规则,才能保证证券发行和交易的公平、安全、快捷、有效。证券法中包含了大量的技术性操作规则,如证券交易集合竞价规则、持股信息披露规则、上市公司要约收购规则等,均具有较强的技术性。

(3) 证券法是公法与私法的结合。一般认为,公法规定的是国家或其他公共团体间的相互关系,以及国家或其他公共团体与私人之间的相互关系,公法保护的是公共利益。私法则是规定私人间或私人团体之间的相互关系,保护的是私人或私人团体利益。私法与公法本是水火不容的关系,但随着社会的发展,二者出现相容之势。证券法既调整证券发行人、证券承销商、证券交易所、投资者之间的平等主体关系,又调整国家证券管理机构与证券市场参与者之间的监督管理关系。

(4) 证券法是实体法与程序法的结合。证券法中有证券发行人、证券商、投资者及其他主体的权利、义务及法律责任等规范属证券法的实体法规范;而证券的发行、上市、交易、收购等程序规定则属于证券法的程序法规范。

(5)证券法是具有一定国际性的法律规范。金融国际化促进了国际证券业的相互合作,证券法的诸多基本概念和基本模式在世界各国大体相同,各国的证券法亦开始兼顾国际上的通行做法,我国的证券立法也在逐步与国际惯例接轨。所以,证券法呈现出一定的国际性,如各国证券法规定的证券交易规则趋向一致,公开原则为大多数国家的证券立法所采纳。

二、证券法的基本原则

证券法的基本原则是证券法的立法精神的体现,是证券发行、证券交易和证券管理活动必须遵循的最基本的准则,它贯穿证券立法、执法和司法活动的始终。

(一)公开原则

公开原则是证券法的核心和精髓所在。公开原则不仅是证券发行和交易活动应遵循的基本原则之一,也是对证券市场进行监管的有效手段。由于证券市场是一个信息不对称的市场,大多数投资者只能依靠从公开渠道所获取的与证券有关的信息作出投资决策判断,只有依法将与证券有关的一切真实信息向公众公开,投资者在从事证券投资时,才能作出准确的判断。证券法的公开原则所包含的内容是多方面的,凡是与证券和证券市场有关的一切活动与信息都应当公开。信息披露是公开原则的核心内容。信息披露涉及的内容极为广泛,包括证券发行人情况、上市公司重大变更事项、上市公司经营活动及财务状况、上市公司收购与兼并情况,以及其他可能影响证券市场价格的有关信息。信息披露的目的在于增强证券市场的透明度,保证向证券市场的投资公众提供及时、充分、准确的信息,使投资者能够公开地获得同样的信息,公平地参与投资竞争。

(二)公平原则

公平的含义是指在证券发行和交易活动中,发行人、投资人、证券商和证券服务机构的法律地位平等,合法权益受到公平保护,不能因为投资数额多寡、交易量的大小、居住地的不同,而受到差别待遇。公平原则要求机会均等,平等竞争,为所有市场参与者创造一个公平竞争的环境。按照公平原则,发行人有公平的筹资机会,证券经营机构在证券市场中有公平的竞争机会,投资者享有公平的交易机会。在证券交易所内,本地会员和外地会员的法律地位应当相同。

(三)公正原则

公正原则是指在证券发行和交易中,应制定和遵守公正的规则,证券监管机关和司法机关应公正地适用法律法规,对当事人应公正平等地对待,不偏袒任何一方。公正原则是实现公开、公平原则的保障,与公平原则所不同的是,公正原则主要是针对证券市场的立法者、执法者和司法者而言的,强调对其行为进行约束。公正原则的实质在于使不同的证券市场主体获得公正的对待,禁止任何人在证券发行和交易中以其特权或优势获得不正当的利益,使对方当事人蒙受不公正的损失。

(四) 平等、自愿、有偿和诚实信用原则

证券发行、交易活动的当事人具有平等的法律地位,应当遵守自愿、有偿、诚实信用原则。这一原则是一般私法原则在证券法中的体现。

平等,是指参与证券发行和交易活动的当事人享有独立的法律人格,在具体的发行、交易关系中地位平等,能够独立地作出自己的意思表示,其合法权益受到法律的平等保护。平等,既包括自然人之间的平等、法人之间的平等,也包括自然人和法人之间的平等。

自愿,是指当事人按照自己的意愿参与证券的发行和交易活动,依法行使自己的民事权利,任何人不得非法干涉。由于证券发行、交易活动的当事人在发行和交易活动中具有平等的法律地位,因此当事人是否参加或参加何种证券发行、交易活动应完全根据自己的判断作出真实意思表示。在他人的欺骗、威吓和胁迫下所进行的证券发行和交易活动,都将因违反自愿原则而无效。当然,自愿原则要以合法为前提。

有偿,是指从事证券发行和交易的当事人应当按照价值规律的要求进行等价交换。证券发行、交易活动的当事人在法律上的平等地位,反映在经济利益上就是有偿交换。除法律、行政法规另有规定或合同另有约定之外,取得他人的证券或获得他人在证券发行、交易活动中提供的服务,必须向对方支付相应的价款或酬金。任何人不得无偿占有、剥夺他人的证券权益。

诚实信用原则简称诚信原则,是指民事主体在从事民事活动时,应讲诚实、守信用,以善意的方式履行其义务,不得滥用权利及规避法律或合同规定的义务。这一原则是民商法基本原则在证券法中的体现,要求证券当事人在证券发行和交易活动中应诚实守信,以最大的善意从事证券活动,任何人不得滥用权利,禁止欺诈行为,禁止内幕交易,禁止操纵市场,禁止一切误导、损害他人利益的行为。任何弄虚作假,隐瞒、遗漏真实情况,误导性行为,以及违背承诺的行为都是违反诚实信用原则的,应当承担相应的法律责任。

(五) 遵守法律和禁止欺诈原则

守法原则是指证券的发行和交易活动必须遵守法律和行政法规,如证券的发行应当符合法律、行政法规所规定的条件和程序等规定;禁止欺诈主要是指法律禁止内幕交易、操纵市场、欺诈客户等证券欺诈行为。

第三节 证券发行制度

一、证券发行的概念与特征

证券发行是指发行人以筹集资金为直接目的,依照法定程序和条件向投资人销售证券的一系列行为的总称。证券发行具有如下特征:

第一,证券发行以筹集资金为目的。证券发行是一种直接融资方式,有别于从银行筹集资金的间接融资方式。政府、企业、金融机构通过证券发行市场筹集社会闲散资金,用于国家建设和企业的生产经营是证券发行的基本目的,同时也是调整企业产权结构的重要手段。

第二,证券的发行必须符合法律所设定的条件和程序。这包括对发行人资格的要求和发行条件的限制。现行《证券法》也设立了专章对证券发行进行规定。证券发行须遵守法定的程序,包括发行决议、发行申请与发行审核等。

第三,证券的发行在实质上表现为一种证券的销售行为。这种证券的销售行为包括证券的募集和证券的发行。证券的募集是发起人在公司成立前,或发行公司在发行前,向社会公开招募或向特定人招募证券的行为。证券的发行是指发行人在募集后制作并交付证券的行为。这里可称为狭义的证券发行。

二、证券发行注册制度

证券发行市场管理的宗旨是保护投资人的利益,维护证券市场的秩序,防止证券欺诈行为。为了实现这一宗旨,各国都规定了一套有效的证券发行管理制度。其中,证券发行的审核制度占据着极为重要的地位。综观各国,审核制度主要有两种:注册制与核准制。

注册制,又称申报制、登记制、公开主义或形式主义,是指发行人在发行证券时,应当并且只需依法全面、准确地把投资人作出投资决策所需的重要信息资料予以充分完全的披露,向证券主管机关申报;证券主管机关对证券发行人发行证券并不作实质性审查,而仅对发行条件作形式要件的审查,审查的内容为发行人资料的真实性、准确性和完整性;发行人公开和申报有关信息材料后,若未受到证券主管机关的阻止,即可发行证券。

核准制,又称实质审查主义或实质管理原则,是指发行人不仅要依法全面、准确地把投资人作出投资决策所需的重要信息予以充分完全的披露,而且必须合乎法律、法规规定的实质条件,证券发行人只有在获得主管机关的核准后,才可开始发行证券;证券主管机关不仅审查发行人公开信息的真实性、准确性和完整性,而且对证券的投资价值进行实质性审查。

我国 2019 年《证券法》修订中,一项非常重要的改革就是全面推行注册制。这是中国资本市场发展过程中,对于发行制度的第三次改革,从最初的计划发行,到核准制,再到注册制。这次《证券法》修订,重点就是在证券发行时采取注册制,不再采用核准制,分步实施股票公开发行注册制改革,落实好公司债券公开发行注册制要求,完善证券公开发行注册程序。公司债券的发行条件也大幅度简化。在科创板实行注册制试点的基础上,总结上海证券交易所设立科创板并试点注册制的经验,按照全面推行注册制的基本定位,对证券发行制度作出修改完善。同时,考虑到注册制改革是一个渐进的过程,修订后的《证券法》也授权国务院对证券发行注册制的具体范围、实施步骤进行规定,为有关板块和证券品种分步实施注册制留出了必要的法律空间。按照国务院的规定,证券交易所等可以审核公开发行证券申请,判断发行人是否符合发行条件、信息披露要求,督促发行人完善信息披露内容。

三、证券的发行

（一）股票的发行

股票的发行分为设立发行和新股发行,二者的发行条件和程序并不完全一致。

1. 设立发行

《证券法》第 11 条规定,设立股份有限公司公开发行股票,应当符合《公司法》规定的条件和经国务院批准的国务院证券监督管理机构规定的其他条件,向国务院证券监督管理机构报送募股申请和下列文件:(1)公司章程;(2)发起人协议;(3)发起人姓名或者名称,发起人认购的股份数、出资种类及验资证明;(4)招股说明书;(5)代收股款银行的名称及地址;(6)承销机构名称及有关的协议。依照《证券法》规定聘请保荐人的,还应当报送保荐人出具的发行保荐书。法律、行政法规规定设立公司须报经批准的,还应当提交相应的批准文件。

2. 新股发行

《证券法》第 12 条规定,公司首次发行新股,应当符合下列条件：(1)具备健全且运行良好的组织机构;(2)具有持续盈利能力,财务状况良好;(3)最近三年财务会计文件无虚假记载,无其他重大违法行为;(4)经国务院批准的国务院证券监督管理机构规定的其他条件。上市公司非公开发行新股,应当符合经国务院批准的国务院证券监督管理机构规定的条件,并报送国务院证券监督管理机构核准。公开发行存托凭证的,应当符合首次公开发行新股的条件以及国务院证券监督管理机构规定的其他条件。

3. 募集资金的使用

公司对公开发行股票所募集资金,必须按照招股说明书或者其他公开发行募集文件所列资金用途使用;改变资金用途,必须经股东大会作出决议。擅自改变用途,未作纠正的,或者未经股东大会认可的,不得公开发行新股。

（二）公司债券的发行

1. 首次发行公司债券

公开发行公司债券应当具备以下条件:(1)健全且运行良好的组织机构;(2)最近三年平均可分配利润足以支付公司债券一年的利息;(3)国务院规定的其他条件。公开发行公司债券筹集的资金,必须按照公司债券募集办法所列资金用途使用;改变资金用途,必须经债券持有人会议作出决议。公开发行公司债券筹集的资金,不得用于弥补亏损和非生产性支出。

上市公司发行可转换为股票的公司债券,除应当符合前面所述条件外,还应当符合经国务院批准的国务院证券监督管理机构规定的条件。但是,按照公司债券募集办法,上市公司通过收购本公司股份的方式进行公司债券转换的除外。

2. 再次发行公司债券

再次发行公司债券除了应当符合《证券法》所规定的首次发行公司债券的条件之外,还应当遵守《证券法》关于再次发行公司债券的限制性规定。有下列情形之一的,不得再次公开发行公司债券:(1)对已公开发行的公司债券或者其他债务有违约或者延迟支付本息的事实,仍处于继续状态;(2)违反本法规定,改变公开发行公司债券所募集资金的用途。

四、证券发行的申请与注册

（一）证券发行的申请

1. 申请文件的格式、报送方式

设立公司公开发行新股,应当向国务院证券监督管理机构报送募股申请和下列文件:(1)公司营业执照;(2)公司章程;(3)股东大会决议;(4)招股说明书;(5)财务会计报告;(6)代收股款银行的名称及地址;(7)承销机构名称及有关协议。依照《证券法》规定聘请保荐人的,还应当报送保荐人出具的发行保荐书。法律、行政法规规定设立公司必须报经批准的,还应当提交相应的批准文件。

公司公开发行新股,应当报送募股申请和下列文件:(1)公司营业执照;(2)公司章程;(3)股东大会决议;(4)招股说明书或者其他公开发行募集文件;(5)财务会计报告;(6)代收股款银行的名称及地址。依照《证券法》规定聘请保荐人的,还应当报送保荐人出具的发行保荐书。依照本法规定实行承销的,还应当报送承销机构名称及有关的协议。

申请公开发行公司债券,应当向国务院授权的部门或者国务院证券监督管理机构报送下列文件:(1)公司营业执照;(2)公司章程;(3)公司债券募集办法;(4)国务院授权的部门或者国务院证券监督管理机构规定的其他文件。依照本法规定聘请保荐人的,还应当报送保荐人出具的发行保荐书。

发行人依法申请公开发行证券所报送的申请文件的格式、报送方式,由依法负责注册的机构或者部门规定。

2. 申请文件的真实性、准确性和完整性

发行人报送的证券发行申请文件,应当充分披露投资者作出价值判断和投资决策所必需的信息,内容应当真实、准确、完整。为证券发行出具有关文件的证券服务机构和人员,必须严格履行法定职责,保证所出具文件的真实性、准确性和完整性。

3. 申请文件的披露

发行人申请首次公开发行股票的,在提交申请文件后,应当按照国务院证券监督管理机构的规定预先披露有关申请文件。发行人作为信息披露第一责任人,应当按照《证券法》《国务院办公厅关于贯彻实施修订后的证券法有关工作的通知》(国办发〔2020〕5号)及中国证监会和证券交易所有关规定等相关规定,诚实守信,充分披露投资者作出价值判断和投资决策所必需的信息。发行人和其他信息披露义务人披露的信息应当真实、准确、完整,简明清晰,通俗易懂,不得有虚假记载、误导性陈述或者重大遗漏。

（二）证券发行的注册

1. 注册机构

国务院证券监督管理机构或者国务院授权的部门依照法定条件负责证券发行申请的注册。按照国务院的规定,证券交易所等可以审核公开发行证券申请,判断发行人是否符合发行条件、信息披露要求,督促发行人完善信息披露内容。

股票公开发行注册制改革应分步实施。证监会要会同有关方面依据修订后的《证券法》和《关于在上海证券交易所设立科创板并试点注册制的实施意见》的规定,进一步完善科创板相关制度规则,提高注册审核透明度,优化工作程序。研究制定在深圳证券交易所创业板试点股票公开发行注册制的总体方案,并及时总结科创板、创业板注册制改革经验,积极创造条件,适时提出在证券交易所其他板块和国务院批准的其他全国性证券交易场所实行股票公开发行注册制的方案。相关方案经国务院批准后实施。在证券交易所有关板块和国务院批准的其他全国性证券交易场所的股票公开发行实行注册制前,继续实行核准制,适用本次《证券法》修订前股票发行核准制度的规定。

公开发行公司债券应当依法经证监会或者国家发展改革委注册。依法由证监会负责作出注册决定的公开发行公司债券申请,由证监会指定的证券交易所负责受理、审核。依法由国家发展改革委负责作出注册决定的公开发行公司债券申请,由国家发展改革委指定的机构负责受理、审核。申请公开发行公司债券的发行人,除符合证券法规定的条件外,还应当具有合理的资产负债结构和正常的现金流量。依法参与证券发行申请注册的人员,不得与发行申请人有利害关系,不得直接或者间接接受发行申请人的馈赠,不得持有所注册的发行申请的证券,不得私下与发行申请人进行接触。

2. 审核注册程序

证监会指定的证券交易所等机构、国家发展改革委指定的机构按照规定受理、审核公开发行证券申请,主要通过审核问询、回答问题方式开展审核工作,督促发行人完善信息披露内容,并根据审核情况提出同意发行或终止审核的意见。证监会、国家发展改革委收到有关机构报送的审核意见、发行人注册申请文件及相关审核资料后,履行发行注册程序。相关证券公开发行注册的具体管理办法,由证监会、国家发展改革委制定发布。

公开发行公司债券,由证券交易所负责受理、审核,并报证监会履行发行注册程序。证券交易所重点审核判断发行人是否符合《证券法》《国务院办公厅关于贯彻实施修订后的证券法有关工作的通知》等规定的公司债券公开发行条件、本所规定的上市条件、中国证监会及本所有关信息披露要求,督促发行人完善信息披露内容。

证券交易所遵循依法合规、公开透明、便捷高效的原则,对申请文件实行电子化审核,确保审核透明,明确市场预期。审核通过的,由证券交易所将审核意见及相关申请文件报送中国证监会履行发行注册程序;审核不通过的,终止发行上市审核,并向发行人告知理由。根据《证券法》的规定,国务院证券监督管理机构或者国务院授权的部门应当自受理证券发行申请文件之日起三个月内,依照法定条件和法定程序作出予以注册或者不予注册的决定,发行人根据要求补充、修改发行申请文件的时间不计算在内。不予注册的,应当说明理由。

3. 公告

证券发行申请经注册后,发行人应当依照法律、行政法规的规定,在证券公开发行前公告公开发行募集文件,并将该文件置备于指定场所供公众查阅。发行证券的信息依法公开前,任何知情人不得公开或者泄露该信息。发行人不得在公告公开发行募集文件前发行证券。

4. 错误纠正及其责任

国务院证券监督管理机构或者国务院授权的部门对已作出的证券发行注册的决定,发现不符合法定条件或者法定程序,尚未发行证券的,应当予以撤销,停止发行。已经发行尚未上市的,撤销发行注册决定,发行人应当按照发行价并加算银行同期存款利息返还证券持有人;发行人的控股股东、实际控制人以及保荐人,应当与发行人承担连带责任,但是能够证明自己没有过错的除外。股票的发行人在招股说明书等证券发行文件中隐瞒重要事实或者编造重大虚假内容,已经发行并上市的,国务院证券监督管理机构可以责令发行人回购证券,或者责令负有责任的控股股东、实际控制人买回证券。

五、证券承销

(一) 证券承销概述

证券承销是指证券承销商承销证券发行人证券的行为。《证券法》第26条规定,发行人向不特定对象公开发行的证券,法律、行政法规规定应当由证券公司承销的,发行人应当同证券公司签订承销协议。证券承销有以下特征:

(1) 证券承销的依据是承销人与发行人之间的证券承销协议。发行人和主承销商应当签订承销协议,在承销协议中界定双方的权利义务关系,约定明确的承销基数。承销协议是证券发行人同证券公司签订的明确证券承销权利义务的协议。公开发行证券的发行人有权依法自主选择承销的证券公司。证券公司承销证券,应当同发行人签订代销或者包销协议,载明下列事项:(1) 当事人的名称、住所及法定代表人姓名;(2) 代销、包销证券的种类、数量、金额及发行价格;(3) 代销、包销的期限及起止日期;(4) 代销、包销的付款方式及日期;(5) 代销、包销的费用和结算办法;(6) 违约责任;(7) 国务院证券监督管理机构规定的其他事项。承销商在实践中的称谓不同,有的称为投资银行(investment bank),有的称为商人银行(merchant bank),大多数情况下则表现为证券经营机构,如我国的证券公司。

(2) 证券承销分为代销和包销两种形式。证券代销是指证券公司代发行人发售证券,在承销期结束时,将未售出的证券全部退还给发行人的承销方式。代销,又称尽力承销,在代销中,发行人与承销商的法律关系是委托代理关系。发行人是被代理人,承销商是代理人。因此,承销商以发行人的名义销售证券,所有的权利义务当然地归于发行人。上市公司非公开发行股票未采用自行销售方式或者上市公司配股的,应当采用代销方式。证券包销是指证券公司将发行人的证券按照协议全部购入或者在承销期结束时将售后剩余证券全部自行购入的承销方式。采用包销方式的,应当在承销协议中明确包销责任;采用代销方式的,应当在承销协议中约定发行失败后的处理措施。

(二) 证券承销商权利和义务及特殊规制

证券公司承销证券,应当对公开发行募集文件的真实性、准确性、完整性进行核查。发现有虚假记载、误导性陈述或者重大遗漏的,不得进行销售活动;已经销售的,必须立即停止销售活动,并采取纠正措施。证券公司承销证券,不得有下列行为:(1)进行虚假的或者误导投资者的广告宣传或者其他宣传推介活动;(2)以不正当竞争手段招揽承销业务;(3)其他违反证券承销业务规定的行为。证券公司有上述所列行为,给其他证券承销机构或者投资者造成损失的,应当依法承担赔偿责任。

证券发行依照法律、行政法规的规定应由承销团承销的,组成承销团的承销商应当签订承销团协议,由主承销商负责组织承销工作。向不特定对象发行证券聘请承销团承销的,承销团应当由主承销和参与承销的证券公司组成。证券发行由两家以上证券公司联合主承销的,所有担任主承销商的证券公司应当共同承担主承销责任,履行相关义务。承销团由3家以上承销商组成的,可以设副主承销商,协助主承销商组织承销活动。承销团成员应当按照承销团协议及承销协议的规定进行承销活动,不得进行虚假承销。证券公司实施承销前,应当向中国证监会报送发行与承销方案。

股票发行采用代销方式的,应当在发行公告(或认购邀请书)中披露发行失败后的处理措施。股票发行失败后,主承销商应当协助发行人按照发行价并加算银行同期存款利息返还股票认购人。上市公司发行证券期间相关证券的停复牌安排,应当遵守证券交易所的相关规则。主承销商应当按有关规定及时划付申购资金冻结利息。投资者申购缴款结束后,发行人和主承销商应当聘请具有证券、期货相关业务资格的会计师事务所对申购和募集资金进行验证,并出具验资报告;还应当聘请律师事务所对网下发行过程、配售行为、参与定价和配售的投资者资质条件及其与发行人和承销商的关联关系、资金划拨等事项进行见证,并出具专项法律意见书。证券上市后10日内,主承销商应当将验资报告、专项法律意见随同承销总结报告等文件一并报中国证监会。

(三)证券承销的期限及价格

证券的代销、包销期限最长不得超过90日。证券公司在代销、包销期内,对所代销、包销的证券应当保证先行出售给认购人,证券公司不得为本公司预留所代销的证券和预先购入并留存所包销的证券。股票发行采取溢价发行的,其发行价格由发行人与承销的证券公司协商确定。股票发行采用代销方式,代销期限届满,向投资者出售的股票数量未达到拟公开发行股票数量70%的,为发行失败。发行人应当按照发行价并加算银行同期存款利息返还股票认购人。公开发行股票,代销、包销期限届满,发行人应当在规定的期限内将股票发行情况报国务院证券监督管理机构备案。

第四节 证券交易

一、证券交易的一般规定

(一)证券交易的概念

证券交易是发生在当事人之间的,在特定的交易场所,依照特定的交易方式,对依法发行的证券进行买卖的行为。证券交易是一种转让证券的行为,在证券交易中,买入证券的人向卖出证券的人支付价金并获得证券,卖出证券的人向买入证券的人交付证券并收取价金,从而在证券的买卖双方当事人之间形成具有拘束力的权利义务关系,这种关系就是证券交易关系。证券交易是一种特殊的买卖行为。与一般的商品买卖行为相比较,证券交易具有其自身的特殊性。

(二)证券交易的对象

证券交易当事人依法买卖的证券,必须是依法发行并交付的证券。非依法发行的证券,不得买卖。这里所说的证券,包括股票、公司债券、存托凭证、国务院依法认定的其他证券、政府债券、证券投资基金份额。

(三)证券交易的限制性规定

(1)依法发行的证券,《公司法》和其他法律对其转让期限有限制性规定的,在限定的期限内不得转让。

(2)上市公司持有5%以上股份的股东、实际控制人、董事、监事、高级管理人员,以及其他持有发行人首次公开发行前发行的股份或者上市公司向特定对象发行的股份的股东,转让其持有的本公司股份的,不得违反法律、行政法规和国务院证券监督管理机构关于持有期限、卖出时间、卖出数量、卖出方式、信息披露等规定,并应当遵守证券交易所的业务规则。

(3)证券交易场所、证券公司和证券登记结算机构的从业人员,证券监督管理机构的工作人员以及法律、行政法规规定禁止参与股票交易的其他人员,在任期或者法定期限内,不得直接或者以化名、借他人名义持有、买卖股票或者其他具有股权性质的证券,也不得收受他人赠送的股票或者其他具有股权性质的证券。任何人在成为前款所列人员时,其原已持有的股票或者其他具有股权性质的证券,必须依法转让。实施股权激励计划或者员工持股计划的证券公司的从业人员,可以按照国务院证券监督管理机构的规定持有、卖出本公司股票或者其他具有股权性质的证券。

(4)为证券发行出具审计报告或者法律意见书等文件的证券服务机构和人员,在该证券承销期内和期满后6个月内,不得买卖该证券。除前款规定外,为发行人及其控股股东、实际控制人,或者收购人、重大资产交易方出具审计报告或者法律意见书等文件的证券服务机构和人员,自接受委托之日起至上述文件公开后5日内,不得买卖该证券。实际开展上述有关工作之日早于接受委托之日的,自实际开展上述有关工作之日起至上述文件公开后5日内,不得买卖该证券。

(四)证券交易的场所

公开发行的证券,应当在依法设立的证券交易所上市交易或者在国务院批准的其他全国性证券交易场所交易。非公开发行的证券,可以在证券交易所、国务院批准的其他全国性证券交易场所、按照国务院规定设立的区域性股权市场转让。

(五)证券交易的方式

证券在证券交易所上市交易,应当采用公开的集中交易方式或者国务院证券监督管理机构批准的其他方式。证券交易当事人买卖的证券可以采用纸面形式或者国务院证券监督管理机构规定的其他形式。证券交易场所、证券公司、证券登记结算机构、证券服务机构及其工作人员应当依法为投资者的信息保密,不得非法买卖、提供或者公开投资者的信息。证券交易场所、证券公司、证券登记结算机构、证券服务机构及其工作人员不得泄露所知悉的商业秘密。

通过计算机程序自动生成或者下达交易指令进行程序化交易的,应当符合国务院证券监督管理机构的规定,并向证券交易所报告,不得影响证券交易所系统安全或者正常交易秩序。

(六)证券交易的收费制度

证券交易的收费必须合理,并公开收费项目、收费标准和管理办法。上市公司、股票在国务院批准的其他全国性证券交易场所交易的公司持有5%以上股份的股东、董事、监事、高级管理人员,将其持有的该公司的股票或者其他具有股权性质的证券在买入后6个月内卖出,或者在卖出后6个月内又买入,由此所得收益归该公司所有,公司董事会应当收回其所得收益。但是,证券公司因购入包销售后剩余股票而持有5%以上股份,以及有国务院证券监督管理机构规定的其他情形的除外。上述董事、监事、高级管理人员、自然人股东持有的股票或者其他具有股权性质的证券,包括其配偶、父母、子女持有的及利用他人账户持有的股票或者其他具有股权性质的证券。

公司董事会不按照规定收回收益的,股东有权要求董事会在30日内执行。公司董事会未在上述期限内执行的,股东有权为了公司的利益以自己的名义直接向人民法院提起诉讼。负有责任的董事依法承担连带责任。

二、证券上市

证券上市是指已经依法发行的证券经证券交易所批准后,在交易所公开挂牌交易的法律行为。证券上市是连接证券发行和证券交易的桥梁。凡是在证券交易所内买卖的证券就称为上市证券;相应地,证券发行人称为上市公司。证券上市制度就是有关证券上市的条件与程序、上市公司的监管、上市证券的暂停与终止等一系列规范的总称。证券上市是证券交易的典型形式。

(一)证券上市的程序

申请证券上市交易,应当向证券交易所提出申请,由证券交易所依法审核同意,并由双方签订上市协议。证券交易所根据国务院授权的部门的决定安排政府债券上市交易。

(二)证券上市的条件

申请证券上市交易,应当符合证券交易所上市规则规定的上市条件。

证券交易所上市规则规定的上市条件,应当对发行人的经营年限、财务状况、最低公开发行比例和公司治理、诚信记录等提出要求。

(三)终止上市的情形

上市交易的证券,有证券交易所规定的终止上市情形的,由证券交易所按照业务规则终止其上市交易。

证券交易所决定终止证券上市交易的,应当及时公告,并报国务院证券监督管理机构备案。

（四）不服不予上市交易、终止上市交易决定的救济

对证券交易所作出的不予上市交易、终止上市交易决定不服的，可以向证券交易所设立的复核机构申请复核。

三、禁止交易的行为

（一）内幕交易

1. 内幕交易的界定

所谓内幕交易（insider trading），又称为内线交易、内部交易或者知情交易，是指证券交易内幕信息的知情人员或者非法获取内幕信息的其他人员，买入或者卖出所持有的该公司的证券，或者泄露该信息或者建议他人买卖该证券的行为。内幕交易行为既是对"受信义务"（fiduciary duty）的违反，又是对股东平等知情权的一种破坏，还是一种私自滥用信息的行为，因而内幕交易为法律所禁止，《证券法》第50条对此有明确规定。

内幕信息是指证券交易活动中，涉及发行人的经营、财务或者对该发行人证券的市场价格有重大影响的尚未公开的信息。内幕信息包括：可能对上市公司、股票在国务院批准的其他全国性证券交易场所交易的公司的股票交易价格产生较大影响的重大事件和可能对上市交易公司债券的交易价格产生较大影响的重大事件。前者包括：(1) 公司的经营方针和经营范围的重大变化；(2) 公司的重大投资行为，公司在1年内购买、出售重大资产超过公司资产总额30%，或者公司营业用主要资产的抵押、质押、出售或者报废一次超过该资产的30%；(3) 公司订立重要合同、提供重大担保或者从事关联交易，可能对公司的资产、负债、权益和经营成果产生重要影响；(4) 公司发生重大债务和未能清偿到期重大债务的违约情况；(5) 公司发生重大亏损或者重大损失；(6) 公司生产经营的外部条件发生的重大变化；(7) 公司的董事、1/3以上监事或者经理发生变动，董事长或者经理无法履行职责；(8) 持有公司5%以上股份的股东或者实际控制人持有股份或者控制公司的情况发生较大变化，公司的实际控制人及其控制的其他企业从事与公司相同或者相似业务的情况发生较大变化；(9) 公司分配股利、增资的计划，公司股权结构的重要变化，公司减资、合并、分立、解散及申请破产的决定，或者依法进入破产程序、被责令关闭；(10) 涉及公司的重大诉讼、仲裁，股东大会、董事会决议被依法撤销或者宣告无效；(11) 公司涉嫌犯罪被依法立案调查，公司的控股股东、实际控制人、董事、监事、高级管理人员涉嫌犯罪被依法采取强制措施；(12) 国务院证券监督管理机构规定的其他事项。后者包括：(1) 公司股权结构或者生产经营状况发生重大变化；(2) 公司债券信用评级发生变化；(3) 公司重大资产抵押、质押、出售、转让、报废；(4) 公司发生未能清偿到期债务的情况；(5) 公司新增借款或者对外提供担保超过上年末净资产的20%；(6) 公司放弃债权或者财产超过上年末净资产的10%；(7) 公司发生超过上年末净资产10%的重大损失；(8) 公司分配股利，作出减资、合并、分立、解散及申请破产的决定，或者依法进入破产程序、被责令关闭；(9) 涉及公司的重大诉讼、仲裁；(10) 公司涉嫌犯罪被依法立案调查，公司的控股股东、实际控制人、董事、监事、高级管理人员涉嫌犯罪被

依法采取强制措施;(11)国务院证券监督管理机构规定的其他事项。

证券交易内幕信息的知情人包括:(1)发行人及其董事、监事、高级管理人员;(2)持有公司5%以上股份的股东及其董事、监事、高级管理人员,公司的实际控制人及其董事、监事、高级管理人员;(3)发行人控股或者实际控制的公司及其董事、监事、高级管理人员;(4)由于所任公司职务或者因与公司业务往来可以获取公司有关内幕信息的人员;(5)上市公司收购人或者重大资产交易方及其控股股东、实际控制人、董事、监事和高级管理人员;(6)因职务、工作可以获取内幕信息的证券交易场所、证券公司、证券登记结算机构、证券服务机构的有关人员;(7)因职责、工作可以获取内幕信息的证券监督管理机构工作人员;(8)因法定职责对证券的发行、交易或者对上市公司及其收购、重大资产交易进行管理可以获取内幕信息的有关主管部门、监管机构的工作人员;(9)国务院证券监督管理机构规定的可以获取内幕信息的其他人员。

2. 内幕交易的表现

(1)证券交易内幕信息的知情人和非法获取内幕信息的人,在内幕信息公开前,买卖该公司的证券,或者泄露该信息,或者建议他人买卖该证券。

(2)持有或者通过协议、其他安排与他人共同持有公司5%以上股份的自然人、法人、非法人组织收购上市公司的股份,《证券法》另有规定的,适用其规定。

(3)证券交易场所、证券公司、证券登记结算机构、证券服务机构和其他金融机构的从业人员、有关监管部门或者行业协会的工作人员,利用因职务便利获取的内幕信息以外的其他未公开的信息,违反规定,从事与该信息相关的证券交易活动,或者明示、暗示他人从事相关交易活动。

3. 内幕交易的法律责任

内幕交易行为给投资者造成损失的,应当依法承担赔偿责任。利用未公开的信息进行交易给投资者造成损失的,应当依法承担赔偿责任。

(二)操纵市场

1. 操纵市场的内涵

操纵市场(market manipulation),又称为操纵行情,是指某一个人或者某一集团,利用其资金优势、信息优势或者持股优势或者滥用职权影响证券市场,人为地制造证券行情,即抬高、压低甚至稳定某种证券的价格水平,使证券市场供需关系无法发挥其自动调节作用,诱使一般投资者盲目跟从、参与买卖,从而为自己谋取利益的行为。

操纵市场实际上是一种欺骗性行为,它企图通过人为地变动或者固定证券行情,造成有利于自己的价格态势,欺骗广大投资者,使自己从中牟利。操纵市场具有很大的危害性,主要表现在:一是扭曲证券市场的正常价格;二是侵害投资者的合法权益;三是破坏证券市场秩序。所以,操纵市场这种证券欺诈行为为各国法律所禁止。

2. 操纵市场的表现形式

根据《证券法》的规定,操纵市场的行为具体表现为:(1)单独或者通过合谋,集中资金优势、持股优势或者利用信息优势联合或者连续买卖;(2)与他人串通,以事先约定的时间、价格和方式相互进行证券交易;(3)在自己实际控制的账户之间进行证券交易;

(4)不以成交为目的,频繁或者大量申报并撤销申报;(5)利用虚假或者不确定的重大信息,诱导投资者进行证券交易;(6)对证券、发行人公开作出评价、预测或者投资建议,并进行反向证券交易;(7)利用在其他相关市场的活动操纵证券市场;(8)操纵证券市场的其他手段。

3. 操纵市场的法律责任

操纵市场不仅是一种严重的破坏市场秩序的行为,而且还会给投资者造成损失。对此,《证券法》规定,操纵证券市场行为给投资者造成损失的,应当依法承担赔偿责任。

(三)虚假陈述

1. 虚假陈述的内涵

所谓虚假陈述,是指证券市场的主体和参与者以及机构和相关人员在证券活动中作出虚假陈述或者信息误导的行为。虚假陈述直接违反了证券信息披露制度,违反了证券市场的基本原则,损害了投资者的利益,干扰了市场的正常运行机制。

首先,虚假陈述的主体不仅包括证券活动的相关机构及其从业人员,如证券交易场所、证券公司、证券登记结算机构、证券服务机构及其从业人员,证券业协会、证券监督管理机构及其工作人员,还包括传播媒介及其从事证券市场信息报道的工作人员以及参与证券市场的任何单位和个人。

其次,证券法对虚假陈述的禁止包括证券发行、承销、交易、上市等整个过程。发行人向国务院证券监督管理机构或者国务院授权的部门报送的证券发行申请文件,必须真实、准确、完整。为证券发行出具有关文件的证券服务机构和人员,必须严格履行法定职责,保证其所出具文件的真实性、准确性和完整性;证券公司承销证券,应当对公开发行募集文件的真实性、准确性、完整性进行核查;发行人、上市公司依法披露的信息,必须真实、准确、完整,不得有虚假记载、误导性陈述或者重大遗漏;发行人、上市公司公告的招股说明书、公司债券募集办法、财务会计报告、上市报告文件、年度报告、中期报告、临时报告以及其他信息披露资料,有虚假记载、误导性陈述或者重大遗漏,致使投资者在证券交易中遭受损失的,发行人、上市公司应当承担赔偿责任等。

2. 虚假陈述的法律责任

编造、传播虚假信息或者误导性信息,扰乱证券市场,给投资者造成损失的,应当依法承担赔偿责任。

(四)欺诈客户

欺诈客户是指在证券交易中,证券公司及其工作人员利用受托人的地位,进行损害投资者利益或者诱使投资者进行证券买卖而从中获利的行为。欺诈客户必然造成投资者利益的损害,最终将损害证券市场的健康发展。

欺诈客户的具体表现形式有:(1)违背客户的委托为其买卖证券;(2)不在规定时间内向客户提供交易的确认文件;(3)未经客户的委托,擅自为客户买卖证券,或者假借客户的名义买卖证券;(4)为牟取佣金收入,诱使客户进行不必要的证券买卖;(5)其他违背客户真实意思表示,损害客户利益的行为。

欺诈客户给客户造成损失的,应当依法承担赔偿责任。

（五）其他禁止行为

在证券交易中，《证券法》还规定了其他禁止从事的行为：(1) 出借自己的证券账户或者借用他人的证券账户从事证券交易；(2) 禁止投资者违规利用财政资金、银行信贷资金买卖证券；(3) 国有独资企业、国有独资公司、国有资本控股公司买卖上市交易的股票不得违反国家有关规定。

证券交易场所、证券公司、证券登记结算机构、证券服务机构及其从业人员对证券交易中发现的禁止的交易行为，应当及时向证券监督管理机构报告。

第五节　上市公司的收购

一、上市公司收购概述

（一）上市公司收购的概念和特征

上市公司收购是指投资者公开收购股份有限公司已经依法发行上市的股份以达到对该公司控股或者合并目的的行为。首先，上市公司收购的目标是上市公司，收购的标的物是上市公司发行的股份，而不是目标公司的具体资产；其次，上市公司收购的主体包括投资者及与其一致行动的他人，投资者既可以是个人，也可以是法人或其他经济实体；再次，收购的目的是实现对目标公司的控制权或者取得控制权。收购成功后，收购方一般并不将目标公司的法人资格解散，更不会将目标公司的上市资格主动取消。

（二）不得收购的情形

有下列情形之一的，不得收购上市公司：(1) 收购人负有数额较大债务，到期未清偿，且处于持续状态；(2) 收购人最近3年有重大违法行为或者涉嫌有重大违法行为；(3) 收购人最近3年有严重的证券市场失信行为；(4) 收购人为自然人的，存在《公司法》第146条规定的情形；(5) 法律、行政法规规定以及中国证监会认定的不得收购上市公司的其他情形。

收购人进行上市公司的收购，应当聘请符合《证券法》规定的专业机构担任财务顾问。收购人未依法聘请财务顾问的，不得收购上市公司。

（三）上市公司收购的权益披露

通过证券交易所的证券交易，投资者持有或者通过协议、其他安排与他人共同持有一个上市公司已发行的有表决权股份达到5%时，应当在该事实发生之日起3日内，向国务院证券监督管理机构、证券交易所作出书面报告，通知该上市公司，并予公告，在上述期限内不得再行买卖该上市公司的股票，但国务院证券监督管理机构规定的情形除外。投资者持有或者通过协议、其他安排与他人共同持有一个上市公司已发行的有表决权股份达到5%后，其所持该上市公司已发行的有表决权股份的比例每增加或者减少5%，应当依照前款规定进行报告和公告，在该事实发生之日起至公告后3日内，不得再行买卖该上市公司的股票，但国务院证券监督管理机构规定的情形除外。违反前述规定买入上市公司有表决权股份的，在买入后的36个月内，对该超过规定比例部分的股份不得行使表决权。

投资者持有或者通过协议、其他安排与他人共同持有一个上市公司已发行的有表决权股份达到5％后,其所持该上市公司已发行的有表决权股份的比例每增加或者减少1％,应当在该事实发生的次日通知该上市公司,并予公告。

通过协议转让方式,投资者及其一致行动人在一个上市公司中拥有权益的股份拟达到或者超过一个上市公司已发行股份的5％时,应当在该事实发生之日起3日内编制权益变动报告书,向中国证监会、证券交易所提交书面报告,通知该上市公司,并予公告。前述投资者及其一致行动人拥有权益的股份达到一个上市公司已发行股份的5％后,其拥有权益的股份占该上市公司已发行股份的比例每增加或者减少达到或者超过5％的,应当依照规定履行报告、公告义务。

投资者及其一致行动人通过行政划转或者变更、执行法院裁定、继承、赠予等方式拥有权益的股份变动达到前条规定比例的,应当按照规定履行报告、公告义务。

公告应当包括下列内容:(1)持股人的名称、住所;(2)持有的股票的名称、数额;(3)持股达到法定比例或者持股增减变化达到法定比例的日期、增持股份的资金来源;(4)在上市公司中拥有有表决权股份变动的时间及方式。

二、上市公司收购的方式

投资者可以采取要约收购、协议收购及其他合法方式收购上市公司。

(一) 上市公司的要约收购

要约收购(tender offer, takeover bid),指收购人通过向目标公司的股东发出购买其所持该公司股份的书面意见表示,并按照依法公告的收购要约中所规定的收购条件、价格、期限以及其他规定事项,收购目标公司股份的收购方式。

投资者自愿选择以要约方式收购上市公司股份的,可以向被收购公司所有股东发出收购其所持有的全部股份的要约(以下简称全面要约),也可以向被收购公司所有股东发出收购其所持有的部分股份的要约(以下简称部分要约)。

1. 要约收购适用条件

(1)持股比例。通过证券交易所的证券交易,收购人持有一个上市公司的股份达到该公司已发行股份的30％时,继续增持股份的,应当采取要约方式进行,发出全面要约或者部分要约。

(2)以要约方式收购一个上市公司股份的,其预定收购的股份比例均不得低于该上市公司已发行股份的5％。

2. 要约收购程序

(1)以要约方式收购上市公司股份的,收购人应当编制要约收购报告书,聘请财务顾问,通知被收购公司,同时对要约收购报告书摘要作出提示性公告。要约收购依法应当取得相关部门批准的,收购人应当在要约收购报告书摘要中作出特别提示,并在取得批准后公告要约收购报告书。

(2)公告收购要约。收购人自作出要约收购提示性公告起60日内,未公告要约收购报告书的,收购人应当在期满后次一个工作日通知被收购公司,并予公告;此后每30日应当公告一次,直至公告要约收购报告书。收购人作出要约收购提示性公告后,在公告要约收购报告书之前,拟自行取消收购计划的,应当公告原因;自公告之日起12个月内,该收购人不得再次对同一上市公司进行收购。收购要约期限届满前15日内,收购人不得变更收购要约;但是出现竞争要约的除外。

(3) 预受与收购。预受是指被收购公司股东同意接受要约的初步意思表示,在要约收购期限内不可撤回之前不构成承诺。同意接受收购要约的股东(以下简称预受股东),应当委托证券公司办理预受要约的相关手续。收购人应当委托证券公司向证券登记结算机构申请办理预受要约股票的临时保管。证券登记结算机构临时保管的预受要约的股票,在要约收购期间不得转让。

收购期限届满,发出部分要约的收购人应当按照收购要约约定的条件购买被收购公司股东预受的股份,预受要约股份的数量超过预定收购数量时,收购人应当按照同等比例收购预受要约的股份;以终止被收购公司上市地位为目的的,收购人应当按照收购要约约定的条件购买被收购公司股东预受的全部股份;因不符合规定而发出全面要约的收购人应当购买被收购公司股东预受的全部股份。

收购期限届满后3个交易日内,接受委托的证券公司应当向证券登记结算机构申请办理股份转让结算、过户登记手续,解除对超过预定收购比例的股票的临时保管;收购人应当公告本次要约收购的结果。

收购期限届满,被收购公司股权分布不符合证券交易所规定的上市交易要求,该上市公司的股票由证券交易所依法终止上市交易。

(4) 更换股票和收购结束报告。在上市公司收购中,收购人持有的被收购的上市公司的股票,在收购行为完成后的18个月内不得转让。收购行为完成后,收购人与被收购公司合并,并将该公司解散的,被解散公司的原有股票由收购人依法更换。收购行为完成后,收购人应当在15日内将收购情况报告国务院证券监督管理机构和证券交易所,并予公告。

(5) 办理股票过户登记手续。收购报告书公告后,相关当事人应当按照证券交易所和证券登记结算机构的业务规则,在证券交易所就本次股份转让予以确认后,凭全部转让款项存放于双方认可的银行账户的证明,向证券登记结算机构申请解除拟协议转让股票的临时保管,并办理过户登记手续。收购人未按规定履行报告、公告义务,或者未按规定提出申请的,证券交易所和证券登记结算机构不予办理股份转让和过户登记手续。收购人在收购报告书公告后30日内仍未完成相关股份过户手续的,应当立即作出公告,说明理由;在未完成相关股份过户期间,应当每隔30日公告相关股份过户办理进展情况。

(二) 上市公司的协议收购

协议收购是指收购人在证券交易所之外,通过和目标公司股东协商一致达成协议,受让其持有的股份而进行的上市公司收购。协议收购的主要优点是收购成本较低,对股市冲击较小,但是它在信息公开、机会均等、交易公正方面具有很大的局限性。

1. 协议收购的条件

(1) 达成协议后,收购人必须在 3 日内将该收购协议向国务院证券监督管理机构及证券交易所作出书面报告,并予公告。在公告前不得履行收购协议。

(2) 采取协议收购方式的,收购人收购或者通过协议、其他安排与他人共同收购一个上市公司已发行的股份达到 30% 时,继续进行收购的,应当向该上市公司所有股东发出收购上市公司全部或者部分股份的要约。

(3) 过渡期的限制。以协议方式进行上市公司收购的,自签订收购协议起至相关股份完成过户的期间为上市公司收购过渡期(以下简称过渡期)。在过渡期内,收购人不得通过控股股东提议改选上市公司董事会,确有充分理由改选董事会的,来自收购人的董事不得超过董事会成员的 1/3;被收购公司不得为收购人及其关联方提供担保;被收购公司不得公开发行股份募集资金,不得进行重大购买、出售资产及重大投资行为或者与收购人及其关联方进行其他关联交易,但收购人为挽救陷入危机或者面临严重财务困难的上市公司的情形除外。

2. 协议收购的程序

(1) 订立协议。采取协议收购方式的,收购人可以依照法律、行政法规的规定同被收购公司的股东以协议方式进行股权转让。

(2) 报告与公告。以协议方式收购上市公司时,达成协议后,收购人必须在 3 日内将该收购协议向国务院证券监督管理机构及证券交易所作出书面报告,并予公告。公告前不得履行收购协议。

(3) 保管股票与存放资金。协议收购的相关当事人应当向证券登记结算机构申请办理拟转让股份的临时保管手续,并可以将用于支付的现金存放于证券登记结算机构指定的银行。

(4) 更换股票和收购结束报告(同要约收购)。

(5) 办理股票过户登记手续(同要约收购)。

第六节 信息披露

一、信息披露义务人的范围

《证券法》规定,发行人及法律、行政法规和国务院证券监督管理机构规定的其他信息披露义务人,应当及时依法履行信息披露义务。发行人的董事、高级管理人员应当对证券发行文件和定期报告签署书面确认意见。发行人的监事会应当对董事会编制的证券发行文件和定期报告进行审核并提出书面审核意见。监事应当签署书面确认意见。监事和高级管理人员无法保证证券发行文件和定期报告内容的真实性、准确性、完整性或者有异议的,应当在书面确认意见中发表意见并陈述理由。发行人应当披露而不予披露的,董事、监事和高级管理人员可以直接申请披露。信息披露义务人不仅包括发行人、上市公司及其董事、监事、高级管理人员,还包括法律、行政法规和国务院证券监督管理机构规定的其他信息披露义务人。

二、信息披露的相关规定

（一）信息披露义务人披露的信息应当真实、准确、完整

首先，信息披露应真实、准确、简明清晰、通俗易懂，不得有虚假记载、误导性陈述或者重大遗漏。信息披露文件是投资者作出理性判断的前提条件，因此信息披露文件要真实、准确，同时要考虑受众的理解能力，要通俗易懂，不允许有误导性陈述，特别是对于普通投资者而言也能充分理解信息披露文件内容，高效获取影响投资决策的信息。其次，披露内容要完备。信息披露义务人应充分披露投资者作出价值判断和投资决策所必需的信息，信息披露要完整、全面，不得重大遗漏。

（二）信息披露应对所有投资者公平

信息披露义务人披露的信息应同时向所有投资者披露，不得提前单独向任何单位和个人泄露。任何单位和个人不得非法要求信息披露义务人提供依法需披露但尚未披露的信息。任何单位和个人依法提前获知的前述信息，在披露前应保密。对所有投资者一视同仁，信息披露时所有投资者同时获知，在于抑制证券市场内幕信息滥用，最终保证所有投资者特别是中小投资者成为信息披露受益者。

（三）重大事件披露

重大事件披露，需披露的重大事件应是可能对上市公司、股票在国务院批准的其他全国性证券交易场所交易的公司的股票交易价格产生较大影响的重大事件以及可能对上市公司债券的交易价格产生较大影响的重大事件。《证券法》第80条和第81条对重大事件的情形作出列举。同时，该制度也明确了控股股东、实际控制人对重大事件的发生、进展等情形具有告知和配合义务。

（四）上市公司投资者应披露增持股份资金来源等信息

要求上市公司投资者信息披露中增加"增持股份的资金来源"以及"在上市公司中拥有有表决权的股份变动的时间及方式"，有利于保证上市公司股权收购中资金来源的合法性，同时对上市公司法律风险防范提出了更高要求。

（五）控股股东、实际控制人、董事、监事、高管公开承诺的信息披露

发行人可自愿披露投资者作出价值判断和投资决策所必需的信息，但在披露这类信息时需要遵循一致性原则，即不得与依法披露的信息相冲突。同时，包括控股股东、实际控制人、董事、监事、高管在内的所有信息披露义务人可自愿披露与投资者作出价值判断和投资决策有关的信息。一旦发行人及其控股股东、实际控制人、董事、监事、高管作出信息披露公开承诺，则无权拒绝披露。

（六）披露文件的书面确认意见

监事需对证券发行文件和定期报告签署书面确认意见。若董事、监事和高级管理人员无法保证证券发行文件和定期报告内容的真实性、准确性、完整性或者有异议的，应当在书面确认意见中发表意见并陈述理由，发行人应当披露。发行人不予披露的，董

事、监事和高级管理人员可以直接申请披露。

(七) 自愿披露

除依法需要披露的信息之外，信息披露义务人可以自愿披露与投资者作出价值判断和投资决策有关的信息，但不得与依法披露的信息相冲突，不得误导投资者。

三、信息披露责任承担

信息披露义务人未按照规定披露信息，或者公告的证券发行文件、定期报告、临时报告及其他信息披露资料存在虚假记载、误导性陈述或者重大遗漏，致使投资者在证券交易中遭受损失的，信息披露义务人应当承担赔偿责任；发行人的控股股东、实际控制人、董事、监事、高级管理人员和其他直接责任人员以及保荐人、承销的证券公司及其直接责任人员，应当与发行人承担连带赔偿责任，但是能够证明自己没有过错的除外。发行人及其控股股东、实际控制人、董事、监事、高级管理人员等作出公开承诺的，应当披露。不履行承诺给投资者造成损失的，应当依法承担赔偿责任。

第七节　投资者保护

新《证券法》的实施，标志着我国资本市场的市场化、法治化、国际化又迈出坚实的一步，进一步完善了资本市场参与主体的基本行为准则及责任义务，对各个方面和环节出现的不适应市场发展的法律表述作出了与时俱进的调整，为改善资本市场生态环境发挥了引领作用，对我国资本市场的健康稳定发展具有重要意义。

一、投资者适当性原则

证券公司向投资者销售证券、提供服务时，应当按照规定充分了解投资者的基本情况、财产状况、金融资产状况、投资知识和经验、专业能力等相关信息；如实说明、充分揭示投资风险；销售、提供与投资者上述状况相匹配的证券、服务。违规导致投资者损失的，应当赔偿。新《证券法》要求证券公司充分了解投资者，提前提示风险，要求投资者积极配合，按要求提供真实信息，拒绝提供或者未如实提供信息的，证券公司应当告知其后果，并按照规定拒绝向其销售证券、提供服务。

二、普通投资者的特别保护

区分普通投资者和专业投资者，有针对性地作出投资者权益保护安排，目的是为风险承受能力相对较低、投资专业知识和专业能力相对不足的普通投资者提供更加充分的保护。同时，新《证券法》设置了"举证责任倒置"机制，当普通投资者与证券公司发生纠纷时，证券公司应当证明其行为符合法律、行政法规以及国务院证券监督管理机构的规定，不存在误导、欺诈等情形。如果证券公司不能证明的，应当承担相应的赔偿责任。

三、上市公司股东权利代为行使征集制度

上市公司董事会、独立董事、持有1%以上有表决权股份的股东或者依照法律、行政法规或者国务院证券监督管理机构的规定设立的投资者保护机构(以下简称投资者保护机构),可以作为征集人,自行或者委托证券公司、证券服务机构,公开请求上市公司股东委托其代为出席股东大会,并代为行使提案权、表决权等股东权利。

上市公司股东权利代为行使征集制度有助于帮助中小投资者克服时间、成本方面的限制,更好地参与公司治理活动,积极发表对公司经营管理的各项意见。具体规定有:

(一)征集主体

上市公司董事会、独立董事、持有1%以上有表决权股份的股东或者依照法律、行政法规或者国务院证券监督管理机构的规定设立的投资者保护机构,可以作为征集人。

(二)征集方式

由征集人自行或者委托证券公司、证券服务机构,公开请求上市公司股东委托其代为出席股东大会,并代为行使提案权、表决权等股东权利。

(三)信息披露

征集人应当披露征集文件,上市公司应当予以配合。

(四)禁止行为

明确不得以有偿或者变相有偿的方式公开征集股东权利。

(五)法律责任

违规公开征集股东权利,导致上市公司或者其股东遭受损失的,应当依法承担赔偿责任。

四、现金股利方面的内容

上市公司应当在章程中明确分配现金股利的具体安排和决策程序,依法保障股东的资产收益权。上市公司当年税后利润,在弥补亏损及提取法定公积金后有盈余的,应当按照公司章程的规定分配现金股利。完善上市公司现金分红制度,一方面规定了上市公司应当在章程中明确分配现金股利的具体安排和决策程序,依法保障股东的资产收益权;另一方面明确上市公司当年的税后利润,在弥补亏损及提取法定公积金后有盈余的,应当按照公司章程的规定分配现金股利。

五、债券持有人保护机制

公开发行公司债券的,应当设立债券持有人会议;发行人应当为债券持有人聘请债券受托管理人;债券发行人未能按期兑付债券本息的,债券受托管理人可以接受全部或者部分债券持有人的委托,以自己的名义代表债券持有人提起、参加民事诉讼或者清算程序。

新《证券法》具体规定了投资者保护机构代表投资者化解纠纷的三方面机制。一是调解机制。投资者与发行人、证券公司等发生纠纷的,双方可以向投资者保护机构申请调解。普通投资者与证券公司发生证券业务纠纷,普通投资者提出调解请求的,证券公司不得拒绝。二是支持诉讼。投资者保护机构对损害投资者利益的行为,可以依法支持投资者向人民法院提起诉讼。三是派生诉讼。发行人的董事、监事、高级管理人员执行公司职务时违反法律、行政法规或者公司章程的规定给公司造成损失,发行人的控股股东、实际控制人等侵犯公司合法权益给公司造成损失,投资者保护机构持有该公司股份的,可以为公司的利益以自己的名义向人民法院提起诉讼,持股比例和持股期限不受《公司法》第151条有关"连续一百八十日以上单独或者合计持有公司百分之一以上股份"规定的限制。

六、先行赔付制度

先行赔付是指发行人因欺诈发行、虚假陈述或者其他重大违法行为给投资者造成损失的,发行人的控股股东、实际控制人、相关的证券公司可以委托投资者保护机构,就赔偿事宜与受到损失的投资者达成协议,予以先行赔付。先行赔付后,可以依法向发行人以及其他连带责任人追偿。

七、证券集体诉讼制度

投资者提起虚假陈述等证券民事赔偿诉讼时,诉讼标的是同一种类,且当事人一方人数众多的,可以依法推选代表人进行诉讼。投资者保护机构受五十名以上投资者委托,可以作为代表人参加诉讼,并为经证券登记结算机构确认的权利人依照前款规定向人民法院登记,但投资者明确表示不愿意参加该诉讼的除外。

《证券法》规定了证券民事诉讼制度——投资者保护机构可以作为诉讼代表人,按照"默示加入""明示退出"的诉讼原则,依法为受害投资者提起民事损害赔偿诉讼。同时规定了举证责任倒置原则,证券公司在与普通投资者发生纠纷时,证券公司应当证明其行为符合法律、行政法规以及国务院证券监督管理机构的规定,不存在误导、欺诈等情形。证券公司不能证明的,应当承担相应的赔偿责任。

第八节 证券交易所

一、证券交易所的性质

证券交易所(stock exchange)是指依法登记成立的,为证券集中交易提供场所和设施,组织和监督证券交易,实行自律管理的法人。根据我国《证券法》的规定,证券交易所、国务院批准的其他全国性证券交易场所的设立、变更和解散由国务院决定。国务院批准的其他全国性证券交易场所的组织机构、管理办法等,由国务院规定。

我国证券交易所的性质具体体现为以下几方面:

(1) 证券交易所是依法设立的法人组织。设立证券交易所必须制定章程,证券交易所章程的制定和修改,必须经国务院证券监督管理机构批准。证券交易所必须在其名称中标明证券交易所字样。其他任何单位或者个人不得使用证券交易所或者近似的名称。证券交易所的设立必须经国务院批准。证券交易所应有自己的资本、办公及交易场所和设施、交易所章程、组织机构和管理制度等,具备法人资格。

(2) 证券交易所是为证券集中交易提供设施和服务的固定场所。进入实行会员制的证券交易所参与集中交易的,必须是证券交易所的会员。证券交易所不得允许非会员直接参与股票的集中交易。

(3) 证券交易所是实行自律性管理的法人。自律性管理是指证券交易所对其会员、上市公司和证券交易活动的监管,应当遵守社会公共利益优先原则,维护市场的公平、有序、透明。证券交易所必须在其名称中标明证券交易所字样,其他任何单位或者个人不得使用证券交易所或者近似的名称。

二、证券交易所的组织形式及组织机构

证券交易所的组织形式通常分为两种类型:一是会员制;二是公司制。会员制证券交易所是由证券公司依法自愿设立的,旨在提供证券集中交易服务的非营利法人。参加证券交易所的会员是证券自营商和证券经纪商。会员可以是公司法人,也可以是自然人。会员按章程规定出资,除依章程规定分担经费外,对交易所承担责任以出资额为限。世界上大多数著名证券交易所都采取会员制的交易所组织形式。目前,我国上海证券交易所和深圳证券交易所也都采取会员制的组织形式。

会员制证券交易所的组织机构通常由会员大会、理事会、总经理和专门委员会组成。实行会员制的证券交易所设理事会、监事会。证券交易所设总经理一人,由国务院证券监督管理机构任免。有关证券交易所各职能机构,《证券交易所管理办法》中有详细规定。

我国《公司法》和《证券法》规定了不得担任证券交易所负责人的情形:(1) 无民事行为能力或者限制民事行为能力;(2) 因贪污、贿赂、侵占财产、挪用财产或者破坏社会主义市场经济秩序,被判处刑罚,执行期满未逾5年,或者因犯罪被剥夺政治权利,执行期满未逾5年;(3) 担任破产清算的公司、企业的董事或者厂长、经理,对该公司、企业的破产负有个人责任的,自该公司、企业破产清算完结之日起未逾3年;(4) 担任因违法被吊销营业执照、责令关闭的公司、企业的法定代表人,并负有个人责任的,自该公司、企业被吊销营业执照之日起未逾3年;(5) 个人所负数额较大的债务到期未清偿。公司违反前款规定选举、委派董事、监事或者聘任高级管理人员的,该选举、委派或者聘任无效。董事、监事、高级管理人员在任职期间出现第一项中所列情形的,公司应当解除其职务;(6) 因违法行为或者违纪行为被解除职务的证券交易场所、证券登记结算机构的负责人或者证券公司的董事、监事、高级管理人员,自被解除职务之日起未逾5年;(7) 因违法行为或者违纪行为被吊销执业证书或者被取消资格的律师、注册会计师或者其他证券服务机构的专业人员,自被吊销执业证书或者被取消资格之日起未逾5年。其中前五

项是《公司法》的规定,后两项是由《证券法》规定的。

因违法行为或者违纪行为被开除的证券交易场所、证券公司、证券登记结算机构、证券服务机构的从业人员和被开除的国家机关工作人员,不得招聘为证券交易所的从业人员。

三、证券交易所的职能

由于各国和地区的证券监管体制不尽相同,证券交易所的地位和职责也有所不同,但证券交易所的基本职能是相似的,即创造公开、公平、公正的市场环境,提供各种设施和便利条件,以保证证券活动的正常进行。

(1)证券交易方面的监管和服务职能。证券交易所对证券交易方面的监管和服务主要有:第一,公开证券交易信息。证券交易所应当为组织公平的集中交易提供保障,实时公布证券交易即时行情,并按交易日制作证券市场行情表,予以公布。证券交易即时行情的权益由证券交易所依法享有。未经证券交易所许可,任何单位和个人不得发布证券交易即时行情。第二,证券交易所可以按照业务规则的规定,决定上市交易股票的停牌或者复牌。因不可抗力、意外事件、重大技术故障、重大人为差错等突发性事件而影响证券交易正常进行时,为维护证券交易正常秩序和市场公平,证券交易所可以按照业务规则采取技术性停牌、临时停市等处置措施,并应当及时向国务院证券监督管理机构报告。因突发性事件导致证券交易结果出现重大异常,按交易结果进行交收将对证券交易正常秩序和市场公平造成重大影响的,证券交易所按照业务规则可以采取取消交易、通知证券登记结算机构暂缓交收等措施,并应当及时向国务院证券监督管理机构报告并公告。第三,对证券交易进行实时监控。证券交易所对证券交易实行实时监控,并按照国务院证券监督管理机构的要求,对异常的交易情况提出报告。证券交易所根据需要,可以按照业务规则对出现重大异常交易情况的证券账户的投资者限制交易,并及时报告国务院证券监督管理机构。第四,对异常证券交易进行限制。证券交易所应当加强对证券交易的风险监测,出现重大异常波动的,证券交易所可以按照业务规则采取限制交易、强制停牌等处置措施,并向国务院证券监督管理机构报告;严重影响证券市场稳定的,证券交易所可以按照业务规则采取临时停市等处置措施并公告。第五,制定证券交易规则。证券交易所依照法律、行政法规和国务院证券监督管理机构的规定,制定上市规则、交易规则、会员管理规则和其他有关业务规则,并报国务院证券监督管理机构批准。

(2)对证券公司和上市公司的监管和服务。根据《证券法》的规定,证券交易所对证券公司和上市公司的监管和服务包括:第一,对证券上市申请的审核。申请证券上市交易,应当向证券交易所提出申请,由证券交易所依法审核同意,并由双方签订上市协议。申请证券上市交易,应当符合证券交易所上市规则规定的上市条件。证券交易所应当对发行人的经营年限、财务状况、最低公开发行比例和公司治理、诚信记录等提出要求。第二,对上市交易的证券的监管。上市交易的证券,有证券交易所规定的终止上市情形的,由证券交易所按照业务规则终止其上市交易。第三,对上市公司信息披露的监管和服务。证券交易所应当对其组织交易的证券的信息披露义务人的信息披露行为进行监督,督促其依法及时、准确地披露信息。在证券交易所从事证券交易,应当遵守证券交易所依法制定的业务规则。违反业务规则的,由证券交易所给予纪律处分或者采取其他自律管理措施。第四,对在证券交易所从事证券交易的机构和人员的监管。在证券交易所从事证券交易应当遵守证券交易所依法制定的业务规则。违反业务规则的,由证券交易所给予纪律处分或者采取其他自律管理措施。

四、证券交易所的行为规则

(1) 不得以营利为目的。目前,证券交易所可以自行支配的各项费用收入,应当首先用于保证其证券交易场所和设施的正常运行并逐步改善。实行会员制的证券交易所的财产积累归会员所有,其权益由会员共同享有,在其存续期间,不得将其财产积累分配给会员。

(2) 会员代理交易制。进入实行会员制的证券交易所参与集中交易的,必须是证券交易所的会员。证券交易所不得允许非会员直接参与股票的集中交易。投资者应当与证券公司签订证券交易委托协议,并在证券公司实名开立账户,以书面、电话、自助终端、网络等方式,委托该证券公司代其买卖证券。

(3) 设立风险基金。证券交易所应当从其收取的交易费用和会员费、席位费中提取一定比例的金额设立风险基金。风险基金由证券交易所理事会管理。风险基金提取的具体比例和使用办法,由国务院证券监督管理机构会同国务院财政部门规定。证券交易所应当将收存的风险基金存入开户银行专门账户,不得擅自使用。

(4) 回避制度。证券交易所的负责人和其他从业人员执行与证券交易有关的职务时,与其本人或者其亲属有利害关系的,应当回避。

(5) 不得改变交易结果。按照依法制定的交易规则进行的交易,不得改变其交易结果,但《证券法》第111条第2款规定的除外。对交易中违规交易者应负的民事责任不得免除;在违规交易中所获利益,依照有关规定处理。

复习思考题

1. 简述证券法的适用范围。
2. 简述证券的概念及特征。
3. 简述证券法的基本原则。
4. 简述证券的发行注册制度。
5. 公司首次公开发行新股的条件有哪些?
6. 简述禁止交易的行为。
7. 简述内幕信息知情人范围。
8. 简述信息披露制度。
9. 简述投资者保护制度。
10. 证券违法违规的法律责任有哪些?

第六章

企业破产法律制度

重点与难点

本章重点：企业破产申请的提出与受理；债务人财产和破产债权；管理人制度；债权人会议；重整与和解制度；破产清算。

本章难点：破产法的适用范围；破产原因；破产申请受理的效力；债务人财产的收回、取回、抵销；别除权；破产财产的分配顺序。

第一节 破产法概述

一、破产的概念和特征

（一）破产的概念

破产是指在债务人不能清偿到期债务，并且资产不足以清偿全部债务或者明显缺乏清偿能力的，经法院审理并在其监督之下，强制清算其全部财产，公平清偿全体债权人的法律制度。从广义上讲，破产制度不仅包括破产清算制度，还包括以挽救债务人、避免破产为目的的重整、和解等法律制度。

（二）破产的法律特征

（1）债务人丧失清偿能力。债务人已无清偿能力，不能对债权人履行全部义务，所以要以破产方式公平解决债务清偿问题。

（2）存在两个以上的债权人。如果只有一个债权人，采用一般的民事执行程序即可清偿债务。

（3）债权人得以公平受偿。当债务人丧失清偿能力时，如果允许债权人各自以自力救济的方式来维护其利益，势必会影响到债权人债权实现的公平。而在破产程序中，法院将债务人的财产按照一定的程序和比例，公平合理地分配给各债权人，保障了其债权的公平受偿。

（4）依司法程序进行。在破产程序中，有关当事人的活动均应在法院的主持和监督下按照法定的程序进行。

（三）破产的作用

（1）对债权人的作用。通过破产程序，可以使债权人的债权请求得到公正的对待，避免在缺乏公平清偿秩序情况下可能受到的损害。

(2) 对债务人的作用。破产清算制度得以淘汰落后企业,而整顿与和解制度则给一些企业提供了起死回生的机会。

(3) 对社会的作用。首先,通过规范破产行为,维护正常的债务清偿秩序;其次,妥善处理破产事件,减少其消极影响,维护社会安定;再次,通过优胜劣汰机制,提高资产的利用效率,实现资源的优化配置。

二、破产法的概念及其适用范围

破产法有广义和狭义之分。狭义的破产法仅指 2006 年 8 月 27 日通过,2007 年 6 月 1 日施行的《中华人民共和国企业破产法》(简称《企业破产法》),广义的破产法还包括其他有关破产的法律、法规、行政规章、司法解释及散见于其他立法中的调整破产关系的法律规范,如《商业银行法》《保险法》《公司法》《合伙企业法》等立法中有关破产的规定。在内容上,现代意义上的破产法由破产清算制度与以挽救债务人为目的的和解、重整制度两方面的法律构成。

(一) 破产法的主体适用范围

(1) 企业法人。不仅包括国有企业法人,还包括承担有限责任的其他所有制企业法人。

(2) 企业法人以外的组织。我国《企业破产法》第 135 条规定:"其他法律规定企业法人以外的组织的清算,属于破产清算的,参照适用本法规定的程序。"目前,根据其他法律规定,可以参照适用《企业破产法》的主体主要是合伙企业、农民专业合作社及民办学校等。

(二) 我国《企业破产法》的地域适用范围

我国《企业破产法》的地域适用范围主要是指破产程序的域外效力问题,即一国的破产程序对位于其他国家的破产财产是否有效。破产程序的域外效力发生于跨境破产的情况。我国《企业破产法》第 5 条规定:"依照本法开始的破产程序,对债务人在中华人民共和国领域外的财产发生效力。对外国法院作出的发生法律效力的破产案件的判决、裁定,涉及债务人在中华人民共和国领域内的财产,申请或者请求人民法院承认和执行的,人民法院依照中华人民共和国缔结或者参加的国际条约,或者按照互惠原则进行审查,认为不违反中华人民共和国法律的基本原则,不损害国家主权、安全和社会公共利益,不损害中华人民共和国领域内债权人的合法权益的,裁定承认和执行。"

第二节 破产的申请和受理

一、破产界限

破产界限也称破产原因,是指认定债务人不能清偿到期债权,当事人得以提出破产申请,法院据以启动破产程序发生的原因。根据我国《企业破产法》第 2 条的规定,企业法人不能清偿到期债务,并且资产不足以清偿全部债务或者明显缺乏清偿能力的,依照本法规定清理债务。企业法人有前款规定情形,或者有明显丧失清偿能力可能的,可以依照本法规定进行重整。

据此,破产界限的实质是不能清偿到期债务。"不能清偿"在法律上的着眼点是债务关系能否正常维系。具体来讲,可以分为以下两种情况:

(1)债务人不能清偿到期债务,并且资产不足以清偿全部债务。债务人的全部财产已不足以偿还其所有债务,即债务人的资产总额小于其债务总额。这主要适用于债务人提出破产申请且其资不抵债情况通过形式审查即可判断的情况。

(2)债务人不能清偿到期债务,并且明显缺乏清偿能力。债务人也可能因资产结构不合理而无法变现,对到期债务缺乏现实的清偿能力。这种清偿能力包括以财产、信用或其他任何方法清偿债务的能力。它主要适用于债权人申请破产的情况。

二、破产案件的管辖与破产申请

(一)破产案件的管辖

1. 地域管辖

企业破产案件由债务人住所地人民法院管辖。债务人住所地是指债务人的主要办事机构所在地,债务人主要办事机构不明确的,由其注册地人民法院管辖。

2. 级别管辖

基层人民法院一般管辖县、县级市或者区的工商行政管理机关核准登记企业的破产案件;中级人民法院一般管辖地区、地级市(含本级)以上的工商行政管理机关核准登记企业的破产案件;纳入国家计划调整的企业破产案件,由中级人民法院管辖。

3. 移送管辖

上级人民法院有权审理下级人民法院管辖的企业破产案件,或者将本院管辖的企业破产案件移交下级人民法院审理;下级人民法院对自己管辖的企业破产案件,认为需要由上级法院审理的,可以报请上级人民法院审理。省、自治区、直辖市范围内因特殊情况需要对地域管辖进行调整的,须经它们的共同上级法院批准。

(二)破产申请

破产申请是破产申请人请求法院受理破产案件的意思表示。根据我国法律规定,破产申请人可以是债务人,可以是债权人,也可以是清算责任人。《企业破产法》第7条规定:"债务人有本法第二条规定的情形,可以向人民法院提出重整、和解或者破产清算申请。债务人不能清偿到期债务,债权人可以向人民法院提出对债务人进行重整或者破产清算的申请。企业法人已解散但未清算或者未清算完毕,资产不足以清偿债务的,依法负有清算责任的人应当向人民法院申请破产清算。"

1. 债务人提出破产申请

向人民法院提出破产申请,应当提交破产申请书和有关证据。破产申请书应当载明下列事项:(1)申请人、被申请人的基本情况;(2)申请目的;(3)申请的事实和理由;(4)人民法院认为应当载明的其他事项。债务人提出申请的,还应当向人民法院提交财产状况说明、债务清册、债权清册、有关财务会计报告、职工安置预案以及职工工资的支付和社会保险费用的缴纳情况。

2. 债权人提出破产申请

债务人不能清偿到期债务的,其债权人可以向人民法院提出对债务人进行重整或者破产清算的申请。只要债务人不能清偿到期债务,债权人就可以向人民法院申请其破产。

债权人提出破产申请应提供如下法定文件:(1)债权发生的事实及有关证据;(2)债权性质、数额、有无担保并附证据;(3)债务人不能清偿到期债务的情况及有关证据。

3. 清算责任人提出破产申请

企业法人已解散但未清算或者未清算完毕,资产不足以清偿债务的,依法负有清算责任的人应当向人民法院申请破产清算。

提出破产申请是债权人的一项权利,但对于清算责任人来说,却是一项法定的义务。如果出现上述法定的事由,清算责任人无权选择不提出破产申请,也不得故意拖延。如果违反此项义务而未及时申请,导致债务人的财产减少并造成债权人损失的,应承担赔偿责任。

《企业破产法》第 9 条规定:"人民法院受理破产申请前,申请人可以请求撤回申请。"

三、破产案件的受理

破产申请的提出并不代表破产程序的开始,而是进入破产程序的前提条件。法院裁定受理破产申请,才是破产程序开始的标志。

1. 破产申请的受理时限

债权人提出破产申请的,人民法院应当自收到申请之日起五日内通知债务人。债务人对申请有异议的,应当自收到人民法院通知之日起七日内向人民法院提出。人民法院应当自异议期满之日起十日内裁定是否受理。

债务人提出破产申请的,人民法院应当自收到破产申请之日起十五日内裁定是否受理。特殊情况下需要延长裁定受理期限的,经上一级人民法院批准,可以延长十五日。

2. 受理审查

人民法院收到破产申请后,应当在法定时限内对破产申请进行审查,包括形式审查和实质审查。形式审查旨在判定破产申请是否具备法律规定的申请形式,其内容主要包括:(1)申请人是否具备破产申请资格;(2)债务人是否为依法可适用企业破产程序的主体;(3)受案法院对本案是否有管辖权;(4)申请文件是否符合要求。实质审查则主要审查债务人是否存在破产原因。

3. 裁定结果

(1)裁定受理。人民法院受理破产申请的,应当自裁定作出之日起五日内送达申请人。债权人提出申请的,人民法院应当自裁定作出之日起五日内送达债务人。债务人应当自裁定送达之日起十五日内,向人民法院提交财产状况说明、债务清册、债权清册、有关财务会计报告以及职工工资的支付和社会保险费用的缴纳情况。人民法院应当自裁定受理破产申请之日起二十五日内通知已知债权人,并予以公告。

（2）裁定不受理。人民法院裁定不受理破产申请的,应当自裁定作出之日起五日内送达申请人并说明理由。申请人对裁定不服的,可以自裁定送达之日起十日内向上一级人民法院提起上诉。人民法院受理破产申请后至破产宣告前,经审查发现债务人不具备破产原因的,可以裁定驳回申请。申请人对裁定不服的,可以自裁定送达之日起十日内向上一级人民法院提起上诉。

4. 破产申请受理的效力

破产案件申请被人民法院受理后,产生以下法律效力：

（1）债务人的有关人员应当承担下列义务：① 妥善保管其占有和管理的财产、印章和账簿、文书等资料；② 根据人民法院、管理人的要求进行工作,并如实回答询问；③ 列席债权人会议并如实回答债权人的询问；④ 未经人民法院许可,不得离开住所地；⑤ 不得新任其他企业的董事、监事、高级管理人员。这里,"债务人的有关人员"是指企业的法定代表人、企业的财务管理人员和其他经营管理人员。

（2）债务人对个别债权人的债务清偿无效。

（3）债务人的债务人或财产持有人应当向管理人清偿债务或交付财产。

（4）管理人对破产申请受理前成立而债务人和对方当事人均未履行完毕的合同,有权决定解除或者继续履行,并通知对方当事人。管理人自破产申请受理之日起两个月内未通知对方当事人,或者自收到对方当事人催告之日起三十日内未答复的,视为解除合同。

（5）有关债务人财产的保全措施应当解除,执行程序应当中止。

（6）已经开始而尚未终结的有关债务人的民事诉讼或者仲裁应当中止,在管理人接管债务人的财产后,该诉讼或者仲裁继续进行。

（7）有关债务人的民事诉讼,只能向受理破产申请的人民法院提起。

第三节　管　理　人

一、管理人的概念和特征

（一）管理人的概念

管理人是指破产案件受理成立的,由法院指定全面接管破产财产并负责对其进行保管、清理、估价、处理和分配的专门机构或人员。在破产程序中,破产财产的管理和处分是整个程序得以顺利进行的关键。在管理和清算破产财产的过程中,既要维护债务人和债权人双方的利益,又要减轻法院的负担,就必须在法院、债权人和破产人之间寻找一个平衡点,这就是设立一个专门管理破产财产的机构或人员,即管理人。

（二）管理人的特征

1. 独立性

管理人必须有自己独立的财产；必须能够按照自己的意思，独立地处理破产事务；必须能够独立承担责任。一旦管理人实施了损害债权人或其他利害关系人合法权益的行为，法院就可依职权或者当事人的申请，追究其法律责任。

2. 中立性

一方面，管理人利益不受破产程序中各法律主体的实体利益变化的影响，其既不是债权人的代表，也不是债务人的代表，而是中立性组织；另一方面，管理人处理破产事务时所享有的职权，不是基于法院或某一主体的授权，而是基于法律规定。管理人对法律负责，而不是对法院或其他当事人负责。

3. 专业性

管理人必须具备处理破产事务所必需的专业知识和能力；要通晓法律知识，熟知有关企业破产的法律规定和政策；熟悉财会业务，具备财产管理、清算能力；熟悉商贸规则，有相关从业经历，具有相应的实践经验。

二、管理人的选任和资格

（一）管理人的资格

1. 管理人的资格范围

管理人可以由有关部门、机构的人员组成的清算组或者依法设立的律师事务所、会计师事务所、破产清算事务所等社会中介机构担任。人民法院也可以根据债务人的实际情况，在征询有关社会中介机构的意见后，指定该机构具备相关专业知识并取得执业资格的人员担任管理人。个人担任管理人的，应当参加执业责任保险。

2. 不得担任管理人的情形

（1）因故意犯罪受过刑事处罚；
（2）曾被吊销相关专业执业证书；
（3）与本案有利害关系；
（4）人民法院认为不宜担任管理人的其他情形。

（二）管理人的选任

1. 管理人的选任方式

管理人由人民法院指定。所有法律允许担任管理人的中介机构及其取得执业资格的成员，都有资格请求人民法院指定其担任管理人职务。但在实践中并非所有中介机构及个人都具备担任管理人的实际能力，而且由于目前我国破产案件数量所限，一时也不需要那么多的管理人。为解决这一矛盾，我国设置了管理人名册制度。由人民法院根据本地破产案件发生数量择优确定编入管理人名册的人数，并从管理人名册中实际指定管理人。管理人无正当理由，不得拒绝人民法院的指定。债权人会议认为管理人不能依法、公正执行职务或者有其他不能胜任职务情形的,可以申请人民法院予以更换。

2. 管理人的选任时间

人民法院应当在裁定受理破产申请的同时指定管理人。

3. 管理人的费用和报酬

管理人履行职责,应当获得合理的报酬。管理人的报酬由人民法院确定,债权人会议对管理人的报酬有异议的,有权向人民法院提出。管理人执行职务的费用、报酬和聘用工作人员的费用为破产费用,由债务人财产随时清偿。

三、管理人的职责与权限

管理人应当勤勉尽责,忠实执行职务,依法履行下列职责:(1)接管债务人的财产、印章和账簿、文书等资料;(2)调查债务人财产状况,制作财产状况报告;(3)决定债务人的内部管理事务;(4)决定债务人的日常开支和其他必要开支;(5)在第一次债权人会议召开之前,决定继续或者停止债务人的营业;(6)管理和处分债务人的财产;(7)代表债务人参加诉讼、仲裁或者其他法律程序;(8)提议召开债权人会议;(9)人民法院认为管理人应当履行的其他职责。

管理人依法执行职务,向人民法院报告工作,并接受债权人会议和债权人委员会的监督。管理人应当列席债权人会议,向债权人会议报告职务执行情况,并回答询问。

管理人未依法勤勉尽责,忠实执行职务的,人民法院可以依法处以罚款;给债权人、债务人或者第三人造成损失的,依法承担赔偿责任。

第四节 债务人财产和破产债权

一、债务人财产

(一)债务人财产的范围

破产申请受理时属于债务人的全部财产,以及破产申请受理后至破产程序终结前债务人取得的财产,为债务人财产。债务人财产包括债务人所有的货币、实物,以及债务人依法享有的可以用货币估价并可以依法转让的债权、股权、知识产权、用益物权等财产和财产权益。债务人财产在破产宣告后称为破产财产。

(二)债务人财产的收回

因为我国《公司法》允许出资人分期缴纳所认缴的出资,所以就可能出现企业在出资期限到达之前即告破产的现象。根据我国《公司法》规定,出资人是以认缴的而不是实缴的出资或股份对公司承担责任,所以在人民法院受理破产申请后,债务人的出资人尚未完全履行出资义务的,管理人应当要求该出资人缴纳所认缴的出资,而不受出资期限的限制。

为维护债权人及债务人的合法权益,我国《企业破产法》第36条规定:"债务人的董事、监事和高级管理人员利用职权从企业获取的非正常收入和侵占的企业财产,管理人应当追回。"

在人民法院受理破产申请后,管理人可以通过清偿债务或者提供被债务人接受的担保,取回质物、留置物。管理人所作的债务清偿或者替代担保,在质物或者留置物的价值低于被担保的债权额时,以该质物或者留置物当时的市场价值为限。

(三) 破产撤销权与无效行为

1. 破产撤销权

由于债务人将处于或已经处于破产状态,如果其从事使破产财产不当减少或者不公平清偿交易的行为,必将恶化债务人的资产和信用,损害多数债权人和其他利益相关者的利益。因此,我国《企业破产法》规定在下列情况下,管理人可以通过人民法院行使撤销权,行为无效后将追回的财产并入债务人财产:

(1) 人民法院受理破产申请前一年内,涉及债务人财产的下列行为,管理人有权请求人民法院予以撤销:① 无偿转让财产的;② 以明显不合理的价格进行交易的;③ 对没有财产担保的债务提供财产担保的;④ 对破产申请受理前仍未到期的债务提前清偿的;⑤ 放弃债权的。

(2) 人民法院受理破产申请前六个月内,债务人达到破产界限,仍对个别债权人进行清偿的,管理人有权请求人民法院予以撤销。但是,个别清偿使债务人财产受益的除外。"使债务人财产受益"的情形主要包括:债务人对以自有财产设定担保物权的债权进行的个别清偿并且债务清偿时担保财产的价值不低于债权额;经诉讼、仲裁、执行程序对债权人进行的个别清偿并且债务人与债权人无恶意串通损害其他债权人利益;债务人为维系基本生产需要而支付水费、电费,支付劳动报酬、人身损害赔偿金等使债务人财产受益的个别清偿等。

2. 债务人的无效行为

债务人为逃避债务而隐匿、转移财产的行为和虚构债务或者承认不真实的债务的行为无效。作为无效行为,无论其何时发生均为无效,且任何人在任何时候均得主张其无效。

(四) 取回权

取回权是指从管理人接管的财产中取回不属于债务人的财产的请求权。破产法上的取回权分为一般取回权与出卖人取回权。

1. 一般取回权

适用《企业破产法》概括性规定的取回权为一般取回权。我国《企业破产法》第38条规定:"人民法院受理破产申请后,债务人占有的不属于债务人的财产,该财产的权利人可以通过管理人取回。"这是一般取回权的规定。"不属于债务人的财产"既包括债务人合法占有的他人财产(如委托管理的财产、租赁财产、借用财产、寄存财产等),也包括债务人不法占有的他人财产(如据为己有的他人遗失财产等)。

2. 出卖人取回权

我国《企业破产法》第39条规定:"人民法院受理破产申请时,出卖人已将买卖标的物向作为买受人的债务人发运,债务人尚未收到且未付清全部价款的,出卖人可以取回在途中的标的物。但是,管理人可以支付全部价款,请求出卖人交付标的物。"这是对出卖人取回权的规定。买受人在破产申请受理时未付清货款,同时也没有收到货物,尚未取得货物的所有权,如不允许出卖人对尚属于自己的货物行使取回权,有失公平。为此,破产法设立了出卖人取回权。

破产宣告后,破产程序终结前,取回权人可以向管理人请求取回财产。但是,取回权人行使取回权时未依法向管理人支付相关的加工费、保管费、托运费、委托费、代销费等费用,管理人可以拒绝。取回权的行使通常只限于取回原物。如果在破产申请受理前,原物已被债务人处分或灭失,权利人只能以物价即直接损失额作为破产债权要求清偿;原物在破产申请受理后被处分或因管理人的责任毁损灭失的,权利人按共益债务获得赔偿。

(五)破产抵销权

破产抵销权是指债权人在破产申请受理前对债务人负有债务的,不论债的种类和到期时间,均可在破产清算前向管理人主张相互抵销的权利。

1. 破产抵销权的行使

破产抵销权的行使应当符合下列要求:

(1)债权人对债务人负有债务,且债权人对债务人所负债务产生于破产申请受理之前;

(2)抵销权只能由债权人行使,管理人不得主动抵销债务人与债权人的互负债务,但抵销使债务人财产受益的除外。

债权人依据《企业破产法》第40条的规定行使抵销权,应当向管理人提出抵销主张。管理人收到债权人提出的主张债务抵销的通知后,经审查无异议的,抵销自管理人收到通知之日起生效。管理人对抵销主张有异议的,应当在约定的异议期限内或者自收到主张债务抵销的通知之日起三个月内向人民法院提起诉讼。人民法院判决驳回管理人提起的抵销无效诉讼请求的,该抵销自管理人收到主张债务抵销的通知之日起生效。

2. 不得抵销的情形

为防止破产抵销权被当事人滥用,损害他人利益,各国破产法对抵销权的行使均规定了禁止条款。我国《企业破产法》第40条规定:"有下列情形之一的,不得抵销:(一)债务人的债务人在破产申请受理后取得他人对债务人的债权的;(二)债权人已知债务人有不能清偿到期债务或者破产申请的事实,对债务人负担债务的;但是,债权人因为法律规定或者有破产申请一年前所发生的原因而负担债务的除外;(三)债务人的债务人已知债务人有不能清偿到期债务或者破产申请的事实,对债务人取得债权的;但是,债务人的债务人因为法律规定或者有破产申请一年前所发生的原因而取得债权的除外"。

二、破产债权

破产债权是依破产程序启动前的原因成立的,经依法申报确认,并得由破产财产中获得清偿的可强制执行的财产请求权。人民法院审理破产案件时,当受理破产申请后,债权人要申报债权。只有在依法申报债权并获得确认后,债权人才能享有破产参与、受偿等权利。

（一）破产债权的申报

人民法院受理破产申请后,应当确定债权人申报债权的期限。债权申报期限自人民法院发布受理破产申请公告之日起计算,最短不得少于三十日,最长不得超过三个月。在法律规定的期间内,人民法院可以根据案件具体情况确定申报债权的期限。债权人应当在人民法院确定的债权申报期限内向管理人申报债权。

债权人申报债权时,应当书面说明债权的数额和有无财产担保,并提交有效证据。申报的债权是连带债权的,应当说明。连带债权人可以由其中一人代表全体连带债权人申报债权,也可以共同申报债权。但债务人所欠职工的工资和医疗、伤残补助、抚恤费用,所欠的应当划入职工个人账户的基本养老保险、基本医疗保险费用,以及法律、行政法规规定应当支付给职工的补偿金,不必申报,由管理人调查后列出清单并予以公示。

债务人的保证人或者其他连带债务人已经代替债务人清偿债务的,以其对债务人的求偿权申报债权;尚未代替债务人清偿债务的,以其对债务人的将来求偿权申报债权。但是,债权人已经向管理人申报全部债权的除外。

未到期的债权,在破产申请受理时视为到期。附利息的债权自破产申请受理时起停止计息。无利息的债权以本金申报债权。附条件、附期限的债权和诉讼仲裁未决的债权,债权人也可以申报。

管理人或者债务人依照《企业破产法》规定解除双方均未履行完毕的合同,对方当事人以因合同解除所产生的损害赔偿请求权申报债权。可申报的债权以实际损失为限,违约金不得作为破产债权申报。

（二）破产债权的确认

管理人收到债权申报材料后,应当登记造册,对申报的债权进行审查,并编制债权表。债权表和债权申报材料由管理人保存,供利害关系人查阅。

债务人、债权人对债权表记载的债权无异议的,由人民法院裁定确认。债务人、债权人对债权表记载的债权有异议的,可以向受理破产申请的人民法院提起诉讼。

第五节 债权人会议

一、债权人会议的概念和组成

（一）债权人会议的概念

债权人会议是全体债权人参加破产程序并集体行使权利的决议机构。在破产程序进行中,为便于实现全体债权人的破产程序参与权,维护其共同利益,破产法设立了债权人会议,利用集体表决方法,以决定破产债权人的共同意志并协调债权人的行为。债权人会议不是一个独立的民事权利主体,只是破产程序中具有自治性质的临时机构。债权人会议仅为决议机关,它本身无执行功能,其决议一般由管理人负责执行。

(二)债权人会议的组成

1. 债权人会议成员

债权人依法申报债权后,成为债权人会议的成员。凡是债权人会议的成员,都享有出席会议的权利。需要注意的是,凡是申报债权者均有权参加第一次债权人会议,有权参加对债权的核查、确认活动,并可依法提出异议。对于第一次会议以后的债权人会议,只有债权得到确认者才有权行使表决权。

2. 债权人会议成员的表决权

债权人会议成员都有权出席债权人会议和发表意见,但并不是每一位债权人会议成员都享有表决权。限制表决权或无表决权的债权人主要有:

(1) 有财产担保而未放弃优先受偿权利的债权人。这类债权人对于通过和解协议的决议和通过破产分配方案的决议,不享有表决权。

(2) 债权尚未确定的债权人。对于这类债权人,除人民法院能够为其行使表决权而临时确定债权额的外,不得行使表决权。

债权人可以自己出席会议,也可以委托代理人出席债权人会议,行使表决权。代理人出席债权人会议,应当向人民法院或者债权人会议主席提交债权人的授权委托书。

3. 债权人会议主席

债权人会议主席为债权人会议的召集人,由人民法院从有表决权的债权人中指定。

4. 职工代表参加会议

债权人会议应当有债务人的职工和工会的代表参加,对有关事项发表意见,维护企业职工的权益。但通常认为,因职工债权人处于最优先的清偿地位,破产程序的进行与分配不影响其实际利益,故债务人的职工和工会的代表在债权人会议上一般没有表决权。

二、债权人会议的职权

债权人会议行使下列职权:(1)核查债权;(2)申请人民法院更换管理人,审查管理人的费用和报酬;(3)监督管理人;(4)选任和更换债权人委员会成员;(5)决定继续或者停止债务人的营业;(6)通过重整计划;(7)通过和解协议;(8)通过债务人财产的管理方案;(9)通过破产财产变价方案;(10)通过破产财产分配方案;(11)人民法院认为应当由债权人会议行使的其他职权。

三、债权人会议的决议及效力

(一)债权人会议的召集

第一次债权人会议由人民法院召集,自债权申报期限届满之日起15日内召开。以后的债权人会议,在人民法院认为必要时,或者管理人、债权人委员会、占债权总额1/4以上的债权人向债权人会议主席提议时召开。召开债权人会议,管理人应当提前15日通知已知的债权人。

(二)债权人会议的决议规则

债权人会议的决议应当由出席会议的有表决权的债权人过半数通过,并且其所代表的债权额占无财产担保债权总额的二分之一以上。但以下情况不适用这一规定:第一,债权人会议通过和解协议的决议,应当由出席会议的有表决权的债权人过半数同意,并且其所代表的债权额占无财产担保债权总额的三分之二以上;第二,在重整程序中,债权人会议对重整计划草案实行分类分组表决,也不适用这一规定。

(三)债权人会议的决议效力

债权人会议的决议对全体债权人均有约束力。债权人如果认为债权人会议的决议违反法律规定,损害其利益的,可以自债权人会议作出决议之日起十五日内,请求人民法院裁定撤销该决议,责令债权人会议依法重新作出决议。

四、债权人委员会

(一)债权人委员会的概念与组成

债权人委员会是遵循债权人集体意志,负责日常监督管理人的活动以及破产程序,处理债权人会议授权事项的常设机构。在破产案件中,债权人人数众多,不能经常性地召集债权人会议并作出决议。为保证债权人充分行使权利,保障债权人会议职能的有效执行,在债权人会议闭会期间对破产程序进行日常必要的监督,有必要设立一个常设的、能够影响债权人实体权利的机构,这就是债权人委员会。债权人委员会由债权人会议根据案件具体情况决定是否设置。债权人委员会由债权人会议选任的债权人代表和一名债务人的职工代表或者工会代表组成,其成员不得超过九人。债权人委员会成员应当经人民法院书面决定认可。

(二)债权人委员会的职权

债权人委员会行使下列职权:(1)监督债务人财产的管理和处分;(2)监督破产财产分配;(3)提议召开债权人会议;(4)债权人会议委托的其他职权。债权人委员会执行职务时,有权要求管理人、债务人的有关人员对其职权范围内的事务作出说明或者提供有关文件。管理人、债务人的有关人员拒绝接受监督的,债权人委员会有权就监督事项请求人民法院作出决定,人民法院应当在五日内作出决定。

为保障债权人委员会能够及时了解破产程序进行的有关信息,行使监督权力,根据我国《企业破产法》的规定,管理人实施下列行为,应当及时报告债权人委员会:(1)涉及土地、房屋等不动产权益的转让;(2)探矿权、采矿权、知识产权等财产权的转让;(3)全部库存或者营业的转让;(4)借款;(5)设定财产担保;(6)债权和有价证券的转让;(7)履行债务人和对方当事人均未履行完毕的合同;(8)放弃权利;(9)担保物的收回;(10)对债权人利益有重大影响的其他财产处分行为。未设立债权人委员会的,管理人实施上述行为应当及时报告人民法院。

第六节 重整与和解制度

一、重整制度

（一）重整的概念与特征

重整是对可能或已经发生破产原因但又有希望重生的债务人,通过对各方利害关系人的利益协调,借助法律强制进行营业重组与债务清理,以使债务人避免破产、获得重生的法律制度。破产重整制度旨在防止濒临危困的债务人进入破产清算,它使企业获得喘息的机会,并获得重生。重整制度具有以下特征：

（1）重整申请时间提前,启动主体多元化。提出破产与和解申请,以债务人已发生破产原因为前提,而重整申请则在债务人有发生破产原因的可能时提出。重整申请可以由多方主体提出,不仅债务人、债权人可以提出,债务人的股东也可在一定条件下提出。

（2）重整程序效力优先。在同时存在破产清算、和解与重整申请的情况下,重整申请优先受理。重整程序启动后,所有执行程序、清算程序与和解程序均中止或终结,重整程序优先适用。

（3）参与重整活动的主体多元化,重整措施多样化。债权人、债务人及债权人的股东等各利害关系人参与重整程序的进行。重整企业可运用多种重整措施,达到恢复经营能力、清偿债务、避免破产的目的。

（4）担保物权受限。为保证债务人不因担保财产的执行而影响生产经营,无法进行重整,在重整程序中,担保物权债权人的优先受偿权受到限制,这是其与破产法上其他程序的重大不同之处。

（5）重整程序具有强制性。只要债权人会议各表决组及股东组以法定多数通过重整计划,经法院批准对所有当事人均具有法律效力。同时,在未获全部表决组通过时,债务人或管理人可以申请人民法院予以批准。

（6）债务人负责执行重整计划。除非债务人存在破产欺诈、无经营能力等情况,在重整期间,经债务人申请、法院批准,债务人可以在管理人的监督下自行管理财产和营业。

（二）重整的申请和重整期间

1.重整程序的申请人

债务人、债务人的出资人或债权人都可以依法提出破产重整的申请：

（1）破产案件受理前的初始重整申请,可以由债务人或者债权人提出；

（2）破产案件受理后,破产宣告前的后续重整申请,初始申请为债权人申请债务人破产清算的,可以由债务人或者持有债务人注册资本十分之一以上的一名或数名出资人提出。

人民法院经审查认为重整申请符合《企业破产法》的规定的,应当裁定许可债务人进行重整并予以公告。

2. 重整期间

自人民法院裁定债务人重整之日起至重整程序终止,为重整期间。在重整期间,经债务人申请,人民法院批准,债务人可以在管理人的监督下自行管理财产和营业事务。这时,管理人应当向债务人移交财产和营业事务,其职权由债务人行使,管理人起监督作用;在债务人没有提出自行营业的申请或其申请未获批准的情况下,管理人负责管理财产和营业事务。此时,管理人可以聘任债务人的经营管理人员负责营业事务。

为保障重整的顺利进行,在重整期间,对债务人的特定财产享有的担保权暂停行使。但是,担保物有损坏或者价值明显减少的可能,足以危害担保权人权利的,担保权人可以向人民法院请求恢复行使担保权。在重整期间,债务人或者管理人为继续营业而借款的,可以为该借款设定担保。

债务人合法占有的他人财产,该财产的权利人在重整期间要求取回的,应当符合事先约定的条件。

在重整期间,债务人的出资人不得请求投资收益分配;债务人的董事、监事、高级管理人员不得向第三人转让其持有的债务人的股权,但经人民法院同意的除外。

(三)重整计划的制订和批准

1. 重整计划的制订

(1)制定主体。① 债务人自行管理财产和营业事务的,由债务人制作重整计划草案;② 管理人负责管理财产和营业事务的,由管理人制作重整计划草案。

(2)制定时间。债务人或者管理人应当自人民法院裁定债务人重整之日起六个月内,同时向人民法院和债权人会议提交重整计划草案。规定的期限届满,经债务人或者管理人请求,有正当理由的,人民法院可以裁定延期三个月。债务人或者管理人未按期提出重整计划草案的,人民法院应当裁定终止重整程序,并宣告债务人破产。

2. 重整计划的内容

重整计划草案应当包括下列内容:(1)债务人的经营方案;(2)债权分类;(3)债权调整方案;(4)债权受偿方案;(5)重整计划的执行期限;(6)重整计划执行的监督期限;(7)有利于债务人重整的其他方案。

3. 重整计划的表决

人民法院应当自收到重整计划草案之日起三十日内召开债权人会议,对重整计划草案进行表决。债务人或者管理人应当在债权人会议上就重整计划草案作出说明,并回答询问。

重整计划涉及企业债权人、职工以及出资人等各方的利益,由于各方关注的利益点不一致,对重整计划的表决就需要分组进行。参加讨论重整计划草案的债权人的债权可以分为以下几组:(1)对债务人的特定财产享有担保权的债权;(2)债务人所欠职工的工资和医疗、伤残补助、抚恤费用,所欠的应当划入职工个人账户的基本养老保险、基本医疗保险费用,以及法律、行政法规规定应当支付给职工的补偿金;(3)债务人所欠税款;(4)普通债权。债务人的出资人代表可以列席讨论重整计划草案的债权人会议。

重整计划草案涉及出资人权益调整事项的,应当设出资人组,对该事项进行表决。人民法院在必要时可以决定在普通债权组中设小额债权组对重整计划草案进行表决。

出席会议的同一表决组的债权人过半数同意重整计划草案,并且其所代表的债权额占该组债权总额的三分之二以上的,即为该组通过重整计划草案。各表决组均通过重整计划草案时,重整计划即为通过。部分表决组未通过重整计划草案的,债务人或者管理人可以同未通过重整计划草案的表决组协商。该表决组可以在协商后再表决一次,双方协商的结果不得损害其他表决组的利益。

4. 重整计划的批准

重整计划不仅需要债权人会议通过,还需得到人民法院的批准。经人民法院裁定批准的重整计划,对债务人和全体债权人均有约束力。一般情况下,通过表决并得到批准的重整计划才能实施。但为保障重整程序能够顺利进行,破产法专门设置了人民法院强制批准重整计划草案的程序。

(1) 表决通过后批准。自重整计划通过之日起十日内,债务人或者管理人应当向人民法院提出批准重整计划的申请。人民法院经审查认为符合法律规定的,应当自收到申请之日起三十日内裁定批准,终止重整程序,并予以公告;经审查认为不符合法律规定的,应当裁定不予批准,终止重整程序,并宣告债务人破产。

(2) 未通过时的强行批准。未通过重整计划草案的表决组拒绝再次表决或者再次表决仍未通过重整计划草案,但重整计划草案符合下列条件的,债务人或者管理人可以申请人民法院批准重整计划草案:第一,按照重整计划草案,担保债权就担保财产将获得全额清偿,其因延期清偿所受的损失将得到公平补偿,并且其担保权未受到实质性损害,或者该表决组已经通过重整计划草案;第二,按照重整计划草案,职工债权和税收债权将获得全额清偿,或者相应表决组已经通过重整计划草案;第三,按照重整计划草案,普通债权所获得的清偿比例,不低于其在重整计划草案被提请批准时依照破产清算程序所能获得的清偿比例,或者该表决组已经通过重整计划草案;第四,重整计划草案对出资人权益的调整公平、公正,或者出资人组已经通过重整计划草案;第五,重整计划草案公平对待同一表决组的成员,并且所规定的债权清偿顺序不违反破产清算程序中的法定清偿顺序;第六,债务人的经营方案具有可行性。人民法院经审查认为重整计划草案符合上述规定的,应当自收到申请之日起三十内裁定批准,终止重整程序,并予以公告;经审查认为重整计划草案不符合规定的,则应当裁定终止重整程序,并宣告债务人破产。

(四)重整计划的执行

重整计划由债务人负责执行。人民法院裁定批准重整计划后,已接管财产和营业事务的管理人应当向债务人移交财产和营业事务。

在重整计划中应当规定对重整计划执行的监督期限。自人民法院裁定批准重整计划之日起,在重整计划规定的监督期内,由管理人监督重整计划的执行。在监督期内,债务人应当向管理人报告重整计划执行情况和债务人财务状况。监督期届满时,管理人应当向人民法院提交监督报告,自监督报告提交之日起,管理人的监督职责终止。

(五) 重整程序的终结

破产重整程序的终结包括正常终结与非正常终结。

1. 重整程序的正常终结

重整计划执行完毕后,债务人应当及时向人民法院提交执行报告。人民法院审查确认后,裁定终结破产案件。按照重整计划减免的债务,自重整计划执行完毕时起,债务人不再承担清偿责任。

2. 重整程序的非正常终结

在重整期间,有下列情形之一的,经管理人或者利害关系人请求,人民法院应当裁定终止重整程序,并宣告债务人破产:(1) 债务人的经营状况和财产状况继续恶化,缺乏挽救的可能性;(2) 债务人有欺诈、恶意减少债务人财产或者其他显著不利于债权人的行为;(3) 由于债务人的行为致使管理人无法执行职务;(4) 债务人不能执行或者不执行重整计划的。

人民法院裁定终止重整计划执行的,债权人在重整计划中作出的债权调整的承诺失去效力,但为重整计划的执行提供的担保继续有效。债权人因执行重整计划所受的清偿仍然有效,债权未受清偿的部分作为破产债权。在重整计划执行中已经接受清偿的债权人,只有在其他同顺位债权人与自己所受的重整清偿达到同一比例时,才能继续接受破产分配。

二、和解制度

(一) 和解的概念和意义

和解制度指债务人在进入破产程序以后,在法院的主持下,债务人和债权人就延长债务人清偿债务的期限、减免部分债务等事项达成协议,从而中止破产程序,防止企业破产的制度。

破产和解是为了避免债务人一旦进入破产程序只能进行破产清算的不足而发展起来的一项制度。因为债务人破产清算并不一定能使债权人获得比较理想的偿债效果,债务人的财产在优先扣除进行破产程序必需的庞大费用以及上缴债务人所欠的税款以后,对于普通债权人来讲,实际所得往往没有多少。同时,随着市场竞争加剧,破产企业的数量也在不断增加,导致工人大量失业,影响社会稳定。因此,为了弥补破产制度的不足,寻找一种既能解决债权人与债务人之间的债权债务纠纷,又能给陷入困境的债务人以摆脱困境的办法,破产和解制度应运而生。和解程序与破产清算程序相比,制度成本低,能够给债务人带来再生的希望。如果经营状况改善,债权人会得到更多的清偿,从而也避免了众多员工失业,有利于社会经济秩序的稳定。

(二) 和解申请

和解申请只能由债务人一方提出。债务人可以依法直接向人民法院申请和解;也可以在人民法院受理破产申请后、宣告债务人破产前,向人民法院申请和解。债务人申请和解,应当提出和解协议草案。和解协议草案应当具有下列内容:(1)清偿债务的财产来源;(2)清偿债务的办法;(3)清偿债务的期限等。人民法院经审查认为和解申请符合法律规定的,应当受理其申请,裁定准许和解,予以公告,并召集债权人会议讨论和解协议草案。

(三)和解协议的生效和执行

1. 和解协议的生效

和解协议生效应当具备两个条件:一是和解协议的内容必须由被申请破产企业与债权人会议协商一致;二是和解协议必须经法院审查后认可。前者为和解协议生效的实质要件,后者为和解协议生效的形式要件,两者缺一不可。

债权人会议通过和解协议的决议,由出席会议的有表决权的债权人过半数同意,并且其所代表的债权额占无财产担保债权总额的三分之二以上;对债务人的财产享有担保权的债权人,对此事项无表决权。债权人会议通过和解协议的,由人民法院裁定认可,终止和解程序,并予以公告。管理人应当向债务人移交财产和营业事务,并向人民法院提交执行职务的报告。

和解协议草案经债权人会议表决未获得通过,或者已经债权人会议通过的和解协议未获得人民法院认可的,人民法院应当裁定终止和解程序,并宣告债务人破产。因债务人的欺诈或者其他违法行为而成立的和解协议,无论该违法事由是被发现于协议生效以前还是协议生效以后,人民法院都应当裁定其无效,并宣告债务人破产。

2. 和解协议的执行

经人民法院裁定认可的和解协议,对债务人和全体和解债权人均有约束力。债务人应当按照和解协议规定的条件清偿债务。债务人未完全执行和解协议前,不得对个别债权人给予和解协议规定条件以外的特殊利益,也不得实施有损其清偿能力的财产处分。

和解债权人是指人民法院受理破产申请时对债务人享有无财产担保债权的人。和解债权人未依照法律规定申报债权的,在和解协议执行期间不得行使权利;在和解协议执行完毕后,可以按照和解协议规定的清偿条件行使权利。

(四)和解的终结

1. 正常终结

和解执行完毕,和解程序终结。按照和解协议减免的债务,自和解协议执行完毕时起,债务人不再承担清偿责任。

2. 和解失败

债务人不能执行或者不执行和解协议的,人民法院经和解债权人请求,应当裁定终止和解协议的执行,并宣告债务人破产。人民法院裁定终止和解协议执行的,和解债权人在和解协议中作出的债权调整的承诺失去效力,但债务人方面为和解协议的执行提供的担保继续有效。和解债权人因执行和解协议所受的清偿仍然有效,和解债权未受清偿的部分作为破产债权。

第七节 破产清算

一、破产宣告

破产宣告是人民法院对债务人具备破产原因的事实作出有法律效力的裁定,从而使债务人进入破产清算程序的活动。在破产案件受理后,破产宣告以前,债务人还可以通过和解或者其他方式而避免破产清算。而一旦宣告破产,则破产案件不可逆转地进入清算程序。债务人被宣告破产后,在破产程序中的有关称谓也发生相应变化,债务人称为破产人,债务人财产称为破产财产,人民法院受理破产申请时对债务人享有的债权称为破产债权。

二、别除权

别除权是指债权人不依破产程序,而由债务人财产中的特定财产单独、优先受偿的权利。别除权具有以下法律特征:

第一,别除权以担保物权为基础。别除权不是破产法创设的实体权利,而是破产法对民法上担保物权的优先性与排他性的反映。别除权的权利基础是担保物权,而担保物权是依据民法担保制度发生的,在我国是指抵押权、质押权和留置权。至于人的担保即保证担保则不享受别除权的待遇。

第二,别除权标的物是破产人的特定财产。别除权的产生是由于在破产宣告前,别除权人在破产债务人的财产上已设定担保物权,所以别除权就只能对被特定的财产行使。当别除权标的物不足清偿被担保的全部债务时,别除权人不得就未予清偿部分请求破产财产优先清偿,而只能作为普通破产债权参加集体清偿。

第三,别除权设定时间在破产宣告之前。即在破产宣告之前,债权债务关系就已合法形成,并已设定担保权。

第四,别除权的行使不参加集体清偿程序。别除权人有权就担保物单独优先接受清偿;别除权人放弃优先受偿权利的,其债权作为普通债权参加集体清偿。

第五,别除权标的物不计入破产财产。破产申请受理后,别除权标的物虽然也是债务人的财产,并且可能在破产宣告后为管理人接管,但为了实现别除权的优先受偿权,需要将别除权标的物与其他债务人财产区分开来,不能用别除权标的物清偿破产费用和共益债务。

三、破产费用和共益债务

(一)破产费用和共益债务的范围

1. 破产费用

破产费用是指破产程序开始后,为破产程序的进行以及为全体债权人的共同利益而从债务人财产中优先支付的费用。人民法院受理破产申请后发生的下列费用,为破产费用:(1)破产案件的诉讼费用;(2)管理、变价和分配债务人财产的费用;(3)管理人执行职务的费用、报酬和聘用工作人员的费用。

2. 共益债务

共益债务又称财团债务,是指破产程序中为全体债权人的共同利益而管理、变价和分配破产财产而负担的债务。我国《企业破产法》第42条规定,人民法院受理破产申请后发生的下列债务为共益债务:(1)因管理人或者债务人请求对方当事人履行双方均未履行完毕的合同所产生的债务;(2)债务人财产受无因管理所产生的债务;(3)因债务人不当得利所产生的债务;(4)为债务人继续营业而应支付的劳动报酬和社会保险费用以及由此产生的其他债务;(5)管理人或者相关人员执行职务致人损害所产生的债务;(6)债务人财产致人损害所产生的债务。

(二)破产费用和共益债务的清偿

破产费用和共益债务的清偿,采用以下原则:

(1)随时清偿。破产费用和共益债务由债务人财产随时清偿。在债务人财产足以清偿破产费用和共益债务时,二者的清偿不分先后。

(2)破产费用优先清偿。在债务人财产不足以清偿所有破产费用和共益债务的情况下,先行清偿破产费用。

(3)按比例清偿。债务人财产不足以清偿所有破产费用或者共益债务的,按照比例清偿。

(4)不足清偿时的终结程序。债务人财产不足以清偿破产费用的,管理人应当提请人民法院终结破产程序。如果此时尚未宣告债务人破产,则无须宣告。

四、破产财产的变价和分配

(一)破产财产的变价

破产财产的变价是指管理人将破产财产中的非金钱财产,以变卖或拍卖的方式,转变为金钱财产的行为。破产财产的分配以货币分配为主要方式,所以在破产宣告后,管理人应及时拟订破产财产变价方案,提交债权人会议讨论。管理人应当按照债权人会议通过的或者人民法院依法裁定的破产财产变价方案,适时变价出售破产财产。

变价出售破产财产应当通过拍卖方式进行,但债权人会议另有决议的除外。破产企业可以全部或者部分变价出售。企业变价出售时,可以将其中的无形资产和其他财产单独变价出售。按照国家规定不能拍卖或者限制转让的财产,应当按照国家规定的方式处理。

(二)破产财产的分配

1. 破产财产分配的概念

破产财产的分配是指管理人将变价后的破产财产,根据符合法定顺序并经合法程序确定的分配方案,对全体破产债权人进行公平清偿的程序。破产分配标志着破产清算的完成。破产分配结束是破产程序终结的原因。

2. 破产财产分配方案

管理人应当及时拟订破产财产分配方案,提交债权人会议讨论。破产财产分配方案应当载明下列事项:参加破产财产分配的债权人名称或者姓名、住所;参加破产财产分配的债权额;可供分配的破产财产数额;破产财产分配的顺序、比例及数额;实施破产财产分配的方法。债权人会议通过破产财产分配方案后,由管理人将该方案提请人民法院裁定认可。分配方案经人民法院裁定认可后,由管理人负责执行。

3. 破产财产的分配顺序

破产财产在优先清偿破产费用和共益债务后,依照下列顺序清偿:(1)破产人所欠职工的工资和医疗、伤残抚恤费用,所欠的应当划入职工个人账户的基本养老保险、基本医疗保险,以及法律、行政法规规定应当支付给职工的补偿金;(2)破产人欠缴的除前项规定以外的社会保险费用和破产人所欠税款;(3)普通破产债权。破产财产不足以清偿同一顺序的清偿要求的,按照比例分配。破产企业的董事、监事和高级管理人员的工资按照该企业职工的平均工资计算。

五、破产程序的终结

(一)破产程序终结的原因

(1)和解、重整程序顺利完成;

(2)债务人消除破产原因或以其他方式解决债务清偿问题(包括自行和解);

(3)债务人的破产财产不足以支付破产费用;

(4)破产人无财产可供分配;

(5)破产财产分配完毕。

破产人无财产可供分配的,管理人应当请求人民法院裁定终结破产程序。在破产人有财产可供分配的情况下,管理人在最后分配完结后,应当及时向人民法院提交破产财产分配报告,并提请人民法院裁定终结破产程序。人民法院应当自收到管理人终结破产程序的请求之日起十五日内作出是否终结破产程序的裁定。裁定终结的,应当予以公告。

管理人应当自破产程序终结之日起十日内,持人民法院终结破产程序的裁定,向破产人的原登记机关办理注销登记。

(二)遗留事务的处理

管理人于办理注销登记完毕的次日终止执行职务,但是,存在诉讼或者仲裁未决情况的除外。管理人可以在破产程序终结后,继续办理破产案件的遗留事务。

在破产程序因债务人财产不足以支付破产费用而终结,或者因破产人无财产可供分配或破产财产分配完毕而终结时,自终结之日起两年内,有下列情形之一的,债权人可以请求人民法院按照破产财产分配方案进行追加分配:

(1)发现在破产案件中有可撤销行为、无效行为或者债务人的董事、监事和高级管理人员利用职权从企业获取非正常收入和侵占企业财产的情况,应当追回财产的。

(2)发现破产人有应当供分配的其他财产的。有上述情形,但财产数量不足以支付分配费用的,不再进行追加分配,由人民法院将其上交国库。

债权人可以在破产程序中依法追究破产人的保证人和其他连带债务人的清偿责任。在破产程序终结后,对依照破产清算程序未受清偿的债权,保证人和其他连带债务人仍要依法继续承担清偿责任。

 复习思考题

1. 我国《企业破产法》的适用范围是什么?
2. 如何理解破产原因?
3. 管理人如何产生?其职责有哪些?
4. 哪些事项可以申报破产债权?
5. 债权人会议的职权有哪些?
6. 重整与和解的意义是什么?
7. 破产财产的分配顺序是什么?

第七章

合同法律制度

 重点与难点

本章重点：合同的基本概念和特征；合同的订立过程、内容和形式；合同的效力；合同的履行；合同的变更、转让和终止；违约责任等。

本章难点：要约和承诺制度；合同效力的判定；缔约过失和违约责任等制度。

第一节 合同法律制度概述

一、合同的概念和特征

（一）合同的概念

合同是平等主体的自然人、法人、非法人组织之间设立、变更、终止民事权利义务关系的协议。

在社会主义市场经济中，法律地位平等的自然人、法人、非法人组织之间存在着大量的经济往来，要进行买卖、租赁、借款、运输、加工承揽、仓储保管、科技开发与转让等经济活动。这就需要当事人在共同协商的基础上签订合同，明确约定各方的权利和义务，并切实加以遵守，以保证各项经济活动顺利进行，从而实现各自预期的目的。在当前的社会经济生活中，合同所适用的范围越来越广泛。

（二）合同的特征

1. 合同是一种民事法律行为

民事法律行为，是民事主体通过意思表示设立、变更、终止民事法律关系的行为。合同本质上是双方意思表示一致的一种比较严谨而规范的契约，是最为典型的民事法律行为。其内容及订立的形式、程序必须受到法律的约束；依法成立的合同受法律保护，合同当事人要受所签合同的约束，违反合同须承担相应的法律责任。法律另有规定的除外。

2. 合同是当事人意思自治的法律关系

合同是根据当事人约定在当事人之间确立的特定权利义务关系。在这种合同法律关系中，主体双方的法律地位完全平等，它要求当事人在合同订立和履行时意思自治，任何一方不得凭借有利地位将自己的意志强加于对方。合同所包含的内容应当对等，不能显失公平。合同关系的这一特征决定了合同规范中更多的是任意性规范，只要当事人不违反法律规定，不损害国家、集体和他人的合法权益，允许当事人按照自己的意愿约定合同条款。

3. 合同是两方以上当事人意思表示一致的法律行为

所谓意思表示，是指行为人将要求产生某种民事法律后果的愿望用一定的方式表现于外部的行为。合同是两个或两个以上当事人意思表示一致的民事法律行为，单方意思表示不能构成合同关系。在这种民事法律关系中，没有对立的意思和对立的利益，一个合同须先由一方向另一方提出明确的订立合同的意思表示，另一方经过认真考虑表示完全接受方能成立。

二、合同的分类

对合同作出科学的分类，使我们不仅可以针对不同的合同确定不同的规则，并且有助于人民法院和仲裁机关准确适用合同法律，正确地处理合同纠纷。

（一）双务合同与单务合同

依双方当事人是否互负对待给付义务，可将合同划分为双务合同与单务合同。所谓双务合同，是指当事人双方互负对待给付义务的合同，例如买卖、互易、租赁合同。所谓单务合同，是指合同当事人仅有一方负担给付义务的合同。区分双务合同与单务合同的主要意义在于合同的履行。由于双务合同当事人间的权利义务具有对价关系，因此双务合同当事人享有一些单务合同当事人所不能享有的法律权利，如同时履行抗辩权、不安抗辩权等。

（二）诺成合同与实践合同

依合同的成立是否须交付标的物，可将合同分为诺成合同和实践合同。诺成合同是指当事人双方意思表示一致即成立的合同。实践合同是指除当事人双方意思表示一致以外，尚须实际交付标的物才能成立的合同。在这种合同中，仅凭双方当事人的意思表示一致合同不能成立，还必须依约定实际交付标的物。例如，民间保管合同，必须要寄存人将寄存的物品交给保管人，合同才能成立。在司法实践中，多数合同是诺成合同，实践合同的确认须依照法律的特别规定。

区分实践合同和诺成合同，对于确定合同的成立时间、标的物所有权和使用权转移及风险转移时间都有重要意义。

（三）有偿合同与无偿合同

依当事人从合同中获取某种利益是否需付相应对价，可将合同分为有偿合同与无偿合同。有偿合同是指一方当事人依照合同获取某种利益，必须向对方支付相应对价的合同。这类合同是商品交换最典型的法律形式，在实践中，绝大多数反映交易关系的合同都是有偿的。无偿合同是指一方当事人依照合同获得某种利益，但不需支付任何对价的合同。无偿合同也是民事合同的重要组成部分。要说明的是，无偿合同并非单务合同,无偿方也要承担合同义务,如借用人无偿借用他人物品,负有正当使用和按期返还的义务等。

区分有偿合同与无偿合同的意义在于,无偿合同因一方当事人履行义务是无偿的,因此其在承担责任上应与有偿合同有所区别。

(四) 要式合同与不要式合同

依合同的成立是否须依照一定的形式,可将合同分为要式合同与不要式合同。所谓要式合同,是指依法律规定或当事人约定,必须采取一定形式或履行一定程序才能成立的合同。对于重要的交易,法律常要求当事人必须采取特定的方式订立合同,如法律要求不动产交易合同必须具备书面形式等。所谓不要式合同,是指当事人不需要采取特定的方式,仅凭自己的意愿就可订立生效的合同。根据合同自由原则,当事人在法律允许的范围有权选择合同形式,但对于法律有特别形式要件规定的,应当遵循法律规定。

正确认识要式合同与不要式合同,对于认定合同成立生效的条件有重要意义,要式合同需要具备形式条件,而不要式合同则相反。

(五) 典型合同与非典型合同

依法律对合同是否作出具体规定,可将合同分为典型合同和非典型合同。凡是法律上作出明确规定的合同为典型合同,凡是法律没有明确规定的合同为非典型合同。典型合同有买卖合同、借款合同、租赁合同、承揽合同、保管合同等。

区分典型合同与非典型合同的意义在于,对于典型合同,当事人可直接按照法律相应的规定确定当事人的权利义务及其法律责任;对于当事人因非典型合同发生的纠纷,则应按照合同的一般规定并参照与典型合同最为相似的合同规定加以解决。

(六) 为自己利益的合同与为第三人利益的合同

依订立合同是否为自己谋取利益,可将合同分为为自己利益的合同与为第三人利益的合同。所谓为自己利益的合同,是指合同当事人直接为自己设定权利、谋取利益的合同。在绝大多数情况下,当事人订立合同都是为了给自己设定权利和义务,所以合同大都是为自己利益订立的合同。然而在特殊情况下,合同当事人并非为自己设定权利,而是为第三人的利益订立合同,这类合同就是为第三人的利益订立的合同,如人身意外保险合同。

区分这两种合同的意义在于,两种合同的缔约目的不同,合同的效力范围也不同。

三、合同法概述

合同法是调整平等主体的自然人、法人、非法人组织之间合同关系的法律规范的总称。合同关系是指合同当事人之间因签订和履行合同而发生的各种社会关系。为规范这种关系,需要用法律加以调整。

1981 年 12 月 13 日,第五届全国人大第四次会议通过了《经济合同法》;1985 年 3 月 21 日,第六届全国人大常委会第十次会议通过了《涉外经济合同法》;1987 年 6 月 23

日,第六届全国人大常委会第二十一次会议通过了《技术合同法》;1999 年 3 月 15 日,第九届全国人大第二次会议通过了《合同法》,该法于 1999 年 10 月 1 日起施行,同时废止了前述三项合同立法;2020 年 5 月 28 日,第十三届全国人大第三次会议通过了《民法典》,并于 2021 年 1 月 1 日起施行,同时废止了包括《合同法》在内的多部法律。① 《民法典》在总则中统一界定了民事法律行为的内涵,将合同法纳入第三编并加以完善,共 3 个分编,29 章,526 条。合同编规定了合同的调整范围、合同解释的一般性规定,修改完善了合同的订立、效力、履行、保全、变更和转让以及违约责任等合同基本制度,为维护平等、公平的市场竞争秩序,促进商品和要素自由流动提供了基本的法律制度保障。

第二节 合同的订立

一、合同订立的概念

合同订立是指当事人就设立、变更、终止民事权利义务关系达成一致的过程。当事人订立合同,可以采取要约、承诺方式或其他方式。

二、合同订立的程序

要约、承诺是合同订立最为典型的方式。合同本质上是一种合意,当事人形成合意的过程,主要是通过要约、承诺完成的。

(一)要约

1. 要约的概念和特点

要约是指当事人一方向另一方发出的订立合同的意思表示。其中,提出要约的一方为要约人,接受要约的一方为受要约人。在具体商贸活动中,要约通常体现为报价、发盘等。根据法律规定,要约是希望和他人订立合同的意思表示,该意思表示应当内容具体确定,表明一经受要约人承诺,要约人即受该意思表示的约束。由此可见,要约要产生法律效力,就必须具备以下要件:

(1)要约人发出的意思表示以订立合同为目的。凡不以订立合同为目的的意思表示都不是要约。

(2)要约必须是向相对人发出的意思表示。要约的相对人可以是特定的人,也可以是不特定的人。向特定的人发出要约,通常是某一具体的法人或自然人。向不特定的人发出要约,通常是向特定社会公众发出的要约,如商店对店内商品标价陈列。

(3)要约的内容必须具体确定。即要约的内容必须明确,而非含糊不清。不如此,

---

① 《民法典》第 1260 条规定:"本法自 2021 年 1 月 1 日起施行。《中华人民共和国婚姻法》、《中华人民共和国继承法》、《中华人民共和国民法通则》、《中华人民共和国收养法》、《中华人民共和国担保法》、《中华人民共和国合同法》、《中华人民共和国物权法》、《中华人民共和国侵权责任法》、《中华人民共和国民法总则》同时废止。"

受要约人便不能了解要约的真实含义,难以承诺。

(4)表示愿意接受要约的约束。即要约人必须向受要约人表明,要约一经受要约人同意,合同即告成立,要约人就要受到约束。

在签订合同过程中,我们要注意要约和要约邀请的区别。"要约邀请"也称"要约引诱",是希望他人向自己发出要约的意思表示。从理论上来看,二者的区别如下:首先,要约是缔约的必经程序或阶段;要约邀请则处于订立合同前的准备阶段。其次,要约的目的是和他人订立合同;要约邀请虽然最终目的也是签订合同,但其直接目的只是希望他人向自己发出要约。再次,要约的内容具体确定,包括足以使合同成立的主要内容;要约邀请只要具备邀请他人向自己发出要约的意思表示即可。最后,要约针对受要约人发出,要约一旦到达受要约人就会产生法律效力,不得随意变更和撤回;而要约邀请对不特定的主体发出,没有法律拘束力,邀请者可不受要约邀请的意思表示约束。

尽管理论上可以明确二者的区别,但事实上在很多情形下二者很难区分。为此,《民法典》第473条明确规定:"拍卖公告、招标公告、招股说明书、债券募集办法、基金招募说明书、商业广告和宣传、寄送的价目表等为要约邀请。"但"商业广告和宣传的内容符合要约条件的,构成要约"。所以,要判断一个意思表示是要约还是要约邀请,还是需要根据实际情况具体分析。

2. 要约的效力

要约的效力包括对要约人的效力和对受要约人的效力两个方面。对要约人的效力表现为:要约一经发出生效,要约人不得随意撤回或者撤销。对受要约人的效力主要表现为:要约到达受要约人,受要约人就取得依要约作出承诺的资格,如果要约得到了承诺,合同即成立。

对于要约的生效时间,依据《民法典》第137条和第474条之规定,区分为以对话方式作出与以非对话方式作出。以对话方式发出的要约,以受要约人知道其内容时生效;以非对话方式发出的要约,到达受要约人时生效。当事人采用数据电文形式订立合同,相对人指定特定系统接收数据电文的,该数据电文进入该特定系统时生效;未指定特定系统的,相对人知道或应当知道该数据电文进入系统时生效。当事人对采用数据电文形式的意思表示另有约定的,按照其约定。

3. 要约的撤回与撤销

要约发出后,要约人可以撤回或撤销要约,但必须符合一定的条件。

(1)要约的撤回。依据《民法典》第141条和第475条之规定,要约是可以撤回的。撤回要约的通知应当在要约到达受要约人之前或者与要约同时到达受要约人。由此看出,要约在生效前是可以撤回的,这是因为要约到达受要约人之前,不会对受要约人产生任何影响。但是,撤回要约的意思表示必须先于或与要约同时到达受要约人。

(2)要约的撤销。根据《民法典》第476条的规定,要约是可以撤销的,但撤销的前提是,撤销要约的通知应当在受要约人发出承诺通知前到达受要约人。我们应当注意的是,并非所有的要约都可撤销。为了防止要约人滥用这项权利损害受要约人利益,有下列情形之一的,要约不得撤销:要约人以确定承诺期限或者其他形式明示要约不可撤销;受要约人有理由认为要约是不可撤销的并已经为履行合同作了合理准备工作。

4. 要约的失效

要约的失效是指特定的事由发生后,使要约失去法律效力。根据法律规定,有下列情形之一的,要约失效:(1)要约被拒绝;(2)要约被依法撤销;(3)承诺期限届满,受要约人未作出承诺;(4)受要约人对要约的内容作出实质性变更。受要约人只要对要约中有关合同的标的、数量、质量、价款或者报酬、履行期限、履行地点、履行方式、违约责任和解决争议的方法等内容作出修改,均应视为对要约的内容作出了实质性变更,形成新的要约,原要约因此失去法律效力。

(二) 承诺

1. 承诺的概念和构成要件

承诺是指受要约人同意要约的意思表示。在商业交易中,承诺又称为接盘。承诺应当具备以下构成要件:

(1) 由受要约人向要约人作出。要约到达目标,受要约人便享有承诺的权利。如果要约是向特定的人发出的,特定的人为受要约人,具有承诺资格。如果要约是向不特定的人发出的,不特定的受要约人均具有承诺资格。要说明的是,承诺可以由受要约人本人作出,也可以由其委托的代理人作出,但不能由第三人作出。

(2) 承诺的内容应当与要约的内容一致。即承诺原则上应是受要约人无条件地接受要约的全部内容的意思表示。如果受要约人对要约的内容作出实质性变更,即受要约人对有关合同标的、数量、价款或者报酬、履行期限、履行地点和方式、违约责任和解决争议方式等作出变更,则不构成承诺,视为受要约人发出的新要约,原受要约人则转变为新的要约人。如果承诺对要约内容作出非实质性变更,除要约人及时表示反对或者要约表明承诺不得对要约内容作出任何变更以外,该承诺有效,合同的内容以承诺的内容为准。

(3) 承诺应当在有效期限内作出。《民法典》第 481 条第 1 款明确规定:"承诺应当在要约确定的期限内到达要约人。"要约有效期间就是承诺的有效期限,到期未予承诺,要约即行失效。受要约人的逾期承诺,一般视为新要约。

如果要约没有确定承诺期限,则视要约的方式确定合理的承诺期间。要约以对话方式作出的,应当即时作出承诺;要约以非对话方式作出的,承诺应当在合理期限内到达。这里的合理期限,应根据要约的内容、目的、性质以及交易习惯等具体情况来理解和确定。

如果要约是以信件或电报形式作出的,承诺期限自信件载明的日期或电报交发之日起开始计算。如果信件未载明日期的,承诺期限自要约人投寄该信件的邮戳日期开始计算;要约以电话、传真、电子邮件等快速通信方式作出的,承诺期限自要约到达受要约人时开始计算。

2. 承诺的方式

根据《民法典》第 480 条的规定,承诺应以通知的方式作出,具体可采用书面通知和口头通知方式。此外,还表明了承诺方式的例外情况,即根据交易习惯或者要约表明可以通过行为作出承诺。

3. 承诺的效力

（1）承诺生效的时间

承诺生效的时间因承诺方式的不同而不同。如承诺采取对话方式的,相对人知道其内容时就是承诺生效的时间;以非对话方式作出的,到达相对人时承诺生效。承诺不需要通知的,根据交易习惯或者要约的要求作出承诺的行为时生效,这是对承诺生效时间的例外规定。

（2）承诺的撤回

承诺可以撤回,撤回承诺的通知应当在承诺通知到达要约人之前或与承诺同时到达要约人。

（3）承诺的逾期

《民法典》第486条规定:"受要约人超过承诺期限发出承诺,或者在承诺期限内发出承诺,按照通常情形不能及时到达要约人的,为新要约;但是,要约人及时通知受要约人该承诺有效的除外。"对于按期发出的承诺,因第三人的原因而超过期限的,《民法典》第487条则规定:"受要约人在承诺期限内发出承诺,按照通常情形能够及时到达要约人,但因其他原因承诺到达要约人时超过承诺期限的,除要约人及时通知受要约人因承诺超过期限不接受该承诺外,该承诺有效。"这一规定强调了要约人的及时通知义务,要约人如没有将不愿接受过期承诺的意思及时通知对方,该过期承诺可以视为有效。

（三）订立合同的竞争程序

对于涉及较大经济利益的合同,为更能体现市场经济的公平,我们可以引入竞争机制来签订。通常来讲,合同成立的竞争程序主要有招标和拍卖两种方式。

1. 招标

招标方式订立合同,目前主要应用于建筑业、企业承包、政府采购等方面。它包括三个步骤:发布招标公告、投标、定标。

招标公告是订立合同的当事人一方以公告、通知等方法,向公众公布订立合同的标准和条件的意思表示。它一般是向具备特定条件的不特定主体发出,其法律性质是要约引诱。投标是投标方按照招标公告提出的要求,在规定期间内向招标方发出的包含订立合同全部具体内容的意思表示。投标的法律性质属于要约,产生要约的法律拘束力。定标是招标方从各投标方中决定中标方的过程。为了保证竞争的公平性,此过程应当公开开标、评标、定标,从中选定中标人,意味着招标方对标书的完全同意。定标的意思表示符合承诺的概念和特征,在法律性质上应当属于对投标的承诺。经过招投标程序,最后签订确认书,合同即成立。

2. 拍卖

拍卖是拍卖人在众多竞买人的报价中选择出价最高者订立买卖合同的一种特殊买卖方式。拍卖主体可以是标的物的所有人,也可以是所有人的委托代理人,在特殊情况下也可以是法院和有关国家机关。拍卖程序包括以下三个基本阶段:发布拍卖公告、竞买、拍定。

拍卖公告,是指在进行正式拍卖之前,通过一定的形式(如广告、公告)将拍卖标的物的数量、质量、底价、拍卖场所、日期等事项作出宣示。拍卖公告不包括买卖合同的全部具体内容,不具备要约的性质,其法律属性应当是要约引诱。竞买,是指依照拍卖公告意欲购买拍卖标的的民事主体,以竞争的方式进行报价的意思表示。竞买方的报价意思表示具备要约的性质和条件,是要约。拍定,是指拍卖人对最后竞买人的竞价进行确认。拍定在性质上属于承诺。拍定之后,竞买人有义务以最后竞价与拍卖方签订买卖合同,不得反悔,否则须承担缔约过失赔偿责任。经过拍卖程序,签订确认书,合同即成立。

三、合同的内容

合同的内容就是合同的条款,是双方当事人权利义务关系的具体表述,对于合同的成立和履行具有重要的作用。我国当前存在着多种合同,不同种类的合同性质有所差别,决定了合同所应具备的主要条款不尽相同。但就合同的属性而言,不论何种合同,根据法律规定和当事人的约定,一般应包括以下共同性条款:(1)当事人的名称或者姓名和住所;(2)标的;(3)数量;(4)质量;(5)价款或者报酬;(6)履行期限、地点和方式;(7)违约责任;(8)解决争议的方法。应当指出,这是对合同所包括条款的指导性规定,不具有强制性。某一合同的具体条款应根据法律规定和当事人的约定加以确定。

为了保证合同内容的全面和严密,当事人可以参照各类合同的示范文本订立合同。合同示范文本是合同管理机关在总结长期实践经验的基础上经过反复修改、补充而确定下来的格式,具有完备性、概括性和规范性。当事人参照合同的示范文本订立合同,既有利于规范合同的内容,也便于有关部门对合同进行管理。

四、合同的形式

合同的形式,是指当事人合意的外在表现形式,是合同内容的载体。依据法律规定,当事人订立合同,有书面形式、口头形式和其他形式。法律、行政法规规定采用书面形式的,应当采用书面形式。当事人约定采用书面形式的,应当采用书面形式。

(一)口头形式

口头形式是指当事人以语言(面谈、电话)为意思表示方式所达成的协议。合同的口头形式具有简便、易行、快捷的优点,但也有致命的缺陷:因缺乏书面文字依据,一旦发生纠纷,当事人难以举证,不易分清责任。因此,对于标的较大、权利义务关系复杂以及不能即时清结的合同,一般不宜采用口头形式。

(二)书面形式

书面形式是指合同书、信件和数据电文(包括电报、电传、传真、电子数据交换和电子邮件)等可以有形地表现所载内容的形式。书面形式合同是当事人之间采用文字约定双方权利义务关系的协议,分为一般书面形式和特殊书面形式。前者指行为人采用普通文字形式进行意思表示,如授权委托书、书信和电报等;后者指行为人除采用普通文字进行外,还须履行法律所规定的其他形式才能完成意思表示。如经公证、鉴证、审核、登记等。

该形式的主要优点在于有确切权利义务的记载,在发生纠纷时便于举证。为保障交易安全,合同应当以书面形式为主。

(三) 其他形式

这是当事人未用语言、文字表达其意思表示,而是通过其行为推定合同成立的形式,故也称为推定形式。根据《民法典》的规定,即使合同没有按照法律、行政法规规定或者当事人约定采用书面形式订立,但一方已经履行主要义务,对方接受的,应视为符合双方的共同意愿,合同成立。

五、格式条款

格式条款是指一方当事人为重复使用而预先拟定,并在订立合同时未与对方协商的条款。现实生活中商品房买卖合同、电信合同、车船票、保险合同等多采用格式条款和格式合同。

(一) 格式条款的订立规则

采用格式条款订立合同的,提供格式条款的一方应当遵循公平原则确定当事人之间的权利和义务,并采取合理的方式提示对方注意免除或者减轻其责任等与对方有重大利害关系的条款,按照对方的要求,对该条款予以说明。提供格式条款的一方未履行提示或者说明义务,致使对方没有注意或者理解与其有重大利害关系的条款的,对方可以主张该条款不成为合同的内容。

(二) 格式条款无效的情形

1. 格式条款与其他民事法律行为通用的无效情形

此种情形包括:(1)无民事行为能力人实施的民事法律行为;(2)以虚假意思表示实施的民事法律行为;(3)违反法律、行政法规的强制性规定的民事法律行为;(4)违背公序良俗的民事法律行为;(5)恶意串通,损害他人合法权益的民事法律行为;(6)造成对方人身损害的免责条款;(7)因故意或者重大过失造成对方财产损失的免责条款。

2. 格式条款特有的无效情形

此种情形包括:(1)提供格式条款一方不合理地免除或者减轻其责任、加重对方责任、限制对方主要权利;(2)提供格式条款一方排除对方主要权利。

(三) 格式条款的解释规则

对格式条款的理解发生争议的,应当按照通常理解予以解释。对格式条款有两种以上解释的,应当作出不利于提供格式条款一方的解释。格式条款和非格式条款不一致的,应当采用非格式条款。

六、缔约过失责任

(一) 缔约过失责任的含义

缔约过失责任是指在合同订立过程中,一方当事人违反依据诚实信用原则所应担负的先合同义务,造成对方当事人信赖利益损失时,依法应当承担的民事赔偿责任。"先合同义务"是指缔约人双方订立合同,依诚信原则而产生的注意义务,它包括互相协作、保护、通知、忠诚、保密等义务。

(二) 缔约过失责任的构成条件

当事人在订立合同过程中有下列情形之一,给对方造成损失的,应当承担损害赔偿责任:第一,假借订立合同,恶意进行磋商;第二,故意隐瞒与订立合同有关的重要事实或者提供虚假情况;第三,有其他违背诚实信用原则的行为。此外,当事人在订立合同过程中知悉的商业秘密或者其他应当保密的信息,无论合同是否成立,不得泄露或者不正当地使用。泄露或者不正当地使用该商业秘密给对方造成损失的,应当承担赔偿责任。因此,缔约过失责任的具体构成要件有:

(1) 缔约一方违反了先合同义务。这是缔约过失责任产生的首要条件。按照先合同义务的规定,当事人应尽其协助、照顾、通知、保护及保密等义务。如果缔约人在缔约过程中善尽其先合同义务,即使缔约相对方有损失也无须承担责任。

(2) 未违反先合同义务的一方有损失的事实,且与违反先合同义务行为之间有因果关系。民事责任一般以损失事实的存在为客观要件。这里所说的"损失"主要是指缔约一方因合同不成立或无效所蒙受信赖合同成立与生效利益的损失。它既包括因缔约过失行为而致信赖人的直接损失,也包括信赖人的间接损失。当然,如果缔约一方在缔约过程中虽有损失,但这些损失与对方未履行先合同义务并无因果关系,亦不能构成缔约过失责任。

(3) 违反先合同义务的一方有过错。责任人主观上的过错,常见为以损害他人的利益为目的而进行的恶意磋商,为自己的利益而故意隐瞒与订立合同有关的重要事实或提供虚假情况等。但是,如果缔约人虽未尽先合同义务,但主观上并无过错,亦不能构成缔约过失责任。

(三) 缔约过失责任的救济措施及赔偿范围

缔约过失责任是一种法定责任,其救济措施和赔偿范围是法律直接确定的。根据我国《民法典》的规定,当事人在订立合同过程中给对方造成损失的,应当承担损害赔偿责任。

缔约过失责任的赔偿范围仅限于信赖利益。它既不是现有财产的毁损灭失,也不是履行利益的丧失,而是因为相信合同的有效成立,导致信赖人的财产直接减少和信赖人的财产应当增加而未增加的利益。该损失仅为财产损失,包括直接损失和间接损失,不包括精神损害。直接损失具体包括:缔约费用,包括邮电费用、到缔约地考察以及检查标的物等所支付的合理费用;准备履行所支付的费用,如运送、保管标的物所支付的合理费用;为支出上述费用所失去的利息。所谓间接损失,是指丧失与第三人另订合同的机会所产生的损失。

第三节　合同的效力

合同的效力是指合同的法律效力状态，即合同所具有的法律约束力。合同的法律约束力并非直接来自当事人的约定，而是由法律所赋予的，因此，依法成立是合同具有法律效力的前提条件。通常来讲，合同订立后，其法律效力状态分为以下四种：合同生效、合同效力待定、合同无效、合同可撤销。

一、合同生效

（一）合同生效的概念

合同生效是指已经成立的合同在当事人之间产生的法律拘束力。依法订立的合同，双方当事人应当严格依照合同约定履行合同，否则就要承担法律规定和合同约定的法律后果。这种状态是合同的正常效力状态。

（二）合同成立与生效

合同成立与合同生效是两个紧密相连而又截然不同的概念。合同成立是指缔约当事人就合同的主要条款，按照合同订立的程序，所达成的意思表示一致的合意。只要双方当事人按照法律规定的程序和步骤完成了双方关于权利义务的约定，该合同就可以被认为"成立"了。合同成立后须具备一定的要件才能产生相应的法律效力。合同成立强调当事人之间是否存在合同的事实，是一种事实判断；合同生效则强调合同对当事人双方是否产生法律拘束力，是一种价值判断。在多数情况下，合同成立时即具备了生效的要件，因而其成立和生效是一致的。但并不是成立的合同都一定能够产生相应的法律效力，根据其是否符合有效合同的条件，其效力判断的结果包括生效、效力待定、无效、可撤销四种。

（三）合同生效的条件

合同生效的条件，是指已经成立的合同要发生法律效力所应具备的法定要件。合同生效必须具备四个方面的条件：

1. 行为人具有相应的民事行为能力

当事人订立合同，应当具有相应的民事权利能力和民事行为能力。合同是当事人意思表示一致的结果，只有当事人具备了对自己行为的性质和后果的识别和判断能力，才能正确表达自己的意思，其订立的合同才可能具有法律约束力。合同的主体包括自然人、法人和非法人组织。对自然人而言，他应是具有完全民事行为能力的人。限制民事行为能力人订立合同，只能是纯获利益的或者与其年龄、智力、精神健康状况相适应的，超出其能力范围的须经其法定代理人的同意或追认。

2. 行为人的意思表示真实

意思表示真实，是指当事人在自觉、自愿的基础上，作出符合其内在意志的表示行为。意思表示真实是合同生效的一个重要条件，因为只有意思表示真实，当事人因意思表示一致所达成的协议才符合法律规定的要求，才能产生法律约束力。当事人在意思表示不真实的情形下所订立的合同,不具有法律效力或者可以撤销。

3. 不违反法律、行政法规的强制性规定,不违背公序良俗

从本质上讲,合同是一种民事法律行为,合同的内容如果违反法律规定,则该合同不具有法律效力。法律规范依其适用可分为强制性规范和任意性规范,强制性规范包括强制及禁止规定,当事人不得依自由意思排除适用;任意性规范,当事人可排除适用。行为不违法是指不违反法律、行政法规的强制性规定。

同时,合同不应违背公序良俗。在现实生活中,有些合同虽表面上不违反法律、行政法规的强制性规定,但实质上破坏了公共秩序和善良习俗,有损国家、社会和广大群众的利益,认定这类合同无效是完全有必要的。

4. 形式、程序符合法律规定

合同生效必须具备相应的形式要件,即订立合同时必须遵守法律关于合同订立形式的要求,采取符合法律规定的形式,履行法律规定的程序。关于合同的形式,在一般情况下当事人可以选择,但如果法律对合同的形式有特别规定的,当事人必须遵从。

《民法典》第502条规定:"依照法律、行政法规的规定,合同应当办理批准等手续的,依照其规定。未办理批准等手续影响合同生效的,不影响合同中履行报批等义务条款以及相应条款的效力。应当办理申请批准等手续的当事人未履行义务的,对方可请求其承担违反该义务的责任。"

(四)附条件和附期限的合同

1. 附条件的合同

附条件的合同是指当事人在合同中特别约定一定的条件,以条件的是否成就来决定合同效力的发生或消灭的合同。附条件的合同可以更充分地反映当事人订立合同的动机,使合同的实施更好地满足当事人的需求。附条件的合同中的条件通常来讲,应当具备以下几种条件:(1)条件必须是未来可能发生的事实;(2)条件是不确定的事实;(3)条件是当事人议定而不是法定的;(4)条件必须是合法的;(5)条件不得与合同的主要内容相矛盾。

决定合同效力是否发生的条件为生效条件。在附生效条件的情况下,合同已经成立,但合同的效力取决于所附条件是否成就。条件成就,合同生效;条件不成就,合同不生效。

决定合同效力是否终止的条件为解除条件。在附解除条件的情况下,合同已经成立并发生了效力,合同的效力终止取决于合同所附条件是否成就。条件成就,合同失效;条件不成就,合同继续有效。

附条件的合同一经成立,就在当事人之间产生了合同关系,当事人均应受到一定的约束。在合同条件未成就前,当事人应任凭条件的自然成就,任何一方不得为了自身的利益,恶意地促成或阻止条件成就。当事人为自己的利益不正当地阻止条件成就的,视为条件已成就;不正当地促成条件成就的,视为条件不成就。

合同以可以附条件为原则,这是意思自治原则的体现,但根据合同性质不得附条件的除外。

2. 附期限的合同

附期限的合同是指当事人在合同中设定一定的期限,并把期限的到来作为合同效力发生或消灭根据的合同。在社会经济生活中,当事人出于某种考虑,有些情况下需要限制合同生效或失效的时间,这时便可在合同中附一定的期限。所附的期限是确定的必然会到来的事实,但到来的具体时日未必是确定的。

使已成立的合同生效的期限为生效期限。在附生效期限的情况下,合同已经成立,但合同效力处于停止状态。期限届至,合同才生效。

使已成立生效的合同终止法律效力的期限为终止期限。在附终止期限的情况下,合同已经成立且生效。期限届满,合同即行失效。

原则上,合同都可以附期限,但根据合同性质不得附期限的除外。

二、合同效力待定

合同效力待定是指因合同缺少相应有效要件,能否产生法律效力尚不确定,有待于其他行为人确定效力。这种效力状态的合同主要指以下几种情形:

第一,不具备行为能力的合同主体所订立的合同。根据《民法典》第145条之规定,限制民事行为能力人订立的合同,经法定代理人同意或追认后,该合同有效,但纯获利益的合同或者与其年龄、智力、精神健康状况相适应而订立的合同,不必经法定代理人同意或追认。相对人可以催告法定代理人自收到通知之日起30日内予以追认。法定代理人未作表示的,视为拒绝追认。合同被追认之前,善意相对人有撤销的权利。撤销应当以通知的方式作出。

第二,无权代理人以被代理人的名义订立的合同。根据《民法典》第171条的规定,行为人没有代理权、超越代理权或者代理权终止后以被代理人名义订立的合同,未经代理人追认,对被代理人不发生效力,由行为人承担责任。相对人可以催告被代理人自收到通知之日起30日内予以追认。被代理人未作表示的,视为拒绝追认。合同被追认之前,善意相对人有撤销的权利。撤销应当以通知的方式作出。根据《民法典》第503条的规定,无权代理人以被代理人的名义订立合同,被代理人已经开始履行合同义务或者接受相对人履行的,视为对合同的追认。

三、合同无效

合同无效是指因违反法律关于合同生效所必须具备的条件,致使合同不能对当事人双方产生相应的法律拘束力的效力状态。对此,依据法律相关规定,合同无效的情形主要有:(1) 无民事行为能力人订立的;(2) 行为人与相对人意思表示虚假的;(3) 恶意串通,损害他人合法权益的;(4) 损害公序良俗的;(5) 违反法律、行政法规的强制性规定的。

合同无效影响到国家、社会和当事人等各方面的利益,因此,对其确认是一件十分严肃的事情,根据法律规定,无效合同的确认权归人民法院和仲裁机构。

四、合同可撤销

可撤销合同是指当事人在订立合同的过程中,因一些主客观原因致使合同当事人意思表示不真实,一方当事人有权请求人民法院或仲裁机构撤销的合同。根据法律规定,以下合同当事人一方有权请求撤销:基于重大误解订立的合同;一方以欺诈手段,使对方在违背真实意思的情况下订立的合同;第三人实施欺诈行为,使一方在违背真实意思的情况下订立的合同,对方知道或者应当知道该欺诈行为的;一方或者第三人以胁迫手段,使对方在违背真实意思的情况下订立的合同;一方利用对方处于危困状态、缺乏判断能力等情形,致使合同显失公平的。

具有撤销权的当事人自知道或者应当知道撤销事由之日起 1 年内、重大误解的当事人自知道或应当知道撤销事由之日起 90 日内、受胁迫的当事人自胁迫行为终止之日起 1 年内要行使撤销权,否则就会丧失撤销权;当事人知道撤销事由后明确表示或者以自己的行为表明放弃撤销权的、当事人自民事法律行为发生之日起 5 年内没有行使撤销权的,撤销权也会消灭。

合同被确认无效或被撤销后,被撤销的合同自始没有法律效力。合同部分无效或被撤销的,不影响其他部分效力的,其他部分仍然有效。合同无效、被撤销后,不影响合同中独立存在的有关解决争议方法的条款的效力。

合同被确认无效、被撤销或者确定不发生效力后,因该合同取得的财产,应当予以返还;不能返还或者没有必要返还的,应当折价补偿。有过错的一方应当赔偿对方因此所受到的损失,各方都有过错的,应当各自承担相应的责任。法律另有规定的,依照其规定。

第四节 合同的履行

一、合同的履行概述

(一)合同履行的含义

合同履行是指当事人双方按照合同的约定,全面、适当地完成其合同义务的行为过程。合同履行是合同制度的核心,它主要包括合同履行的基本原则、合同履行的规则以及合同履行中的抗辩三个方面的内容。

(二)合同履行的基本原则

合同履行的基本原则是在合同履行过程中,当事人双方应当遵循的指导思想和行为准则。结合法律的相关规定,合同履行的原则主要有三个:

1. 全面履行原则

全面履行原则又称适当履行原则或正确履行原则,是指当事人应当严格按照合同约定标的的种类、质量、数量,由适当的履行主体在适当的履行期限、地点,以适当的方式全面履行合同义务的规则。

2. 协作履行原则

协作履行原则是指当事人双方在履行合同的过程中应当互相帮助、密切配合,共同完成合同所约定的义务。《民法典》第509条第2款规定:"当事人应当遵循诚信原则,根据合同的性质、目的和交易习惯履行通知、协助、保密等义务。"具体包括以下几个方面:第一,债务人履行合同债务时,债权人应适当受领;第二,债务人履行合同债务时,可要求债权人创造必要的条件或提供方便;第三,因故不能履行或不能完全履行时,应积极采取措施避免损失进一步扩大,否则就扩大的损失不能要求赔偿;第四,发生合同纠纷时,应主动承担责任等。

3. 绿色履行原则

绿色履行原则是指双方当事人履行合同时,应当有利于节约资源、保护环境。绿色原则在合同履行中的落实有利于构建人与自然的新型关系,体现了可持续发展和生态文明建设理念。

(三)合同履行的规则

合同履行的规则,指在合同履行过程中当事人应当遵循的规则。它主要包括合同内容约定不明的履行规则、价格变动规则、第三人接受或者代位履行的规则等。

1. 合同内容约定不明的履行规则

当事人应当在订立合同时对合同条款给予明确约定,但因为主观和客观原因导致合同一些重要条款约定不明确时,就会给全面正确履行合同造成障碍,为此,当事人双方应从全局出发通过协商予以补充;不能达成协议的,可以按照合同有关条款或交易习惯确定。按上述方法仍不能确定的,适用下列规则:(1)质量要求不明确的,按照强制性国家标准履行;没有强制性国家标准的,按照推荐性国家标准履行;没有推荐性国家标准的,按照行业标准履行;没有国家标准、行业标准的,按照通常标准或者符合合同目的的特定标准履行。(2)价款或者报酬不明确的,按照订立合同时履行地的市场价格履行;依法应当执行政府定价或者政府指导价的,按照规定履行。(3)履行地点约定不明确,给付货币的,在接受货币一方所在地履行;交付不动产的,在不动产所在地履行;其他标的,在履行义务一方所在地履行。(4)履行期限不明确的,债务人可以随时履行,债权人也可以随时请求履行,但应当给对方必要的准备时间。(5)履行方式不明确的,按照有利于实现合同目的的方式履行。(6)履行费用的负担不明确的,由履行义务一方负担;因债权人原因增加的履行费用,由债权人负担。

2. 合同履行的特殊规则

(1)电子合同交付商品或服务的方式、时间规定。通过互联网等信息网络订立的电子合同的标的为交付商品并采用快递物流方式交付的,收货人的签收时间为交付时间;标的为提供服务的,生成的电子凭证或实物凭证中载明的时间为提供服务时间。凭证没有载明或载明时间与实际提供服务时间不一致的,以实际提供服务的时间为准;标的物为采用在线传输方式交付的,合同标的物进入对方当事人指定的特定系统且能够检索识别的时间为交付时间。当事人对交付商品或提供服务的方式、时间另有约定的,按照其约定。

(2) 价格变动的履行规则。执行政府定价或者政府指导价的,在合同约定的交付期限内,政府价格调整时,按照交付时的价格计价。逾期交付标的物的,遇价格上涨时,按照原价格执行;价格下降时,按照新价格执行。逾期提取标的物或者逾期付款的,遇价格上涨时,按照新价格执行;价格下降时,按照原价格执行。

(3) 履行金钱债务的特别规定。以支付金钱为内容的合同,除法律另有规定或当事人另有约定外,债权人可以请求债务人以实际履行地的法定货币履行。

(4) 由第三人接受或者代为履行时的规则。按照合同要求,当事人一般应亲自履行合同,但根据需要,当事人也可以约定由债务人向第三人履行合同或第三人向债权人履行合同。当事人约定由债务人向第三人履行债务的,债务人未向第三人履行债务或者履行债务不符合约定,应当向债权人承担违约责任。当事人约定由第三人向债权人履行债务的,第三人不履行债务或者履行债务不符合约定,债务人应当向债权人承担违约责任。

(四) 双务合同履行中的抗辩权

合同履行中的抗辩权是针对对方当事人的合同请求或否认其主张而进行的合法对抗行为。其作用在于抵制违约行为的发生,保障非违约方的合法利益不受侵害。法律确立当事人的履行抗辩权,是为了最大限度地保护合同当事人的合法利益。合同履行中的抗辩形式有三种:同时履行抗辩权、先履行抗辩权和不安抗辩权。

1. 同时履行抗辩权

(1) 同时履行抗辩权的含义

同时履行抗辩权是在没有先后履行顺序的双务合同中,一方当事人在对方没有履行义务前,有权拒绝对方的履行要求。它对于平衡当事人之间的利益,促使双方当事人尽快履行合同义务有着重大的意义。

(2) 行使同时履行抗辩权的条件

《民法典》第525条规定:"当事人互负债务,没有先后履行顺序的,应当同时履行。一方在对方履行之前有权拒绝其履行请求。一方在对方履行债务不符合约定时,有权拒绝其相应的履行请求。"同时,履行抗辩权应当具备如下条件:(1)必须是在同一双务合同中互负债务。只有在双务合同中,当事人之间互负债务,并具有一定对价关系,才存在同时履行的抗辩问题。单务合同不存在同时履行抗辩权。(2)必须是双方所负的债务均已届履行期。如果一方当事人的债务尚未到期,在对方当事人请求履行时,该当事人可以主张债务履行期尚未到期的抗辩,就无须适用同时履行抗辩制度。(3)当事人所负的债务没有先后履行顺序。如果当事人互负的债务可以确定先后履行顺序,则无同时履行抗辩权的适用余地。

(3) 行使同时履行抗辩权的效力

行使同时履行抗辩权的效力在于,当对方当事人未履行或未适当履行其债务时,权利人有权拒绝履行自己的债务。当事人因行使同时履行抗辩权致使合同迟延履行的,迟延履行责任由对方当事人承担,该当事人不承担违约责任。需要说明的是,同时履行抗辩权只是暂时阻止对方当事人请求权的行使,而不是永久地终止合同。当对方当事人完全履行了合同义务,同时履行抗辩权即告消灭。

2. 先履行抗辩权

(1) 先履行抗辩权的含义

先履行抗辩权是指双务合同约定了当事人双方履行合同义务的先后顺序,如果先履行一方未履行义务或履行义务不符合约定的,后履行一方有权拒绝其相应的履行请求。先履行抗辩权实际上是一种违约救济措施。

(2) 行使先履行抗辩权的条件

《民法典》第526条规定:"当事人互负债务,有先后履行顺序,应当先履行债务一方未履行的,后履行一方有权拒绝其履行请求。先履行一方履行债务不符合约定的,后履行一方有权拒绝其相应的履行请求。"行使先履行抗辩权须具备以下要件:(1)须双方当事人互负债务;(2)两个债务须有先后履行顺序;(3)先履行一方未履行或其履行不符合合同约定;(4)后履行一方当事人的债务已届履行期。如果后履行一方的债务未到期,在对方当事人请求履行时,后履行一方当事人可以主张债务履行期限尚未届至的抗辩,而无须适用先履行抗辩权。

(3) 行使先履行抗辩权的效力

后履行一方可通过先履行抗辩权的行使,对抗先履行一方的履行请求,产生暂时中止履行自己合同义务的效力。但是先履行一方采取了补救措施,为后履行一方提供了交易安全保障的,先履行抗辩权则失去其存在的依据,后履行一方须履行自己的义务。

3. 不安抗辩权

(1) 不安抗辩权的含义

不安抗辩权是指在双务合同中,有履行的先后顺序,负有先给付义务的一方当事人发现对方当事人的经营状况严重恶化,转移财产、抽逃债务,严重丧失商业信誉,有丧失或者可能丧失履行债务能力的其他情形,难以履行对待给付的合同义务时,在对方当事人未对待给付或提供担保前,有权暂时拒绝履行自己的合同给付义务。

(2) 行使不安抗辩权的条件

依照《民法典》第527条的规定,行使不安抗辩权,必须具备以下几个条件:(1)双方当事人因同一双务合同而互负债务。不安抗辩权是双务合同特有的效力表现,其成立须双方当事人因同一双务合同而互负债务,并且该两项义务之间有对价关系。在单务合同中,因没有合同的对价关系,所以不存在不安抗辩权的问题。(2)合同一方当事人有先给付义务。合同义务的履行有法定或约定的先后顺序,一方当事人依照合同有先给付的合同义务。只有一方有先给付的义务,才使不安抗辩权有存在的必要,否则通过同时履行抗辩权的行使就可以实现对自己利益的保护。(3)后给付义务人的履行能力明显降低,有不能履行对待给付的现实危险。后履行一方出现下列情况,即可视为履行能力明显下降:经营状况严重恶化;转移财产、抽逃资金,以逃避债务;丧失商业信誉;其他丧失或者可能丧失履行能力的情况。(4)对方当事人没有提供担保。设立不安抗辩权的目的在于保证先履行合同一方交易的安全性,当对方已提供适当的担保后,先履行义务一方的交易安全已得到了保证,就不得再以此为由行使不安抗辩权,拒绝履行合同了。

(3) 行使不安抗辩权的方式

在不安抗辩权的行使过程中,为保障后履行义务人的利益,便于其及时提供相应担保,《民法典》第528条规定:"当事人依据前条规定中止履行的,应当及时通知对方。对方提供适当担保的,应当恢复履行。中止履行后,对方在合理期限内未恢复履行能力且未提供适当担保的,视为以自己的行为表明不履行主要债务,中止履行的一方可以解除合同并可以请求对方承担违约责任。"由此明确了先履行义务人在行使不安抗辩权时,应履行通知对方的法定义务。通知的内容应当包括中止履行的意思表示和后履行义务人提供适当担保的合理期限。同时,行使不安抗辩权的先履行义务人负有举证证明后履行义务人的履行能力明显降低,有不能为对待给付的现实危险的义务。这对防止不安抗辩权的滥用具有重要意义。

(4) 行使不安抗辩权的效力

合同先履行义务一方有确切证据证明对方的履行义务能力明显降低,就可以单方行使不安抗辩权,产生以下两个方面的效力:(1) 先履行义务人中止履行;(2) 先履行义务人解除合同。按照法律规定,先履行义务人中止履行后,后履行义务人在合理期限内未恢复履行能力并且未提供适当担保的,先履行义务人可以通知对方解除合同。后履行义务人对解除合同有异议时,可请求人民法院或仲裁机构确认合同解除的效力。

二、合同的保全

合同的保全制度,是指法律为防止因债务人财产的不当减少致使债权人债权的实现受到危害,而设置的保全债务人责任财产的法律制度。具体包括债权人代位权制度和债权人撤销权制度。

(一) 代位权制度

1. 代位权的概念

代位权是指债务人怠于行使其债权或者与该债权有关的从权利,当影响债权人的到期债权实现时,债权人为保全自己的债权,以自己的名义向相对人行使债务人债权的权利。代位权着眼于解决债务人的消极行为侵害债权人债权的情况。

2. 行使代位权的条件

根据法律规定,行使代位权应当符合以下条件:

(1) 债权人对债务人存在有效的合同关系,同时债务人对相对人也存在合法债权。这两个合法债权的存在是行使代位权的前提。

(2) 债务人怠于行使其债权或者与该债权有关的从权利,已经影响债权人的到期债权实现。所谓怠于行使债权,是指债务人不履行其对债权人的到期债务,又不以诉讼或仲裁方式向相对人主张其享有的权利。同时,债务人怠于行使自己权利的行为已经影响债权人的到期债权实现,即有保全债权的必要。

(3) 债务已陷入迟延履行。债务人的债务期限未届满的,债权人不得行使代位权。

债务履行期限已届满,债务陷入迟延履行,债权人方可行使代位权。

(4) 债务人的债权不是专属于债务人自身的权利。专属于债务人自身的权利,是指基于扶养关系、抚养关系、赡养关系、继承关系产生的给付请求权和劳动报酬、退休金、养老金、抚恤金、安置费、人寿保险、人身伤害赔偿请求权等权利。这些权利只能由债务人自己行使,不能代位。

3. 行使代位权的法律后果

债权人以债务人的相对人为被告提起的代位权诉讼经人民法院审理后认定代位权成立的,由债务人的相对人向债权人履行义务,债权人接受履行后,债权人与债务人、债务人与相对人之间相应的权利义务终止。债权人行使代位权的请求数额超过债务人所负债务额,或者超过相对人对债务人所负债务额的,对超出部分不予支持,由债务人继续承担清偿责任。代位权诉讼费由相对人负担,从实现的债权中优先支付。

另外,在代位权诉讼中,相对人对债务人的抗辩,可以向债权人主张。

(二) 撤销权制度

1. 撤销权的概念

撤销权,是指当债务人与他人实施处分其财产或权利的行为危害债权的实现时,债权人得请求法院撤销债务人处分行为的权利。因债务人放弃其到期债权或者无偿转让财产等方式无偿处分财产权益,或者恶意延长其到期债权的履行期限,影响债权人债权实现的,债权人可以请求人民法院撤销债务人的行为。债务人以明显不合理的低价转让财产、以明显不合理的高价受让他人财产或者为他人的债务提供担保,影响债权人的债权实现,债务人的相对人知道或应当知道该情形的,债权人也可以请求人民法院撤销债务人的行为。撤销权的行使范围以债权人的债权为限。债权人行使撤销权的必要费用,由债务人负担。

2. 行使撤销权的条件

根据法律规定,行使撤销权应当具备以下条件:

(1) 债权人以自己的名义行使撤销权。

(2) 债权人对债务人存在有效债权。债权人对债务人的债权可以到期,也可以不到期。

(3) 债务人实施了影响债权实现的行为。主要包括债务人以放弃债权、放弃债权担保、无偿转让财产等方式无偿处分财产权益;恶意延长其到期债权的履行期限;以明显不合理的低价转让财产、以明显不合理的高价受让他人财产、为他人的债务提供担保,债务人的相对人知道或者应当知道该情形的。

(4) 处分行为影响了债权人债权的实现。如果债务人虽然有上述处置行为,但不必然影响债权的实现,则没有撤销的必要。

3. 撤销权的行使

债权人可以向人民法院请求撤销债务人的行为。债权人提起撤销权诉讼时只能以债务人为被告。债务人的行为一经人民法院撤销,该行为便自始无效。撤销权的行使范围以债权人的债权为限。债权人行使撤销权的必要费用,由债务人负担。

撤销权自债权人知道或者应当知道撤销事由之日起1年内行使。自债务人的行为发生之日起5年内没有行使撤销权的,该撤销权消灭。

第五节 合同的变更、转让、解除和终止

一、合同的变更

(一)合同变更的含义

合同的变更是指合同在成立生效后,没有履行或没有完全履行前,当事人对合同内容进行的修改或补充。一般来讲,合同一经成立生效,当事人不得随意改变合同内容,但这并不意味着在任何情况下都不允许改变合同。当事人在法律许可的范围内,根据自己的意愿也是可以变更合同的。

(二)合同变更的条件和程序

当事人协商一致,可以变更合同。因此,协商一致是变更合同的主要方式,但双方当事人就变更合同所达成的协议,不得损害国家和社会公共利益,否则,该变更不具有法律效力。当事人如果对合同变更的内容约定不明确,推定为未变更。

需要说明的是,合同的变更还可以通过人民法院的判决或仲裁机构的仲裁裁决实现,这主要体现在情势变更情况下当事人可以请求人民法院或仲裁机构变更合同和法律规定的一些情形,比如《民法典》第805条规定的发包人变更和第829条规定的托运人变更等。

(三)合同变更的后果

合同变更后,被变更部分不再产生法律拘束力,当事人应按照变更后的合同内容去履行。变更的合同条款对已履行部分没有溯及力,已经履行的合同义务不因合同的变更而失去法律根据,当事人不得主张对已履行完毕的合同义务要求返还或重新履行。

合同变更不影响当事人要求赔偿损失的权利,合同当事人关于赔偿损失和解决争议方法的约定不因合同撤销和变更而改变。

二、合同的转让

合同的转让是指合同的一方当事人将合同的权利义务全部或部分转让给第三人的法律行为。在一定意义上讲,这种情况的发生就是履行合同的主体发生了变化。因合同的转让直接影响到合同能否得到顺利履行,债权人的利益能否顺利实现,需要对合同权利义务的转让作出一些规制。它包括合同权利的转让、合同义务的转让和合同权利义务的概括转让三个方面。

(一)合同权利的转让

合同权利的转让是指合同债权人通过协议将其债权全部或部分地转让给第三人的行为。在债权转让法律关系中,将债权转让给第三人的为让与人,接受债权转让的第三人为受让人。

1. 债权转让的条件

（1）转让的合同权利必须为法律所承认和保护的合法权利。只有被法律所认可的合同权利才能产生法律效力，并对合同双方产生法律约束力，否则不可以进行转让。根据《民法典》第545条的规定，下列合同债权不得转让：其一，根据债权性质不得转让的合同权利，包括因个人信任关系而订立的合同，如技术开发合同等；其二，按照当事人的约定不得转让的合同权利；其三，法律规定不得转让的合同债权。当事人约定非金钱债权不得转让的，不得对抗善意第三人。当事人约定金钱债权不得转让的，不得对抗第三人。

（2）合同权利转让未通知债务人的，对债务人不发生效力。《民法典》第546条规定，债权人转让债权，未通知债务人的，该转让对债务人不发生效力。这意味着债权转让不以通知债务人为要件，是否通知债务人只影响债务人向谁履行债务的问题。如果债权转让通知了债务人，则债务人向受让人履行债务即产生债权消灭的效力；如果债权转让未通知债务人，债务人有权拒绝受让人的履行请求，债务人向让与人履行债务的，债权即可消灭。

2. 债权转让的效力

合同债权一经转让，就由受让方承担合同的权利，同时也产生一系列的法律后果，具体表现在：

（1）从权利的转移。《民法典》第547条规定："债权人转让债权的，受让人取得与债权有关的从权利，但是该从权利专属于债权人自身的除外。"这是民法主权利与从权利关系原理在合同权利转让效力上的体现。

（2）抗辩权的转移。《民法典》第548条规定："债务人接到债权转让通知后，债务人对让与人的抗辩，可以向受让人主张。"合同的抗辩权是与请求权相伴而生的，并随请求权的转移而转移，当合同权利通过转让由受让人享有时，债务人即拥有了向受让人抗辩的权利。

（3）抵销权的转移。《民法典》第549条规定："有下列情形之一的，债务人可以向受让人主张抵销：（一）债务人接到债权转让通知时，债务人对让与人享有债权，且债务人的债权先于转让的债权到期或者同时到期；（二）债务人的债权与转让的债权是基于同一合同产生。"抵销是合同终止的原因之一，合同权利转让后，受让人作为合同权利的享有者与合同义务人之间具备了约定的合同关系，当抵销的法定条件具备时，债务人可以抵销的方式终止全部或部分合同。

（二）合同义务的转让

合同义务的转让是指合同当事人将合同义务转让给第三人的行为。在合同义务转让法律关系中，将合同义务转让给第三人的为让与人，接受合同义务的第三人为受让人。

1. 合同义务转让的条件

因为合同义务的转让对合同权利方的权利实现有重要影响，所以《民法典》对合同义务的转让有明确的限制性规定。

（1）有效合同义务存在并且为能够转让的合同义务，是合同义务转让的前提。转让的合同义务不能是性质上不能或者法律禁止转让的合同义务，否则转让无效。让与人与受让人应当就有关转让的内容进行明确约定，并达成书面转让协议。

（2）合同义务的转让须有特殊的形式要求。《民法典》第551条规定："债务人将债务的全部或者部分转移给第三人的，应当经债权人同意。债务人或者第三人可以催告债权人在合理期限内予以同意，债权人未作表示的，视为不同意。"这表明未经债权人明确同意的债务转移，是没有法律效力的。这是因为合同义务人的资信情况对于合同权利人权利的实现影响很大。法律、行政法规规定转让权利或者转移义务应当办理批准等手续的，除合同当事人达成转让协议、通知合同义务人外，还需办理相应的批准等手续。

2. 合同义务转让的效力

合同义务一经转让，就由受让方承担合同的义务，同时产生其他相应法律后果，即发生从债务的转移、抗辩权的转移等。

（三）合同权利义务的概括转让

合同权利义务的概括转让，是指合同当事人一方将合同权利义务一并转移给第三人的行为。

对于当事人约定合同权利义务概括转让的，应当经对方当事人的同意才发生转让的效力。合同权利义务的概括转让，适用合同权利转让和合同义务转让的有关规定。

当事人订立合同后合并、分立的，也可以引起合同权利义务的一并转移，这种转移是由法律直接规定而发生的。当事人订立合同后合并的，由合并后的法人或者其他组织行使合同权利，履行合同义务。当事人订立合同后分立的，除债权人和债务人另有约定外，由分立的法人或者其他组织对合同的权利义务享有连带债权，承担连带债务。

三、合同的解除

（一）合同解除的含义

合同解除是指在合同成立生效后，因出现了一定的法定和约定的解除事由，当事人自愿或依照一定法律程序，使合同的权利义务关系彻底归于消灭的行为。它包括约定解除和法定解除两种情况。约定解除是指合同当事人通过协商一致或行使约定的解除权从而将合同解除的行为，包括协议解除合同和在合同中约定解除权。法定解除是指当出现法定的解除合同条件时，当事人一方依法解除合同的行为。

（二）合同解除的条件和程序

1. 约定解除合同的条件和程序

当事人协商一致可以解除合同，当事人也可以约定一方解除合同的事由。解除合同的事由发生时，解除权人可以解除合同。这是关于协商解除合同和约定解除权的规定。协商解除遵循民事法律行为和合同的一般规定，只要双方协商一致即可。在约定解除权的情况下，只要发生了约定的解除合同的条件，享有解除权的当事人就可以行使解除合同的权利，而不必再与对方当事人协商。

享有解除权的一方在行使解除权时,应当及时通知对方当事人。解除合同的通知到达对方时即发生解除合同的效力。如果对方当事人对解除合同有异议的,任何一方当事人均可请求人民法院或者仲裁机构确认解除行为的效力。

2. 法定解除合同的条件和程序

根据《民法典》第563条之规定,有下列情形之一的,当事人可以解除合同:(1)因不可抗力致使不能实现合同目的;(2)在履行期限届满前,当事人一方明确表示或者以自己的行为表明不履行主要债务;(3)当事人一方迟延履行主要债务,经催告后在合理期限内仍未履行;(4)当事人一方迟延履行债务或者有其他违约行为致使不能实现合同目的;(5)法律规定的其他情形。

当法定解除合同的情况出现时,合同当事人一方或者双方有权解除合同,其程序与当事人约定解除权时解除合同的程序基本相同。

(三)合同解除的后果

合同解除后,尚未履行的,终止履行;已经履行的,根据履行情况和合同性质,当事人可以请求恢复原状或者采取其他补救措施,并有权请求赔偿损失。合同因违约解除的,解除权人可以请求违约方承担违约责任,但是当事人另有约定的除外。主合同解除后,担保人对债务人应当承担的民事责任仍应当承担担保责任,但是担保合同另有约定的除外。

四、合同的终止

合同终止是指合同当事人双方在合同关系建立以后,因一定的法律事实的出现,使合同确立的权利义务关系消灭的状态。合同终止后,当事人之间的权利义务关系消灭。根据法律规定,合同终止的原因主要有以下几种情形:

(一)债务履行

合同义务人按照法律的规定或者合同的约定向债权人全面履行义务,合同权利得到了全面实现,合同目的达到,合同关系自然消灭。此为最正常、最常见的合同终止原因。

(二)债务抵销

抵销是指当事人双方互负相同种类的债务,将两项债务相互冲抵,在对等额内消灭。合同当事人互负到期债务,债务的标的物种类、品质相同的,除法律规定或者按照合同性质不得抵销的,任何一方均可以将自己的债务与对方的债务抵销。当事人主张抵销的,应当通知对方。通知自到达对方时生效。抵销不得附条件或者附期限。如果当事人互负债务,标的物种类、品质不相同的,经双方协商一致,也可以抵销。

(三)债务提存

提存是指合同义务人在合同履行期届满时,将无法履行的合同标的物提交给有关部门,视为履行了合同给付义务,从而消灭合同关系。可以提存的情形包括:债权人无正当理由拒绝受领;债权人下落不明;债权人死亡未确定继承人或者丧失民事行为能力未确定监护人或法律规定的其他情形。标的物不适于提存或者提存费用过高的,债务人依法可以拍卖或者变卖标的物,提存所得的价款。

(四)债务免除

合同权利人豁免合同义务人的合同义务,合同关系即行消灭。债权人免除债务人部分或者全部债务的,合同的权利义务部分或者全部终止,但债务人在合理期限内拒绝的除外。

(五)债务混同

债务混同是指合同约定的权利义务,因某种法律事实的存在,同归于一个民事主体,从而使合同履行成为不必要,合同的权利义务关系终止,合同关系消灭,但损害第三人利益的除外。

(六)其他情形

法律规定或者当事人约定终止的其他情形。例如,合同解除的,该合同的权利义务关系终止。

合同终止后,当事人应当遵循诚信等原则,根据交易习惯履行通知、协助、保密、旧物回收等义务。

第六节 违约责任

一、违约责任的含义

违约责任是指合同当事人不履行合同义务或者履行合同义务不符合约定所承担的法律责任。违约责任仅指违约方向守约方承担的财产责任,属于民事责任的一种。

《民法典》第577条是对违约责任的概括规定:"当事人一方不履行合同义务或者履行合同义务不符合约定的,应当承担继续履行、采取补救措施或者赔偿损失等违约责任。"违约责任是违反合同义务的民事责任,是一种财产责任,通常是补偿性的。

二、违约责任的归责原则

民事责任的归责原则,就是将责任归属于某人的正当理由,包括过错归责原则、过错推定原则和无过错归责原则。如果将责任归属于某人的正当理由是该人具有过错,需要证明该人具有过错,就是过错归责原则;如果将责任归属于某人无须证明该人具有过错,但该人可以通过证明自己没有过错而免责,就是过错推定原则;如果将责任归属于某人不以该人具有过错为前提,即使该人证明自己没有过错仍然要承担责任,除非能够证明自己具有法定的免责事由,就是无过错归责原则。我国《民法典》规定,承担违约责任并不要求当事人主观上有过错,即除违约当事人有法定免责事由或免责条款外,只要违约就应当承担违约责任。这显然采用的是无过错归责原则。但同时,《民法典》也例外地承认了过错责任原则的适用,在赠予合同、运输合同、保管合同、委托合同、租赁合同、承揽合同、仓储合同的责任归责的有关规定中均有体现。

三、违约行为的表现形式

（一）预期违约

预期违约又称先期违约,是指在合同履行期限届满之前,一方虽无正当理由但明确表示将不履行合同义务,或者其行为表明将不履行合同义务。它分为明示预期违约和默示预期违约两种:明示预期违约是指在合同履行期限届满之前,一方当事人以口头或书面形式明确地向对方表明将不履行合同义务;默示预期违约是指在合同履行期限届满之前,一方当事人以自己的行为向对方表明将不履行合同义务。

（二）拒绝履行

拒绝履行又称履行拒绝、给付拒绝,是指履行期限届满时,债务人在无正当理由的情况下,表示不履行合同义务的行为。这种表示可以是明示的,也可以是默示的。对于这种违约行为,对方当事人有权直接解除合同,并要求违约方承担赔偿损失等违约责任。

（三）迟延履行

迟延履行是指合同当事人违反合同规定的履行期限,造成履行在时间上迟延的行为。它包括债务人的给付迟延和债权人的受领迟延。给付迟延是指债务人不按合同约定或法律规定的期限履行合同义务的情形。受领迟延是指债权人没有按照规定的期限及时接受债务人履行的情形。

迟延履行的一方当事人仍有继续履行的意愿和能力,并在合理期限内继续履行其合同义务的,此时迟延履行就成为逾期履行;但若一方当事人在迟延履行后,向对方明确表示不再继续履行合同或经对方催告后在合理期限内仍不履行合同义务的,迟延履行就转化为拒绝履行。在迟延履行的情况下,如果期限对于合同目的的实现并无实质意义,当事人一方迟延履行给对方造成的损害不大,对方应允许其继续履行,同时可以要求其承担相应的违约责任。此时,除非迟延履行方经催告后在合理期限内仍不履行合同义务的,对方当事人不享有解除合同的权利。如果期限对于合同目的的实现至关重要,当事人一方迟延履行将导致合同目的的落空,或接受合同履行将蒙受重大损失,则对方当事人有权拒绝受领并主张解除合同。

（四）不适当履行

不适当履行是指债务人虽然履行了义务,但所做的履行不符合合同的要求,其中质量不符合约定是其主要的表现形式。其后果是使得履行本身的价值减少甚至丧失,损害对方当事人应得到的利益,甚至造成人身和其他财产的损害。

四、违约责任的承担方式

依据法律规定,违约责任的承担方式主要有:

（一）继续履行

继续履行是当事人一方在对方不履行合同时有权请求对方继续履行义务。它包括两层含义:一是当事人有权要求违约方在承担了其他违约责任后,按照合同的约定继续履行;二是当事人有权向人民法院或者仲裁机构提起继续履行诉讼,要求违约方按合同的规定履行。

继续履行更有利于实现当事人订立合同的目的。所以,对于金钱债务和非金钱债务,都可以要求违约方继续履行。当事人一方未支付价款、报酬、租金、利息的,或者不履行其他金钱债务的,对方可以要求其支付;当事人一方不履行非金钱债务或者履行非金钱债务不符合约定的,对方可以要求继续履行。但并不是所有的情形都适用继续履行,下列情形下的非金钱债务不适用继续履行:(1)法律上或者事实上不能履行;(2)债务的标的不适于强制履行或者履行费用过高;(3)债权人在合理期限内未要求履行。有以上例外情形之一,致使不能实现合同目的的,人民法院或仲裁机构可以根据当事人的请求终止合同,但不影响违约责任的承担。

(二)采取补救措施

当合同一方当事人履行合同有瑕疵时,可通过要求违约方采取补救措施的方式承担违约责任。补救措施是违约方根据法律规定或者当事人的要求,采取有针对性的措施以减少或弥补给对方造成的损失。根据法律规定,履行不符合约定的,应当按照当事人的约定承担违约责任。对违约责任没有约定或者约定不明确,依照有关规定仍不能确定的,受损害方根据标的的性质以及损失的大小,可以合理选择请求对方承担修理、更换、重作、退货、减少价款或者报酬等违约责任。采取上述措施后,对方还有其他损失的,应当赔偿损失。

(三)赔偿损失

赔偿损失是违约方以支付金钱的方式弥补因违约而给对方所造成的财产或利益的减少。当事人一方不履行合同义务或者履行合同义务不符合约定的,在履行义务或者采取补救措施后,对方还有其他损失的,应当赔偿损失。赔偿损失是承担违约责任的基本形式。

关于赔偿的范围,可由法律直接规定,也可由当事人自己约定。当事人一方不履行合同义务或者履行合同义务不符合约定,给对方造成损失的,损失赔偿额应相当于因违约所造成的损失,包括合同履行后可以获得的利益,但不得超过违约一方订立合同时预见到或者应当预见到的因违约可能造成的损失。赔偿损失的范围应当包括直接损失和间接损失。直接损失,即是违约行为给对方当事人造成的现有物质财富的直接减少。间接损失是因违约行为而造成对方当事人合同履行后可以取得的利益的丧失。违约方应当对守约方的全部财产损失进行赔偿。

《民法典》对损失赔偿也作出了限制性的规定:当事人一方违约后,对方应当采取适当措施防止损失的扩大;没有采取适当措施致使损失扩大的,不得就扩大的损失请求赔偿。当事人双方都违反合同的,应当各自承担相应的责任。当事人一方违约造成对方损失,对方对损失的发生有过错的,可以减少相应的损失赔偿额。

(四)支付违约金

违约金是当事人一方违反合同时,依照当事人的约定向对方支付一定数额的金钱。当事人可以约定一方违约时应当根据违约情况向对方支付一定数额的违约金，也可以约定因违约产生的损失赔偿额的计算方法。支付违约金是常见的一种违约责任。

一般来说，违约金是事先约定的，受客观事物复杂性的影响和当事人预见能力的限制，不可能对将来违约时的实际损失作出精确的预见，有的当事人还可能故意对违约金作出过分的约定，这就容易出现损害一方当事人利益的不公平现象。为了避免和解决这一问题，法律规定："约定的违约金低于造成的损失的，人民法院或者仲裁机构可以根据当事人的请求予以增加；约定的违约金过分高于造成的损失的，人民法院或者仲裁机构可以根据当事人的请求予以适当减少。"

在通常情况下，违约金应当视为约定的损害赔偿，具有补偿性。对方在证明违约的确给自己造成损失时才可以要求支付违约金。当然，违约金的支付若不足以弥补给对方造成的实际损失的，受害方还可以要求赔偿损失。当事人就迟延履行约定违约金的，违约方支付违约金后，还应当履行债务。

（五）定金

定金是担保的一种形式，也可以作为违约责任的承担形式。当事人可以约定一方向对方给付定金作为债权的担保，定金合同自实际交付定金时成立。定金的数额由当事人约定，但是不得超过主合同标的额的20%，超过部分不产生定金的效力。债务人履行债务后，定金应当抵作价款或者收回。给付定金的一方不履行约定的债务或者履行债务不符合约定致使合同目的不能实现的，无权要求返还定金；收受定金的一方不履行约定的债务或者履行债务不符合约定，致使不能实现合同目的的，应当双倍返还定金。

当事人既约定违约金，又约定定金的，一方违约时，对方只能选择适用违约金或者定金条款。定金不足以弥补一方违约造成的损失的，对方可请求赔偿超过定金数额的损失。

五、违约责任的免除

违约责任的免除也称作免除责任，是指当事人由于法律规定或合同约定的免责事由发生而不能履行合同，不承担违约责任。此时，当事人虽然没有履行合同义务，但不承担违约责任。根据法律规定和实践，出现不可抗力，违约人可不承担违约责任。

不可抗力是不能预见、不能避免且不能克服的客观情况。不可抗力除作为合同解除的条件，也是法定的合同免责条件。这可以从两个方面理解：一是根据不可抗力对合同的影响程度，免除或部分免除不履行合同的责任；二是依据法律的具体规定，即使发生不可抗力也不能免除其责任，如当事人在迟延履行后发生不可抗力的，不免除其违约责任。

另外，当事人一方因不可抗力不能履行合同的，应当及时通知对方，以减轻可能给对方造成的损失，并应当在合理的期限内提供证明。

复习思考题

1. 什么是合同？合同具有哪些特征？
2. 什么是要约？要约应具备哪些条件？要约与要约邀请有何区别？
3. 什么是承诺？承诺应具备哪些条件？
4. 什么是缔约过失责任？其构成条件、适用情形及救济措施和赔偿范围是什么？
5. 合同生效的要件有哪些？
6. 合同效力的状态有哪些？
7. 什么是同时履行抗辩权？同时履行抗辩权应具备哪些条件？
8. 什么是先履行抗辩权？先履行抗辩权应具备哪些条件？
9. 什么是不安抗辩权？不安抗辩权应具备哪些条件？
10. 违约行为有哪些表现形式？
11. 违约责任的主要责任承担方式是什么？违约责任有哪些免责事由？

第八章

担保法律制度

重点与难点

本章重点：担保的基本概念和原理；保证担保、抵押担保、质押担保、留置担保和定金担保的具体法律规定。

本章难点：一般、连带保证合同的保证责任；法定抵押登记财产的范围、效力；质权的生效要件；留置权的实现；定金的适用。

第一节 担保法律制度概述

担保法律制度涉及物权、债权、知识产权等民事权利，在市场经济背景下，对促进资金融通和商品流通、保障债权的实现有着重大作用。

一、担保的概念、特征和分类

（一）担保的概念

担保是指根据当事人约定或法律规定，以特定财产或者第三人的信用保障债务人履行债务、债权人顺利实现债权所采取的法律措施。

（二）担保的法律特征

担保行为与一般的民事行为相比，具有独特的法律特征：

第一，担保具有从属性。担保的从属性是指担保债权的成立和存在必须以一定的主债权关系的存在为前提。担保的从属性可以概括为以下四个方面：一是发生上的从属性，担保债务随着主债务而发生；二是消灭上的从属性，主债务无效，则担保债务无效（见《民法典》第388条和第682条）；三是特定性上的从属性，担保债务的范围不能超过主债务的范围；四是抗辩权上的从属性，担保人享有主债务人的一切抗辩权。

第二，担保具有财产性。担保关系是因担保债权的实现而产生，而债是社会财产流转关系的反映，担保作为债权关系的从属性社会关系，也必然与债权具有同一社会属性，其所反映的也必然是社会财产关系，而非其他性质的社会关系。

第三，担保责任的补充性。担保人一般只是在债务人不能履行或没有履行债务的能力时，才承担代为履行或相应的担保责任，所以它是一种补充性责任。

第四,担保具有不可分性。在债的担保关系成立后,主债权消灭之前,债权关系部分变化或者担保物局部变化,均不影响担保关系的整体性。也就是说,在主债权部分消灭时,债权人仍可就担保物的全部价值主张担保债权;担保物部分消灭时,其余部分仍然可以担保债权的全部。

(三)担保的学理分类

1. 约定担保和法定担保

根据担保的设定方式不同,可以将担保分为约定担保和法定担保。约定担保是指担保的方式、担保的条件以及担保的范围及担保权的行使等均由当事人自行约定的担保形式,这是担保的主要形态。法定担保是指由法律直接规定而产生的担保,如留置权担保。

2. 人的担保和物的担保

根据担保的标的不同,可将担保分为人的担保和物的担保。人的担保是指债务人以外的第三人以其信用为债务人提供的担保,保证人包括自然人、法人和其他非法人组织。物的担保是指债务人或者第三人以特定的财产为自己或他人债务提供的担保。抵押、质押、留置担保等均为物的担保。

3. 本担保与反担保

根据担保对象的不同,可将担保分为本担保和反担保。本担保是指担保人为主合同提供的担保。反担保是债务人对为自己向债权人提供担保的第三人提供的担保。反担保是第三人保护自己合法权益的必要手段,对于当前存在的担保难的问题有一定的现实意义。根据《民法典》第387条的规定,第三人为债务人向债权人提供担保时,可以要求债务人提供反担保。反担保人可以是债务人,也可以是债务人之外的其他人。其方式可以是债务人提供的抵押或者质押,也可以是其他人提供的保证、抵押或者质押。

二、中国担保法律制度的渊源

我国担保法律制度主要见于《民法典》第二编"物权"和第三编"合同"的规定中。

第二节 保 证

一、保证的概念

保证是指债权人和债务人以外的第三人向债权人担保,债务人不履行债务时,保证人按照约定履行债务或者承担责任。在保证法律关系中,享有主合同权利的为债权人,承担主合同债务的为债务人,提供保证并承担保证责任的第三人为保证人。

二、保证人的资格

保证人是指与债权人约定,为主合同债务提供担保,当债务人不能履行债务时,由其按照约定履行债务或者承担责任的一方当事人。因为保证的目的是防止债务人不履行债务,保证人的民事法律责任就是代债务人履行债务。保证作为人的担保,又是以人的信誉和财产来提供担保的,所以保证人的资信情况、担保财产的性质对于其履行保证责任都具有重大意义。为此,《民法典》第683条对一些民事主体的保证人资格进行了限制性规定:机关法人不得为保证人,但是经国务院批准为使用外国政府或者国际经济组织贷款进行转贷的除外。以公益为目的的非营利法人、非法人组织不得为保证人。

三、保证合同及其形式

(一)保证合同

保证合同是指保证人和债权人达成的,当债务人不履行债务时,由保证人承担代为履行或承担责任的协议。保证合同应当包括被保证的主债权的种类、数额,债务人履行债务的期限,保证的方式、范围和期间等条款。保证合同不完全具备前述内容的,并不影响合同的效力。对于欠缺的内容,保证人和债权人可以协商补正。

(二)保证合同的形式

保证合同可以是单独订立的书面合同,也可以是主债权债务合同中的保证条款。

四、保证的方式

保证的方式是指保证人承担保证责任的方式。通常来讲,保证人承担保证责任的方式主要有:

(一)一般保证

一般保证是指当事人在保证合同中约定,债务人不能履行债务时,由保证人代为履行或承担民事责任的保证。一般保证的保证人在主合同纠纷未经审判或者仲裁,并就债务人财产依法强制执行仍不能履行债务前,有权拒绝向债权人承担保证责任,但是有下列情形之一的除外:(1)债务人下落不明,且无财产可供执行;(2)人民法院已经受理债务人破产案件;(3)债权人有证据证明债务人的财产不足以履行全部债务或者丧失履行债务能力;(4)保证人书面表示放弃本款规定的权利。

也就是说,在上述情况下,保证人对债权人不得行使先诉抗辩权。

(二)连带责任保证

连带责任保证是指当事人在保证合同中约定保证人与债务人对债务承担连带责任的保证。连带责任保证的债务人不履行到期债务或者发生当事人约定的情形时,债权人可以请求债务人履行债务,也可以请求保证人在其保证范围内承担保证责任。

通常来讲,当事人签订保证合同时,应当明确约定保证方式,以此来确定在发生纠纷时,保证人应以什么方式承担民事责任。根据《民法典》第686条第2款的规定,当事人在保证合同中对保证方式没有约定或者约定不明确的,按照一般保证承担保证责任。

(三)特殊保证

1. 共同保证

共同保证是保证人为两人以上的保证,包括连带共同保证和按份共同保证。

2. 最高额保证

在通常情况下,保证人是为债权人和债务人的某次特定交易行为提供保证的。但是,在经济活动中经常发生在一定时期内连续进行数个同一性质的交易的情况,在这种情况下,可以订立一个保证合同,约定保证人在最高额限度内承担保证责任。

五、保证责任

(一)保证范围

保证范围即保证担保主债权的范围,也是保证关系中保证人所承担的保证责任的范围。保证的范围包括主债权及其利息、违约金、损害赔偿金和实现债权的费用。当事人另有约定的,按照其约定。

(二)保证期间

保证期间是确定保证人承担保证责任的期间,不发生中止、中断和延长。

债权人与保证人可以约定保证期间,但是约定的保证期间早于主债务履行期限或者与主债务履行期限同时届满的,视为没有约定;没有约定或者约定不明确的,保证期间为主债务履行期限届满之日起 6 个月。债权人与债务人对主债务履行期限没有约定或者约定不明确的,保证期间自债权人请求债务人履行债务的宽限期届满之日起计算。

一般保证的债权人未在保证期间对债务人提起诉讼或者申请仲裁的,保证人不再承担保证责任;连带责任保证的债权人未在保证期间请求保证人承担保证责任的,保证人不再承担保证责任。

第三节 抵 押 权

一、抵押概述

(一)抵押的概念

抵押是指债务人或者第三人不转移对特定财产的占有,将该财产作为债权的担保,债务人不履行债务时,债权人有权依照法律规定以该财产折价或者以拍卖、变卖该财产的价款优先受偿。在抵押法律关系中,债务人或者第三人为抵押人,债权人为抵押权人,提供担保的财产为抵押物。债权人所享有的在债务人不履行债务时依法依抵押物折价或者以拍卖、变卖抵押物的价款优先受偿的权利为抵押权。

(二)抵押的特征

抵押除具备一般担保关系的法律特征之外,它还具有以下两个特征:

第一,抵押权是一种担保物权。以担保为目的在他人财产上设置的物权称为担保物权。抵押权的标的物是债务人或第三人提供担保的物,主要是不动产,也可以是动产。抵押权就是债权人为保障债权实现而在担保的物上设定的一种民事权利,从性质上来讲,它是一种担保物权。

第二,不转移抵押物的占有。抵押的一个突出特征就是抵押权人不占有抵押物,仍由抵押人继续占有。抵押人不将抵押物的占有移转给债权人,而由自己继续对抵押物进行使用、收益、处分,发挥物的效用。对抵押权人来讲,享有抵押权而不占有抵押物,可减少债权人的管理之累;抵押人占有抵押物,债权人利益并不必然受损,而又可使抵押人继续占有、使用、收益,增强其履行债务的能力,实现了经济利益的双赢局面。

二、抵押的财产

(一) 抵押财产的范围

可以设定抵押的财产习惯上称为抵押物,是债务人或第三人提供担保的财产。根据我国《民法典》第 395 条的规定,可以抵押的财产主要包括:建筑物和其他土地附着物;建设用地使用权;海域使用权;生产设备、原材料、半成品、产品;正在建造的建筑物、船舶、航空器;交通运输工具;法律、行政法规未禁止抵押的其他财产。

对于上述财产,抵押人既可以将其中的一项财产单独抵押,也可以将几项财产一并抵押。在将几项财产一并抵押时,抵押财产的范围应当以登记的财产为准。抵押财产的价值在抵押权实现时予以确定。抵押所担保的债权超出其抵押物的价值的,超出的部分不具有优先受偿的效力。

以建筑物抵押的,该建筑物占用范围内的建设用地使用权一并抵押。以建设用地使用权抵押的,该土地上的建筑物一并抵押。抵押人未依照前述规定一并抵押的,未抵押的财产视为一并抵押。这一规定旨在避免抵押过程中可能发生的关于土地或房屋等建筑物权属纠纷,使房屋等建筑物和土地使用权得以同时转让,从而确保债权的顺利实现。

(二) 禁止抵押的财产

除以上可以进行抵押的财产外,依据我国《民法典》第 399 条的规定,禁止流通和限制流通的财产不得作为民事法律行为的客体。主要包括:土地所有权;宅基地、自留地、自留山等集体所有土地的使用权,但是法律规定可以抵押的除外;学校、幼儿园、医疗机构等为公益目的成立的非营利法人的教育设施、医疗卫生设施和其他公益设施;所有权、使用权不明或者有争议的财产;依法被查封、扣押、监管的财产;法律、行政法规规定不得抵押的其他财产。

三、抵押权的设定

作为担保物权,抵押权的设定是通过抵押合同或抵押登记产生的。合同是物权变动的原因,但合同能否产生物权变动的结果即抵押权的设立还要区分不同情形:有些抵押权随着抵押合同生效而设立,有些抵押权必须经过登记才能设立。德国法将抵押合同生效与抵押权生效相区分的原则被我国立法借鉴采纳。

(一) 抵押合同

抵押合同是抵押人与主债权债务关系中的债权人(抵押权人)就抵押担保事项所订立的协议。抵押合同必须采用书面形式,既可以是单独的抵押合同,也可以是债权合同中的抵押条款。其具体内容包括以下几个方面:被担保债权的种类、数额;债务人履行债务的期限；抵押财产的名称、数量等情况；抵押担保的范围；当事人认为需要约定的其他事项。

当事人在订立抵押合同时，不得在合同中约定在债务履行期届满抵押权人未受清偿时，抵押物的所有权直接转移为债权人所有。抵押权人在债务履行期限届满前，与抵押人约定债务人不履行到期债务时抵押财产归债权人所有的，只能依法就抵押财产优先受偿。抵押设置的目的仅是为保障债权的实现，并非是对债务人的经济惩罚。债权人只能依法将抵押财产折价或变价而优先受偿，对超出债权的多余部分，应当返还给抵押人，否则就会形成对抵押人的经济损害。

以动产抵押的，其抵押权自抵押合同生效时就设立，可以登记或不登记。

（二）抵押登记

1. 抵押登记的情形

我国对抵押登记采取双轨制，即依抵押财产的不同分别采取法定登记和自愿登记的做法。

（1）法定登记

根据法律的规定，设立抵押时应当办理抵押物登记的财产包括：建筑物和其他土地附着物；建设用地使用权；海域使用权；正在建造的建筑物。抵押物的登记一般由抵押物的产权管理部门或证照登记核发部门负责。

抵押人以上述财产设定抵押的，登记是抵押权生效的要件，即采取登记要件主义，抵押权自登记之时设立。不履行这一手续，债权人不能对抵押物行使优先受偿权。但未办理登记的，不影响抵押合同的效力，即债权人仍然可以主张对财产的债权，只是丧失了物上优先权。

（2）自愿登记

以动产抵押的，可以自愿登记或不登记。这类财产包括：生产设备、原材料、半成品、产品；正在建造的船舶、航空器；交通运输工具；其他财产等。这些财产抵押采取登记对抗主义，其抵押权自抵押合同生效时设立；未经登记的，不得对抗善意第三人。

以动产抵押的，不得对抗正常经营活动中已经支付合理价款并取得抵押财产的买受人。

办理抵押物登记，应当向登记部门提供主合同和抵押合同、抵押物的所有权或者使用权证书的原件或复印件。

2. 抵押登记的意义

抵押登记是抵押权获得社会公信力的必要途径，对于保护债权人合法权益，防止经济纠纷，维护交易安全具有重要意义。具体表现在：

第一，抵押登记可以使抵押权人在实现抵押权时具有对抗第三人的效力。抵押权人通过抵押登记，将抵押的事实公诸社会，得到国家公权力的认可，从而通过法律强制力以保障实现。

第二，抵押登记便于国家对抵押关系的管理，防止随意抵押和超值重复抵押损害债权人的利益，对一物数押的管理具有重要的警示和提示作用。

第三，抵押登记对抵押权实现顺序有重要影响。在同一财产向两个或两个以上债权人抵押时，抵押物是否登记以及登记的先后顺序是确定债权清偿顺序的依据，这有利于防止抵押纠纷的发生，保证债权的合理受偿。

四、抵押权的效力

(一) 抵押担保的范围

抵押担保的范围是指当债务人不履行债务时，抵押权人按照抵押合同约定或法律的规定，就抵押物变卖所得的价款优先受偿的债权范围。抵押财产折价或者拍卖、变卖后，其价款超过债权数额的部分归抵押人所有，不足部分由债务人清偿。

(二) 抵押财产的孳息

这里所讲的孳息是指抵押物所产生的各种收益，包括天然孳息和法定孳息。天然孳息是指基于自然规律抵押物所产生的收益，如果树结出的果子；法定孳息则是根据法律的规定抵押物所产生的收益，如银行本金所生的利息。在抵押关系中，因不转移抵押物的占有，设立抵押后的财产仍由抵押人行使抵押物的使用权和收益权，因此抵押物所产生的孳息归抵押人所有。但债务履行期届满，债务人不履行债务致使抵押物被人民法院依法扣押的，自扣押之日起抵押权人有权收取该抵押财产的天然孳息或法定孳息。抵押权人未将扣押抵押物的事实通知应当清偿法定孳息的义务人的，抵押权的效力不及于该孳息。

(三) 抵押财产的出租

已经设立抵押的抵押财产，抵押人并不因此丧失对抵押财产的使用权，所以在抵押期间，抵押人有权对抵押财产进行合理使用，包括出租。抵押人将已抵押的财产出租时，如果抵押人未书面告知承租人该财产已抵押的，抵押人对出租抵押物造成承租人的损失承担赔偿责任；如果抵押人已书面告知承租人该财产已抵押的，抵押权实现造成承租人的损失，由承租人自己承担。

抵押权设立前，抵押财产已经出租并转移占有的，原租赁关系不受该抵押权的影响。

(四) 抵押财产的转让

因抵押人在抵押期间占有抵押财产，同时对抵押财产并不丧失所有权，所以抵押期间，抵押人可以转让抵押财产。当事人另有约定的，按照其约定。抵押财产转让的，抵押权不受影响。

但是，由于抵押财产的转让直接影响抵押权和债权的实现，因此，《民法典》对这种转让行为进行了一系列的限制。具体表现为：

抵押人转让抵押财产的，应当及时通知抵押权人。抵押权人能够证明抵押财产转让可能损害抵押权的，可以请求抵押人将转让所得的价款向抵押权人提前清偿债务或者提存。转让的价款超过债权数额的部分归抵押人所有，不足部分由债务人清偿。

抵押权不得与债权分离而单独转让或者作为其他债权的担保。债权转让的，担保该债权的抵押权一并转让，但是法律另有规定或者当事人另有约定的除外。

五、抵押权的实现

（一）抵押权实现的方式

对于依法设定的抵押关系，当债务履行期届满，债权未实现，抵押人被宣告破产或者被撤销，或者当事人约定的实现抵押权等情形出现时，抵押权人可以将抵押财产折价或变卖，以折价或变卖的价款优先受偿。通常来讲，抵押权实现的方式有以下两种：一是抵押关系当事人双方协商，以抵押物折价或拍卖、变卖该抵押物所得价款清偿债权；二是以诉讼或仲裁的方式实现抵押权，即抵押权人向人民法院提起诉讼或向仲裁机构提起仲裁，通过人民法院的判决或仲裁机构的裁决和执行程序实现抵押权。

抵押权行使过程中，可以对抵押物折价或者拍卖、变卖。"折价"就是将抵押物直接折抵给抵押权人，以其相应价值抵偿债权；"变卖"是指以一般的买卖方式将抵押物出售，以所得价款清偿担保债权的过程；"拍卖"则是通过拍卖机构按照拍卖程序进行拍卖，将所拍得的款项在扣除有关拍卖费用后，清偿担保债权的过程。抵押物折价或者拍卖、变卖后，其价款超过债权数额的部分归抵押人所有，不足部分由债务人清偿。

（二）抵押担保债权的清偿顺序

在不超过抵押物价值的条件下，抵押人可在同一财产上设置数个抵押物权，这即我们通常所讲的"一物数押"。对于一物数押的多个抵押权的实现，由于抵押物在抵押期间的折旧或贬损，可能造成抵押财产价值的降低，从而影响全部抵押债权的足额实现。因此，我国《民法典》第414条规定，同一财产向两个以上债权人抵押的，拍卖、变卖抵押财产所得的价款依照下列规定清偿：抵押权已经登记的，按照登记的时间先后确定清偿顺序；抵押权已经登记的先于未登记的受偿；抵押权未登记的，按照债权比例清偿。

（三）抵押权的保全

抵押人的行为足以使抵押财产价值减少的，抵押权人有权请求抵押人停止其行为；抵押财产价值减少的，抵押权人有权请求恢复抵押财产的价值，或者提供与减少的价值相应的担保。抵押人不恢复抵押财产的价值，也不提供担保的，抵押权人有权请求债务人提前清偿债务。

（四）抵押权的物上代位

当抵押物的价值形态发生改变或灭失时，抵押权可以追及变化后的价值形态之上，抵押人由此获得赔偿金、保险金或补偿金的，抵押权人有权代位追偿。

六、特殊抵押

（一）共同抵押

共同抵押是指为同一债权的担保在两个以上不动产或动产上设定的抵押。

（二）最高额抵押

最高额抵押是指抵押人对未来一定期间内连续发生的债权提供担保财产，债务人不履行到期债务或者发生当事人约定的实现抵押权的情形，抵押权人有权在最高债权额限度内就该担保财产优先受偿。最高额抵押最大的特点是未来债权是否发生和数额的多少具有不确定性。

最高额抵押是对未来一定期间连续发生的债权做担保,在其设立时实际债权额无法确定,并且在合同约定的期间担保债权经常处于变化之中,因此,为了防止造成法律关系混乱,保障当事人的合法权益,《民法典》规定,最高额抵押担保的债权确定前,部分债权转让的,最高额抵押权不得转让,当事人另有约定的除外。

(三) 财团抵押

财团抵押是以企业之财团为标的而设定的抵押,包括两种形式:

1. 浮动式财团抵押

列入浮动式财团抵押的抵押财产范围包括企业的固定资产与流动资产,现有财产与将来取得的财产。抵押财产一直处于浮动变化状态,直到抵押权实现之时才能固定。企业对抵押财产的使用、收益和处分有很大自由。

2. 固定式财团抵押

列入固定式财团抵押的抵押财产范围仅限于企业的现有固定资产。企业对抵押财产的使用、收益尤其是处分被严格地限制,非经抵押权人同意不得脱离财团。

第四节 质 权

质权是指债务人或者第三人将其动产或者权利移交债权人占有,作为债权的担保,当债务人不履行债务时,债权人有权处分该动产或者权利优先受偿。在质权法律关系中,债务人或者第三人为出质人,债权人为质权人。质权除具有优先受偿的效力之外,还有留置效力。由于可以用作出质的利益分为动产和权利,所以我们把质权分为动产质押和权利质押进行阐述。

一、动产质押

(一) 动产质押的概念和特征

动产质押是指债务人或者第三人将其动产移交债权人占有,作为对债权的担保,当债务人不履行债务时,债权人有权依照法律规定以该动产优先受偿。其中移交的动产为质物。动产质押与抵押虽然相近,但有其不同的法律特征:

第一,动产质押的标的是动产。物可分为动产和不动产,所谓"动产",是指能够移动,并且移动后不会影响其经济价值和使用价值的物;所谓"不动产",是指不能移动或者移动后会降低物的经济价值和使用价值的财产。我国《民法典》对动产、不动产的所有权的权利公示方式、转移时间、风险责任承担、诉讼管辖的规定都不相同。动产质押的标的只能是动产,而抵押的标的可以是动产,也可以是不动产。

第二,动产质押转移质物的占有权。质押转移质物的占有,由质权人占有质物,并可因此获取以质物的孳息冲抵债务的权利;抵押则不转移抵押物的占有,由抵押义务人继续占有质物,抵押物的孳息由抵押人收取。

第三,质押合同从合同成立时生效,但质权自出质人交付质押财产时设立。

(二)动产质押合同

质押合同是出质人与主债中的债权人(质权人)签订的合同。根据《民法典》第427条的规定,质押合同应当采用书面形式,一般包括以下内容:被担保债权的种类、数额;债务人履行债务的期限;质押财产的名称、数量等;担保的范围;质押财产交付的时间、方式。

出质人和质权人不得约定在债务履行期届满质权人未受清偿时,质物的所有权直接转移为质权人所有。因为这种"流质条款"不仅与设立质押的目的相悖,而且容易导致价值较高的物品以较低的价格转移给质押权人,损害质押人的利益。《民法典》第428条规定:质权人在债务履行期限届满前,与出质人约定债务人不履行到期债务时质押财产归债权人所有的,只能依法就质押财产优先受偿。

(三)动产质权的效力

1. 质押财产的孳息

因为质押转移占有的特点,质权人取得了质物的占有权,在当事人没有约定或约定不明确的情况下,质物所产生的孳息就归质权人收取,但合同另有约定的除外。前款规定的孳息应当先充抵收取孳息的费用。

2. 质押财产的保管

质权人在质权存续期间,未经出质人同意,擅自使用、处分质押财产,造成出质人损害的,应当承担赔偿责任。

质权人负有妥善保管质押财产的义务;因保管不善致使质押财产毁损、灭失的,应当承担赔偿责任。

质权人的行为可能使质押财产毁损、灭失的,出质人可以请求质权人将质押财产提存,或者请求提前清偿债务并返还质押财产。

3. 质押财产的保全

因不可归责于质权人的事由可能使质押财产毁损或者价值明显减少,足以危害质权人权利的,质权人有权请求出质人提供相应的担保;出质人不提供的,质权人可以拍卖、变卖质押财产,并与出质人协议将拍卖、变卖所得的价款提前清偿债务或者提存。

4. 转质

质权人为担保自己或者他人的债务,在占有的质押财产上再次设定质权的行为称为转质。质权人在质权存续期间,未经出质人同意转质,造成质押财产毁损、灭失的,应当承担赔偿责任。

(四)动产质权的实现

债务人履行债务或者出质人提前清偿所担保的债权的,质权人应当返还质押财产。

债务人不履行到期债务或者发生当事人约定的实现质权的情形,质权人可以与出质人协议以质押财产折价,也可以就拍卖、变卖质押财产所得的价款优先受偿。质押财产折价或者变卖的,应当参照市场价格。

出质人可以请求质权人在债务履行期限届满后及时行使质权;质权人不行使的,出质人可以请求人民法院拍卖、变卖质押财产。

出质人请求质权人及时行使质权,因质权人怠于行使权利造成出质人损害的,由质权人承担赔偿责任。质押财产折价或者拍卖、变卖后,其价款超过债权数额的部分归出质人所有,不足部分由债务人清偿。

为债务人质押担保的第三人,在质权人实现质权后,有权向债务人追偿。

二、权利质押

权利质押为质权的一种,它是以所有权、用益物权以外的可让与的财产权作为质权的标的,以担保债权实现的一种担保方式。

(一)可以质押的权利

债务人或者第三人有权处分的下列权利可以出质:(1)汇票、支票、本票;(2)债券、存款单;(3)仓单、提单;(4)可以转让的基金份额、股权;(5)可以转让的注册商标专用权、专利权、著作权等知识产权中的财产权;(6)现有的以及将有的应收账款;(7)法律、行政法规规定可以出质的其他财产权利。

(二)权利质权的设立

以汇票、支票、本票、债券、存款单、仓单、提单出质的,质权自权利凭证交付质权人时设立;没有权利凭证的,质权自办理出质登记时设立。上述(4)—(6)项,质权自办理出质登记时设立。

法律另有规定的,依照其规定。

(三)权利质权的效力及实现

一般来讲,在债务人没有履行债务时,质权人可与出质人协商以出质的财产权利抵偿担保的债权,也可通过司法程序将出质的财产权利进行拍卖和变卖,将拍卖、变卖的价款抵偿担保债权。

第五节 留 置 权

一、留置权的概念和特征

(一)留置权的概念

留置权是指债权人按照合同约定占有债务人的动产,债务人不履行与该动产有关的债务时,债权人有权依照法律规定留置该财产,经过合理留置期限债务人仍不履行债务的,留置权人有权以留置财产折价或者拍卖、变卖该留置物,从所得价款中优先得到清偿。在留置法律关系中,债权人所享有的权利为留置权,债权人因对留置权的享有而成为留置权人。

(二)留置权的特征

留置权有如下特征:第一,留置权的产生以债权人依合同关系事先占有债务人的财产为前提;第二,除企业之间留置外,债权人留置的动产,应当与债权属于同一法律关系;第三,留置权是一种法定权利,只要具备上述条件即可产生,不需要专门的担保条款或担保合同。但对于法律规定或者当事人约定不得留置的动产,不得留置;第四,除留置财产为不可分物外,债权人留置的动产的价值应相当于债务的金额。

二、留置权的实现

留置权的实现是指在债权人留置财产后一定期限内债务人不履行债务,债权人可以处置留置物并就该价款优先受偿的过程。

与抵押权和质权的实现不同,留置权的实现在债务人不履行债务时,必须给债务人合理的宽限期,只有过了宽限期债务人仍不履行债务的,留置权人方可实现留置权。留置权人与债务人应当约定留置财产后的债务履行期限;没有约定或者约定不明确的,留置权人应当给债务人 60 日以上履行债务的期限,但是鲜活易腐等不易保管的动产除外。债务人逾期未履行的,留置权人可以与债务人协议以留置财产折价,也可以就拍卖、变卖留置财产所得的价款优先受偿。留置财产折价或者变卖的,应当参照市场价格。

留置财产折价或者拍卖、变卖后,其价款超过债权数额的部分归债务人所有,不足部分由债务人清偿。

同一动产上已经设立抵押权或者质权,该动产又被留置的,留置权人优先受偿。

三、留置权人的义务

留置权人的义务有:(1) 不得超值留置。留置的目的是保障债权的实现,留置的财产如果大大超过债务人应当承担的债务额,就侵犯了债务人的合法利益。《民法典》第450 条规定:"留置财产为可分物的,留置财产的价值应当相当于债务的金额。"(2) 保管义务。留置权人负有妥善保管留置财产的义务;因保管不善致使留置财产毁损、灭失的,应当承担赔偿责任。

四、留置权的消灭

《民法典》第 457 条规定:留置权人对留置财产丧失占有或者留置权人接受债务人另行提供担保的,留置权消灭。

第六节 定 金

一、定金的概念

定金是当事人在合同订立时或者履行债务之前,为担保合同的履行,由一方向对方支付一定数额的金钱。定金应当以书面形式约定,包括定金合同或合同中的定金条款。

关于定金的规定见于《民法典》第三编"合同"的"违约责任"一章。

定金合同是实践性合同,自实际交付定金时成立。定金的数额由当事人约定;但是,不得超过主合同标的额的20%,超过部分不产生定金的效力。实际交付的定金数额多于或者少于约定数额的,视为变更约定的定金数额。

二、定金的种类

根据定金所起的作用,我们可以把定金分为:(1)立约定金,即为保证订立合同而交付的定金。(2)成约定金,即以定金交付作为合同成立的条件。(3)证约定金,即以定金交付作为合同成立的证明。证约定金是在合同成立的同时,或成立之后支付,其作用是为证明合同关系的成立,但它不是合同成立的要件。(4)解约定金,即以定金作为解除合同的代价。交付定金的当事人可以抛弃定金而解除合同,接受定金的当事人则双倍返还定金得以解除合同。(5)违约定金,即以定金罚则的适用承担违约责任。它是不履行主债权的一种责任形式。违约定金在实践中运用得最为广泛,通常来讲,如果合同当事人没有特别约定定金的种类和作用,就应当认定为违约定金。

三、定金罚则

《民法典》第587条规定:"债务人履行债务的,定金应当抵作价款或者收回。给付定金的一方不履行债务或者履行债务不符合约定,致使不能实现合同目的的,无权请求返还定金;收受定金的一方不履行债务或者履行债务不符合约定,致使不能实现合同目的的,应当双倍返还定金。"

但是,由于定金和违约金同是带有惩罚性的违约责任,在同一法律关系中不能既适用定金又适用违约金,而只能选择其中之一。《民法典》第588条规定:"当事人既约定违约金,又约定定金的,一方违约时,对方可以选择适用违约金或者定金条款。定金不足以弥补一方违约造成的损失的,对方可以请求赔偿超过定金数额的损失。"

复习思考题

1. 担保的法律特征是什么?
2. 担保的分类有哪些?
3. 什么是保证?保证的基本形式有哪些?
4. 抵押权的法律特征是什么?
5. 强制抵押登记的财产有哪些?
6. 质权的法律特征是什么?
7. 留置权的法律特征是什么?
8. 什么是定金罚则?

第九章

反不正当竞争法律制度

重点与难点

本章重点：不正当竞争行为的概念和特征；我国《反不正当竞争法》中规定的各类不正当竞争行为的概念、法律特征和构成。

本章难点：混淆行为、商业贿赂行为、引人误解的虚假宣传行为、侵犯商业秘密行为的识别及其法律规制。

第一节 反不正当竞争法律制度概述

一、不正当竞争行为的概念和特征

（一）不正当竞争行为的概念

不正当竞争行为是指经营者在生产经营活动中，违反反不正当竞争法的规定，扰乱市场竞争秩序，损害其他经营者或者消费者合法权益的行为。竞争是市场经济最基本的运行机制，是市场活力的源泉。但在市场交易中，有些经营者为了在竞争中取胜，往往不遵守市场交易的基本原则，通过不正当手段获取竞争优势。不正当竞争造成市场混乱，破坏竞争的公平性，使市场失去透明度，使广大消费者及用户无法正确选择商品，对社会公众利益具有严重的危害性。

（二）不正当竞争行为的特征

纵观各类不正当竞争行为，一般都具有以下三个基本特征：

第一，主体的特定性。不正当竞争行为的主体是经营者。这里的经营者是指从事商品生产、经营或者提供服务（以下所称商品包括服务）的自然人、法人和非法人组织。也就是说，凡是参与市场经营活动的人都应当被视为经营者。

第二，行为的违法性。不正当竞争行为的违法性，主要表现为违反我国《反不正当竞争法》的规定，既包括违反禁止各种不正当竞争行为的具体规定，也包括违反该法第2条的原则规定。我国《反不正当竞争法》第2条规定："经营者在生产经营活动中，应当遵循自愿、平等、公平、诚信的原则，遵守法律和商业道德。"这一规定体现了经营者从事市场竞争所必须遵守的最基本的行为规范。有时，经营者的某些行为虽然表面上难以确认为该法明确规定的不正当竞争行为,但是只要违反了自愿、平等、公平、诚信原则或违反了公认的商业道德,损害了其他经营者的合法权益,扰乱了社会经济秩序,也应认定为不正当竞争行为。

第三,社会危害性。不正当竞争行为侵害的客体是市场竞争秩序、其他经营者或消费者的合法权益。不正当竞争者违背商业道德,违背市场交易原则,扭曲竞争、破坏竞争,制造市场混乱,破坏竞争的公平性;经营者通过不正当手段获取竞争优势,对于市场中的其他诚实竞争者而言都是不公平的,其应得的商业利益会因此受到损害;不正当竞争行为通常还会损害消费者的利益,带来消费者财产上的损失甚至是人身方面的伤害。

由于不正当竞争行为对市场经济秩序的危害非常严重,世界各国大多通过反不正当竞争法律对其进行规制。

二、反不正当竞争法

(一)反不正当竞争法的立法概况

狭义的反不正当竞争法是指《反不正当竞争法》。《反不正当竞争法》于 1993 年 9 月 2 日颁布、1993 年 12 月 1 日起实施。2017 年 11 月 4 日,十二届全国人大常委会第三十次会议审议通过了《反不正当竞争法》修订草案,并于 2018 年 1 月 1 日起正式施行。2019 年 4 月 23 日,十三届全国人大常委会第十次会议对《反不正当竞争法》作出进一步修正。

广义的反不正当竞争法则是指调整竞争关系和竞争监管关系的法律规范的总称,不仅包括《反不正当竞争法》,还包括其他与不正当竞争和反不正当竞争有关的法律规范。例如,《消费者权益保护法》《广告法》《产品质量法》《商标法》《价格法》《彩票管理条例》《电信条例》等法律、行政法规中有关反不正当竞争的规范,以及反不正当竞争的地方性法规,都是广义的反不正当竞争法。

(二)反不正当竞争法的立法目的

1. 促进社会主义市场经济健康发展

市场经济要遵循商品活动的价值规律,从而实现对社会资源有效合理的配置。而价值规律这种调节资源和经济活动的作用正是通过竞争来实现的,因此竞争机制是市场经济最基本的运行机制。如果社会经济生活中竞争遭到排斥或者削弱,那么市场机制就要出现结构性的、全局性的障碍,市场经济秩序就将发生混乱,社会主义市场经济就不能顺利发展。因此,需要通过制定《反不正当竞争法》,维护和促进竞争,推动社会主义市场经济健康发展。

2. 鼓励和保护公平竞争,制止不正当竞争行为

反不正当竞争法对市场竞争行为进行法律规范,对一切公平竞争进行鼓励和保护,对各种不正当竞争行为进行制止和惩罚。法律保障经营者在市场活动中公开、公平地进行竞争,鼓励诚实的经营者通过自己的努力,取得市场优势,获得良好的经济效益,使市场活动始终保持竞争的公平性和有效性。

3. 保护经营者和消费者的合法权益

不正当竞争行为既损害了诚实守信经营者的合法权益,同时也间接甚至直接损害了消费者的合法权益。《反不正当竞争法》通过对不正当竞争行为的遏制,在保护经营者合法权益的同时,也起到了保护消费者权益的重要作用。

第二节 不正当竞争行为的类型

我国《反不正当竞争法》第二章列举规定了7种不正当竞争行为,包括混淆行为、商业贿赂行为、虚假或引人误解的商业宣传行为、侵犯商业秘密行为、不正当有奖销售行为、商业诋毁行为、互联网领域不正当竞争行为。现分述如下:

一、混淆行为

(一)混淆行为的概念和特征

混淆行为是指经营者擅自使用他人有一定影响的标识,引人误认为是他人商品或者与他人存在特定联系的行为。混淆行为有以下四个特征,它们也是认定混淆行为的要素。

第一,行为主体是经营者。如前所述,经营者包括参与市场经营活动的自然人、法人和非法人组织。

第二,被混淆的对象是具有一定影响的标识。标识包括商品类标识、主体类标识和互联网商业标识三类。商品类标识包括商品名称、包装、装潢等。由于商标、产地名称和标志在我国《商标法》与《产品质量法》等法律法规中已经作了规定,因此,这里的商品类标识并不包括商标、产地名称和标志。主体类标识包括企业名称(包括简称、字号等)、社会组织名称(包括简称等)、姓名(包括笔名、艺名、译名等)。互联网商业标识包括域名主体部分、网站名称、网页等。需要注意的是,标识获得保护的前提是"有一定影响",因为在相关领域没有一定市场影响力的标识不容易被关注到,不太可能造成混淆。

第三,行为人的手段是擅自使用。擅自使用是指使用者没有经过权利人同意使用其具有一定影响力的商品类标识、主体类标识或互联网商业标识。这里的使用既包括相同使用,也包括近似使用。

第四,行为的结果是"引人误认"。经营者的混淆行为产生了引人误认的效果,可能是购买者已经发生误认或足以使购买者产生误认,也可能是使相关公众对商品来源发生误认,或公众对相关产品产生特定联系的误认。

(二)混淆行为的表现形式

依据《反不正当竞争法》的规定,混淆行为的表现形式有:(1)擅自使用他人有一定影响的商品名称、包装、装潢等相同或者近似的标识;(2)擅自使用他人有一定影响的企业名称(包括简称、字号等)、社会组织名称(包括简称等)、姓名(包括笔名、艺名、译名等);(3)擅自使用他人有一定影响的域名主体部分、网站名称、网页等;(4)其他足以引人误认为是他人商品或者与他人存在特定联系的混淆行为。

二、商业贿赂行为

（一）商业贿赂行为的概念和特征

商业贿赂行为是指经营者通过贿赂手段以谋取交易机会或者竞争优势的行为。商业贿赂行为的特征包括以下方面：

第一，行为的主体是经营者。贿赂包括行贿与受贿。商业贿赂的行贿主体是经营者。经营者的工作人员进行贿赂的，应当认定为经营者的行为，但是经营者有证据证明该工作人员的行为与为经营者谋取交易机会或者竞争优势无关的除外。受贿主体则不限于经营者，既可能是交易相对方的工作人员，也可能是受交易相对方委托办理相关事务的单位或者个人，还可能是利用职权或者影响力影响交易的单位或者个人。

第二，行为的目的是谋取交易机会或者竞争优势。经营者使用贿赂手段是为了促成交易或在交易中排挤同业竞争者，从而谋取不正当利益。这种目的使商业贿赂行为与其他为了获得一些非商业性实际利益的贿赂行为相区别。

第三，贿赂的手段包括财物手段和其他手段。

第四，行为的性质是违反了法律规定和商业道德，足以达到认定为商业贿赂的程度。按照商业惯例赠送小额广告礼品、符合财务制度的礼仪性接待开支等，不能认定为商业贿赂。

（二）折扣与佣金

折扣也称让利，是经营者在销售商品时，以明示并如实入账的方式给予对方的价格优惠。它包括支付价款时对价款总额按一定比例即时予以扣除和支付价款总额后再按一定比例予以退还两种形式。折扣作为商业竞争的重要手段之一，具有以下特征：折扣只发生在交易双方之间，并不发生在代理人、经办人之间，也不发生在其他主体（如影响交易的单位或个人）之间，这是折扣和佣金、商业贿赂的重要区别之一；折扣要以明示的方式给付对方，折扣的给付方和收受方都要如实入账，它具有合法性。

佣金是具有独立地位的中间商、掮客、经纪人、代理商等在商业活动中为他人提供服务，介绍、撮合交易或代买、代卖商品所得到的劳动报酬。佣金可以是一方支付，也可以是双方支付，但接受佣金的只能是中间人，而不是交易双方，也不是交易双方的代理人、经办人，这是佣金和折扣的重要区别。关于佣金与商业贿赂的区别则需要通过对接受支付的第三人的身份以及支付目的等方面加以判定。佣金的支付和收受都必须明示入账，具有合法性。

三、虚假或引人误解的商业宣传行为

（一）虚假或引人误解的商业宣传行为的概念和特征

虚假或引人误解的商业宣传行为是指经营者对商品作虚假或者引人误解的商业宣传，欺骗、误导消费者的不正当竞争行为。虚假或引人误解的商业宣传行为有以下特征：

第一，行为的主体是经营者。需要注意的是，广告经营者实施的虚假广告的行为，由《广告法》予以规制。

第二,行为人主观方面为故意。行为人为了谋取交易机会和竞争优势,故意进行虚假或引人误解的商业宣传行为,欺骗、误导消费者。

第三,行为人客观上对自己的商品信息进行虚假或者引人误解的散布和传播。商业宣传的对象是商业宣传者自己生产经营的商品,如果进行虚假或引人误解宣传的对象是竞争对手的商业信誉或商品声誉,那么则构成商业诋毁。这种行为既包括虚假宣传,也包括引人误解的宣传,还包括帮助他人进行虚假或引人误解的商业宣传。其采用的手段多样,如发布虚假广告、欺骗性销售诱导,作引人误解的虚假的现场演示和说明,散发、邮寄虚假的产品说明书和宣传资料,发布虚假新闻报道,帮助他人进行刷单炒信、删除差评、虚构交易、开展虚假荣誉评比,等等。需要注意的是,发布虚假广告的商业宣传优先适用我国《广告法》追究法律责任。

第四,行为的结果导致或足以导致购买者对商品产生错误认识,对其交易决策有实质性影响。如果宣传不真实,或用明显夸张的方式宣传商品,但普通公众能够正确理解其真实含义,不会对购买者的购买决策产生实质性影响的,则不属于禁止之列。

(二)虚假或引人误解的商业宣传行为的表现形式

依据《反不正当竞争法》的规定,虚假或引人误解的商业宣传行为的表现形式有:(1)经营者对其商品的性能、功能、质量、销售状况、用户评价、曾获荣誉等作虚假或者引人误解的商业宣传,欺骗、误导消费者;(2)经营者通过组织虚假交易等方式,帮助其他经营者进行虚假或者引人误解的商业宣传。

四、侵犯商业秘密行为

(一)商业秘密的概念和特征

商业秘密是指不为公众所知悉、具有商业价值并经权利人采取相应保密措施的技术信息、经营信息等商业信息。

商业秘密的特征有三:一是这些信息必须是不为公众所知悉的,即不是已经公开的或普遍为公众所知晓的信息、资料、方法;二是这些信息必须具有商业价值,能够为权利人带来实际的或潜在的经济利益和竞争优势;三是权利人必须为这些信息采取了相应的保密措施。商业秘密主要包括设计、程序、产品配方、制造工艺、制作方法、管理诀窍、客户名单、货源情报、产销策略、招投标中的底标及标书内容等信息。

(二)侵犯商业秘密行为的表现形式

依据《反不正当竞争法》的规定,侵犯商业秘密行为的表现形式有:(1)经营者不正当获取权利人商业秘密。这是指经营者以盗窃、贿赂、欺诈、胁迫、电子侵入或者其他不正当手段获取权利人的商业秘密的行为。如果行为人不是以不正当手段获得,而是从诸如独立发明、反向工程或从公开的出版物中得知此商业秘密,并有足够的证据证明其获得手段的合法性,就不构成侵犯商业秘密行为。(2)经营者披露、使用或者允许他人使用以前项手段获取的权利人的商业秘密。(3)经营者违反保密义务或者违反权利人有关保守商业秘密的要求,披露、使用或者允许他人使用其所掌握的商业秘密。(4)经营者教唆、引诱、帮助他人违反保密义务或者违反权利人有关保守商业秘密的要求,获取、披露、使用或者允许他人使用权利人的商业秘密。

需要注意的是,经营者以外的其他自然人、法人和非法人组织实施前述违法行为的,视为侵犯商业秘密。第三人明知或者应知商业秘密权利人的员工、前员工或者其他单位、个人以盗窃、贿赂、欺诈、胁迫、电子侵入或者其他不正当手段获取权利人的商业秘密,仍获取、披露、使用或者允许他人使用该商业秘密的,也视为侵犯商业秘密。

五、不正当有奖销售行为

(一) 不正当有奖销售行为的概念和特征

有奖销售是经营者以提供奖品或奖金的手段推销商品或服务的行为,包括抽奖式有奖销售和附赠式有奖销售。在同等条件下,给予确定奖励的,是附赠式有奖销售;以偶然性的方法确定奖励种类或者是否给予奖励的,是抽奖式有奖销售。不正当有奖销售行为是指经营者在销售商品或提供服务时,以提供奖励为名,实际上采取欺骗或者其他不当手段损害用户、消费者的利益,或者损害其他经营者合法权益的行为。作为经营者的一种促销手段,有奖销售可以促进商品的流通,提高市场占有率,并带来一定的经济利益。但是采取不正当手段进行有奖销售或巨额有奖销售则可能会影响消费者的选择,加剧竞争的畸形和不公平的发展,也有可能欺骗或误导消费者,损害消费者权益。不正当有奖销售行为有以下特征:

第一,行为的主体是经营者。有关机构、团体经政府和政府有关部门批准的有奖募捐及其彩票发售活动不适用《反不正当竞争法》。

第二,行为人实施了法律禁止的不正当有奖销售行为,如欺骗性有奖销售或巨奖销售。

第三,实施不正当有奖销售,其目的在于争夺顾客,扩大市场份额,排挤竞争对手。

(二) 不正当有奖销售行为的形式

法律并不一概否定有奖销售行为,而只是禁止三种可能造成不良后果、破坏竞争规则的不正当有奖销售行为,它们是:(1)所设奖的种类、兑奖条件、奖金金额或者奖品等有奖销售信息不明确,影响兑奖;(2)采用谎称有奖或者故意让内定人员中奖的欺骗方式进行有奖销售;(3)抽奖式的有奖销售,最高奖的金额超过5万元。

六、商业诋毁行为

(一) 商业诋毁行为的概念

商业诋毁行为又称商业诽谤行为,是指经营者编造、传播虚假信息或者误导性信息,损害竞争对手的商业信誉、商品声誉的行为。

(二) 商业诋毁行为的特征

商业诋毁行为有以下特征:

第一,行为的主体是经营者。其他主体编造、传播虚假信息或者误导性信息,损害他人商业信誉、商品声誉的,只能构成一般民事侵权或犯罪,而不属于不正当竞争中的商业诋毁行为。

第二，行为的主观方面为故意，而不是过失。行为人实施商业诽谤行为，其目的是败坏对方的商誉，以削弱竞争对手的市场竞争能力，并谋求自己的市场竞争优势，这种主观故意性是明显而确定的。经营者也可能因过失造成竞争对手商业信誉或商品声誉的损害，并要承担相应的损害赔偿责任。但这种行为并不构成商业诽谤，其性质不属于不正当竞争。

第三，行为的客观方面表现为编造、传播虚假信息或者误导性信息，对竞争对手的商业信誉、商品声誉进行诋毁、贬低，给其造成或可能造成一定的损害后果。如通过广告、新闻发布会等形式捏造、散布虚假事实，使用户、消费者不明真相产生怀疑心理，不敢或不再与受诋毁的经营者进行交易活动。但若发布的消息是真实的，则不构成诋毁行为。

第四，行为侵害的客体是竞争对手的商誉。商誉包括商业信誉和商品声誉。商业信誉是社会公众对经营者从事的经营活动所作的全面评价；商品声誉是社会公众对商品的性能、质量、用途等方面的全方位评价。这两种评价反映了经营者的商业形象，属于经营者的无形财产。商誉好的经营者往往在竞争中占有优势，而商誉差的经营者则处于劣势。因此，行为人编造、传播虚假信息或者误导性信息会损害到竞争对手的商誉，从而影响其市场竞争力。

七、互联网领域不正当竞争行为

（一）网络领域不正当竞争行为的界定

互联网领域的不正当竞争行为，一部分属于传统不正当竞争行为在互联网领域的延伸，对此应适用《反不正当竞争法》的相关规定进行规制；一部分则属于利用技术手段在互联网领域实施的不正当竞争行为。利用技术手段在互联网领域实施的不正当竞争行为是指经营者利用技术手段，通过影响用户选择或者其他方式，实施的妨碍、破坏其他经营者合法提供的网络产品或者服务正常运行的行为。这种行为是互联网领域所特有的不正当竞争行为，它侵害了消费者的合法权益，破坏了竞争秩序。

（二）利用技术手段在互联网领域实施的不正当竞争行为的表现形式

依据《反不正当竞争法》的规定，利用技术手段在互联网领域实施的不正当竞争行为的表现形式有：(1) 未经其他经营者同意，在其合法提供的网络产品或者服务中，插入链接，强制进行目标跳转；(2) 误导、欺骗、强迫用户修改、关闭、卸载其他经营者合法提供的网络产品或者服务；(3) 恶意对其他经营者合法提供的网络产品或者服务实施不兼容；(4) 其他妨碍、破坏其他经营者合法提供的网络产品或者服务正常运行的行为。

第三节　对涉嫌不正当竞争行为的调查

一、监督检查部门

在我国，县级以上人民政府履行市场监督管理职责的部门是不正当竞争行为的监督检查部门;法律、行政法规规定由其他部门查处的,依照其规定(例如,金融行业的不正当竞争行为由中国银行保险监督管理委员会进行监管)。为了对多部门查处不正当竞争行为进行协调,促进合理分工、信息共享,国务院建立反不正当竞争工作协调机制,研究决定反不正当竞争重大政策,协调处理维护市场竞争秩序的重大问题。

同时,我国《反不正当竞争法》还规定社会监督形式和行业协会自律义务,鼓励、支持和保护一切组织和个人对不正当竞争行为进行社会监督,要求行业组织加强行业自律,引导、规范会员依法竞争,维护市场竞争秩序。

二、对涉嫌不正当竞争行为的调查

对于决定立案的涉嫌不正当竞争行为,应当及时启动调查取证程序。在调查取证过程中,反不正当竞争监督检查部门可以采取的措施有:(1) 进入涉嫌不正当竞争行为的经营场所进行检查;(2) 询问被调查的经营者、利害关系人及其他有关单位、个人,要求其说明有关情况或者提供与被调查行为有关的其他资料;(3) 查询、复制与涉嫌不正当竞争行为有关的协议、账簿、单据、文件、记录、业务函电和其他资料;(4) 查封、扣押与涉嫌不正当竞争行为有关的财物;(5) 查询涉嫌不正当竞争行为的经营者的银行账户。

监督检查部门采取上述调查取证措施,应当向监督检查部门主要负责人书面报告,并经批准;如果查封扣押涉及财务或查询银行账户的,应当向设区的市级以上人民政府监督检查部门主要负责人书面报告,并经批准。监督检查部门调查涉嫌不正当竞争行为,应当遵守我国《行政强制法》和其他有关法律、行政法规的规定,并应当将查处结果及时向社会公开。

在调查取证的过程中,被调查的经营者、利害关系人及其他有关单位、个人应当如实提供有关资料或者情况;监督检查部门及其工作人员对调查过程中知悉的商业秘密负有保密义务。

三、对不正当竞争行为的举报制度

对涉嫌不正当竞争行为,任何单位和个人均有权向监督检查部门举报,监督检查部门接到举报后应当依法及时处理。监督检查部门应当向社会公开受理举报的电话、信箱或者电子邮件地址,并为举报人保密。对实名举报并提供相关事实和证据的,监督检查部门应当将处理结果告知举报人。

第四节 法律责任

不正当竞争行为的法律责任包括民事责任、行政责任和刑事责任三种形式。

一、所有不正当竞争行为的共通法律责任

(1) 民事责任方面主要体现为赔偿损失。因不正当竞争行为受到损害的经营者的赔偿数额,按照其因被侵权所受到的实际损失确定;实际损失难以计算的,按照侵权人

因侵权所获得的利益确定。赔偿数额还应当包括经营者为制止侵权行为所支付的合理开支。

（2）行政责任主要有责令停止违法行为，没收违法所得、罚款、吊销营业执照等。经营者从事不正当竞争，有主动消除或者减轻违法行为危害后果等法定情形的，依法从轻或者减轻行政处罚；违法行为轻微并及时纠正，没有造成危害后果的，不予行政处罚。经营者从事不正当竞争受到行政处罚的，由监督检查部门记入信用记录，并依照有关法律、行政法规的规定予以公示。妨害监督检查部门依照《反不正当竞争法》履行职责，拒绝、阻碍调查的，由监督检查部门责令改正，对个人可以处 5000 元以下的罚款，对单位可以处 5 万元以下的罚款，并可以由公安机关依法给予治安管理处罚。监督检查部门的工作人员滥用职权、玩忽职守、徇私舞弊或者泄露调查过程中知悉的商业秘密的，依法给予处分。

经营者违反《反不正当竞争法》的规定，构成犯罪的，依法追究刑事责任。刑事责任是对违法行为进行的最为严厉的法律制裁，适用于那些对其他经营者、消费者和社会经济秩序损害严重、情节恶劣的不正当竞争行为。

经营者违反《反不正当竞争法》规定，应当承担民事责任、行政责任和刑事责任，其财产不足以支付的，优先用于承担民事责任。

二、针对特定不正当竞争行为的法律责任

（一）混淆行为的法律责任

（1）民事责任。经营者实施混淆行为，权利人因被侵权所受到的实际损失、侵权人因侵权所获得的利益难以确定的，由人民法院根据侵权行为的情节判决给予权利人 500 万元以下的赔偿。

（2）行政责任。经营者实施混淆行为的，由监督检查部门责令停止违法行为，没收违法商品。违法经营额 5 万元以上的，可以并处违法经营额 5 倍以下的罚款；没有违法经营额或者违法经营额不足 5 万元的，可以并处 25 万元以下的罚款。情节严重的，吊销营业执照。

经营者登记的企业名称属于《反不正当竞争法》规定的混淆行为的，应当及时办理名称变更登记；名称变更前，由原企业登记机关以统一社会信用代码代替其名称。

（二）商业贿赂行为的法律责任

除承担针对所有不正当竞争行为规定的共通的法律责任外，经营者实施商业贿赂行为贿赂他人的，还要由监督检查部门没收违法所得，处 10 万元以上 300 万元以下的罚款。情节严重的，吊销营业执照。刑事责任主要体现在《刑法》第 163 条、第 164 条。

（三）虚假或引人误解的商业宣传行为的法律责任

经营者对其商品作虚假或者引人误解的商业宣传，或者通过组织虚假交易等方式帮助其他经营者进行虚假或者引人误解的商业宣传的，除承担针对所有不正当竞争行为规定的共通的法律责任外，还由监督检查部门责令停止违法行为，处 20 万元以上 100 万元以下的罚款；情节严重的，处 100 万元以上 200 万元以下的罚款，可以吊销营业

执照。

经营者属于发布虚假广告的,依照《广告法》的规定处罚。

(四)侵犯商业秘密行为的法律责任

(1)民事责任。实施侵犯商业秘密行为,受到损害的经营者的赔偿数额,按其因被侵权所受到的实际损失确定;实际损失难以计算的,按照侵权人因侵权所获得的利益确定。经营者恶意实施侵犯商业秘密行为,情节严重的,可以按照上述方法确定数额的1倍以上5倍以下确定赔偿数额。赔偿数额还应当包括经营者为制止侵权行为所支付的合理开支;实施侵犯商业秘密行为,权利人因被侵权所受到的实际损失、侵权人因侵权所获得的利益难以确定的,由人民法院根据侵权行为的情节判决给予权利人500万元以下的赔偿。

(2)行政责任。经营者以及其他自然人、法人和非法人组织侵犯商业秘密的,由监督检查部门责令停止违法行为,没收违法所得,处10万元以上100万元以下的罚款;情节严重的,处50万元以上500万元以下的罚款。

(五)不正当有奖销售行为的法律责任

经营者实施不正当有奖销售行为,由监督检查部门责令停止违法行为,处5万元以上50万元以下的罚款。

(六)商业诋毁行为的法律责任

经营者违反《反不正当竞争法》规定,损害竞争对手商业信誉、商品声誉的,由监督检查部门责令停止违法行为、消除影响,处10万元以上50万元以下的罚款;情节严重的,处50万元以上300万元以下的罚款。

(七)互联网领域不正当竞争行为的法律责任

经营者利用技术手段妨碍、破坏其他经营者合法提供的网络产品或者服务正常运行的,除承担针对所有不正当竞争行为规定的共通的法律责任外,还由监督检查部门责令停止违法行为,处10万元以上50万元以下的罚款;情节严重的,处50万元以上300万元以下的罚款。

复习思考题

1. 简述不正当竞争行为的特征。
2. 简述混淆行为的表现形式。
3. 区分商业贿赂、折扣和佣金。
4. 简述我国《反不正当竞争法》所禁止的有奖销售的形式。
5. 简述商业秘密的构成要件。
6. 简述虚假或引人误解的商业宣传行为的特征。
7. 简述商业诋毁行为的特征。

第十章

反垄断法律制度

重点与难点

本章重点：掌握各种垄断行为的概念、特点和表现形式。
本章难点：正确把握各种垄断行为的认定条件和界限。

第一节 反垄断法概述

一、垄断的概念和特征

垄断是指经营者或其他主体限制或排除竞争的违法行为。它具有以下基本特征：

第一，垄断的主体具有广泛性。垄断的主体主要是企业，但不限于企业。我国《反垄断法》将垄断的一般主体界定为经营者，此外还有行政机关和法律、法规授权的具有管理公共事务职能的组织以及各种行业协会等特殊主体。行政机关和法律、法规授权的具有管理公共事务职能的组织主要实施行政性垄断，行业协会主要实施联合限制竞争行为。

第二，垄断的主观方面一般具有限制或排除竞争的故意。一般来说，主体为某种垄断行为时具有主观上的故意，但就违反反垄断法而言也可能是过失，即应当知道而不知道自己所为限制竞争行为的不法性质。垄断主体限制或排除竞争的意图最终是为了达到扩大市场优势，谋取超额利润的目的。

第三，客观上实施了垄断行为。法律所规范的直接对象是行为，而不是状态或结构。反垄断法经历了从以结构主义为主到以行为主义为主的演变。各国反垄断法所关注的垄断已经不是或主要不是垄断结构，而是经营者或其他主体所为的垄断行为。所以，垄断的法学定义指的是垄断行为。概括而言，现代反垄断法主要规制三种垄断行为，即垄断协议、滥用市场支配地位和经营者集中。

第四，垄断的后果是限制或排除竞争。垄断的直接后果是垄断者控制了市场，垄断了价格，排挤了竞争对手，窒息了竞争，限制或排除了竞争机制作用的发挥。垄断行为的结果是限制或排除竞争，并不意味着每一个垄断行为的构成中都以造成限制或排除竞争的后果为要件。造成或可能造成限制或排除竞争的后果，都可以构成垄断行为。

第五，垄断具有违法性。垄断的违法性是指垄断行为违反法律的规定，不被社会承认,并应当受到法律制裁的特征。我国《反垄断法》第 3 条规定了三种垄断行为,即经营者达成垄断协议行为、经营者滥用市场支配地位行为和经营者集中行为。凡是实施上述行为的都是违法行为。

二、反垄断法的概念和立法概况

反垄断法是国家在规制垄断行为的过程中所发生的社会关系的法律规范的总称。

在国家规制垄断行为的过程中所发生的社会关系(简称反垄断关系),是反垄断法的调整对象。反垄断关系,可以分为垄断行为规制关系和反垄断体制关系。前者是指在规制垄断过程中形成的社会关系,包括作为规制主体的国家机关和作为规制受体的经营者之间、经营者相互之间因规制垄断行为而发生的社会关系。后者是指具有反垄断职权的国家机关之间因反垄断权限的分配和行使而发生的社会关系,也就是反垄断权力分配关系。

2007 年 8 月 30 日,第十届全国人大常委会第二十九次会议通过了《反垄断法》,该法于 2008 年 8 月 1 日起施行。这是我国历史上第一部反垄断法,它的颁布对于预防和制止垄断行为,保护市场竞争机制,维持正常的竞争环境,维护消费者合法权益和社会公共利益具有重要作用。

第二节 垄断协议

一、垄断协议的概念和特征

垄断协议,又称联合限制竞争行为,是指排除、限制竞争的协议、决定或者其他协同行为。

垄断协议具有以下基本特征:

第一,主体是两个或两个以上具有竞争关系的独立经营者。这里所谓经营者须是独立的经营实体,具有独立的权利能力和行为能力,并能自主形成独立意志的经济实体。所谓"具有竞争关系",是指同一生产、流通环节卖者之间或买者之间的横向竞争关系和上下游互有交易或存在潜在交易的买者与卖者之间的纵向竞争关系。策划、组织垄断协议的,也可能不是经营者本身,而是作为第三者的行业组织、政府、自然人等。此种情况下,他们也是垄断协议的主体。

第二,客观方面是经营者达成垄断协议、决定或者其他协同行为。垄断协议的主体是相互独立的经营者,彼此之间不存在隶属关系,只有通过协议、决议或者其他协同行为,才可能协调一致。否则,就不会产生联合的效果,进而造成排除、限制竞争的后果。

第三,目的和后果是排除或限制竞争。经营者之间存在着排除和限制竞争的天然动力。经营者通过垄断协议联合限制竞争,可以获得超额垄断利润。因此,有无排除或限制竞争的目的或结果,是判断经营者之间的协议是否为垄断协议的重要标准。但是,垄断协议的成立并不以排除或限制竞争的后果的实际发生为必要条件,即使仅仅存在着排除或限制竞争的可能性,也依然可以构成垄断协议。

二、垄断协议的主要类型

根据参与协议的经营者所处的产业链环节是相同还是相续,垄断协议可分为横向垄断协议和纵向垄断协议。

（一）横向垄断协议

横向垄断协议,是指处于产业链同一环节的两个或两个以上的经营者之间所达成的垄断协议。由于横向垄断协议排斥了最具竞争关系的各方之间的竞争,对竞争的危害尤为严重。

根据我国《反垄断法》第13条的规定,横向垄断协议主要包括以下形式:(1) 固定或者变更商品价格;(2) 限制商品的生产数量或者销售数量;(3) 分割销售市场或者原材料采购市场;(4) 限制购买新技术、新设备或者限制开发新技术、新产品;(5) 联合抵制交易;(6) 国务院反垄断执法机构认定的其他垄断协议。

（二）纵向垄断协议

纵向垄断协议,是指在生产或者销售过程中处于不同阶段的经营者之间(如生产商与批发商之间、批发商与零售商之间)达成的协议,属于经营者与交易相对人之间达成的协议。由于纵向垄断协议的当事人之间多数不具有竞争关系,对竞争的危害不像横向协议那么直接或者明显,实践中许多国家对其采取合理分析原则,不是一概认定为垄断协议。

根据我国《反垄断法》第14条的规定,纵向垄断协议的具体形式有:(1) 固定向第三人转售商品的价格;(2) 限定向第三人转售商品的最低价格;(3) 国务院反垄断法执法机构认定的其他垄断协议。

纵向垄断协议不仅严重损害销售商的定价权,而且严重损害消费者的利益,所以为我国反垄断法所禁止。

三、垄断协议的适用除外

一些经营者所达成的某些垄断协议虽然有排除和限制竞争的影响,但在整体上却有利于技术进步、经济发展和社会公共利益,因此法律规定对这类垄断协议排除适用《反垄断法》。这就是反垄断法的适用除外制度。而适用除外制度其实主要就是垄断协议的适用除外制度。

根据我国《反垄断法》第15条的规定,经营者能够证明所达成的协议属于下列情形之一的,适用垄断协议的适用除外制度:(1) 为改进技术、研究开发新产品的;(2) 为提高产品质量、降低成本、增进效率,统一产品规格、标准或者实行专业化分工的;(3) 为提高中小经营者经营效率,增强中小经营者竞争力的;(4) 为实现节约能源、保护环境、救灾救助等社会公共利益的;(5) 因经济不景气,为缓解销售量严重下降或者生产明显过剩的;(6) 为保障对外贸易和对外经济合作中的正当利益的;(7) 法律和国务院规定的其他情形。

属于上述第一项至第五项情形,适用垄断协议的适用除外制度的,经营者还应当证明所达成的协议不会严重限制相关市场的竞争,并且能够使消费者分享由此产生的利益。

另外,根据《反垄断法》第7条的规定,对国有经济占控制地位的关系国民经济命脉和国家安全的行业,以及依法实行专营专卖的行业的合法经营活动予以保护。根据《反垄断法》第56条的规定,农业生产者及农村经济组织在农产品生产、加工、销售、运输、储存等经营活动中实施的联合或者协同行为,不适用《反垄断法》。

第三节 滥用市场支配地位

一、滥用市场支配地位的概念和特征

我国《反垄断法》虽然不反对合法垄断,但合法垄断者可能滥用其市场优势地位,损害市场竞争和消费者的利益,所以禁止滥用市场支配地位是《反垄断法》的重要任务之一。所谓市场支配地位,是指经营者在相关市场内具有能够控制商品价格、数量或者其他交易条件,或者能够阻碍、影响其他经营者进入相关市场能力的市场地位。所谓相关市场,是指经营者在一定时期内就特定商品或者服务(统称商品)进行竞争的商品范围和地域范围。在反垄断执法实践中,通常需要界定相关商品市场和相关地域市场。所谓滥用市场支配地位,是指具有市场支配地位的经营者利用其市场支配地位所实施的排除、限制及损害竞争的行为。滥用市场支配地位的基本特征体现在以下方面:

第一,行为主体是具有市场支配地位的经营者。经营者具有市场支配地位是构成滥用市场支配地位的前提条件,在反垄断执法机构或者法院认定是否构成滥用市场支配地位时,首先要考察经营者是否具有市场支配地位。

第二,行为目的是维持或提高市场地位,获取超额垄断利润。维持或提高市场地位与获取超额垄断利润之间互为条件,并共同成为滥用市场支配地位行为不可或缺的主观要件。尽管滥用市场支配地位行为的表现形式多样,但无不以二者或其中之一为目的。

第三,行为的表现是滥用市场支配地位。具有市场支配地位的经营者并不必然滥用实力或者不公正地对待交易相对人,因此,经营者拥有市场支配地位本身并不违法。只有在其滥用这种优势地位实施排除、限制及损害竞争的行为时,才受到反垄断法的规制。

第四,行为后果是对市场竞争的损害。无论是以维持或提高市场地位为直接目的还是以获取超额垄断利润为直接目的,滥用市场支配地位行为都会给其他经营者或消费者造成实质性的损害,或者具有造成损害的可能性。

二、市场支配地位的确定

我国《反垄断法》对市场支配地位的确定,规定了认定和推定两种制度。认定制度

是指确定企业市场支配地位时,依据企业所涉法定因素在市场中达到的程度,确认企业是否具有市场支配地位。而推定标准则是根据企业的市场占有份额推定是否具有对市场的支配地位。

(一)市场支配地位的认定

根据我国《反垄断法》第18条的规定,认定经营者具有市场支配地位,应当依据下列因素:(1)该经营者在相关市场的市场份额,以及相关市场的竞争状况;(2)该经营者控制销售市场或者原材料采购市场的能力;(3)该经营者的财力和技术条件;(4)其他经营者对该经营者在交易上的依赖程度;(5)其他经营者进入相关市场的难易程度;(6)与认定该经营者市场支配地位有关的其他因素。

(二)市场支配地位的推定

根据我国《反垄断法》第19条的规定,有下列情形之一的,可以推定经营者具有市场支配地位:(1)一个经营者在相关市场的市场份额达到1/2的;(2)两个经营者在相关市场的市场份额合计达到2/3的;(3)三个经营者在相关市场的市场份额合计达到3/4的。

有上述第二项、第三项规定的情形,其中有的经营者市场份额不足1/10的,不应当推定该经营者具有市场支配地位。

应当指出,这些推断与客观事实不一致时,则推断不产生法律效力。我国《反垄断法》第19条第3款规定:"被推定具有市场支配地位的经营者,有证据证明不具有市场支配地位的,不应当认定其具有市场支配地位。"

三、滥用市场支配地位的表现形式

对于经营者滥用市场支配地位的形式,我国《反垄断法》第17条以列举的方式作出了规定,主要表现有:(1)以不公平的高价销售商品或者以不公平的低价购买商品;(2)没有正当理由,以低于成本的价格销售商品;(3)没有正当理由,拒绝与交易相对人进行交易;(4)没有正当理由,限定交易相对人只能与其进行交易或者只能与其指定的经营者进行交易;(5)没有正当理由搭售商品,或者在交易时附加其他不合理的交易条件;(6)没有正当理由,对条件相同的交易相对人在交易价格等交易条件上实行差别待遇;(7)国务院反垄断执法机构认定的其他滥用市场支配地位的行为。

另外,《工商行政管理机关禁止滥用市场支配地位行为的规定》对拒绝交易的方式、限定交易的方式、搭售或者附加不合理交易条件的具体表现、差别待遇行为的表现形式等,分别设立单独条款作了细化规定。

第四节 经营者集中

一、经营者集中的概念和特征

经营者集中,是指经营者通过合并、兼并及购买竞争对手股权或资产等方式进行的企业行为。经营者集中的行为可以取得对其他经营者的控制权或者通过对其他经营者施加决定性影响等方式,集合经营者经济力,提高市场地位,增强竞争力。经营者集中具有以下主要特征:

第一,主体是两个以上的经营者。无论是通过合并、合同、股份或资产收购等方式取得对其他经营者的控制权或施加决定性影响,其行为施动者和受动者都是经营者。

第二,目的和后果具有利弊双重性。经营者集中对市场竞争和经济发展利弊共存。经营者集中的目的和后果是迅速集合经济实力,提高市场份额,提升市场地位,增强竞争力。它对于提高企业的规模经济,促进企业间的人力、物力、财力以及技术方面的合作,提高企业效率和竞争力有着积极意义。然而,如果经营者无限制地并购企业,就不可避免地会消灭市场上的竞争,导致形成垄断性的市场结构。所以,我国《反垄断法》要控制经营者的集中。

第三,客观方面是经营者实施了集中的行为。经营者集中的行为主要方式是企业合并、取得股份或资产、经营结合。经营者实施了上述行为达到一定程度,即构成了这种垄断。

二、经营者集中的类型

根据我国《反垄断法》的规定,经营者集中包括下列情形:

(一) 经营者合并

经营者合并通常有两种方式:一种方式是吸收合并,又称存续合并,指的是一个企业吸收了另外一个企业;另一种方式是新设合并,指的是两个或者两个以上的企业组合成为一家新企业的法律行为。

(二) 经营者通过取得股权或者资产的方式取得对其他经营者的控制权

经营者取得对其他经营者的控制权通常有两种方式:一种方式是一家企业通过购买、置换等方式取得另一家或几家企业的股权,该企业成为另一家或几家企业的控股股东并进而取得对其他经营者的控制权;另一种方式是一家企业通过购买、置换、抵押等方式取得另一家或几家企业的资产,该企业成为另一家或几家企业的控股股东或实际控制人,从而取得对其他经营者的控制权。

(二) 经营者通过合同等方式取得对其他经营者的控制权或者能够对其他经营者施加决定性影响

经营者可以通过签订合同,比如企业信托管理合同或者原料供应合同、产品销售合同,达到对其他企业的控制,或者施加决定性影响。

三、经营者集中的事先申报

由于经营者集中可能产生或者加强其市场支配地位,对市场竞争产生不利影响,并且一旦完成集中,纠正成本较大,市场经济发达国家的反垄断法通常采用事先申报的方法对集中行为进行控制,规定达到一定标准的经营者集中,要在实施前向反垄断执法机构申报。事先申报制度是节约执法成本、增强政府主动性的一种预防措施。一方面,事先申报便于反垄断执法机构掌握市场集中的情况,防患于未然;另一方面,事先申报也有利于经营者及时调整经营策略,以适应新的市场和竞争环境。

依据《国务院关于经营者集中申报标准的规定》,经营者集中达到下列标准之一的,集中之前应当事先向国务院商务主管部门申报。一是参与集中的所有经营者上一会计年度在全球范围内的营业额合计超过100亿元人民币,并且其中至少2个经营者上一会计年度在中国境内的营业额均超过4亿元人民币;二是参与集中的所有经营者上一会计年度在中国境内的营业额合计超过20亿元人民币,并且其中至少2个经营者上一会计年度在中国境内的营业额均超过4亿元人民币。

我国经营者集中申报采取营业额标准,如果达到申报标准,经营者未依法事先向商务部申报而实施集中,需承担相应的法律责任。

我国《反垄断法》规定的经营者集中的事先申报制度的基本内容包括:

(一)申报的提出

经营者集中达到国务院规定的申报标准的,经营者应当事先向国务院反垄断执法机构申报,未申报的不得实施集中。

(二)申报的免除

经营者集中有下列情形之一的,可以不向国务院反垄断执法机构申报:(1)参与集中的一个经营者拥有其他每个经营者50%以上有表决权的股份或者资产的;(2)参与集中的每个经营者50%以上有表决权的股份或者资产被同一个未参与集中的经营者拥有的。

上述两种情况下的经营者集中是经济生活中经常发生的事情,在微观方面它可以提高集团公司或母公司的经济效率,扩大其生产经营规模,增加内部运营的合理化,并加强自身的竞争能力。当然,表面上看它可能减少了名义上的市场竞争对手的数量。但从宏观上讲,市场结构未发生根本变化,竞争状况没有因集中而改变,所以,法律规定不对其施加申报审查的义务,更不限制其集中。这也是国际上通行的做法。

(三)申报的内容

根据我国《反垄断法》第23条的规定,经营者向国务院反垄断执法机构申报集中,应当提交下列文件、资料:(1)申报书,申报书应当载明参与集中的经营者的名称、住所、经营范围、预定实施集中的日期和国务院反垄断执法机构规定的其他事项;(2)集中对相关市场竞争状况影响的说明;(3)集中协议;(4)参与集中的经营者经会计师事务所审计的上一会计年度财务会计报告;(5)国务院反垄断执法机构规定的其他文件、资料。

经营者提交的上述文件、资料不完备的,应当在国务院反垄断执法机构规定的期限内补交文件、资料。经营者逾期未补交文件、资料的,视为未申报。

四、经营者集中的申报审查

反垄断法并非一律禁止经营者集中,达不到申报标准的集中固然无须反垄断执法机构的审查,达到申报标准的集中也并非都有损于竞争,这就需要反垄断执法机构通过一定的程序进行审查认定。实行申报审查制度,可以尽量减轻集中控制制度对经营者的负担,有利于经营者抓住稍纵即逝的商业机会,同时便于反垄断执法机构有效行使职权,特别关注一些复杂案件的调查。

(一)审查程序

1. 初步审查

我国《反垄断法》第 25 条对初步审查程序和期限作出了规定,国务院反垄断执法机构应当自收到经营者提交的申报文件、资料之日起 30 日内,对申报的经营者集中进行初步审查,作出是否实施进一步审查的决定,并书面通知经营者。国务院反垄断执法机构作出决定前,经营者不得实施集中。国务院反垄断执法机构作出不实施进一步审查的决定的,经营者可以实施集中。

2. 进一步审查

我国《反垄断法》第 26 条规定,国务院反垄断执法机构决定实施进一步审查的,应当自决定之日起 90 日内审查完毕,作出是否禁止经营者集中的决定,并书面通知经营者。作出禁止经营者集中的决定,应当说明理由。审查期间,经营者不得实施集中。

有下列情形之一的,国务院反垄断执法机构经书面通知经营者,可以延长前款规定的审查期限,但最长不得超过 60 日:(1)经营者同意延长审查期限的;(2)经营者提交的文件、资料不准确,需要进一步核实的;(3)经营者申报后有关情况发生重大变化的。

国务院反垄断执法机构逾期未作出决定的,经营者可以实施集中。

(二)审查考虑的因素

审查经营者集中,应当考虑下列因素:(1)参与集中的经营者在相关市场的市场份额及其对市场的控制力;(2)相关市场的市场集中度;(3)经营者集中对市场进入、技术进步的影响;(4)经营者集中对消费者和其他有关经营者的影响;(5)经营者集中对国民经济发展的影响;(6)国务院反垄断执法机构认为应当考虑的影响市场竞争的其他因素。

(三)豁免规则

经营者集中具有或者可能具有排除、限制竞争效果的,国务院反垄断执法机构应当作出禁止经营者集中的决定。但是,经营者能够证明该集中对竞争产生的有利影响明显大于不利影响,或者符合社会公共利益的,国务院反垄断执法机构可以作出对经营者集中不予禁止的决定。

对不予禁止的经营者集中,国务院反垄断执法机构可以决定附加减少集中对竞争产生不利影响的限制性条件。

国务院反垄断执法机构应当将禁止经营者集中的决定或者对经营者集中附加限制性条件的决定,及时向社会公布。

对外资并购境内企业或者以其他方式参与经营者集中,涉及国家安全的,除依照本法规定进行经营者集中审查外,还应当按照国家有关规定进行国家安全审查。

第五节 行政垄断

一、行政垄断的概念和特征

行政垄断,是指行政机关和法律、法规授权的具有管理公共事务职能的组织滥用行政权力,排除、限制竞争的行为。行政垄断的基本特征体现在以下方面:

第一,主体地位的特殊性。行政垄断的主体是行政机关和法律、法规授权的具有管理公共事务职能的组织。行政机关是指按照宪法和有关组织法的规定而设立的依法行使国家行政职权、对国家各项行政事务进行组织和管理的国家机关。法律、法规授权的具有管理公共事务职能的组织是指因法律、法规的特别授权而行使行政职权的非国家机关,主要有社会组织、人民团体、企业单位、事业单位等。

第二,行为具有强制性与较强的隐蔽性。强制性是指行政垄断主体作出的垄断行为在形式上具有不可对抗性。行政垄断主体是公共权力机关或者被授权行使公共权力的组织,其行政行为具有强制执行效力,行政相对人必须服从。行政垄断的隐蔽性是指行政垄断主体在限制市场竞争行为时,不是利用行政权力排除、限制某一具体经营者的竞争,而是通过制定对其辖区内的单位和个人具有强制力的行业规章、地方性规章、命令、决定等方式来实现,而且行政垄断主体在实施行政垄断行为时,还常常披着管理和维护市场秩序的外衣,因此不易被人察觉,具有很强的隐蔽性。

第三,动机与目的的多样性。行政垄断的目的,除了追求经济利益外,还有其他一些附带的(有时是主要的)动机与目的。如行政机关控制企业的欲望;领导干部谋私;领导希望取得良好政绩,以便将来能据此得以高升;等等。需说明的是,行政垄断谋取经济利益的动机与其他垄断形式的盈利动机也有一些区别:其他垄断形式谋求的是与垄断企业自身有切身利害关系的利益,而行政垄断所谋求的经济利益并不一定是为了行政垄断主体自身的利益。总之,行政垄断的动机与目的既有为部门、为地方谋利益的,也有为个人谋利益的;既有谋取物质利益的,也有谋取政治利益的。

第四,后果具有政治危害性。行政垄断除了具有经济垄断所具有的所有危害性外,还有一些特殊的危害性,即政治危害性。如行政垄断阻碍了我国政治体制改革和经济体制改革的进程;滋长了社会的腐败现象和其他一些不正之风;产生了新的社会分配不公;破坏了社会主义法制的统一;腐蚀了人民的思想等。

二、行政垄断的表现形式

根据我国《反垄断法》的规定,行政垄断的主要表现形式有:

(一)限定交易

即行政机关和法律、法规授权的具有公共事务管理职能的组织滥用行政权力,限定或者变相限定单位或者个人经营、购买、使用其指定的经营者提供的商品。

（二）妨碍商品流通

即行政机关和公共组织滥用行政权力，实施下列行为，妨碍商品在地区之间的自由流通：

(1) 对外地商品设定歧视性收费项目、实行歧视性收费标准，或者规定歧视性价格；(2) 对外地商品规定与本地同类商品不同的技术要求、检验标准，或者对外地商品采取重复检验、重复认证等歧视性技术措施，限制外地商品进入本地市场；(3) 采取专门针对外地商品的行政许可，限制外地商品进入本地市场；(4) 设置关卡或者采取其他手段，阻碍外地商品进入或者本地商品运出；(5) 妨碍商品在地区之间自由流通的其他行为。

（三）设定歧视性要求或标准

即行政机关和公共组织滥用行政权力，以设定歧视性资质要求、评审标准或者不依法发布信息等方式，排斥或者限制外地经营者参加本地的招标投标活动。

（四）采取不平等待遇

即行政机关和公共组织滥用行政权力，采取与本地经营者不平等待遇等方式，排斥或者限制外地经营者在本地投资或者设立分支机构。

（五）强制经营者垄断

即行政机关和公共组织滥用行政权力，强制经营者从事《反垄断法》规定的垄断行为。

（六）制定垄断规定

即行政机关滥用行政权力，制定含有排除、限制竞争内容的规定。

第六节　反垄断法的实施

一、反垄断法的实施主体

在反垄断法的实施过程中，首要的是实施主体问题，即反垄断执法机构及其相应的组织和职权如何设置的问题。我国《反垄断法》确立的反垄断执法体系为"反垄断委员会"和"反垄断执法机构"的双层框架模式。这是立足中国国情的现实可行的选择。

国务院设立反垄断委员会，负责组织、协调、指导反垄断工作，履行下列职责：(1) 研究拟定有关竞争政策；(2) 组织调查、评估市场总体竞争状况，发布评估报告；(3) 制定、发布反垄断指南；(4) 协调反垄断行政执法工作；(5) 国务院规定的其他职责。国家市场监督管理总局负责反垄断执法，根据工作需要，可以授权省、自治区、直辖市人民政府相应的机构，负责有关反垄断执法工作。

二、对涉嫌垄断行为的调查

（一）调查程序的启动

反垄断执法机构依法对涉嫌垄断行为进行调查。对涉嫌垄断行为，任何单位和个人均有权向反垄断执法机构举报。反垄断执法机构应当为举报人保密。举报采用书面形式并提供相关事实和证据的,反垄断执法机构应当进行必要的调查。

（二）调查程序的开展

反垄断执法机构调查涉嫌垄断行为,可以采取下列措施:(1)进入被调查的经营者的营业场所或者其他有关场所进行检查;(2)询问被调查的经营者、利害关系人或者其他有关单位或者个人,要求其说明有关情况;(3)查阅、复制被调查的经营者、利害关系人或者其他有关单位或者个人的有关单证、协议、会计账簿、业务函电、电子数据等文件、资料;(4)查封、扣押相关证据;(5)查询经营者的银行账户。

采取以上措施,应当向反垄断执法机构主要负责人书面报告,并经批准。

反垄断执法机构调查涉嫌垄断行为,执法人员不得少于2人,并应当出示执法证件。执法人员进行询问和调查,应当制作笔录,并由被询问人或者被调查人签字。反垄断执法机构及其工作人员对执法过程中知悉的商业秘密负有保密义务。

（三）经营者等主体在反垄断调查中的权利和义务

被调查的经营者、利害关系人或者其他有关单位或者个人应当配合反垄断执法机构依法履行职责,不得拒绝、阻碍反垄断执法机构的调查。

被调查的经营者、利害关系人有权陈述意见。反垄断执法机构应当对被调查的经营者、利害关系人提出的事实、理由和证据进行核实。

（四）处理决定

反垄断执法机构对涉嫌垄断行为调查核实后,认为构成垄断行为的,应当依法作出处理决定,并可以向社会公布。

（五）经营者承诺制度

经营者承诺制度,由美国首创,后被引入欧盟、日本等国家,实施效果显著。现该制度在反垄断执法过程中被世界各国普遍采用。其设置目的是提高效率,对反垄断执法机构调查的涉嫌垄断行为,被调查的经营者承诺在反垄断执法机构认可的期限内采取具体措施消除该行为后果的,反垄断执法机构可以决定中止调查。中止调查的决定应当载明被调查的经营者承诺的具体内容。

反垄断执法机构决定中止调查的,应当对经营者履行承诺的情况进行监督。经营者履行承诺的,反垄断执法机构可以决定终止调查。例如,国家发改委曾对中国电信和中国联通互联网宽带接入市场的垄断行为进行调查,此后,中国电信和中国联通分别向国家发改委提交整改方案和中止调查申请,承诺整改。有下列情形之一的,反垄断执法机构应当恢复调查:(1)经营者未履行承诺的;(2)作出中止调查决定所依据的事实发生重大变化的;(3)中止调查的决定是基于经营者提供的不完整或者不真实的信息作出的。

第七节 法律责任

一、经营者的法律责任

(一) 停止违法行为和恢复竞争状态

经营者违法达成并实施垄断协议的,由反垄断执法机构责令停止违法行为。经营者滥用市场支配地位的,由反垄断执法机构责令停止违法行为。经营者违法实施集中的,由国务院反垄断执法机构责令停止实施集中、限期处分股份或者资产、限期转让营业以及采取其他必要措施恢复到集中前的状态。行政机关和法律、法规授权的具有管理公共事务职能的组织滥用行政权力,实施排除、限制竞争行为的,由上级机关责令改正。对反垄断执法机构依法实施的审查和调查,拒绝提供有关材料、信息,或者提供虚假材料、信息,或者隐匿、销毁、转移证据,或者有其他拒绝、阻碍调查行为的,由反垄断执法机构责令改正。

(二) 赔偿损失

经营者实施垄断行为,给他人造成损失的,依法承担民事赔偿责任。

(三) 没收违法所得和罚款

经营者违法达成并实施垄断协议的,由反垄断执法机构责令停止违法行为,没收违法所得,并处上一年度销售额1%以上10%以下的罚款;尚未实施所达成的垄断协议的,可以处50万元以下的罚款。

经营者主动向反垄断执法机构报告达成垄断协议的有关情况并提供重要证据的,反垄断执法机构可以酌情减轻或者免除对该经营者的处罚。

经营者滥用市场支配地位的,由反垄断执法机构责令停止违法行为,没收违法所得,并处上一年度销售额1%以上10%以下的罚款。

经营者违法实施集中的,由国务院反垄断执法机构责令停止实施集中、限期处分股份或者资产、限期转让营业以及采取其他必要措施恢复到集中前的状态,可以处50万元以下的罚款。

对反垄断执法机构依法实施的审查和调查,拒绝提供有关材料、信息,或者提供虚假材料、信息,或者隐匿、销毁、转移证据,或者有其他拒绝、阻碍调查行为的,由反垄断执法机构责令改正,对个人可以处2万元以下的罚款,对单位可以处20万元以下的罚款;情节严重的,对个人处2万元以上10万元以下的罚款,对单位处20万元以上100万元以下的罚款;构成犯罪的,依法追究刑事责任。

(四) 撤销资格

行业协会违法组织本行业的经营者达成垄断协议的,反垄断执法机构可以处50万元以下的罚款;情节严重的,社会团体登记管理机关可以依法撤销登记。

二、行政主体的法律责任

行政机关和法律、法规授权的具有管理公共事务职能的组织滥用行政权力,实施排除、限制竞争行为的,由上级机关责令改正;对直接负责的主管人员和其他直接责任人员依法给予处分。反垄断执法机构可以向有关上级机关提出依法处理的建议。

法律、行政法规对行政机关和法律、法规授权的具有管理公共事务职能的组织滥用行政权力实施排除、限制竞争行为的处理另有规定的,依照其规定。

反垄断执法机构工作人员滥用职权、玩忽职守、徇私舞弊或者泄露执法过程中知悉的商业秘密,构成犯罪的,依法追究刑事责任;尚不构成犯罪的,依法给予处分。

复习思考题

1. 怎样理解垄断的概念?垄断有哪些基本特征?
2. 垄断协议有哪些种类?垄断协议适用的除外条款有哪些?
3. 滥用市场支配地位的表现形式、认定要件和推定要件是什么?
4. 经营者集中行为的表现形式和审查标准是什么?
5. 滥用行政权力排除、限制竞争行为的表现形式有哪些?
6. 反垄断执法机构对涉嫌垄断行为应如何进行调查?

第十一章

产品质量法律制度

重点与难点

本章重点：产品质量管理、监督、认证制度，生产者、销售者的产品质量义务。
本章难点：产品质量责任制度。

第一节 产品质量法概述

一、产品与产品质量

（一）产品的含义

"产品"一词原是经济学术语，后在法学中也予以使用。产品作为经济学术语，主要从其自然属性的范畴进行定义，强调其是经过人类劳动获得的具有一定使用价值的劳动成果，既可以是商品，也可以是非商品，这种定义也称为广义的产品。法学中使用的产品定义范围小于广义的产品，而且在不同的国家和地区，甚至同一地区不同时期对产品的定义亦有不同。比如，1976年欧共体《产品责任指令草案》中的产品仅指"工业生产的可移动的产品"。1985年的欧共体《关于对有缺陷的产品的责任指令》（简称《产品责任指令》）则规定："产品是指初级农产品和狩猎物之外的所有动产，即使已被组合在另一动产或不动产之内。初级农产品是指种植业、畜牧业、渔业产品，不包括经过加工的这类产品。产品也包括电。"美国《统一产品责任示范法》指出："产品是具有真正价值的、为进入市场而生产的，能够作为组装整件或者作为部件、零售交付的物品，但人体组织、器官、血液组成成分除外。"纵观各国的产品责任法，对产品范围的界定并不相同。但是随着经济的高速发展，特别是信息产业和高新技术的突飞猛进，人类可利用的资源以及利用资源的方式越来越多，故各国逐步趋向于对产品作广义的解释。我国的法律同样对产品进行较为宽泛的解释，1993年制定、2018年修正的《产品质量法》第2条第2款规定："本法所称产品是指经过加工、制作，用于销售的产品。"第3款规定："建设工程不适用本法规定；但是，建设工程使用的建筑材料、建筑构配件和设备，属于前款规定的产品范围的，适用本法规定。"第73条第1款规定："军工产品质量监督管理办法，由国务院、中央军事委员会另行制定。"

通过从立法技术上使用概括法和排除法来对产品进行界定后，我们认为我国的产

品质量法中所称的"产品",应当具备两个条件并排除个别物品:

第一,经过加工、制作。未经加工、制作的天然物品不是本法意义上的产品,如矿产品、初级农产品。加工、制作包括工业上的和手工业上的。电力、煤气等虽然是无体物,因为是工业产品,也应包括在内。

第二,用于销售。单纯为了自己使用而加工、制作的物品不属于产品责任法意义上的产品。需要注意的是,"用于销售"不等于必须经过销售。只要产品是以销售为目的生产、制作的,不论它是经过销售渠道到达消费者或用户手上,还是经过其他渠道,都属于《产品质量法》所规定的产品,比如赠品、试用品。因此,很多学者建议将立法中的"用于销售"修改为"用于流通"。

第三,虽经加工、制作并用于销售,但是按照我国《产品质量法》规定不适用本法的广义产品包括:经过初级农业加工的畜牧、家禽、猎物、渔产;由建筑工程形成的房屋、桥梁、其他建筑物等不动产;军工产品。

(二) 产品质量

产品质量是指产品所应具有的、符合人们需要的各种特性。这种特性根据产品类型的不同而不同。根据国际标准化组织制订的国际标准——《质量管理和质量保证——术语》(ISO8402:1994),产品质量是指产品"反映实体满足明确和隐含需要的能力和特性的总和"。在这个定义中所称的"需要"是一个变量,它必然会随时间、空间、科技水平等外界条件的变化而变化。但一般来说,任何合格产品都有以下三个必不可少的特征:

(1) 适用性,是指产品在功能上满足人们要求的能力,包括使用性能和外观性能。产品的生产、交换的目的是满足人们的需要,因此每一件合格的产品必须满足人们的这种愿望。所以,产品的适用性是评价产品质量的一项核心指标。

(2) 安全性,是指产品在制造、流通和使用过程中保证人身安全与环境免遭危险的程度。安全性是产品实现其适用性的基本底线,失去安全保障的适用性是无法为社会所接受的。

(3) 经济性,是指产品寿命周期的总费用,包括生产、销售过程的费用和使用过程的费用。经济性是保证组织在竞争中得以生存的关键特性之一,更是用户日益关心的一个质量指标。

我国《产品质量法》第 26 条对产品质量作了细化,规定产品质量应当符合下列要求:不存在危及人身、财产安全的不合理的危险,有保障人体健康和人身、财产安全的国家标准、行业标准的,应当符合该标准;具备产品应当具备的使用性能,但是对产品存在使用性能的瑕疵作出说明的除外;符合在产品或者其包装上注明采用的产品标准,符合以产品说明、实物样品等方式表明的质量状况。

二、产品质量法概述

(一) 产品质量法立法状况

目前,各国产品质量立法主要采用三种模式:一是侵权法、合同法规则的扩展使用;二是专门的产品责任法,如德国、挪威、丹麦的《产品责任法》和日本的《制造物责任法》;三是与产品质量相关的立法和特殊产品责任立法。

我国产品质量法制建设开始于20世纪80年代。1984年4月7日,国务院颁布了《工业产品生产许可证试行条例》;1986年4月5日,国务院颁布了《工业产品质量责任条例》;1993年2月22日通过了专门的《产品质量法》,并分别于2000年7月8日、2009年8月27日、2018年12月29日三次对该法进行了修正。此外,还制定了一系列与产品质量相关的以及特殊产品质量管理的法律法规,如《消费者权益保护法》《药品管理法》《食品安全法》《农产品质量安全法》《标准化法》《计量法》《认证认可条例》等。

《食品安全法》由十二届全国人大常委会第十四次会议于2015年4月24日修订通过,自2015年10月1日起施行。新修订的《食品安全法》重新落实了食品安全的监管体制,转变了政府部门的职能划分,将原来由质检、工商和食品药品监督管理部门对食品生产经营活动中的分段监管转变为由国家食品药品监督管理部门进行统一监管,同时创建政府部门约谈的问责制度。新法突出了对保健食品、特殊医学用途配方食品、婴幼儿配方食品、网购食品等的立法监管,进一步强调食品生产者的主体责任和监管部门的监管责任,体现了我国对食品安全的重视及专业、严谨的立法水平。

随着经济全球化发展,产品质量立法已经显示出国际化趋势。目前已经出现的国际性或区域性公约主要有:1973年的《关于产品责任法律适用的公约》(《海牙公约》);1977年的《关于造成人身伤害与死亡的产品责任的欧洲公约》(《斯特拉斯堡公约》);1985年欧共体的《产品责任指令》。

(二)产品质量法的概念

产品质量法,是调整在产品生产、流通及质量监督管理过程中发生的各种经济关系的法律规范的总称。

我国《产品质量法》的调整对象有二:一是基于生产者、销售者与使用者之间的商品交易所发生的产品质量责任关系;二是基于经济管理机关履行产品质量监督管理职权而发生的产品质量监督管理关系。所以,我国《产品质量法》在结构上包括了产品责任法和产品质量监管法的内容。

(三)产品质量法的适用范围

凡是在中华人民共和国境内从事生产、销售本法所称的产品,包括销售进口产品,都必须遵守《产品质量法》。

(四)产品质量法的作用

(1)实现产品质量法制化,引导并促使企业树立强烈的质量意识。现代市场经济条件下,面对激烈的市场竞争,如何从法制化的角度体现"质量就是生命"这一社会共识,将其从只注重企业外在宣传逐步变革为企业内在的、积极的经营管理目标,是我国产品质量立法、执法、司法不得不高度重视的问题。尤其是经济全球化使得产品质量问题已经上升为一个国际性问题,不但直接关乎一个企业的利润,还会影响到一个国家的经济结构、经济政策乃至国家形象。在市场经济尚不够健全的我国,单纯依靠企业自身主观能动性去提高产品质量是不可能的,必须借助国家强制性立法,才能真正、有效地帮助企业树立质量意识。

（2）维护健康、有序的市场竞争秩序，从而实现市场经济优胜劣汰的良性效应。有序竞争方能优胜劣汰，而无序竞争带来的只会是"劣币驱逐良币"。产品质量法作为市场秩序规制法的重要内容，旨在维护交易秩序，应将产品质量优劣直接作为市场竞争结果优劣的一个基本尺度。因此，依法规制产品，加强对伪劣产品的惩罚力度，是保证市场健康发展最有效的手段。我国《产品质量法》必须体现这一价值。

（3）切实保护消费者权益，保障国民基本生活安全，促进社会和谐。有关产品的立法均由最初侧重于维护生产经营者的利益，逐渐发展到侧重维护消费者、用户及相关第三人的利益。这体现出立法价值重心从保护生产经营者、片面追求经济效益向保护消费者、强调经济可持续发展与和谐发展的转移。

第二节　产品质量监督管理制度

一、产品质量监督管理体制

我国《产品质量法》第 8 条第 1 款、第 2 款规定："国务院市场监督管理部门主管全国产品质量监督工作。国务院有关部门在各自的职责范围内负责产品质量监督工作。县级以上地方市场监督管理部门主管本行政区域内的产品质量监督工作。县级以上地方人民政府有关部门在各自的职责范围内负责产品质量监督工作。"这就确立了我国产品质量统一管理与分工管理、层级管理与地域管理相结合的原则。根据此项规定，国务院和县级以上地方人民政府设立了技术监督局，后改称为质量技术监督局。经过 1998 年的国务院机构改革，国家质量技术监督局成为国务院管理标准化、计量、质量工作并行使执法监督职能的直属机构。1999 年 3 月，国务院决定对省以下质量技术监督管理机构实行垂直管理；2001 年 4 月，决定将国家质量技术监督局和国家出入境检验检疫总局合并，组建国家质量监督检验检疫总局（简称国家质检总局）；2018 年，根据第十三届全国人大第一次会议批准的国务院机构改革方案，组建国家市场监督管理总局，不再保留国家质检总局，国家市场监督管理总局下设产品质量安全监督管理司。国家质检总局的行政职能由新组建的国家市场监督管理总局统一行使。在《产品质量法》未修改监管主体的前提下，为适应现时国家机构名称的统一性，本章涉及"国家质检总局"字样，统一修订为"国家市场监督管理总局"。

国家市场监督管理总局在宏观上负责全国产品质量监督政策性、指导性工作，并对部分工作起到组织协调作用。地方各级市场监督管理局负责本行政区域内的产品质量监督管理工作。

二、产品质量标准制度

（一）产品质量标准的分类

1. 约定标准与统一标准

产品质量是合同的主要条款之一，当事人可以在合同中约定特殊的质量标准。如果没有明确约定的,则按照国家标准、行业标准履行;没有国家标准、行业标准的,按照符合通常商业惯例的或最有利于实现合同目的的标准履行。

2. 强制性标准与推荐性标准

我国《产品质量法》第13条第1款规定:"可能危及人体健康和人身、财产安全的工业产品,必须符合保障人体健康和人身、财产安全的国家标准、行业标准;未制定国家标准、行业标准的,必须符合保障人体健康和人身、财产安全的要求。"第2款规定:"禁止生产、销售不符合保障人体健康和人身、财产安全的标准和要求的工业产品。具体管理办法由国务院规定。"由此可见,在保障健康、安全方面实施的是必须执行的强制性标准,主要包括:药品标准,食品卫生标准,农药标准,兽药标准,产品及产品生产、储运和使用中的安全、卫生标准,运输安全标准,国家需要控制的重要产品质量标准等。推荐性标准是不具有强制执行效力,由执行者自愿采用的标准,强制性标准以外的标准是推荐性标准,比如国际标准。

(二)产品质量标准的制定

按照我国《标准化法》的规定,对下列需要统一的技术要求,应当制定标准:

(1)工业产品的品种、规格、质量、等级或者安全、卫生要求。

(2)工业产品的设计、生产、检验、包装、储存、运输、使用的方法或者生产、储存、运输过程中的安全、卫生要求。

(3)有关环境保护的各项技术要求和检验方法。

(4)建设工程的设计、施工方法和安全要求。

(5)有关工业生产、工程建设和环境保护的技术术语、符号、代号和制图方法。

重要农产品和其他需要制定标准的项目,由国务院规定。对需要在全国范围内统一的技术要求,应当制定国家标准。国家标准由国务院标准化行政主管部门制定。对没有国家标准而又需要在全国某个行业范围内统一的技术要求,可以制定行业标准。行业标准由国务院有关行政主管部门制定,并报国务院标准化行政主管部门备案,在公布国家标准之后,该项行业标准即行废止。对没有国家标准和行业标准而又需要在省、自治区、直辖市范围内统一的工业产品的安全、卫生要求,可以制定地方标准。地方标准由省、自治区、直辖市标准化行政主管部门制定,并报国务院标准化行政主管部门和国务院有关行政主管部门备案,在公布国家标准或者行业标准之后,该项地方标准即行废止。

企业生产的产品没有国家标准和行业标准的,应当制定企业标准,作为组织生产的依据。企业的产品标准须报当地政府标准化行政主管部门和有关行政主管部门备案。已有国家标准或者行业标准的,国家鼓励企业制定严于国家标准或者行业标准的企业标准,在企业内部适用。需要说明的是,如果企业标准高于国家标准、行业标准,那么该企业的产品则必须满足企业标准才是合格产品。

三、产品质量认证制度

产品质量认证是指通过认证机构,按照产品标准和相应技术要求,对产品质量进行确认并通过颁发认证证书和认证标志来予以证明的活动。根据我国《产品质量法》第 14 条第 2 款的规定,国家参照国际先进的产品标准和技术要求,推行产品质量认证制度,企业根据自愿原则可以向国务院市场监督管理部门认可的或者国务院市场监督管理部门授权的部门认可的认证机构申请产品质量认证。经认证合格的,由认证机构颁发产品质量认证证书,准许企业在产品或者其包装上使用产品质量认证标志。

产品质量认证可分为安全认证和合格认证。安全认证是以安全标准为依据进行的认证或只对产品中有关安全的项目进行认证。合格认证是对产品的全部性能、要求,依据标准或相应技术要求进行的认证。我国的产品质量认证工作由专门的认证委员会承担,每类开展质量认证的产品都有相应的认证委员会。自 1982 年我国加入国际电工委员会以来,至今已先后成立了电子器件、电工产品、水泥等十多个认证委员会。我国《强制性产品认证管理规定》发布后,将原来的"CCIB"(中国商检)认证和"长城 CCEE 认证"统一为"中国强制性产品认证"(China Compulsory Certification),英文缩写为"CCC",简称"3C"认证。

四、企业质量体系认证制度

企业质量体系认证是指通过法定的认证机构对企业的产品质量保证能力和质量管理水平进行独立评审,确认和证明该企业质量管理水准达到国际通用标准的一种制度。目前国际上通用的"质量管理和质量保证"标准是 ISO9000 系列国际标准,我国对企业实行质量体系认证的依据是 CB/T19000-ISO9000 质量管理和质量保证系列国家标准。企业根据自愿原则可以向国务院市场监督管理部门认可的或者国务院市场监督管理部门授权的部门认可的认证机构申请企业质量体系的认证。经认证合格的,由认证机构颁发企业质量体系认证证书。

企业质量体系认证与产品质量认证有显著区别:前者认证的对象是企业的质量体系,后者认证的对象是企业的产品;前者认证的依据是质量管理标准,后者认证的依据是产品标准;从认证结论上看,前者是要证明企业质量体系是否符合质量管理标准,后者是要证明产品是否符合产品标准。

五、产品质量检验制度

产品质量检验是指检验机构根据一定标准对产品品质进行检测,并判断合格与否的活动,而对这一活动的方法、程序、要求和法律性质用法律加以确定就形成了产品质量检验制度。我国《产品质量法》第 12 条规定:"产品质量应当检验合格,不得以不合格产品冒充合格产品。"产品质量检验机构必须具备相应的检测条件和能力,经省级以上人民政府市场监督管理部门或者其授权的部门考核合格后,方可承担产品质量检验工作。法律、行政法规对产品质量检验机构另有规定的,依照有关法律、行政法规的规定执行。

六、产品质量监督检查制度

根据我国《产品质量法》第15条、16条、17条的规定,国家对产品质量实行以抽查为主要方式的监督检查制度,对可能危及人体健康和人身、财产安全的产品,影响国计民生的重要工业产品以及消费者、有关组织反映有质量问题的产品进行抽查。抽查的样品应当在市场上或者企业成品仓库内的待销产品中随机抽取。监督抽查工作由国务院市场监督管理部门规划和组织。县级以上地方市场监督管理部门在本行政区域内也可以组织监督抽查。法律对产品质量的监督检查另有规定的,依照有关法律的规定执行。

国家监督抽查的产品,地方不得另行重复抽查;上级监督抽查的产品,下级不得另行重复抽查。

根据监督抽查的需要,可以对产品进行检验。检验抽取样品的数量不得超过检验的合理需要,并不得向被检查人收取检验费用。监督抽查所需检验费用按照国务院规定列支。

生产者、销售者对抽查检验的结果有异议的,可以自收到检验结果之日起15日内向实施监督抽查的市场监督管理部门或者其上级市场监督管理部门申请复检,由受理复检的市场监督管理部门作出复检结论。

监督检查的重点有三类产品:第一类是可能危及人体健康和人身财产安全的产品,如药物、食品等;第二类是重要工农业原材料和影响国计民生的重要工业产品,如钢铁、石油制品等;第三类是消费者、有关组织反映有质量问题的产品。

对依法进行的产品质量监督检查,生产者、销售者不得拒绝。若抽查的产品质量不合格,由实施监督抽查的市场监督管理部门责令其生产者、销售者限期改正。逾期不改正的,由省级以上人民政府市场监督管理部门予以公告;公告后经复查仍不合格的,责令停业,限期整顿;整顿期满后经复查产品质量仍不合格的企业,将被吊销营业执照。

第三节 产品质量责任

一、产品质量责任法律制度概述

产品质量责任制度产生于19世纪中叶,20世纪得到了广泛的发展。在产品质量责任制度产生和发展过程中,有两个关键问题:一是产品质量责任产生的依据究竟是基于违约责任还是基于侵权责任;二是产品质量责任的归责原则究竟是适用过错责任原则还是无过错责任原则。产品质量责任法律制度围绕着这两个问题,经历了以下几个发展阶段:

(1)合同责任制度。在产品质量责任制度发展的早期,多数人认为产品质量责任是一种合同责任,当事人之间的合同关系是否成立是承担产品质量责任的前提。1842年英国温特伯诉赖特一案确立了"无合同,无责任"原则,产品责任是通过解释适用传统的合同法和侵权法中的有关规范来确定的,在追究产品质量责任时,原告要举证证明双方存在合同关系。根据我国《民法典》第186条的规定,因当事人一方的违约行为,损害对方人身权益、财产权益的,受损害方有权选择请求其承担违约责任或者侵权责任。

(2) 疏忽责任制度。疏忽责任是指由于生产者或销售者在产品制造或者销售时的疏忽致使消费者遭受人身或财产的损害,生产者或者销售者应对其疏忽承担责任。从归责原则的角度讲,疏忽责任实际上是过错责任,即以是否存在过错为判断是否需要承担责任的依据。关于过错责任的规定体现在我国《民法典》第1165条,该条规定,行为人因过错侵害他人民事权益造成损害的,应当承担侵权责任。疏忽责任制度突破了传统的以合同关系追究产品质量责任的前提。原告在要求被告承担因疏忽而引起的产品质量责任时,只要提出证据证明以下几点即可获得赔偿:被告没有尽到合理注意的义务;被告违反了该项义务,是因"疏忽";由于被告的疏忽,直接造成了原告的损害结果的发生。由此可见,疏忽责任原则比合同责任原则更有利于保护消费者的财产和人身安全。

(3) 违反担保责任制度。违反担保责任制度是指生产者或者销售者违反了对货物明示或者默示担保,致使消费者或者使用者因产品缺陷而遭受损害,应当负赔偿责任的制度。明示担保是基于当事人的意思表示而产生的,它是卖方对其产品符合规定标准的声明或者陈述,包括产品说明、广告或者标签;默示担保是依据法律规定产生的,卖方必须对产品说明应当具有的销售性或者特定产品的适用性进行无条件的担保,尽管不以书面的形式出现,但是自产品投入市场之时起,这种默示的担保就依法自动产生。根据我国《民法典》第615条的规定,出卖人应当按照约定的质量要求交付标的物。出卖人提供有关标的物质量说明的,交付的标的物应当符合该说明的质量要求。《民法典》第616条规定,当事人对标的物的质量要求没有约定或者约定不明,依据本法第510条的规定仍不能确定的,适用本法第511条的规定。

违反担保责任制度无须证明被告有疏忽行为,只要原告证明产品有缺陷,并证明被告违反其对产品质量和性能的明示或者默示的担保。因此,违反担保责任制度实际上已经在过错责任的基础上严格化了,受害人只要证明担保存在,产品提供者违反担保,致使受害人遭受损害即可,而无须证明产品提供者存在过错。根据我国《民法典》第617条的规定,出卖人交付的标的物不符合质量要求的,买受人可依据本法第582条至第584条的规定承担违约责任。

(4) 严格责任制度。严格责任制度是指产品只要存在缺陷,对消费者或者使用者具有不合理的危险,产生人身伤害或者财产损失,该产品产销中的各个环节的人都应负排除责任。美国学者称之为"绝对责任原则"制度。根据这个原则,原告无须指出被告有疏忽,也无须证明存在明示或者默示的担保以及被告有违反担保行为,消费者只要证明产品存在危险或处于不合理的状态、产品的缺陷在投入市场之前就已存在、该产品的缺陷导致了损害即可。严格责任也就是我们通常所说的无过错责任。根据《民法典》第1166条的规定,行为人造成他人民事权益损害,不论行为人有无过错,法律规定应承担侵权责任的,依照其规定。被告在诉讼中提出的抗辩理由是有限的,他只能就产品制造时的工艺条件、产品出售后是否已经变动、产品是否已经过了有效期等几点提出抗辩。一般来说,如果产品缺陷确实对消费者造成持久的、严重的人身伤害或者财产损失,生产者或者销售者的责任几乎是无法避免的。显然,严格责任制度对消费者的保护是最为充分的。

二、我国产品质量责任制度

我国产品质量责任制度主要是规定生产者和销售者对产品质量所应当承担的义务。产品质量义务是指法律规定的生产者、销售者为保证产品质量必须作出一定行为或不得作出一定行为,分为积极(作为)义务与消极(不作为)义务两种。在质量义务主体行为的限度范围内,义务人不履行自己的义务将承担相应的法律后果。

(一)生产者的产品质量义务

1. 作为的义务

(1)产品应该符合内在质量的要求。根据我国《产品质量法》第 26 条的规定,生产者应当对其生产的产品质量负责。产品质量应当符合下列要求:

第一,不存在危及人身、财产安全的不合理的危险,有保障人体健康和人身、财产安全的国家标准、行业标准的,应当符合该标准;

第二,具备产品应当具备的使用性能,但是,对产品存在使用性能的瑕疵作出说明的除外;

第三,符合在产品或者其包装上注明采用的产品标准,符合以产品说明、实物样品等方式表明的质量状况。

这三项义务是生产者的核心义务,其中前两项为默示担保义务,是指生产者用于销售的产品应当符合该产品生产和销售的一般目的;第三项为明示担保义务,是指产品的生产者对产品的性能和质量所作的一种声明或陈述。

(2)产品或者其包装上的标识应当符合要求。产品标识是指用于识别产品及其质量、数量、特征、特性和使用方法所做的各种表示的统称,可以用文字、符号、数字、图案以及其他说明物等表示。根据我国《产品质量法》第 27 条的规定,产品或者其包装上的标识必须真实,并符合下列要求:

第一,有产品质量检验合格证明;

第二,有中文标明的产品名称、生产厂家的厂名和厂址;

第三,根据产品的特点和使用要求,需要标明产品规格、等级、所含主要成分的名称和含量的,用中文相应予以标明;需要事先让消费者知晓的,应当在外包装上标明,或者预先向消费者提供有关资料;

第四,限期使用的产品,应当在显著位置清晰地标明生产日期和安全使用期或者失效日期;

第五,使用不当,容易造成产品本身损坏或者可能危及人身、财产安全的产品,应当有警示标志或者中文警示说明。

裸装的食品和其他根据产品的特点难以附加标识的裸装产品,可以不附加产品标识。

（3）特殊产品的包装必须符合要求。我国《产品质量法》第 28 条特别规定，易碎、易燃、易爆、有毒、有腐蚀性、有放射性等危险物品以及储运中不能倒置和其他有特殊要求的产品，其包装质量必须符合相应要求，依照国家有关规定作出警示标志或者中文警示说明，标明储运注意事项。

2. 不作为的义务

生产者不得生产国家明令淘汰的产品；不得伪造产地，不得伪造或者冒用他人的厂名、厂址；不得伪造或者冒用认证标志、名优标志等质量标志；生产者生产产品，不得掺杂、掺假、以假充真、以次充好，以不合格产品冒充合格产品。

（二）销售者的产品质量义务

1. 作为的义务

销售者应当对其销售的产品质量负责，具体要求有：销售者应当执行进货检查验收制度，验明产品合格证明和其他标识；在进货之后，销售者应当采取措施，保持销售产品的质量；销售的产品的标识应当符合有关规定。

2. 不作为的义务

销售者不得销售失效、变质的产品；不得伪造产地，伪造或者冒用他人的厂名、厂址；不得伪造或者冒用认证标志、名优标志等质量标志；销售产品，不得掺杂、掺假，以假充真、以次充好，以不合格产品冒充合格产品。

对以上作为、不作为的要求，我国《产品质量法》统称为"销售者的质量责任和义务"。规定要求生产者、销售者履行产品质量义务，是为了实现用户、消费者的产品质量权利。

三、产品质量责任体系

根据生产者、经营者违反自身法定义务的程度，其应承担的产品质量责任可分为民事责任、行政责任和刑事责任三种。民事责任的主要目的在于对受害人进行直接补偿，而行政责任和刑事责任的目的主要在于通过对侵害人的惩戒实现法律的社会预防作用。

（一）产品质量民事责任

在具体的产品质量案件中，受害人首要关心的一般是如何快速有效地得到补偿以弥补所受的人身或财物损失。而这一诉求在现实生活中的落实程度不仅仅涉及单个受害人的权益保障度，也同样会对全社会的行为选择产生潜移默化的指引作用。因为受害人是否有足够的救济手段保障快捷有效地弥补受损权益，直接决定了受害人的维权积极性，更会影响生产者、经营者履行法定义务的积极性和主动性。所以，在由民事责任、行政责任和刑事责任三种责任构成的产品质量责任体系中，民事责任的构建应是核心内容，没有一个有效率的民事责任制度，就不会有真正有效率的产品质量法律制度。

产品质量责任的民事责任可分为产品瑕疵责任和产品缺陷责任。

1. 产品瑕疵责任

产品瑕疵是指产品不符合其应当具备的质量要求。产品瑕疵责任又称产品瑕疵担保责任,是指因生产或销售的产品存在瑕疵,即产品质量不符合明示或默示的质量要求,生产者或销售者承担的责任。

依我国《产品质量法》第40条的规定,售出的产品符合以下条件之一的,不论是否造成实际损失均应当承担产品瑕疵责任:

(1) 不具备产品应当具备的使用性能而事先未作说明;

(2) 不符合在产品或者其包装上注明采用的产品标准;

(3) 不符合以产品说明、实物样品等方式表明的质量状况。

售出的产品有以上情形的,销售者应当承担修理、更换、退货、赔偿损失的责任。销售者履行责任后,属于生产者的责任或者供货者的责任的,销售者有权向生产者、供货者追偿。因销售者的过错使产品存在缺陷的,生产者赔偿后,有权向销售者追偿。但是,生产者之间、销售者之间、生产者与销售者之间订立的买卖合同、承揽合同有不同约定的,合同当事人按照合同约定执行。

2. 产品缺陷责任

(1) 缺陷的定义及分类

我国《产品质量法》第46条规定:"本法所称缺陷,是指产品存在危及人身、他人财产安全的不合理的危险;产品有保障人体健康和人身、财产安全的国家标准、行业标准的,是指不符合该标准。"从此规定中可看出,判定产品是否存在缺陷的依据有二:一是针对产品制定有保障安全的国家标准、行业标准。产品只要不符合保障人体健康和人身、财产安全的国家标准、行业标准中的安全、卫生要求的,就可判定该产品存在缺陷。二是没有针对产品制定有保障安全的国家标准、行业标准的,则依据其是否存在危及人身、他人财产安全的不合理的危险来判断该产品是否是缺陷产品。

这种规定利弊参半。将产品缺陷与一定的产品标准直接联系起来的好处是:如果缺陷产品同时违反了产品质量标准,受害人可以通过证明产品不符合标准,证明产品有缺陷。但是它存在的问题同样明显:首先,模糊了产品责任作为严格责任与一般侵权责任的界限。因为按照此规定,产品只要符合标准就没过错,无过错就没责任。而这与产品责任作为特殊侵权责任即严格责任是矛盾的。其次,造成对缺陷产品认定的困难。"产品存在危及人身、他人财产安全的不合理的危险"与"产品不符合保障人体健康,人身、财产安全的国家标准、行业标准"构成确定产品缺陷的双重标准。在实践中,已经出现虽然符合质量标准但却具有危险性的情况。最后,容易偏袒生产者和销售者,不利于公平地保护消费者。产品质量标准的制定与生产者的参与是分不开的,特别是有关产品质量的行业标准的制定,更是在很大程度上依靠行业内企业的积极参与。所以,行业标准与国家标准、地方标准与企业标准的制定不可能不受到企业利益的影响。由于这种影响的存在,这些标准一旦出现制定偏向的时候,只能偏向生产者而不可避免地忽视消费者的利益。

我国的产品责任法律制度中并没有对产品缺陷的明确分类。从法学理论上看,产品缺陷分为三种,即制造缺陷、设计缺陷和警示缺陷。制造缺陷是指由于制造过程出现问题而产生的缺陷。设计缺陷是指产品设计本身存在的缺陷。警示缺陷是指对与产品有关的危险或产品的正确使用没有给予适当警告或指示,致使产品存在不合理的不安全性。危险可以分为合理的危险与不合理的危险。小到儿童玩具,大到电视机、热水器、汽车,许多产品都有一定程度的危险。如果生产者、销售者对这类危险有恰当的警告和指示,指出产品的危险所在和正确使用、避免危险的方法,上述危险就是一种并非不合理的危险。如果没有或缺乏恰当的警告和指示,消费者对上述危险及正确使用、避免危险的方法一无所知或没有足够了解,危险就是不合理的,产品就因此构成警示缺陷。也就是说,当一种产品有其合理的内在危险时,法律就把向用户和消费者提出警告的义务施加给生产者和销售者。生产者和销售者没有履行其提出警告的义务,或者履行义务不充分,就构成侵权,从而承担相应责任。根据我国《民法典》第1205条的规定,因产品缺陷危及他人人身、财产安全的,被侵权人有权请求生产者、销售者承担停止侵害、排除妨碍、消除危险等侵权责任。

(2) 生产者承担缺陷责任的条件

根据我国《民法典》第1202条的规定,因产品存在缺陷造成他人损害的,生产者应当承担侵权责任。生产者因产品存在缺陷而导致的损害赔偿,其法律性质为侵权责任,世界各国对此均采取严格责任的归责原则。生产者承担缺陷责任的条件有三:一是产品存在缺陷;二是该缺陷造成了人身、财产(缺陷产品以外的其他财产)损害;三是该损害与产品存在的缺陷之间存在因果关系。只要具备上述三个客观条件,不论生产者主观上是否存在过错都要承担赔偿责任。但是,生产者能够证明有以下三种情况之一的可以免责:一是未将产品投入流通的;二是产品投入流通时引发损害的缺陷尚不存在的;三是产品投入流通时的科学技术水平尚不能发现缺陷存在的。

(3) 销售者承担缺陷责任的条件

由于销售者过错使产品产生缺陷,造成他人人身、财产损害的,销售者应当承担赔偿责任。此种情况适用过错责任原则。

由于产品缺陷致他人人身、财产损害,虽不能证明销售者存在过错,但是由于销售者不能指明缺陷产品的生产者或供货者的,适用过错推定原则,销售者应当承担赔偿责任。

(4) 产品缺陷责任的举证原则与求偿顺序

缺陷产品的举证责任适用举证责任倒置原则,即在面对消费者诉讼时,生产者、销售者只有在自己证明了其产品不存在缺陷或具备法定免责理由的情形下才可免除其产品缺陷责任,而不能要求消费者证明其产品存在缺陷。

因产品存在缺陷造成人身、财产损害的,受害人可以向产品的生产者要求赔偿,也可以向产品的销售者要求赔偿。其法律依据为我国《民法典》第1203条,即因产品存在缺陷造成他人损害的,被侵权人可以向产品的生产者请求赔偿,也可以向产品的销售者请求赔偿。产品缺陷由生产者造成的,销售者赔偿后,有权向生产者追偿。

因产品缺陷造成人身、财产损害先行赔偿,若责任属于产品的生产者的,销售者赔偿后有权向产品的生产者追偿;若责任属于产品的销售者的,生产者赔偿后有权向产品的销售者追偿。

除生产者与销售者因产品缺陷造成人身、财产损害先行赔偿后的相互追偿以外,法律还规定了因运输者、仓储者等第三人的过错使产品存在缺陷,产品的生产者、销售者赔偿后,有权向第三人追偿的制度。我国《民法典》第1204条规定,因运输者、仓储者等第三人的过错使产品存在缺陷,造成他人损害的,产品的生产者、销售者赔偿后,有权向第三人追偿。

(5) 产品缺陷责任的损害赔偿范围

损害赔偿的项目包括:因产品存在缺陷造成受害人人身伤害的,侵害人应当赔偿医疗费、治疗期间的护理费、因误工减少的收入等费用;造成残疾的,还应当支付残疾者生活自助费等费用;造成受害人死亡的,应支付丧葬费、死亡赔偿金以及死者生前抚养的人所必需的生活费等费用。

因产品存在缺陷造成受害人财产损失的,侵害人应当恢复原状或者折价赔偿。受害人因此遭受其他重大损失的,侵害人应当赔偿损失。此外,根据我国《民法典》第1206条的规定,产品投入流通后发现存在缺陷的,生产者、销售者应当及时采取停止销售、警示、召回等补救措施;未及时采取补救措施或者补救措施不力造成损害扩大的,对扩大的损害也应当承担侵权责任。依据前款规定采取召回措施的,生产者、销售者应当负担被侵权人因此支出的必要费用。第1207条规定,明知产品存在缺陷仍然生产、销售,或者没有依据前款规定采取有效补救措施,造成他人死亡或者健康严重损害的,被侵权人有权请求相应的惩罚性赔偿。

3. 产品瑕疵责任与产品缺陷责任的区别

产品瑕疵责任和产品缺陷责任有着明显差别,产品瑕疵责任是一种合同责任,而产品缺陷责任属于侵权责任。两者区别主要是:

第一,产生责任的前提条件不同。产品瑕疵责任表现为不具备产品应当具备的使用性能而事先未作说明的;不符合在商品或者其包装上注明采用的产品标准;不符合以产品说明、实物样品等方式表明的质量状况的。而产品缺陷责任的产生是基于产品存在缺陷造成人身、他人财产损害。

第二,主张权利的主体不同。有权主张产品瑕疵责任的权利主体只能是产品的购买者,而有权主张产品缺陷责任的权利主体是因产品缺陷遭受人身或财产损害的受害人,包括产品的购买者、使用者和第三人。

第三,责任主体不同。对于前者,消费者可以向销售者主张权利,销售者承担保修、包换、包退和赔偿损失的责任后,可以根据不同情况向其他责任主体追偿。而对于产品缺陷责任,生产者和销售者对受害人承担连带责任,即消费者可以选择要求销售者或生产者承担责任。

(二) 产品质量行政责任

产品质量行政责任是生产者或销售者有一般违法行为所应当承担的行政责任,主要是行政处罚。为了加强对产品质量的监督管理,杜绝产品事故隐患,我国《产品质量法》第49条至第56条明确了生产者、销售者违反本法应承担的行政责任。

1. 生产者、销售者违反《产品质量法》的行为

生产者、销售者有下列行为之一的,由市场监督管理部门给予行政处罚:(1)生产、销售不符合保障人体健康和人身、财产安全的国家标准、行业标准的产品的;(2)在产品中掺杂、掺假,以假充真,以次充好,或者以不合格产品冒充合格产品的;(3)生产国家明令淘汰的产品,销售国家明令淘汰并停止销售的产品的;(4)销售失效、变质产品的,伪造产品产地的,伪造或者冒用他人厂名、厂址的,伪造或者冒用认证标志等质量标志的;(5)使用的产品标识不符合本法规定的;(6)拒绝接受依法进行的产品质量监督检查的;(7)隐匿、转移、变卖、损毁被依法查封、扣押的物品的。

2. 行政处罚的种类

2021年修正的《行政处罚法》规定的行政处罚的种类包括警告、通报批评、罚款、没收违法所得、没收非法财物、暂扣许可证件、降低资质等级、吊销许可证、限制开展生产经营活动、责令停产停业、责令关闭、限制从业、行政拘留等。拥有行政处罚权的市场监督管理部门、其他行政管理部门应根据具体情节决定处罚的种类,即单处还是并处。此外,没收的对象除违法生产、销售的产品和违法所得外,对生产者专门用于生产假冒伪劣产品、不合格产品的原辅材料、包装物、生产工具应予没收。罚款的幅度最高可达违法生产、销售产品货值金额的3倍。

应当承担民事赔偿责任和缴纳罚款、罚金的,其财产不足以同时支付时,先承担民事赔偿责任。我国《民法典》规定了民事责任的优先性。根据我国《民法典》第187条的规定,民事主体因同一行为应当承担民事责任、行政责任和刑事责任的,承担行政责任或者刑事责任不影响承担民事责任;民事主体的财产不足以支付的,优先用于承担民事责任。

3. 其他相关人的违法行为及责任

(1)为违法行为提供便利条件的责任。已知或应知属于该法规定禁止生产、销售的产品而为其提供运输、保管、仓储等便利条件的,或者提供制假技术的,应没收其收入,并处罚款。

(2)服务业经营者的责任。服务业经营者将禁止销售的产品用于经营性服务的,责令停止使用;对知道或应当知道该产品是禁止销售的产品的,依法对销售者进行处罚。

4. 地方政府和国家机关的责任

各级人民政府工作人员和其他国家机关工作人员,违反我国《产品质量法》第9条的规定,有下列行为之一的,给予行政处分;构成犯罪的,依法追究刑事责任:(1)包庇、放纵行为;(2)通风报信、帮助违法当事人逃避查处的行为;(3)阻挠、干预查处行为。

5. 市场监督管理部门的法律责任

市场监督管理部门有下列行为的,应承担相应的法律责任:(1)监督抽查中超量索取样品或者向被检查人收取检验费用的,由其上级市场监督管理部门或者监察机关责令退还,情节严重的,对直接主管人员和责任人员依法给予行政处分。(2)市场监督管理部门或者其他国家机关违反我国《产品质量法》第25条的规定,向社会推荐产品或者

以某种方式参与产品经营活动的,由上级机关或者监察机关责令改正,消除影响,没收违法收入;情节严重的,对直接主管人员和责任人员依法给予行政处分;产品质量检验机构有此行为的,市场监督管理部门可责令改正,消除影响,没收违法收入及罚款;情节严重的,可撤销其质量检验资格。(3)市场监督管理部门或者工商行政管理部门的工作人员渎职构成犯罪的,依法追究刑事责任;尚未构成犯罪的,依法给予行政处分。

6. 检验机构及认证机构的法律责任

(1)产品质量检验机构、认证机构伪造检验结果或者出具虚假证明的,应责令改正,对单位和直接主管人员及责任人员处以罚款,没收违法所得;情节严重的,取消其检验资格、认证资格。

(2)产品质量检验机构、认证机构出具的检验结果或者证明不实,造成损失的,应当承担相应的赔偿责任;造成重大损失的,撤销其检验资格、认证资格。

(3)产品质量认证机构违反我国《产品质量法》第21条的规定,不履行质量跟踪检验义务的,对因其产品不符合认证标准给消费者造成的损失,与产品的生产者、销售者承担连带责任;情节严重的,撤销其认证资格。

7. 社会团体、社会中介机构的承诺、保证责任

社会团体、社会中介机构对产品质量的承诺和保证,对消费者而言,通常比生产者、销售者自己的保证更加有效,如果不实,欺骗性、危害性也更大。为了约束他们的行为,根据我国《产品质量法》第58条的规定,社会团体、社会中介机构对产品质量作出承诺、保证,而该产品又不符合其承诺、保证的质量要求,给消费者造成损失的,与产品的生产者、销售者承担连带责任。

(三)产品质量刑事责任

我国《产品质量法》在"罚则"中有多条关于情节严重追究刑事责任的规定,可适用的罪名参见《刑法》第二编"分则"第三章"破坏社会主义市场经济秩序罪"第一节"生产、销售伪劣商品罪"。

(1)生产、销售伪劣产品罪

我国《刑法》第140条规定:"生产者、销售者在产品中掺杂、掺假,以假充真,以次充好或者以不合格产品冒充合格产品,销售金额五万元以上不满二十万元的,处二年以下有期徒刑或者拘役,并处或者单处销售金额百分之五十以上二倍以下罚金;销售金额二十万元以上不满五十万元的,处二年以上七年以下有期徒刑,并处销售金额百分之五十以上二倍以下罚金;销售金额五十万元以上不满二百万元的,处七年以上有期徒刑,并处销售金额百分之五十以上二倍以下罚金;销售金额二百万元以上的,处十五年有期徒刑或者无期徒刑,并处销售金额百分之五十以上二倍以下罚金或者没收财产。"

(2)生产、销售、提供假药罪

我国《刑法》第141条规定:"生产、销售假药的,处三年以下有期徒刑或者拘役,并处罚金;对人体健康造成严重危害或者有其他严重情节的,处三年以上十年以下有期徒刑,并处罚金;致人死亡或者有其他特别严重情节的,处十年以上有期徒刑、无期徒刑或者死刑,并处罚金或者没收财产。药品使用单位的人员明知是假药而提供给他人使用

的,依照前款的规定处罚。"

(3) 生产、销售、提供劣药罪

我国《刑法》第 142 条规定:"生产、销售劣药,对人体健康造成严重危害的,处三年以上十年以下有期徒刑,并处罚金;后果特别严重的,处十年以上有期徒刑或者无期徒刑,并处罚金或者没收财产。药品使用单位的人员明知是劣药而提供给他人使用的,依照前款的规定处罚。"本条所称劣药,是指依照我国《药品管理法》的规定属于劣药的药品。

我国《刑法》第 142 条之一规定:"违反药品管理法规,有下列情形之一,足以严重危害人体健康的,处三年以下有期徒刑或者拘役,并处或者单处罚金;对人体健康造成严重危害或者有其他严重情节的,处三年以上七年以下有期徒刑,并处罚金:(一) 生产、销售国务院药品监督管理部门禁止使用的药品的;(二) 未取得药品相关批准证明文件生产、进口药品或者明知是上述药品而销售的;(三) 药品申请注册中提供虚假的证明、数据、资料、样品或者采取其他欺骗手段的;(四) 编造生产、检验记录的。有前款行为,同时又构成本法第一百四十一条、第一百四十二条规定之罪或者其他犯罪的,依照处罚较重的规定定罪处罚。"

(4) 生产、销售不符合安全标准的食品罪

我国《刑法》第 143 条规定:"生产、销售不符合食品安全标准的食品,足以造成严重食物中毒事故或者其他严重食源性疾病的,处三年以下有期徒刑或者拘役,并处罚金;对人体健康造成严重危害或者有其他严重情节的,处三年以上七年以下有期徒刑,并处罚金;后果特别严重的,处七年以上有期徒刑或者无期徒刑,并处罚金或者没收财产。"

(5) 生产、销售有毒、有害食品罪

我国《刑法》第 144 条规定:"在生产、销售的食品中掺入有毒、有害的非食品原料的,或者销售明知掺有有毒、有害的非食品原料的食品的,处五年以下有期徒刑,并处罚金;对人体健康造成严重危害或者有其他严重情节的,处五年以上十年以下有期徒刑,并处罚金;致人死亡或者有其他特别严重情节的,依照本法第一百四十一条的规定处罚。"

(6) 生产、销售不符合标准的卫生器材罪

我国《刑法》第 145 条规定:"生产不符合保障人体健康的国家标准、行业标准的医疗器械、医用卫生材料,或者销售明知是不符合保障人体健康的国家标准、行业标准的医疗器械、医用卫生材料,足以严重危害人体健康的,处三年以下有期徒刑或者拘役,并处销售金额百分之五十以上二倍以下罚金;对人体健康造成严重危害的,处三年以上十年以下有期徒刑,并处销售金额百分之五十以上二倍以下罚金;后果特别严重的,处十年以上有期徒刑或者无期徒刑,并处销售金额百分之五十以上二倍以下罚金或者没收财产。"

(7) 生产、销售不符合安全标准的产品罪

我国《刑法》第 146 条规定:"生产不符合保障人身、财产安全的国家标准、行业标准的电器、压力容器、易燃易爆产品或者其他不符合保障人身、财产安全的国家标准、行业

标准的产品,或者销售明知是以上不符合保障人身、财产安全的国家标准、行业标准的产品,造成严重后果的,处五年以下有期徒刑,并处销售金额百分之五十以上二倍以下罚金;后果特别严重的,处五年以上有期徒刑,并处销售金额百分之五十以上二倍以下罚金。"

(8) 生产、销售伪劣农药、兽药、化肥、种子罪

我国《刑法》第147条规定:"生产假农药、假兽药、假化肥,销售明知是假的或者失去使用效能的农药、兽药、化肥、种子,或者生产者、销售者以不合格的农药、兽药、化肥、种子冒充合格的农药、兽药、化肥、种子,使生产遭受较大损失的,处三年以下有期徒刑或者拘役,并处或者单处销售金额百分之五十以上二倍以下罚金;使生产遭受重大损失的,处三年以上七年以下有期徒刑,并处销售金额百分之五十以上二倍以下罚金;使生产遭受特别重大损失的,处七年以上有期徒刑或者无期徒刑,并处销售金额百分之五十以上二倍以下罚金或者没收财产。"

(9) 生产、销售不符合卫生标准的化妆品罪

我国《刑法》第148条规定:"生产不符合卫生标准的化妆品,或者销售明知是不符合卫生标准的化妆品,造成严重后果的,处三年以下有期徒刑或者拘役,并处或者单处销售金额百分之五十以上二倍以下罚金。"

对生产、销售伪劣商品犯罪行为负有追究责任的国家机关工作人员滥用职权、玩忽职守、徇私舞弊,构成犯罪的,处5年以下有期徒刑或者拘役。

复习思考题

1. 我国《产品质量法》的适用范围是什么?
2. 我国产品质量标准如何分类?
3. 生产者的产品质量义务有哪些?
4. 销售者的产品质量义务有哪些?
5. 面对我国严重的产品质量问题,你有何良策?

第十二章

消费者权益保护法律制度

 重点与难点

本章重点：消费者的权利与经营者的义务。
本章难点：如何有效实现消费者权益保护。

第一节 消费者权益保护法概述

一、消费者的概念与特征

（一）消费者的概念

消费者的概念，在各国法律中不尽相同。按不同的确认标准，大体分为三种：

1. 以经济领域为主要标准

该标准认为，凡是在消费领域，为生产或生活目的消耗物质资料的人，不论是自然人还是法人，也不论是生活资料消费者还是生产资料消费者，都属于消费者之列。如泰国《消费者保护法》规定："所谓消费者，是指买主或从事业者那里接受服务的人，包括为了购进商品和享受服务而接受事业者的提议和说明的人。"

2. 以消费目的为主要标准

该标准认为，消费者仅指因非商业性目的而购买商品、使用商品的人。所谓非商业性目的就是仅限于购买者自己的消费，而不是用于转卖或营业。如根据福建省《保护消费者合法权益条例》的规定，消费者是"有偿获得商品和接受服务用于生活需要的社会成员"；江苏省《保护消费者权益条例》把消费者定义为"有偿获得商品和服务用于生活需要的单位和个人"。显然，这种定义并未明确排除法人等社会组织。

3. 以自然人为主要标准

这种划分不以或不唯一以消费目的为标准，而特别强调消费者的自然人属性。如美国《布莱克法律词典》认为："消费者是那些购买、使用、持有、处理产品或服务的个人"。1978年，国际标准化组织消费者政策委员会在日内瓦召开的第一届年会上，将"消费者"定义为"为个人目的购买或使用商品和服务的个体成员"。俄罗斯联邦《消费者权益保护法》将"消费者"定义为"使用、取得、定作或者具有取得或定作商品（工作、劳务）的意图以供个人生活需要的公民"。

我国《消费者权益保护法》并未明确规定消费者的定义,但是该法第 2 条规定:"消费者为生活消费需要购买、使用商品或者接受服务,其权益受本法保护;本法未作规定的,受其他有关法律、法规保护。"由此可以看出,所谓消费者,是指为生活消费需要购买、使用商品或者接受服务的社会主体。

(二)消费者的法律特征

1. 消费者的消费性质属于生活消费

从广义上说,消费分为生产消费和生活消费。生产消费是指生产要素在生产过程中的运用和消耗。如劳动者消耗的脑力和体力;工厂每天消耗的生产资料;机器、厂房的折旧等。生活消费是指人们日常的衣、食、住、行、用,也就是人们消耗生活资料或接受服务以满足生活需要的行为和过程。消费者的生活消费包括两类:一是物质消费;二是精神消费,如旅游、文化教育等方面的消费。但是,我国《消费者权益保护法》第 62 条规定:"农民购买、使用直接用于农业生产的生产资料,参照本法执行。"

2. 消费者的消费对象是商品或服务

商品,是指为满足消费者生活消费需求的有形商品。在实践中,对该商品是否必须经过加工制作,以及不动产是否是生活消费品存在较大争议。服务,是指可供消费者满足生活消费需求的服务。

3. 消费者的消费方式包括购买、使用商品或购买、接受服务

商品的消费,即购买商品和使用商品,既包括消费者购买商品用于自身的消费,也包括购买商品供他人使用、使用他人购买的商品以及通过其他合法途径免费得到商品用于使用。

服务的消费,即购买服务和接受服务,既包括自己付费自己接受服务,也包括他人付费自己接受服务及接受免费服务。

不论是对商品的消费还是对服务的消费,只要其获得的商品和接受的服务是用于生活消费,就属于消费者。

4. 消费者为自然人

生活消费是自然人的消费。生活消费是否包括单位的"生活消费"存在争议,大多数学者认为单位不能成为消费者,因为单位作为拟制人格的社会主体不可能存在满足其生活需要的消费。

二、消费者权益保护法的定义

(一)消费者权益保护法的定义

消费者权益保护法,从狭义上讲,专指《中华人民共和国消费者权益保护法》(简称《消费者权益保护法》)。从广义上讲,还包括其他有关消费者权益保护的法律法规,即调整为保护消费者权益而产生的各种社会关系的法律规范的总称。

(二)消费者权益保护法的产生和发展

1. 消费者权益的产生

消费者权益的产生是伴随着商品经济的发展而产生的。亚当·斯密(Adam

Smith)在《国民财富的性质和原因的研究》一书中,系统地提出了人们行为动机的自利原则,并把它引入经济学理论体系之中。他指出,每个人都努力使其生产物的价值达到最高程度……他通常既不打算促进公共的利益,也不知道他自己是在什么程度上促进那种利益……他只是盘算他自己的安全;由于他管理产业的方式目的在于使其生产物的价值达到最高程度,他所盘算的也只是他自己的利益。简而言之,"经济人"的含义是指个人追求自身利益的最大化。在斯密的经济学理论体系中,个人对其自身利益的追求成为社会发展的原动力,而且是最原始的原动力,不仅个人的经济行为可以由此得到解释,而且社会的发展也最终来源于这种对利益追求的"第一推动力"。斯密的论述被后来的经济学家概括为人们行为动机上的趋利避害。不论是经营者还是消费者,其行为活动的趋利性都是一致的,对自身利益的追求是不可避免的,这就导致了经营者与消费者在利益上的天然对立。随着市场竞争的日益激烈和社会分工的高度专业化,消费者在其专业知识、经济实力、合同磋商能力等方面的弱势地位日益加深。消费者在同经营者进行交易的活动中,其弱势地位在经营者追求利益最大化的目标之下就会愈发突显。根据博弈论的观点,只有在博弈参与人都拥有占优策略时才有可能实现博弈的帕累托最优解。简而言之,消费者只有拥有与经营者强势地位相抗衡的砝码才能够要求与经营者之间形成一种利益的平衡,而这恰恰是处于弱势地位的消费者最缺乏的。于是,消费者权益保护运动就应运而生,它不仅指个人权利,还有社会整体利益。

2. 国际消费者权益日的产生

1936 年,全世界第一个消费者组织在美国诞生,即美国消费者联盟。它对消费者权益保护的立法、执法、司法以及守法产生了重要的影响。

1960 年,国际消费者联盟组织(International Organization of Consumers Unions, IOCU)成立,对外统称 Consumers International(简称 CI)。该组织不隶属于任何政府机构,是完全独立的非营利性组织,总部设在英国伦敦。

1962 年 3 月 15 日,美国总统约翰·肯尼迪在美国国会发表《关于保护消费者利益的总统特别咨文》,首次提出了著名的消费者的"四项权利",即获得安全保障权(安全权);获得正确资料权(了解权);自由决定选择权(选择权);提出消费意见权(监督权)。自从肯尼迪提出这四项权利之后,消费者权利逐渐为世界各国消费者组织所公认,并得到了内容上的不断发展。

1983 年,国际消费者联盟组织确定每年的 3 月 15 日为"国际消费者权益日"。

1985 年 4 月 9 日,联合国大会投票通过了第 39/248 号决议,大会在该项决议中通过了具有世界意义的保护消费者的纲领性文件——《保护消费者准则》,主要阐述了该准则所要达到的"目标"和制定该准则的"一般原则"。

1987 年 9 月,中国消费者协会加入国际消费者联盟组织,确认在我国,每年的 3 月 15 日为"国际消费者权益日"。

2001 年 9 月 8 日至 13 日,联合国贸易与发展委员会竞争与消费者政策署、国际消费者联盟组织、印度消费者联合与信任社团共同主办了"经济全球化下消费者保护新尺度"研讨会。会后发表了《果阿宣言》,呼吁联合国及国际社会关注经济全球化下消费者权益的保护工作。

3. 我国《消费者权益保护法》的立法现状

我国在消费者权益保护立法上采取了专门立法的体例。《消费者权益保护法》于1993年10月31日第八届全国人大常委会第4次会议通过,自1994年1月1日起施行。根据2013年10月25日第十二届全国人大常委会第五次会议第2次修正,自2014年3月15日起施行。《消费者权益保护法》分总则、消费者的权利、经营者的义务、国家对消费者合法权益的保护、消费者组织、争议的解决、法律责任、附则8章63条。

(三)我国《消费者权益保护法》的基本原则

1. 自愿、平等、公平、诚实信用的原则

这一原则要求经营者与消费者在法律规定的范围内从事交易活动时,应当彼此尊重、平等相待,表示出来的意愿应当真实,符合等价交换和商业惯例的要求;要诚实、守信,以善意的方式履行其义务,不得规避法律规定和合同约定。

2. 国家保护消费者的合法权益不受侵害的原则

这一原则是《宪法》保护公民合法权益的规定在《消费者权益保护法》中的具体反映。保护消费者的合法权益不受侵害是国家的一项重要职能,国家应当采取各种措施,如通过立法、行政执法、加强司法工作等手段维护消费者的合法权益。而在《消费者权益保护法》中贯彻保护消费者合法权益不受侵害的原则,正是国家通过立法行使这一职能的具体体现。

3. 全社会共同保护消费者合法权益的原则

这一原则要求动员国家、集体、组织和个人的力量,对损害消费者合法权益行为进行全面的社会监督,逐步形成全社会共同保护消费者权益的社会机制。

4. 倾斜保护原则

消费者权益保护问题之所以成为世界性的问题,根本原因在于消费者在其专业知识、经济实力、合同磋商能力等方面处于弱势地位。这种事实上的弱势地位,单纯依靠民法的原则是不可能加以改变的。因此,世界各国在立法中均对如何从根本上改变消费者事实上的弱势地位予以充分重视,力图通过有效的制度设计帮助消费者在与经营者的博弈当中处于力量均衡之势。

第二节 消费者的权利与经营者的义务

一、消费者的权利

消费者的权利,是指消费者依法在生活消费领域为或不为一定行为或要求他人为或不为一定行为的权能。消费者权利是公民基本权利在生活消费领域的具体化。

我国《消费者权益保护法》第二章规定消费者享有9项权利,前5项权利是基础权利,与消费者的关系最为密切,后4项权利则是由此引申出来的派生权利。

（一）安全权

安全权是指消费者的生命安全、身体健康和财产不受损害的权利。这一权利包括两方面的内容：(1) 人身安全权。人身安全权主要指生命健康权，是消费者在购买、使用商品和接受服务时，享有保持身体健康以及生命不受危害的权利。(2) 财产安全权。财产安全权不仅是指消费者购买、使用的商品或接受的服务本身的安全，而且还指除购买、使用的商品或接受的服务之外的其他财产的安全。安全权是消费者最基本的权利，直接关系到消费者的基本生存保障。市场经济追求效率，但是失去了安全的效率不仅没有意义，反而会导致严重的社会问题。在我国经济高速发展的背景下，如何降低与之伴生的高风险，将是我们构建和谐社会必须面对和重视的问题。

我国《民法典》第506条规定："合同中的下列免责条款无效：（一）造成对方人身损害的；（二）因故意或者重大过失造成对方财产损失的。"损害生命健康权的免责条款无效。

（二）知情权

知情权是消费者在购买、使用商品或者接受服务时，有对商品或服务的真实情况进行了解的权利。为保证知情权的实现，消费者根据商品或者服务的不同情况，有权要求经营者如实提供商品的价格、产地、生产者、用途、功能、规格、产品成分、有效期、正确的使用方法、售后服务等情况。唯有如此才能保证消费者可以在进行消费选择时表达其真实意思。

（三）自主选择权

自主选择权是消费者根据自己的消费需求，自主选择商品或服务的权利。自主选择权包括以下内容：(1) 消费者可以自主选择商品或服务的提供者；(2) 消费者可以自主选择商品或服务的种类；(3) 消费者可以自主决定是否进行消费。

（四）公平交易权

公平交易权是消费者在购买商品或者接受服务时，有获得质量保证、价格合理、计量准确的商品或服务的权利。

（五）求偿权

求偿权是在消费者因购买、使用的商品或者接受的服务本身的原因致使其受到人身、财产损害时，依法要求经营者承担责任、赔偿损失的权利。消费者受到的损害包括两方面：(1) 人身权的损害。人身权既指消费者的生命健康权，也指消费者其他人格方面的权利，如姓名权、名誉权、荣誉权等。(2) 财产权的损害。财产权的损害指财产上的损失，包括直接损失和间接损失，即现有财产的减少和可以得到的利益没有得到。

求偿权的保障度直接决定了消费者的地位。我国《民法典》第996条规定："因当事人一方的违约行为，损害对方人格权并造成严重精神损害，受损害方选择请求其承担违约责任的，不影响受损害方请求精神损害赔偿。"此条款的增加，不仅扩大了精神损害赔偿的适用范围，而且更有利于对消费者生命健康权的保护。

（六）结社权

结社权是消费者为维护自身的合法权益而依法成立消费者组织的权利。我国消费者组织包括中国消费者协会和地方各级消费者协会及各种类型的群众性的基层组织。

(七) 获取知识权

获得有关知识权指消费者有获得与有关商品或服务密切相关的知识的权利。这一权利包括两方面的内容：(1) 获得有关消费方面的知识。它主要有消费观念的知识、商品或服务的基本知识。(2) 获得有关消费者权益保护方面的知识。它主要是指有关消费者权益保护的法律法规和政策，以及保护机构和争议解决途径等方面的知识。

(八) 受尊重权

受尊重权包括三项内容：(1) 人格尊严受尊重权。它包括姓名权、肖像权、隐私权等权利。(2) 民族风俗习惯受到尊重的权利。(3) 个人信息得到保护的权利。

(九) 监督权

监督权是指消费者对商品或服务的质量、价格、计量、侵权行为等问题以及消费者权益保护工作有进行检举、控告或提出批评、建议的权利。这一权利的内容包括两方面：(1) 商品或服务的监督权。它主要指对商品或服务的质量、价格、计量、品种、供应、服务态度、售后服务、侵权行为等进行的监督。(2) 保护消费者权益工作的监督权。它是指对消费者保护机构或组织的工作的监督。

二、经营者的义务

我国《消费者权益保护法》借鉴国外立法经验，以消费者的权利为主线，以其他法律、法规为基础，并根据消费领域的特殊需要，在第三章规定了经营者的义务，具体有以下12项：

(一) 依照法律规定或合同约定履行义务

我国《消费者权益保护法》第16条规定："经营者向消费者提供商品或者服务，应当依照本法和其他有关法律、法规的规定履行义务。""经营者向消费者提供商品或者服务，应当恪守社会公德，诚信经营，保障消费者的合法权益；不得设定不公平、不合理的交易条件，不得强制交易。"

(二) 接受消费者监督的义务

这是指经营者应当听取消费者的批评和建议，把所提供的商品或服务置于消费者的监督之下，把它当作一项义务来履行。

(三) 保证商品或服务安全的义务

经营者有保证商品或服务的安全，从而保障消费者人身、财产安全的义务。这一义务具体包括三个方面的内容：(1) 经营者应当保证其提供的商品或者服务符合保障人身、财产安全的要求。对可能危及人身、财产安全的商品和服务，应当向消费者作出真实的说明和明确的警示，并说明和标明正确使用商品或者接受服务的方法以及防止危害发生的方法。(2) 宾馆、商场、餐馆、银行、机场、车站、港口、影剧院等经营场所的经营者应对消费者尽到安全保障义务。(3) 经营者发现其提供的商品或者服务存在缺陷，可能对人身、财产安全造成危害的，有立即向有关行政部门报告和告知消费者，并及时采取停止生产、停止销售、警示、召回、无害化处理、销毁、停止生产或者服务等消除危险的措施的义务。对消费者因商品被召回而支出的必要费用由经营者承担。

此外,我国《民法典》第1198条规定:"宾馆、商场、银行、车站、机场、体育场馆、娱乐场所等经营场所、公共场所的经营者、管理者或者群众性活动的组织者,未尽到安全保障义务,造成他人损害的,应当承担侵权责任。因第三人的行为造成他人损害的,由第三人承担侵权责任;经营者、管理者或者组织者未尽到安全保障义务的,承担相应的补充责任。经营者、管理者或者组织者承担补充责任后,可以向第三人追偿。"

该条款规定了安全保障义务人责任条款,补充了"经营者、管理者或组织者承担补充责任后,可以向第三人追偿"的内容。

(四)提供商品或服务真实信息的义务

消费者了解商品或服务的权利,也就是经营者向消费者提供有关商品或服务信息的义务。这一义务具体包括四方面内容:(1)向消费者提供有关商品或服务的真实情况,不得利用广告或其他方法作引人误解的虚假宣传;(2)对消费者的询问如实答复;(3)应当明码标价;(4)经营者采用网络、电视、电话、邮购等方式提供商品或服务,以及提供证券、保险、银行等金融服务时,有向消费者提供经营地址、联系方式、商品或服务的数量和质量、价款或者费用、履行期限和方式、安全注意事项和风险警示、售后服务、民事责任等信息的义务。

(五)标明真实名称或标记的义务

经营者在交易中只能使用自己真实的名称或营业标记。

(六)出具发票等购货凭证或服务单据的义务

商品的销售者或服务的提供者在合同履行后,有向商品购买者或服务接受者出具证明合同履行的书面凭据的义务。

(七)保证商品或服务质量的义务

经营者有保证消费者所期待的商品或服务的使用价值,即商品或服务应当具有的质量、性能、用途和有效期限的义务。

经营者对该项义务的免除条件只有一个,即消费者在购买该商品或者接受该服务前已经知道其存在瑕疵,且存在该瑕疵不违反法律强制性规定。另外,针对特定商品服务严格规定了经营者的义务,即消费者在接受经营者提供的机动车、微型计算机、电视机、电冰箱等耐用商品或者装饰装修等服务之日起6个月内因出现瑕疵发生纠纷时,经营者承担相关举证责任。

(八)履行"三包"或其他责任的义务

经营者应当对产品质量负责,在国家规定或当事人约定的期限内对售出的商品或提供的服务,实行包修、包换、包退和承担其他责任。没有国家规定或当事人约定的,消费者可以自收到商品之日起7日内退货。或者在消费者自收到商品7日后对符合我国《民法典》规定的解除合同条件的,经营者有退货的义务;不符合解除合同条件的,经营者应承担更换、修理责任。对大件商品的退货、更换、修理,经营者承担运输等必要费用。

我国《民法典》第582条规定:"履行不符合约定的,应当按照当事人的约定承担违约责任。对违约责任没有约定或者约定不明确,依据本法第五百一十条的规定仍不能确定的,受损害方根据标的的性质以及损失的大小,可以合理选择请求对方承担修理、重作、更换、退货、减少价款或者报酬等违约责任。"

（九）不得进行不公平不合理交易、对格式条款以显著方式进行说明、不得利用格式条款并借助技术手段强制交易的义务

经营者不得以格式合同、声明、通知、店堂告示等方式排除或限制消费者的权利、减轻或者免除经营者责任、加重消费者责任等,否则该内容无效。

经营者使用格式条款时,没有排除或限制消费者的权利、减轻或者免除经营者责任、加重消费者责任等内容的,有以明显方式提请消费者注意商品或服务的数量和质量、价款或者费用、履行期限和方式、风险警示、售后服务、民事责任等与消费者有重大利害关系的内容,并按照消费者的要求予以说明的义务。

我国《民法典》第496条规定:"格式条款是当事人为了重复使用而预先拟定,并在订立合同时未与对方协商的条款。采用格式条款订立合同的,提供格式条款的一方应当遵循公平原则确定当事人之间的权利和义务,并采取合理的方式提示对方注意免除或者减轻其责任等与对方有重大利害关系的条款,按照对方的要求,对该条款予以说明。提供格式条款的一方未履行提示或者说明义务,致使对方没有注意或者理解与其有重大利害关系的条款的,对方可以主张该条款不成为合同的内容。"

经营者和消费者签订的合同往往是经营者单方拟订的格式合同,致使消费者没有注意或者理解与其重大利害关系的条款的,消费者可以根据《民法典》的规定,主张该条款不成为合同的内容,压实经营者履行告知义务,充分保障消费者的知情权。

（十）不得侵犯消费者人格权的义务

消费者人格尊严受尊重的权利,也就是经营者不得侵犯消费者人格权的义务。

我国《民法典》第995条规定:"人格权受到侵害的,受害人有权依照本法和其他法律的规定请求行为人承担民事责任。受害人的停止侵害、排除妨碍、消除危险、消除影响、恢复名誉、赔礼道歉请求权,不适用诉讼时效的规定。"

（十一）特定方式销售商品的无理由退货义务

经营者采用网络、电视、电话、邮购等方式销售商品的,有自消费者收到商品之日起7日内无理由退货的义务,但下列商品除外:(1)消费者定做的;(2)鲜活易腐的;(3)在线下载或者消费者拆封的音像制品、计算机软件等数字化商品;(4)交付的报纸、期刊;(5)其他根据商品性质并经消费者在购买时确认不宜退货的商品。

经营者有自收到退回的完好的商品之日起7日内返还消费者支付的商品价款的义务。除经营者和消费者另有约定外,退回商品的运费由消费者承担。

（十二）经营者对消费者个人信息有保密的义务

经营者收集使用消费者个人信息时不得违反法律、法规的规定和双方的约定;对收

集的消费者个人信息必须严格保密,不得泄露、出售或者非法向他人提供。

未经消费者同意或请求不得向其发送商业性信息。

第三节　消费者权益的保护

一、消费者权益的国家保护

我国《消费者权益保护法》第四章规定了国家保护消费者合法权益的基本内容。国家通过立法机关、行政机关和司法机关的各种职能活动,实现对消费者合法权益的保护。

（一）立法保护

全国人大及其常委会、国务院及所属的主管机关或省、自治区、直辖市人大及其常委会制定和颁布了有关消费者权益保护方面的各项法律、行政法规,它们是国家充分有效地保护消费者合法权益的基础和依据。

（二）行政保护

各级人民政府及其所属市场监督管理机关、技术监督部门、卫生监督管理部门、进出口商品检验部门等行政部门是《消费者权益保护法》的主要实施者,它们通过履行各自的行政管理职能,保护消费者的合法权益。

（三）司法保护

人民法院和人民检察院是对消费者合法权益实施司法保护的主要机关。人民法院是代表国家行使审判权的司法机关,我国《消费者权益保护法》特别规定了人民法院对消费者合法权益的保护职责。按规定,人民法院应当采取措施,方便消费者提起诉讼,对符合《民事诉讼法》起诉条件的消费者权益争议必须受理,及时审理,依法惩处侵害消费者权益的违法犯罪行为,加强对消费者的全面保护。

二、消费者权益的社会保护

中国消费者协会和地方各级消费者协会,是我国保护消费者合法权益的主要社会组织。

根据我国《消费者权益保护法》的规定,消费者协会履行下列公益性职责:(1)向消费者提供消费信息和咨询服务,提高消费者维护自身合法权益的能力,引导文明、健康、节约资源和保护环境的消费方式;(2)参与制定有关消费者权益的法律、法规、规章和强制性标准;(3)参与有关行政部门对商品和服务的监督、检查;(4)就有关消费者合法权益的问题,向有关部门反映、查询,提出建议;(5)受理消费者的投诉,并对投诉事项进行调查、调解;(6)投诉事项涉及商品和服务质量问题的,可以委托具备资格的鉴定人鉴定,鉴定人应当告知鉴定意见;(7)就损害消费者合法权益的行为,支持受损害的消费者提起诉讼或者依照本法提起诉讼;(8)对损害消费者合法权益的行为,通过大众传播媒介予以揭露、批评。

消费者组织依法履行以上职责,对商品或服务进行社会监督,保护消费者的合法权益。为了保证消费者协会的权威性、独立性和公正性,法律规定消费者协会不得从事商品经营和营利服务,不得以牟利为目的向社会推荐商品或服务。各级人民政府对消费者协会履行职责应当予以必要的经费支持。消费者协会应当认真履行保护消费者合法权益的职责,听取消费者的意见和建议,接受社会监督。

依法成立的其他消费者组织依照法律、法规及其章程的规定,开展保护消费者合法权益的活动。

第四节 消费者权益争议的解决途径

消费者权益争议,是指消费者和经营者之间在买卖商品或接受和提供服务过程中,因权利受到侵害或义务的不履行所产生的争议。此外,我国《民法典》第1167条规定:"侵权行为危及他人人身、财产安全的,被侵权人有权请求侵权人承担停止侵害、排除妨碍、消除危险等侵权责任。"

一、消费者权益争议中赔偿主体的确定

为了避免生产经营者相互推诿,逃避承担法律责任,我国《消费者权益保护法》规定了有利于消费者的求偿原则,并根据侵害情况,分别确定赔偿主体:

(1)消费者在购买、使用商品时,其合法权益受到损害的,可以向销售者要求赔偿,销售者赔偿后,属于生产者的责任或者属于其他有关责任人的责任的,销售者有权向生产者或者其他有关责任人追偿。

(2)消费者或其他受害人因商品缺陷造成人身、财产损害的,可以向销售者要求赔偿,也可以向生产者要求赔偿。属于生产者责任的,销售者赔偿后,有权向生产者追偿;属于销售者责任的,生产者赔偿后,有权向销售者追偿。

(3)消费者接受服务时,其权益受到损害的,有权向服务的提供者要求赔偿。

(4)消费者在购买、使用商品或者接受服务时,其合法权益受到损害,因原企业分立、合并的,可以向变更后承受该企业权利义务的企业要求赔偿。

(5)使用他人营业执照的违法经营者提供商品或者服务,损害消费者合法权益的,消费者有权向其要求赔偿,也可以向营业执照的持有人要求赔偿。

(6)消费者在展销会、租赁柜台购买商品或者接受服务,其合法权益受到损害的,可以向销售者或者服务者要求赔偿。展销会结束或者柜台租赁期满后,也可以向展销会的举办者、柜台的出租者要求赔偿。展销会的举办者、柜台的出租者赔偿后,有权向销售者或服务者追偿。

(7)消费者因经营者利用虚假广告或者其他虚假宣传方式提供商品或者服务,其合法权益受到损害的,可以向经营者要求赔偿。广告经营者、发布者发布虚假广告的,消费者可以请求行政主管部门予以惩处。广告经营者、发布者不能提供经营者的真实名称、地址和有效联系方式的,应当承担赔偿责任。

(8)广告经营者、发布者设计、制作、发布关系消费者生命健康商品或者服务的虚假

广告,造成消费者损害的,应当与提供该商品或者服务的经营者承担连带责任。

(9) 社会团体或者其他组织、个人在关系消费者生命健康商品或者服务的虚假广告或者其他虚假宣传中向消费者推荐商品或者服务,造成消费者损害的,应当与提供该商品或者服务的经营者承担连带责任。

(10) 消费者通过网络交易平台购买商品或者接受服务,其合法权益受到损害的,可以向销售者或者服务者要求赔偿。网络交易平台提供者不能提供销售者或者服务者的真实名称、地址和有效联系方式的,消费者也可以向网络交易平台提供者要求赔偿;网络交易平台提供者作出更有利于消费者的承诺的,应当履行承诺。网络交易平台提供者赔偿后,有权向销售者或者服务者追偿。

网络交易平台提供者明知或者应知销售者或者服务者利用其平台侵害消费者合法权益,未采取必要措施的,依法与该销售者或者服务者承担连带责任。

我国《民法典》第 1197 条规定:"网络服务提供者知道或者应当知道网络用户利用其网络服务侵害他人民事权益,未采取必要措施的,与该网络用户承担连带责任。"

二、消费者权益争议的解决途径

消费者和经营者发生消费者权益争议的,可以根据情况,选择下列途径解决:

(一) 与经营者协商解决

这是指消费者权益争议发生后,消费者和经营者在平等自愿的基础上,按照公平、合理的原则,摆明事实,分清责任,互相谅解,达成解决争议的一致意见。

(二) 请求消费者协会调解或者依法成立的其他调解组织调解

消费者协会或者依法成立的其他调解组织可以在查明事实的基础上,对当事人的争议进行调解,引导双方自愿协商、解决争议。消费者协会的调解或者依法成立的其他调解组织的调解,属于民间调解,不具有法律强制力,一旦当事人对达成的协议反悔,则需要通过其他途径解决争议。

(三) 向有关市场监督管理部门投诉

这里主要是向市场监督管理部门投诉,依靠行政手段解决消费者权益争议。消费者投诉案件,由经营者所在地或经营行为发生地的市场监督管理机关管辖。县(市)、区市场监督管理机关管辖本辖区内发生的消费者投诉案件。市场监督管理机关的派出机构管辖其上级机关授权范围内的消费者投诉案件。上级市场监督管理机关有权办理下级市场监督管理机关管辖的案件。下级市场监督管理机关管辖的案件,认为需要由上级市场监督管理机关办理的,可以报请上级市场监督管理机关确定管辖机关。两地以上市场监督管理部门因管辖权发生异议的,报请其共同的上一级市场监督管理部门指定管辖。市场监督管理机关发现消费者投诉的案件不属于自己管辖时,应当及时告知消费者向有管辖权的机关投诉。

1. 受理

消费者投诉应当符合下列条件:(1) 有明确的被投诉人;(2) 有具体的投诉请求、事实和理由；(3)属于市场监督管理机关管辖范围。

消费者可以通过信函、传真、短信、电子邮件和12315网站投诉平台等形式投诉,应当载明下列事项：(1)消费者的姓名、住址、电话号码、邮政编码；(2)被投诉人的名称、地址；(3)投诉的要求、理由及相关的事实根据；(4)投诉的日期。

消费者委托代理人进行投诉活动的,应当向市场监督管理机关提交授权委托书。

消费者为两人以上,其投诉的是共同标的,市场监督管理机关认为可以合并受理,并经当事人同意的,为共同投诉。共同投诉可以由消费者推选两名代表进行投诉。代表人的投诉行为对其所代表的消费者发生效力,但代表人变更、放弃投诉请求,或者进行和解,应当经被代表的消费者同意。

2. 不予受理或者终止受理的投诉

(1)不属于市场监督管理部门职责范围的；

(2)超过保修期或者购买后超过保质期的商品,被投诉人已不再负有违约责任的；

(3)已经市场监督管理部门组织调解的；

(4)法院、仲裁机构或者其他行政机关已经受理或者处理的；

(5)消费者知道或者应该知道自己的权益受到侵害超过1年的,或者消费者无法证实自己权益受到侵害的；

(6)消费者协会或者人民调解组织等其他组织已经调解或者正在处理的；

(7)不符合国家法律、行政法规及规章的。

3. 处理

市场监督管理机关应当自收到投诉之日起7个工作日内,作出以下处理：(1)投诉符合规定的予以受理,并书面通知投诉人；(2)投诉不符合规定的,应当书面通知投诉人,并告知其不予受理的理由。

市场监督管理部门受理消费者投诉后,当事人同意调解的,市场监督管理部门应当组织调解,并告知当事人调解的时间、地点、调解人员等事项。市场监督管理部门的调解人员是消费者权益争议当事人的近亲属或者与当事人有其他利害关系,可能影响投诉公正处理的,应当回避。当事人对调解人员提出回避申请的,应当及时中止调解活动,并由调解人员所属市场监督管理部门的负责人作出是否回避的决定。市场监督管理部门实施调解,可以要求消费者权益争议当事人提供证据,必要时可以根据有关法律、法规和规章的规定,进行调查取证。除法律、法规另有规定的,消费者权益争议当事人应当对自己的主张提供证据。

调解过程中需要进行鉴定或者检测的,经当事人协商一致,可以交由具备资格的鉴定人或者检测人进行鉴定、检测。鉴定或者检测的费用由主张权利一方当事人先行垫付,也可以由双方当事人协商承担。法律、法规另有规定的除外。市场监督管理部门在调解过程中,需要委托异地市场监督管理部门协助调查、取证的,应当出具书面委托证明,受委托的市场监督管理部门应当及时予以协助。

有管辖权的市场监督管理部门应当在受理消费者投诉之日起60日内终结调解；调解不成的应当终止调解。

需要进行鉴定或者检测的,鉴定或者检测的时间不计算在60日内。

（四）根据与经营者达成的仲裁协议提请仲裁机构仲裁

发生消费争议的当事人根据双方达成的仲裁协议,自愿将争议提交仲裁机关依法裁决。仲裁机构作出的仲裁裁决,当事人必须自觉履行。否则,权利人可以申请人民法院强制执行。

（五）向人民法院起诉

向人民法院起诉,即通过司法审判程序解决消费者权益争议,这是对消费者合法权益最具权威的一种保护方法。凡是符合起诉条件的消费争议,人民法院均应及时受理,依法制裁违法行为,保护消费者的合法权益。

第五节　损害消费者权益的法律责任

经营者侵害消费者合法权益的行为是违法行为,应当承担相应的法律责任。我国《消费者权益保护法》根据违法行为的不同性质、损害大小和情节轻重,分别确定了经营者的民事责任、行政责任和刑事责任。

一、经营者的民事责任

（一）经营者需承担民事责任的行为

经营者提供商品或者服务有下列情形之一的,除本法另有规定外,应当依照其他有关法律、法规的规定,承担民事责任:(1)商品或者服务存在缺陷的;(2)不具备商品应当具备的使用性能而出售时未作说明的;(3)不符合在商品或者其包装上注明采用的商品标准的;(4)不符合商品说明、实物样品等方式表明的质量状况的;(5)生产国家明令淘汰的商品或者销售失效、变质的商品的;(6)销售的商品数量不足的;(7)服务的内容和费用违反约定的;(8)对消费者提出的修理、重作、更换、退货、补足商品数量、退还货款和服务费用或者赔偿损失的要求,故意拖延或者无理拒绝的;(9)法律、法规规定的其他损害消费者权益的情形。

经营者对消费者未尽到安全保障义务,造成消费者损害的,应当承担侵权责任。我国《民法典》第1205条规定:"因产品缺陷危及他人人身、财产安全的,被侵权人有权请求生产者、销售者承担停止侵害、排除妨碍、消除危险等侵权责任。"第1206条规定:"产品投入流通后发现存在缺陷的,生产者、销售者应当及时采取停止销售、警示、召回等补救措施;未及时采取补救措施或者补救措施不力造成损害扩大的,对扩大的损害也应当承担侵权责任。依据前款规定采取召回措施的,生产者、销售者应当负担被侵权人因此支出的必要费用。"

（二）经营者承担民事责任的内容

1. 人身损害的赔偿责任

根据我国《消费者权益保护法》第49条的规定,经营者提供商品或者服务,造成消费者或其他受害人人身伤害的,应承担民事赔偿责任(构成犯罪的,依法追究刑事责任),支付下列费用:(1)医疗费。包括治疗费、检查费、医药费、手术费、住院费等。医疗费必须是受害人因消费事故造成身体伤害、疾病而支付的必要合理费用。(2)治疗期间的护理费。即在受害人受害的程度比较严重的情况下需要专人进行护理所支付的费用。什么情况下需要专人护理,一般应由医院决定。(3)因误工减少的收入。这是指因伤不能正常工作而减少的收入,误工日期应按其实际伤害程度、恢复情况并参照医院开具的证明等认定,其赔偿标准可依照受害人工资标准或实际收入的数额计算。(4)其他费用。这包括交通费、必要的营养费等。

造成消费者残疾的,除赔偿上述所列几种费用外,还应当支付以下费用:(1)残疾者生活自助器具费。这是指受害者购买功能辅助性器具的费用,如假肢、轮椅、助听器等。(2)生活补助费。这笔费用的补偿,应根据残疾后丧失劳动力的情况和原来收入减少的情况来确定。(3)残疾赔偿金。(4)受害人扶养的人所必需的生活费用。被扶养人,是指事实上依靠受害人实际扶养而没有其他生活来源的人。

造成消费者或受害人死亡的,应承担以下费用:(1)丧葬费。以死者当地当时一般丧葬所需的费用标准来确定。(2)死亡赔偿金。造成受害者死亡应支付死亡赔偿金。生命的价值虽然不能用金钱来计算,但是不可否认的是适当的经济补偿具有慰抚作用。(3)由死者生前扶养的人所必需的生活费。

2. 财产损害的赔偿责任

经营者提供商品或者服务,造成消费者财产损害的,应当按照消费者的要求,以修理、重作、更换、退货、补足商品数量、退还货款和服务费用或者赔偿损失等方式承担民事责任。消费者与经营者另有约定的,按照约定履行。

3. 特殊情况下经营者的赔偿责任

这种赔偿责任具体包括:

(1)经营者以预收款方式提供商品或者服务的,应当按照约定提供。未按照约定提供的,应当按照消费者的要求履行约定或者退回预付款,并应当承担预付款的利息、消费者必须支付的合理费用。

(2)依法经有关行政部门认定为不合格的产品,消费者要求退货的,经营者应当负责退货。

4. 惩罚性赔偿责任

我国《消费者权益保护法》第55条规定:经营者提供商品或者服务有欺诈行为的,应当按照消费者的要求增加赔偿其受到的损失,增加赔偿的金额为消费者购买商品的价款或者接受服务的费用的3倍;增加赔偿的金额不足500元的,为500元。法律另有规定的,依照其规定。

我国《民法典》第1207条规定:"明知产品存在缺陷仍然生产、销售,或者没有依据前条规定采取有效补救措施,造成他人死亡或者健康严重损害的,被侵权人有权请求相应的惩罚性赔偿。"惩罚性赔偿的规定,既是对消费者在消费过程中受到的损害予以赔偿,也是对恶意侵权人的惩罚和遏制。

经营者明知商品或者服务存在缺陷,仍然向消费者提供,造成消费者或者其他受害人死亡或者健康严重损害的,受害人有权要求经营者依照本法第49条、第51条等法律规定赔偿损失,并有权要求所受损失2倍以下的惩罚性赔偿。

我国《消费者权益保护法》第55条规定的惩罚性赔偿,属于特别法上的责任规则。设定这一规则的目的,一是惩罚性地制止损害消费者的欺诈行为人,特别是制造、销售假货的经营者;二是鼓励消费者同欺诈行为和假货做斗争。

这里所说的欺诈行为,是指经营者故意在提供的商品或服务中,以虚假陈述或者其他不正当手段欺骗、误导消费者,致使消费者权益受到损害的行为。实践中,对"欺诈行为"的认定一般不以单纯的主观状态加以判断,应当以客观的方法检验和认定,即根据经营者在出售商品或提供服务时所采用的行为和手段来加以判断。只要证明下列事实存在,即可认定经营者构成欺诈行为:第一,经营者对其商品或服务的说明行为是虚假的,足以使一般消费者受到欺骗或误导;第二,消费者因受误导而接受了经营者的商品或服务,即经营者的虚假说明与消费者的消费行为之间存在因果关系。

2015年1月颁布的《侵害消费者权益行为处罚办法》(2015年1月5日国家工商行政管理总局令第73号公布,根据2020年国家市场监督管理总局令第31号修订)第5条、第6条和第13条列举了一些典型的欺诈行为,例如,销售掺杂、掺假、以假充真、以次充好、以不合格商品冒充合格的商品;销售国家明令淘汰并停止销售的商品;提供商品或者服务中故意使用不合格的计量器具或者破坏计量器具准确度;骗取消费者价款或者费用而不提供或者不按照约定提供商品或者服务;以虚假或者引人误解的商品说明、商品标准、实物样品等方式销售商品或者服务;采用虚构交易、虚构成交量、虚假评论或者雇用他人等方式进行欺诈性销售诱导。在实践中,所有这些行为都可以根据客观的事实(或者说,经营行为的外观)加以确定。

此外,我国《食品安全法》第148条规定:"消费者因不符合食品安全标准的食品受到损害的,可以向经营者要求赔偿损失,也可以向生产者要求赔偿损失。接到消费者赔偿要求的生产经营者,应当实行首负责任制,先行赔付,不得推诿;属于生产者责任的,经营者赔偿后有权向生产者追偿;属于经营者责任的,生产者赔偿后有权向经营者追偿。生产不符合食品安全标准的食品或者经营明知是不符合食品安全标准的食品,消费者除要求赔偿损失外,还可以向生产者或者经营者要求支付价款十倍或者损失三倍的赔偿金;增加赔偿的金额不足一千元的,为一千元。但是,食品的标签、说明书存在不影响食品安全且不会对消费者造成误导的瑕疵的除外。"

5. 侵犯消费者人格权的法律责任

我国《民法典》设置了独立的人格权编,即第四编。其中,第989条规定:"本编调整因人格权的享有和保护产生的民事关系。"第990条规定:"人格权是民事主体享有的生命权、身体权、健康权、姓名权、名称权、肖像权、名誉权、荣誉权、隐私权等权利。除前款规定的人格权外,自然人享有基于人身自由、人格尊严产生的其他人格权益。"

根据我国《消费者权益保护法》第50条的规定,经营者侵害消费者的人格尊严、侵犯消费者人身自由或者侵害消费者个人信息依法得到保护的权利的,应承担以下几种形式的民事法律责任:(1)停止侵害;(2)恢复名誉;(3)消除影响;(4)赔礼道歉;(5)赔偿损失。

经营者因侵害消费者的人格尊严或侵犯消费者的人身自由,承担了上述民事法律责任后,并不排除根据其行为性质承担相应的行政责任、刑事责任或其他形式的民事法律责任。

二、经营者的行政责任

经营者有下列情形之一,除承担相应的民事责任外,其他有关法律、法规对处罚机关和处罚方式有规定的,依照法律、法规的规定执行;法律、法规未作规定的,由市场监督管理部门或者其他有关行政部门责令改正,可以根据情节单处或者并处警告、没收违法所得、处以违法所得1倍以上10倍以下的罚款,没有违法所得的,处以50万元以下的罚款;情节严重的,责令停业整顿、吊销营业执照:

(1) 提供的商品或者服务不符合保障人身、财产安全要求的;
(2) 在商品中掺杂、掺假,以假充真,以次充好,或者以不合格商品冒充合格商品的;
(3) 生产国家明令淘汰的商品或者销售失效、变质的商品的;
(4) 伪造商品的产地,伪造或者冒用他人的厂名、厂址,篡改生产日期,伪造或者冒用认证标志等质量标志的;
(5) 销售的商品应当检验、检疫而未检验、检疫或者伪造检验、检疫结果的;
(6) 对商品或者服务作虚假或者引人误解的宣传的;
(7) 拒绝或者拖延有关行政部门责令对缺陷商品或者服务采取停止销售、警示、召回、无害化处理、销毁、停止生产或者服务等措施的;
(8) 对消费者提出的修理、重作、更换、退货、补足商品数量、退还货款和服务费用或者赔偿损失的要求,故意拖延或者无理拒绝的;
(9) 侵害消费者人格尊严、侵犯消费者人身自由或者侵害消费者个人信息依法得到保护的权利的;
(10) 法律、法规规定的对损害消费者权益应当予以处罚的其他情形。

经营者有前款规定情形的,除依照法律、法规规定予以处罚外,处罚机关应当记入信用档案,向社会公布。

三、经营者的刑事责任

经营者有以下严重侵害消费者或者其他人合法权益的情形之一,构成犯罪的,应当承担刑事责任:

(1) 经营者提供商品或者服务,造成消费者或者其他受害人人身伤害,构成犯罪的;
(2) 经营者提供商品或者服务,造成消费者或者其他受害人死亡,构成犯罪的;
(3) 以暴力、威胁等方式阻碍有关行政部门工作人员依法执行职务的;
(4) 国家机关工作人员玩忽职守或者包庇经营者侵害消费者合法权益的行为,情节严重,构成犯罪的。

复习思考题

1. 简述我国《消费者权益保护法》的适用范围。
2. 消费者享有哪些权利?
3. 经营者负有哪些义务?
4. 消费者与经营者之间的争议解决途径有哪些?
5. 如何更有效地保障中国消费者的权利?

第十三章

知识产权法律制度

 重点与难点

本章重点：商标的种类；商标注册的原则；商标注册的实质审查；商标不得使用的禁用标志；专利和专利权的概念；专利的申请与审查批准；专利权的内容；专利权的法律保护；著作权的内容；与著作权有关的权利。

本章难点：驰名商标的保护、注册商标专用权的保护；授予专利权的条件；专利实施的强制许可；著作权和与著作权有关的权利的法律保护；著作权的合理使用。

第一节 商标法律制度

一、商标法概述

（一）商标的概念和特征

商标俗称牌子，是商品或服务的标记。商标是指生产经营者或者服务提供者在其商品或服务项目上使用的，用于区别其他生产者或经营者所生产或经营的商品或服务的标记。

商标具有以下基本特征：

1. 商标具有依附性

商标是商品或者商业服务的标记，它与商品或者商业服务有着紧密的联系，依附于相应的商品或者服务项目上。

2. 商标具有识别性

商标具有区别不同生产经营者或者服务提供者的相同或者类似的商品或者服务的功能，是识别商品或服务的生产者、经营者的专用标记。

3. 商标是一种无形资产

商标在长期的使用过程中，和商品的质量、经营者的服务水平紧密相连，名牌商标可以为其所有人赢得信誉，赢得客户和市场，为其带来巨额的财富。因而，它是一种无形资产。

(二) 商标的分类和禁止使用的标志

1. 商标的分类

(1) 按照商标的构成要素,可以把商标分为以下种类:

① 文字商标。文字商标是以文字组成的商标。这里的文字包括汉字(仅指简体或繁体汉字,异体汉字不能使用)、汉语拼音,少数民族文字,英文及其他国家的文字,不同文字之间可以组合使用。使用文字的商标,必须具有显著特征。

② 图形商标。图形商标是以图形作为商标,除了禁用的标志外,都可以使用。这里的图形可以是具象的图形,如风景画、动植物画、人物画等,也可以是抽象的图形,比如某些符号等。图形商标要求形象、生动、便于记忆。但图形商标存在不便于称谓的缺点,它的表意性不如文字商标,因此,目前单独使用图形商标的情况日益减少。

③ 字母商标。字母商标是指由字母组成的商标。作为构成商标的字母,是指拼音文字或注音符号的最小书写单位,包括拼音文字、外文字母如英文字母、拉丁字母等。我国原《商标法》把仅以字母构成的商标归在文字商标之列,2001年修订的《商标法》把字母作为商标的构成要素之一,这样规定更符合实际,也便于商标主管部门对商标注册申请依法审查核准。

④ 数字商标。数字商标是指由阿拉伯数字组成的商标。数字作为商标,是我国2001年修订的《商标法》的新规定。构成商标要素的数字,仅指阿拉伯数字,如三五牌香烟的商标由"555"三个数字组成,而其他语言文字中的数字,如汉语言文字中的"六""捌"等,不属于数字商标。

⑤ 三维商标。三维商标是指由商品的容器、包装、外形以及其他具有立体外观的三维标志作为商标。这里的"三维"指的是长、宽、高三种度量。很多商品具有独特的立体外观,是区别于其他商品的最佳标志。比如美国的"Coca-Cola"汽水饮料瓶的形状,就是具有代表性和影响力的三维商标。过去《商标法》没有把商品的三维立体标志作为商标,一些独特的商品外观标志要么被他人任意使用,要么通过申请外观设计专利加以保护,很不方便。我国2001年修订的《商标法》对三维商标以立法的形式进行了保护。

⑥ 颜色组合商标。颜色组合商标,是指两种或两种以上颜色构成的商标。更具体地说,是由两种或两种以上颜色,以一定的比例、按照一定的排列顺序组合而成的商标。

⑦ 声音商标。声音商标是非传统商标的一种,是用来加深对品牌印象的声音。它与其他可以作为商标的要素一样,要求具备能够将一个企业的产品或服务与其他企业的产品或服务区别开来的基本功能。如米高梅电影开头的那几声狮吼、腾讯 QQ 消息提示音、电脑 Windows 开机和关机音效等。2014 年 5 月 1 日施行的修正后的《商标法》,规定声音可以作为商标注册。

⑧ 组合商标。组合商标是指由两种以上的商标构成要素共同组合而成的商标,它可以由文字、图形、字母、数字、商品的三维形状和颜色、声音等任意两种以上要素组合而成。组合商标图文并茂,甚至有立体形状,便于识别,且能使得各种构成元素之间相

互补充,因此,组合商标是商标中使用最广泛的一种。

(2) 按商标的识别对象,可以把商标分为以下种类:

① 商品商标。商品商标的识别对象是一般商品,它依附于商品或者商品的包装上,用以区别不同经营者所生产或者经营的同一种或者类似商品的专用标记。商品商标是商标的主要类型,又可分为制造商标和销售商标。

② 服务商标。服务商标的识别对象是服务项目,是提供服务的单位所使用的用以区别自己同他人的相同或类似服务项目的专用标记。航空、铁路、旅店、餐饮、银行、广告、旅游等服务行业可以使用服务商标。根据《商标注册用商品和服务国际分类尼斯协定》的规定,服务分为广告与实业、保险与金融、建筑与修理、通信、运输与贮藏、材料处理、教育与娱乐、杂项服务八类。

在商标法上,服务商标和商品商标处于同等的法律地位,受到同样的法律保护。

(3) 按照商标的用途,可以把商标分为以下种类:

① 证明商标。证明商标又称保证商标,是指由对某种商品或者服务具有监督能力的组织所控制,而由该组织以外的单位或者个人使用于其商品或者服务,用以证明该商品或者服务的原产地、原料、制造方法、质量或者其他特定品质的标志。我国农业部绿色食品发展中心注册的绿色食品证明商标、国际羊毛局注册的纯新羊毛标志等就是著名的证明商标。证明商标的注册人一般是具有商品质量检验和监督能力的组织机构,其任务是保证使用人所提供的商品或服务达到该证明商标所规定的条件。注册人不能在自己提供的商品或服务上使用该证明商标。

② 集体商标。集体商标是指以团体、协会或者其他组织名义注册,供该组织成员在商事活动中使用,以表明使用者在该组织中的成员资格的标志。集体商标的主要作用是向消费者表明使用该商标的集体组织成员所经营的商品或者服务项目具有共同特点。地理标志可以作为集体商标注册。以地理标志作为集体商标注册的,其商品符合使用该地理标志条件的自然人、法人或者其他组织,可以要求参加以该地理标志作为集体商标注册的团体、协会或者其他组织,该团体、协会或者其他组织应当依据其章程接纳为会员;不要求参加以该地理标志作为集体商标注册的团体、协会或者其他组织的,也可以正当使用该地理标志,该团体、协会或者其他组织无权禁止。

③ 联合商标。联合商标是指注册商标所有人在同一类或类似商品上注册两个或两个以上与原注册商标相近似的商标,其中一个指定为正商标,其他的为正商标的联合商标。联合商标的用途是保护某些驰名商标或者知名商标。如杭州娃哈哈公司注册的"娃哈哈"正商标与"哈哈娃""娃娃哈""哈娃哈"等商标组成了联合商标。

④ 防御商标。防御商标是指较为知名的商标所有人在该注册商标核定使用的商品(服务)或类似商品(服务)以外的其他不同类别的商品或服务上注册的相同商标,以防止他人在这些类别的商品或服务上注册使用与自己商标相同的商标。原商标为主商标,其余为防御商标。防御商标一般是驰名商标或者是知名商标,使用的目的不是区别商品或者服务,而是防止他人在不同类别的商品或者服务上注册其注册商标。如"澳柯玛"商标在34类商品和8类服务项目上申请注册了防御商标。

(4) 按商标是否注册,可以把商标分为以下种类:

① 注册商标。注册商标是指经过国家商标行政部门核准登记而获得商标专用权的商标。注册商标受国家法律的保护,未经许可使用属于侵权行为。

② 未注册商标。未注册商标是指商标使用者未向国家商标行政部门提出注册申请,自行在商品或服务上使用的文字、图形或其组合标记。未注册商标不享有商标的专用权,不受国家法律保护,但是驰名商标例外。使用的未注册商标不得在相同或类似商品和服务上与他人已注册商标相同或近似。

(5) 按商标的著名程度,可以把商标分为以下种类:

① 驰名商标。驰名商标是指在本国范围内为相关公众广为知晓并享有较高声誉的商标。判断驰名商标的条件主要有:第一,相关公众对该商标的知晓程度;第二,该商标使用的持续时间;第三,该商标的任何宣传工作的持续时间、程度和地理范围;第四,该商标作为驰名商标受保护的记录;第五,该商标驰名的其他因素。在认定驰名商标时,应当综合考虑上述各项因素,但不以该商标必须满足上述全部因素为前提。

② 普通商标。普通商标是指在正常情况下使用,未受到法律特别保护的商标。它是与驰名商标相对应的一种商标。

2. 商标禁止使用的标志

根据我国《商标法》第10条的规定,下列标志不得作为商标使用:

(1) 同中华人民共和国的国家名称、国旗、国徽、国歌、军旗、军徽、军歌、勋章等相同或者近似的,以及同中央国家机关的名称、标志、所在地特定地点的名称或者标志性建筑物的名称、图形相同的;

(2) 同外国的国家名称、国旗、国徽、军旗等相同或者近似的,但经该国政府同意的除外;

(3) 同政府间国际组织的名称、旗帜、徽记等相同或者近似的,但经该组织同意或者不易误导公众的除外;

(4) 与表明实施控制、予以保证的官方标志、检验印记相同或者近似的,但经授权的除外;

(5) 同"红十字""红新月"的名称、标志相同或者近似的;

(6) 带有民族歧视性的;

(7) 带有欺骗性,容易使公众对商品的质量等特点或者产地产生误认的;

(8) 有害于社会主义道德风尚或者有其他不良影响的。

县级以上行政区划的地名或者公众知晓的外国地名,不得作为商标。但是,地名具有其他含义或者作为集体商标、证明商标组成部分的除外;已经注册的使用地名的商标继续有效。

(三) 商标法立法概况

商标法是调整在商标注册、使用、转让、管理和保护注册商标专用权过程中发生的社会关系的法律规范的总称。这些社会关系包括商标注册管理关系、商标使用管理关系和注册商标专用权保护关系等。

改革开放以来,我国十分重视商标的立法建设,颁布了相关的法律、法规。1982年8月23日,第五届全国人大第二十四次会议通过了《商标法》,该法于1983年3月1日起施行。为适应中国加入世界贸易组织的需要,2001年10月27日,第九届全国人大常委会第二十四次会议通过了《关于修改〈中华人民共和国商标法〉的决定》,并于同年12月1日生效。2013年8月30日,第十二届全国人大常委会第四次会议通过了《关于修改〈中华人民共和国商标法〉的决定》,并于2014年5月1日起施行。2019年4月13日,第十三届全国人大常委会第十次会议通过了《关于修改〈中华人民共和国建筑法〉等八部法律的决定》,新修订的《商标法》自2019年11月1日起实施。

为了更好地贯彻实施《商标法》,2002年8月3日,国务院颁布了《商标法实施条例》,该条例于同年9月15日实施;2013年《商标法》重新修正后,国务院于2014年4月29日公布了修订后的《商标法实施条例》,并于同年的5月1日起施行。为了加强国际知识产权的法律保护,我国还参加了与商标保护有关的国际条约。1984年11月14日,第六届全国人大常委会第八次会议决定:中华人民共和国加入《保护工业产权巴黎公约》(1967年斯德哥尔摩文本)。1989年5月25日,国务院决定:我国加入《商标国际注册马德里协定》(1967年修订并于1979年修改的斯德哥尔摩文本)。加入保护知识产权的有关国际公约,对我国的商标权保护与世界接轨起到了积极的推动作用。

二、商标注册

(一)商标注册的概念

商标注册,是指商标使用人将其使用的商标依照《商标法》以及《商标法实施条例》规定的注册条件、程序,向商标行政部门提出注册申请,经商标局依法审核批准,在商标注册簿上登录,发给商标注册证,并予以公告,授予注册人以商标专用权的法律活动。经过商标局核准注册并刊登在商标公告上的商标称为注册商标。

商标注册制度是保护商标专用权的一种基本法律制度,经过注册的商标,所有人享有专用权。商标的专用权具有排他性,他人不得侵犯。注册商标所有人可将自己的注册商标有偿地转让或许可他人使用。

(二)商标注册的原则

商标注册的原则是一个国家在决定使用注册商标的商品范围和商标注册申请时所坚持的指导思想。我国《商标法》规定的商标注册的原则主要有以下几项:

1. 诚实信用原则

诚实信用原则,简称诚信原则,是指从事民事活动的民事主体在行使权利和履行义务时必须信守承诺和法律规定。《商标法》第7条规定:"申请注册和使用商标,应当遵循诚实信用原则。"

2. 自愿注册与强制注册相结合原则

自愿注册,是指商标使用人是否对其所使用的商标申请注册,取决于个人意愿,他人无权干涉。依照自愿注册原则,商标无论是否注册,均可以在商品生产经营中使用。

在实行自愿注册原则的同时,《商标法》对少数商品保留了强制注册的办法。《商标法》第6条规定:"法律、行政法规规定必须使用注册商标的商品,必须申请商标注册,未经核准注册的,不得在市场上销售。"

3. 申请在先与使用在先相结合原则

申请在先原则,又称注册在先原则,是指两个或两个以上的商标注册申请人,在同一种或类似商品上,以相同或者近似的商标申请注册时,初步审定并公告申请在先的商标,驳回其他人的申请,不予公告。

使用在先原则,是指在实行申请在先原则的同时,以使用在先作为商标注册的补充形式。《商标法》第31条规定:"两个或两个以上的商标注册申请人,在同一种商品或者类似商品上,以相同或者近似的商标申请注册的,初步审定并公告申请在先的商标;同一天申请的,初步审定并公告使用在先的商标,驳回其他人的申请,不予公告。"根据《商标法实施条例》第19条的规定,两个或者两个以上的申请人,在同一种商品或者类似商品上,分别以相同或者近似的商标在同一天申请注册的,各申请人应当自收到商标局通知之日起30日内提交其申请注册前在先使用该商标的证据。同日使用或者均未使用的,各申请人可以自收到商标局通知之日起30日内自行协商,并将书面协议报送商标局;不愿协商或者协商不成的,商标局通知各申请人以抽签的方式确定一个申请人,驳回其他人的注册申请。商标局已经通知但申请人未参加抽签的,视为放弃申请,商标局应当书面通知未参加抽签的申请人。

(三)商标注册的申请

1. 商标注册申请人

注册商标的申请人可以是自然人、法人或者其他组织。《商标法》第4条规定:"自然人、法人或者其他组织在生产经营活动中,对其商品或者服务需要取得商标专用权的,应当向商标局申请商标注册。不以使用为目的的恶意商标注册申请,应当予以驳回。本法有关商品商标的规定,适用于服务商标。"申请人申请商标注册,可以委托依法设立的商标代理机构办理,也可以直接办理。

申请商标注册的主体也可以是两个以上的自然人、法人或其他组织。《商标法》第5条规定:"两个以上的自然人、法人或者其他组织可以共同向商标局申请注册同一商标,共同享有和行使该商标专用权。"

外国人或者外国企业也可以在我国申请商标注册。《商标法》第17条规定:"外国人或者外国企业在中国申请商标注册的,应当按其所属国和中华人民共和国签订的协议或者共同参加的国际条约办理,或者按对等原则办理。"外国人或者外国企业在中国申请商标注册或者办理其他商标事务,应当委托依法设立的商标代理机构办理。

2. 商标注册申请的方法

《商标法》第22条规定:"商标注册申请人应当按规定的商品分类表填报使用商标的商品类别和商品名称,提出注册申请。商标注册申请人可以通过一份申请就多个类别的商品申请注册同一商标。商标注册申请等有关文件,可以以书面方式或者数据电文方式提出。"

根据《商标法》第24条、第41条的规定,注册商标需要改变其标志的,应当重新提出申请。注册商标需要变更注册人的名义、地址或者其他注册事项的,应当提出变更申请。

3. 商标注册申请的优先权

商标注册申请的优先权是指商标注册申请人就其商标在第一次提出商标注册申请后的一定期限内,或者在特定的国际展览会展出的商品上首次使用,自该商品展出后的一定期限内,又就相同商品以同一商标提出商标注册申请的,法律给予该商标注册申请人优先权,允许其将第一次提出商标注册申请日或首次使用日定为申请日。

《商标法》第25条、第26条分别规定,商标注册申请人自其商标在外国第一次提出商标注册申请之日起6个月内,又在中国就相同商品以同一商标提出商标注册申请的,依照该外国同中国签订的协议或者共同参加的国际条约,或者按照相互承认优先权的原则,可以享有优先权。要求优先权的,应当在提出商标注册申请的时候提出书面声明,并且在3个月内提交第一次提出的商标注册申请文件的副本;未提出书面声明或者逾期未提交商标注册申请文件副本的,视为未要求优先权。商标在中国政府主办的或者承认的国际展览会展出的商品上首次使用的,自该商品展出之日起6个月内,该商标的注册申请人可以享有优先权。但是也必须在3个月内提出书面申请并且提交有关首次使用的证明文件,逾期视为未要求优先权。上述条款中提到的证明文件应当经商标行政部门规定的机构认证,但展出其商品的国际展览会是在中国境内举办的除外。

4. 商标注册申请的文件

首次申请商标注册,申请人应当提交申请书、商标图样、证明文件并缴纳申请费。其中的文件应使用中文。如果所提交的证据材料是英文的,应当同时附送中文译文。

(1) 商标注册申请书。应当填写申请人的名称、地址、商标种类、商标说明、商标类别或服务类别、加盖申请人的印戳和签字等事项。申请书不符合要求的,商标局不予受理。

(2) 商标图样。申请商标注册,应当向商标局提交商标图样。指定颜色的,还应当提交着色图样、黑白稿。商标图样必须清晰、便于粘贴,用光洁耐用的纸张印刷或者用照片代替,长或宽应当不大于10厘米,不小于5厘米。以颜色组合申请注册商标的,应当在申请书中予以声明,说明商标的使用方式。以三维标志申请注册商标的,应当在申请书中予以声明,并提交能够确定三维标志的图样,提交的图样应当至少包含三面视图。以声音申请商标注册的,应当在申请书中予以声明,提交符合要求的声音样本,对申请注册的声音商标进行描述,说明商标的使用方式。对声音商标进行描述,应当以五线谱或者简谱对申请用作商标的声音加以描述并附加文字说明;无法以五线谱或者简谱描述的,应当以文字加以描述;商标描述与声音样本应当一致。申请注册集体商标、证明商标的,应当在申请书中予以声明,并提交主体资格证明文件和使用管理规则。商标为外文或者包装含有外文的,应当说明含义。

申请人用药品商标注册,应当附送卫生行政部门发给的《药品生产企业许可证》或者《药品经营企业许可证》。申请卷烟、雪茄烟和包装烟丝的烟草制品的注册商标,应当附送国家烟草主管机关批准生产的证明文件。申请国家规定必须使用注册商标的其他商品的商标,应附送有关主管部门的批准证明文件。

(四)商标注册的审查和核准

商标注册的审查和核准是能否获得商标权的关键性环节。根据《商标法》及《商标法实施条例》的规定,商标注册的审查和核准程序主要包括以下内容:

1. 商标注册的审查

《商标法》对商标注册审查采用形式审查和实质审查相结合的方法。

(1)形式审查

形式审查是指对商标注册申请是否具备形式上的条件进行的审查,审查的内容主要包括:① 申请人是否具备合法资格;② 商标注册申请的程序是否符合法律规定;③ 申请的文件是否齐全;④ 申请的手续是否齐备;⑤ 报送的商标图样在数量和规格上是否符合规定的标准等。经过形式审查,如果申请不符合相关规定,商标局不予受理。

(2)实质审查

实质审查是指对商标注册申请是否符合商标注册的实质要件所进行的审查。实质审查的内容主要包括:① 商标是否具备法定的构成要素;② 商标是否具有显著特征;③ 商标是否违背商标法规定的禁用标志;④ 商标是否与第三人在相同或者同类商品或者服务上已经注册、申请在先、撤销或者注销不满一年的注册商标相同或者类似;⑤ 申请注册的商标是否有违反《商标法》的其他情况。通过实质审查,一旦发现商标注册申请不符合法律规定,商标局驳回申请,不予公告。

2. 初步审定和公告

初步审定是对申请注册的商标在进行实质审查的基础上作出的符合商标法规定条件的初步判断。这种审定尚未确认该商标的权利,需要经过公告程序。公告在商标局编印的定期刊物《商标公告》上进行,公告的事项主要包括申请人的名称、地址、日期、商标名称及图样、使用商品的类别和商品的名称或者服务项目等。

3. 商标异议

商标异议,是指公众对商标局初步审定并予以公告的商标,依法提出反对意见,要求撤销该商标初步审定的行为。《商标法》第33条规定,对初步审定公告的商标,自公告之日起3个月内,在先权利人、利害关系人认为违反本法第13条第2款和第3款、第15条、第16条第1款、第30条、第31条、第32条规定的,或者任何人认为违反本法第4条、第10条、第11条、第12条、第19条第4款规定的,可以向商标局提出异议。提出异议的人根据实际情况可以是与申请注册的商标有关系的在先权利人、利害关系人,也可以是与申请注册的商标没有任何利害关系的自然人和法人。

根据《商标法》第35条的规定,商标局应当在听取异议人和被异议人陈述事实和理由的基础上,进行调查核实。经调查核实后,自公告期满之日起12个月内作出是否准予注册的决定,并书面通知异议人和被异议人。有特殊情况需要延长的,经国务院商标行政部门批准,可以延长6个月。当事人对不予注册决定不服的,可以自收到通知之日起15日内向商标评审委员会申请复审。商标评审委员应当自收到申请之日起12个月内作出复审决定,并书面通知异议人和被异议人。有特殊情况需要延长的,经国务院商标行政部门批准,可以延长6个月。被异议人对商标评审委员会的决定不服的,可以自收到通知之日起30日内向人民法院起诉。对商标局作出的决定不申请复审或对商标评审委员会作出的复审决定不起诉的,决定生效。

4. 商标的核准注册

初步审定的商标在公告期满无人提出异议,或者经裁定、审判异议不能成立的,商标局予以正式核准注册,并予以公告,向申请人颁发商标注册证。自商标核准注册之日起,商标注册申请人成为商标权人。但是,为避免有人利用异议程序故意延迟他人的商标注册日期,影响申请人的合法权益,根据《商标法》第36条的规定,经审查异议不成立而核准注册的商标,商标注册申请人取得商标专用权的时间自初审公告3个月期满之日起计算。

有下列情况之一的,不得作为商标注册或者不予注册:

(1) 仅有本商品的通用名称、图形、型号的。

(2) 仅直接表示商品的质量、主要原料、功能、用途、重量、数量及其他特点的。

(3) 其他缺乏显著特征的。

(4) 以三维标志申请注册商标的,仅由商品自身的性质产生的形状如自行车的形状,为获得技术效果而需有的商品形状如收音机的接收天线,或者使商品具有实质性价值的形状如盛液体的瓶状物,不得作为立体商标注册。

(5) 就相同或者类似商品申请注册的商标是复制、模仿或者翻译他人未在中国注册的驰名商标,容易导致混淆的,不予注册并禁止使用;就不相同或者不相类似商品申请注册的商标是复制、模仿或者翻译他人已经在中国注册的驰名商标,误导公众,致使该驰名商标注册人的利益可能受到损害的,不予注册并禁止使用。

(6) 未经授权,代理人或者代表人以自己的名义将被代理人或者被代表人的商标进行注册,被代理人或被代表人提出异议的,不予注册并禁止使用。

(7) 就同一种商品或者类似商品申请注册的商标与他人在先使用的未注册商标相同或者近似,申请人明知该他人商标存在,该他人提出异议的,不予注册。

(8) 商标中有商品的地理标志,而该商品并非来源于该标志所标示的地区,误导公众的,不予注册并禁止使用;但是,已经善意取得注册的继续有效;这里所说的地理标志是指标示某商品来源于某地区,该商品的特定质量、信誉或者其他特征,主要由该地区的自然因素或者人文因素所决定的标志。

(9) 以不正当手段抢先注册他人已经使用并有一定影响的商标。

对于上述不符合条件的申请,商标局可以驳回、不予公告。但是商标局应当书面通知商标注册申请人。商标注册申请人不服的,可以自收到通知之日起15日内向商标评审委员会申请复审,由商标评审委员会作出决定,并书面通知申请人。当事人对商标评审委员会的决定不服的,可以自收到通知之日起30日内向人民法院起诉。

(五) 注册商标争议的裁定

1. 注册商标的无效宣告

已经注册的商标,违反《商标法》第4条、第10条、第11条、第12条、第19条第4款规定的,或者以欺骗手段或者其他不正当手段取得注册的,由商标局宣告该注册商标无效,其他单位或者个人可以请求商标评审委员会宣告该注册商标无效。已经注册的商标,违反《商标法》第13条第2款和第3款、第15条、第16条第1款、第30条、第31条、第32条规定的,自商标注册之日起5年内,在先权利人或者利害关系人可以请求商标评审委员会宣告该注册商标无效。对恶意注册的,驰名商标所有人不受5年的时间限制。

被宣告无效的注册商标,由商标局予以公告,该注册商标专用权视为自始即不存在。宣告注册商标无效的决定或者裁定,对宣告无效前人民法院作出并已执行的商标侵权案件的判决、裁定、调解书和商标行政部门作出并已执行的商标侵权案件的处理决定,以及已经履行的商标转让或者使用许可合同,不具有追溯力。但是,因商标注册人的恶意给他人造成损失的,则应当予以赔偿。

2. 注册商标争议的处理

对已经注册的商标有争议的,可以自该商标经核准注册之日起5年内,向商标评审委员会申请裁定。商标评审委员会收到裁定申请后,应当通知有关当事人,并限期让当事人提出答辩。对核准注册前已经提出异议并经裁定的商标,不得再以相同的事实和理由申请裁定。商标评审委员会作出维持或者撤销注册商标的终局裁定后,以书面形式通知有关当事人。当事人对商标评审委员会的裁定不服的,可以自收到通知之日起30日内向人民法院起诉。人民法院应当通知商标裁定程序的对方当事人作为第三人参加诉讼。

三、注册商标的续展、变更、转让和使用许可

(一) 注册商标的续展

注册商标的续展,又称商标权的续展,是指通过法定程序延续注册商标的有效期限,从而使注册人继续保持对其注册商标的权利。

根据《商标法》的规定,注册商标有效期为10年,从商标核准注册之日起算。《商标法》第40条规定,注册商标有效期期满,需要继续使用的,商标注册人应当在商标有效期期满前的12个月内按照规定办理续展手续,这12个月为续展期。如果因故在规定期限内未能办理的,可以给予6个月的宽展期。如果超过6个月的宽展期仍未办理续展手续的,商标局注销其注册商标。注册商标期满不再续展的,自注销之日起1年内,商标局对与该商标相同或者近似的商标注册申请,不予核准。

续展注册商标应履行相应的法定程序。注册商标有效期届满之前,注册人如果需要继续使用该注册商标,应当向商标局提出商标续展注册申请。申请时,一个商标一份申请,每一份申请都应当送交《商标续展注册申请书》1份,商标图样5份,并交回原商标注册证,按规定缴纳费用。商标局根据审查的结果决定是否予以续展。续展注册经核准后,予以公告。续展注册商标的有效期为10年,自该商标上一届有效期满次日起计算。

(二) 注册商标的变更

注册商标变更,是指对注册商标的名称、地址或其他注册事项作出变更。《商标法》

第41条规定,注册商标需要变更注册人的名义、地址或者其他注册事项的,应当提出变更申请。

(三)注册商标的转让

注册商标转让,是指注册商标所有人依法将其注册商标有偿或者无偿转让给他人所有。转让注册商标,实际上转让的是商标权。转让关系中,转让注册商标的人为转让人,通过转让而得到注册商标的人为受让人。转让时商标权利主体变更,注册商标转让后,受让人成为新的商标权人,原商标权人则丧失注册商标所有权。

根据《商标法》第42条的规定,转让注册商标的,转让人和受让人应当签订转让协议,并共同向商标局提出申请,转让注册商标经商标局核准后,予以公告。受让人自公告之日起享有商标专用权。受让人应当保证使用该注册商标的商品质量。

转让注册商标的,商标注册人对其在同一种商品上注册的近似的商标,或者在类似商品上注册的相同或者近似的商标,应当一并转让。

对容易导致混淆或者有其他不良影响的转让,商标局不予核准,书面通知申请人并说明理由。

(四)注册商标的使用许可

1. 注册商标使用许可的概念

注册商标使用许可,是指注册商标所有人依法允许他人在一定的期限、地域内以约定的方式使用其注册商标。使用许可关系中,商标权人为许可人,被许可使用他人注册商标的人为被许可人。使用许可权是商标权的一项重要内容。

注册商标的使用许可与转让有本质的区别:注册商标转让后,原商标权人对该注册商标享有的一切权利归于消灭,而由受让人取得该权利;注册商标的使用许可,则是许可人依法转让其注册商标使用权,是注册商标专用权的一部分,该注册商标的其他权利仍属于许可人。

2. 注册商标使用许可的形式

商标注册人可以通过签订注册商标使用许可合同,许可他人使用其注册商标。使用许可合同一般有以下三种形式:

(1)独占许可

独占许可是指商标权人在约定的期间、地域内,以约定的方式,将注册商标仅许可一个被许可人使用的行为。在这种合同关系中,许可方不得再将同一注册商标授予该地区内的任何第三人,许可方本人也不得在该地区使用同一注册商标。

(2)排他许可

排他许可是指商标权人在约定的期间、地域内,以约定的方式,将注册商标仅许可一个被许可人使用的行为。在这种合同关系中,许可方依约定自己可以使用该注册商标,但不得另行许可他人使用该注册商标。

(3)普通许可

普通许可也称非独占许可,指商标权人在约定的期间、地域内,以约定的方式,将注册商标许可他人使用的行为。在这种合同关系中,许可方保留自己在该地区内使用该注册商标和再授予其他第三人使用该注册商标的权利。

3. 注册商标使用许可应当注意的事项

(1) 使用许可的备案

《商标法》第 43 条第 3 款规定:"许可他人使用其注册商标的,许可人应当将其商标使用许可报商标局备案,由商标局公告。商标使用许可未经备案不得对抗善意第三人。"

(2) 商品质量的监督与保证

为了保护用户和消费者的合法权益,许可人应当监督被许可人使用其注册商标的商品质量。被许可人应当保证使用该注册商标的商品质量。

(3) 被许可人的标注事项

经许可使用他人注册商标的,必须在使用该注册商标的商品上标明被许可人的名称和商品产地。被许可人未在使用该注册商标的商品上标明其名称和商品产地的,由工商行政管理部门责令限期改正,逾期不改正的,收缴其商标标识。

四、商标使用的管理

(一) 商标主管机关

商标管理是指国家商标主管机关对注册商标和未注册商标使用的行政管理。

商标主管机关是国家主管商标工作的政府机关,代表国家进行商标管理的工作。在我国,商标主管机关是国务院商标行政部门商标局、商标评审委员会以及地方各级商标行政部门。商标主管机关的主要任务是,严格执行《商标法》,监督商标的正确使用,制止商标滥用等违法行为。

(二) 注册商标使用管理

商标的使用,是指将商标用于商品、商品包装或者容器以及商品交易文书上,或者将商标用于广告宣传、展览以及其他商业活动中,用于识别商品来源的行为。

使用注册商标,有下列行为之一的,由商标局责令限期改正或者撤销其注册商标:(1) 自行改变注册商标的;(2) 自行改变注册商标的注册人名义、地址或者其他注册事项的;(3) 自行转让注册商标的;(4) 注册商标成为其核定使用的商品的通用名称或者没有正当理由连续 3 年不使用的。

使用注册商标,其商品粗制滥造、以次充好、欺骗消费者的,由各级商标行政部门分别不同情况,责令限期改正,并可以予以通报或者处以罚款,或者由商标局撤销其注册商标。注册商标被撤销、被宣告无效或者期满不再续展的,自撤销、宣告无效或者注销之日起 1 年内,商标局对与该商标相同或者近似的商标注册申请,不予核准。

对商标局撤销或者不予撤销注册商标的决定,当事人不服的,可以自收到通知之日起 15 日内向商标评审委员会申请复审,由商标评审委员会作出决定,并书面通知申请人。当事人对商标评审委员会的决定不服的,可以自收到通知之日起 30 日内向人民法院起诉。

(三) 未注册商标的使用管理

使用未注册商标,有下列行为之一的,由地方商标行政部门予以制止,限期改正,并可以予以通报或者处以罚款:

(1) 冒充注册商标的;(2) 违反我国《商标法》第 10 条规定使用了禁用标志的;(3) 粗制滥造,以次充好,欺骗消费者的。

当事人对商标行政部门的罚款决定不服的,可以自收到通知之日起 15 日内,向人民法院起诉;期满不起诉又不履行的,由有关商标行政部门申请人民法院强制执行。

五、注册商标专用权的法律保护

(一) 注册商标专用权

注册商标专用权,是指注册商标的所有人对其所有的注册商标享有独占的使用权,未经其许可,任何人都不准在同一种商品或者类似商品上使用与其注册商品相同或近似的商标。当他人侵害了注册商标专用权时,权利人可以请求工商行政管理部门予以行政保护,也可以请求人民法院给予司法保护。

注册商标专用权包括专用权、禁止权、使用许可权、转让权等。

1. 专用权

专用权,是指商标所有人有权按照自己的意志使用注册商标并禁止其他人未经许可使用该商标的权利。在商标权中,商标专用权是最基本的权利,是商标权的核心。专用权的基本特征是商标权人可在核定的商品上独占性地使用核准的商标,并通过使用取得其他合法权益。

2. 禁止权

禁止权,是指商标权人有权禁止他人未经许可使用其注册商标。商标权具有排他性,通常表现为禁止他人非法使用、非法印制注册商标标识以及禁止他人非法销售侵犯注册商标的商品等。

3. 使用许可权

使用许可权,是指注册商标所有人对其注册商标的专用权依法许可他人使用的权利。商标权人可以和被许可人签订使用许可合同,允许他人使用其注册商标,并可以从中获取利益。使用许可是一种民事行为,但是在法定的特殊情况下,商标权人应当接受国家的强制使用许可。

4. 转让权

转让权,是指注册商标所有人将其对注册商标的所有权转移给他人所有的行为。转让的法律后果是商标权利主体发生变更。转让应当符合商标法的要求。

(二) 侵犯注册商标专用权的行为

侵犯注册商标专用权行为,是指行为人未经商标所有人同意,擅自使用与其注册商标相同或近似的标识,或者干涉、妨碍商标所有人使用注册商标、损害商标权人合法权益的行为,是侵害他人注册商标专用权行为的总称。根据《商标法》第 57 条的规定,凡有下列行为之一的,均属商标侵权行为:

（1）未经商标注册人的许可，在同一种商品上使用与其注册商标相同的商标的。未经商标权人许可而使用他人注册商标的行为是侵犯注册商标专用权行为的主要表现形式，一般发生在商品生产领域。侵权主体是商品制造商或服务项目的提供者，是一种典型的侵权行为。

（2）未经商标注册人的许可，在同一种商品上使用与其注册商标近似的商标，或者在类似商品上使用与其注册商标相同或者近似的商标，容易导致混淆的。

（3）销售侵犯注册商标专用权的商品的。销售侵犯注册商标专用权商品的行为是一种独立的侵犯注册商标专用权的行为，这种侵权行为的主体是商品经销商。这是在流通环节设定的一道法律屏障，使侵权人的目的不能实现，从而减少侵权行为对社会造成的危害。

（4）伪造、擅自制造他人注册商标标识或者销售伪造、擅自制造的注册商标标识的。这种侵权行为是对商标标识的侵权，一般包括"制造"和"销售"两种。根据《商标印制管理办法》的规定，商标印制单位必须是依法登记，持有相关部门核发的营业执照，并经核定允许承揽商标印制业务的单位。印制的商标标识应当与有关证书上核准的商标标识一致。严格禁止买卖商标标识。因此，擅自制造或者销售注册商标标识的，都是一种故意侵权行为。

（5）未经商标注册人同意，更换其注册商标并将该更换商标的商品又投入市场的。这种侵权行为是指在商品流通环节，有些自然人、法人或者其他组织为了谋取不正当利益，擅自撤下商标权人的商标，换上自己的或者他人的商标，然后投放市场。如果说前三种侵权行为是将自己的商品说成别人的商品，而这种侵权行为便是将别人的商品说成是自己的商品。这种行为破坏了商标专用权的行使，妨害了商标所有人通过商标从事商品竞争、追求经济利益的合法权益，所以，我国《商标法》明确规定这种行为属于侵犯注册商标专用权的行为。

（6）故意为侵犯他人商标专用权行为提供便利条件，帮助他人实施侵犯商标专用权行为的。

（7）给他人的注册商标专用权造成其他损害的。该种行为包括在同一种或者类似商品上，将与他人注册商标相同或者近似的文字、图形作为商品名称或者商品装潢使用，并足以造成误认的；故意为侵犯他人注册商标专用权行为提供仓储、运输、邮寄、隐匿等便利条件的；复制、模仿、翻译他人在中国注册的驰名商标或者其主要部分在不相同或者不相类似的商品上作为商标使用，误导公众，导致该驰名商标所有人或持有人的利益可能受到损害的；将与他人在注册商标相同或者近似的文字注册为域名，并且通过该域名进行相关商品交易的电子商务，容易使公众产生误解的。

（三）侵犯注册商标专用权的行政执法、司法救济和法律责任

1. 商标行政部门的行政执法

对商标侵权行为作出处理，是法律赋予商标行政部门的一项权力与职责。商标行政部门对侵犯商标专用权的行为拥有处罚权，可以对侵权行为处以罚款、没收、销毁用以实施侵权的工具等，发现违法事实可能构成犯罪，依法需追究刑事责任的，应及时向司法机关移送。

县级以上商标行政部门在对涉嫌侵犯他人注册商标专用权的行为进行查处时,可以采取以下行政执法措施:(1)现场检查;(2)查阅、复制当事人的合同、发票、账簿等有关资料;(3)询问有关当事人,调查与侵犯他人注册商标专用权的情况;(4)对有证据证明是侵犯他人注册商标专用权的物品,可以采取查封、扣押等行政强制措施。

2. 司法救济

(1)诉前临时措施

诉前临时措施是指对于正在或者将要实施的侵权行为,依当事人申请由人民法院在起诉开始前采取的措施。《商标法》第65条规定:"商标注册人或者利害关系人有证据证明他人正在实施或者即将实施侵犯其注册商标专用权的行为,如不及时制止将会使其合法权益受到难以弥补的损害的,可以依法在起诉前向人民法院申请采取责令停止有关行为和财产保全的措施。"人民法院裁定采取临时措施的,应当立即开始执行,但申请人应当在人民法院采取临时措施后15日内向人民法院起诉,否则,人民法院应当解除该临时措施。

(2)证据保全

《商标法》第66条规定:"为制止侵权行为,在证据可能灭失或者以后难以取得的情况下,商标注册人或者利害关系人可以依法在起诉前向人民法院申请保全证据。"人民法院裁定采取保全措施的,应当立即开始执行,但申请人在人民法院采取保全措施后15日内不起诉的,人民法院应当解除保全措施。

3. 法律责任

(1)民事责任

商标专用权是一种民事权利,商标侵权行为也是一种民事侵权行为,侵犯他人的商标专用权,给权利人造成经济损失的,按照民法原则,侵权行为人应当承担赔偿责任。根据《商标法》第60条、第63条的相关规定,商标侵权行为的民事责任主要有如下几种:① 停止侵害;② 没收、销毁侵权商品和侵权工具;③ 赔偿损失;④ 罚款;⑤ 消除影响、恢复名誉;⑥ 赔礼道歉。这些民事责任的承担方式,可以单独适用,也可以合并适用。

赔偿损失是侵权人承担民事责任的主要方式。根据《商标法》第63条的规定,侵犯商标专用权赔偿数额按照权利人因被侵权所受到的实际损失确定,包括被侵权人为制止侵权行为所支付的合理开支。实际损失难以确定的,可以按照侵权人因侵权所获得的利益确定;权利人的损失或者侵权人获得的利益难以确定的,参照该商标许可使用费的倍数合理确定;注册商标许可使用费难以确定的,由人民法院依据侵权行为的情节判决给予500万元以下的赔偿;对恶意侵犯商标专用权,情节严重的,可以按照上述方法确定数额的1倍以上5倍以下确定赔偿数额。赔偿数额应当包括权利人为制止侵权行为所支付的合理开支。

销售不知道是侵犯注册商标专用权的商品,能证明该商品是自己合法取得的并说明提供者的,不承担赔偿责任。

(2)行政责任

行政责任是指行为人实施了违法行为所必须承担的法律后果,即必须受到行政执法机关的处罚。根据《商标法》第60条的规定,商标侵权行为的行政责任承担方式为:① 责令立即停止侵权行为;② 没收、销毁侵权商品和主要用于制造侵权商品、伪造注册商标标识的工具;③ 收缴并销毁侵权商标标识;④ 罚款。依照《商标法》第51条、第52条的规定,违法经营额5万元以上的,可以处罚款的数额为违法经营额20%以下,没有违法经营额或者违法经营额不足5万元的,可以处1万元以下的罚款。

当事人对上述行政处罚措施不服的,可以自收到处理通知之日起15日内依照《行政诉讼法》向人民法院起诉;侵权人期满不起诉又不履行的,商标行政部门可以申请人民法院强制执行。

(3) 刑事责任

根据《商标法》第67条和《刑法》第213条、第214条、第215条的规定,有下列情形之一,情节严重的,构成犯罪:① 假冒注册商标。未经商标注册人许可,在同一商品上使用与其注册商标相同的商标,构成假冒注册商标罪。② 伪造、擅自制造他人注册商标标识或者销售伪造、擅自制造他人注册商标标识的,构成伪造、擅自制造他人注册商标标识罪;③ 销售明知是假冒注册商标的商品,构成销售假冒注册商标的商品罪。

(四) 驰名商标的特殊保护

1. 驰名商标的概念与特征

驰名商标是指在本国范围内为相关公众广为知晓并享有较高声誉的商标。与普通商标相比,驰名商标具有以下特征:第一,有较强的认知功能;第二,商品质量优良、稳定。商品或者服务的良好信誉具体表现为商标的知名度,对消费者而言,驰名商标意味着可靠的商品质量和良好的企业声誉。

《保护工业产权巴黎公约》最早规定了对驰名商标实行特殊保护的原则,根据该公约第6条的规定,凡系被成员国认定为驰名商标的,不论在请求保护的成员国注册与否,应禁止其他人抢先注册和禁止他人使用,这个原则是世界各国对驰名商标实行特殊保护的主要依据之一。

2. 驰名商标特殊保护的必要性

驰名商标之所以能够成为相关公众广为知晓且享有较高声誉的商标,是商标所有人或者持有人长时间的辛勤努力和投入大量的人力、物力、财力的结果。而正是由于驰名商标的知名度和声誉高,具有极大的商业价值,才成为侵犯注册商标专用权行为的主要侵犯对象。这种侵权行为,不仅直接损害了商标所有人或者持有人的合法权益,也扰乱了正常的市场秩序,不利于保护用户和消费者的合法权益。因此,对驰名商标予以特殊保护,具有重要的现实意义。

3. 驰名商标的认定

(1) 行政认定

行政认定是指申请人依法向国家商标行政部门提出认定驰名商标的申请,商标行政部门依法对该申请进行审核,对于符合条件的,依法认定为驰名商标的行为。行政认定是驰名商标的基本认定途径。行政认定的主体是商标局、商标评审委员会成立的专门的驰名商标认定机构——驰名商标认定委员会。行政认定的标准是我国的《商标法》

《商标法实施条例》以及《驰名商标认定和保护规定》。

(2) 司法认定

司法认定是指当事人就商标权纠纷依法诉请人民法院审理,在审理过程中,请求人民法院对该商标是否驰名作出认定,人民法院依照《商标法》的规定作出认定的行为。

根据2002年10月12日最高人民法院通过的《关于审理商标民事纠纷案件适用法律若干问题的解释》第21条的规定,人民法院在审理商标纠纷案件中,根据当事人的请求和案件的具体情况,可以对涉及的注册商标是否驰名依法作出认定。认定驰名商标,应当依照《商标法》第14条的规定进行。

当事人对曾经被行政主管机关或者人民法院认定的驰名商标请求保护的,对方当事人对涉及的商标驰名不持异议,人民法院不再审查。提出异议的,人民法院依照《商标法》第14条的规定审查。

4. 驰名商标的特殊保护

(1) 在相同或者类似的商品上申请注册的商标是复制、模仿或者翻译他人未在中国注册的驰名商标,容易导致混淆的,不予注册。在不相同或者不相类似商品上申请注册的商标,是复制、模仿或者翻译他人已经在中国注册的驰名商标,误导公众,致使该驰名商标注册人的利益可能受到损害的,不予注册。上述不予注册的商标已经注册的,自商标注册之日起5年内,驰名商标所有人可以请求商标评审委员会裁定撤销该注册商标。对恶意注册的不受5年时间限制。

(2) 禁止他人复制、模仿或者翻译其在中国注册的驰名商标或其主要部分在不相同或者不相类似商品上作为商标使用。禁止他人复制、模仿或者翻译其未在中国注册的驰名商标或其主要部分在相同或者类似商品上作为商标使用。

(3) 禁止他人将驰名商标登记为企业名称或字号,已经登记的,驰名商标所有人可以自知道或者应当知道之日起两年内,请求工商行政管理机关予以撤销。

(4) 禁止将与他人驰名商标相同或者相近似的文字注册为域名,并且通过该域名进行相关商品交易的电子商务,容易使相关公众产生误认的。

第二节 专利法律制度

一、专利法概述

(一) 专利和专利权的概念

"专利"一词来源于拉丁语"Literae Patens",意为公开的信件或公共文献,是中世纪的君主用来颁布某种特权的证明,后来指英国国王亲自签署的独占权利证书。现代意义上的专利有多种含义:从技术上看,专利是指取得了专利权的发明创造;从法律上看,专利就是专利权的简称,是指专利权人依法获得的一种垄断性权利;从内容上看,专利就是指记载授予专利权的发明创造的各种公开文献,即专利文献。通常情况下,专利主要理解为专利权。

专利权是专利法的核心内容,是指国家专利行政管理部门根据专利法规定的条件,授予专利申请人在一定范围内对发明创造所享有的专有权。专利权是知识产权法律制度中的一项重要内容,和商标权、著作权一样,具有排他性、时间性和地域性等知识产权的一般特征,即享有专利权的人有权在一定时间和地域范围内垄断其发明创造,制造专利产品、使用专利方法。这些权利为专利权人所专有,任何单位和个人非经专利权人许可,不得制造专利产品、使用专利方法,否则,即为侵权。

(二)专利法的概念和立法概况

1. 专利法的概念

专利法是调整因确认、保护和行使发明创造专利权和因发明创造的实施而产生的社会关系的法律规范的总称。

专利法调整的对象主要有以下几种:

(1)因确认发明创造专利权的归属而产生的社会关系,主要是指在专利权的申请、审查和授予过程中发生的各种社会关系。

(2)因利用发明创造而产生的社会关系,主要是指专利权人在制造、使用、销售产品,转让专利权,许可他人实施专利等过程中发生的各种社会关系。

(3)因保护专利权人所享有的专利权而产生的社会关系,主要是指在制止、制裁专利侵权行为,保护专利权人合法权益过程中发生的各种社会关系。

2. 专利法的立法概况

1984年3月12日第六届全国人大常委会第四次会议通过了《专利法》,根据1992年9月4日第七届全国人大常委会第二十七次会议《关于修改〈中华人民共和国专利法〉的决定》进行了第一次修正,根据2000年8月25日第九届全国人大常委会第十七次会议《关于修改〈中华人民共和国专利法〉的决定》进行了第二次修正,根据2008年12月27日第十一届全国人大常委会第六次会议《关于修改〈中华人民共和国专利法〉的决定》进行了第三次修正,根据2020年10月17日第十三届全国人大常委会第二十二次会议《关于修改〈中华人民共和国专利法〉的决定》进行了第四次修正,并于2021年6月1日起施行。

为了更好地贯彻实施《专利法》,1985年1月19日,国务院颁布了《专利法实施细则》,并于同年4月1日起实施。随后分别于1992年12月12日、2001年6月15日、2002年12月28日、2010年1月9日先后对《专利法实施细则》进行了修订。特别是2010年1月9日的修订,不但对《专利法》增加和修改的内容作了进一步的细化规定,而且对《专利法实施细则》本身的规定也作了多处修改,对完善我国专利制度具有重大意义。

二、专利法的保护对象

(一)专利法保护对象的范围

专利法的保护对象,也称专利权的客体,是指哪些发明创造可以申请并取得专利权。根据《专利法》的规定,专利法的保护对象统称为发明创造,具体包括发明、实用新型和外观设计三种。

1. 发明

发明是指对产品、方法或者其改进所提出的新的技术方案。发明是《专利法》的主要保护对象。

发明可以划分为三种类型:产品发明、方法发明和改进发明。

(1) 产品发明。产品发明是指人们通过研究开发出来的前所未有的关于各种新产品、新材料、新物质等的技术方案。产品发明可以分为如下几种:制造品发明,如机器、设备、工具和生活用品等;材料的发明,如陶瓷、玻璃等;物质的发明,如化学物质、药品、食品等;新用途的产品发明。产品发明可以是一项独立产品,也可以是一个产品的部件。产品专利只保护产品本身,不保护该产品的制作方法。

未经人们制造加工,完全属于自然状态的东西不能算作产品发明,而属于科学发现,如天然大理石、植物的自然杂交而产生的植物新品种。

(2) 方法发明。方法发明是指一个对象或物质改变成另一个对象或物质所利用的技术手段或采取的步骤的发明。方法发明可以是一系列步骤的全过程,也可以是其中的一个步骤。方法发明可以分为如下几种:制造方法发明,如制造纯碱工艺、制造机械工艺等;化学方法发明,如制造合成树脂、合成纤维等;生物方法发明,如杂交水稻培育方法等。方法发明还包括不改变物质状态的纯方法发明,如测量方法、检测方法、通信方法等。

(3) 改进发明。改进发明是指对已有的产品发明和方法发明提出实质性的改进的新技术方案。这种发明不是新产品和新制造方法的发明,而是对已有的产品和制造方法的重大改革,它没有突破原有产品发明和方法发明的格局,但给原有的发明带来新的特性、新的质变。改进发明虽然不属于首创发明,但对促进技术进步有重要作用。

2. 实用新型

实用新型,是指对产品的形状、构造或者其结合所提出的适于实用的新的技术方案。实用新型应符合两个重要条件:一是实用新型必须具有一定的形状和构造或者是二者结合的产品;二是实用新型必须具有使用价值或实际用途。

实用新型与发明一样,都属于技术方案,在保护方式上基本相同。但二者之间存在如下区别:

(1) 实用新型专利与发明专利的保护范围不同。实用新型专利的保护对象只能是产品,并且该产品必须有确定的形状或者固定的三维构造;而发明专利的保护对象既可以是产品,也可以是方法。

(2) 实用新型专利的创造性要求比发明专利的要求低。建立实用新型保护制度的目的就是保护那些达不到发明专利的创造高度的一些小发明创造。

(3) 实用新型专利的审查程序比发明专利简单、快捷。根据《专利法》的规定,实用新型专利申请只要通过初步审查认为符合要求,便公告授权。与发明相比,不作实质审查,大大加快了专利授权的速度。

(4) 实用新型的保护期比发明短。根据《专利法》的规定，发明专利的保护期是 20 年，实用新型的保护期是 10 年。

3. 外观设计

外观设计，又称工业品外观设计，是指对产品的整体或者局部形状、图案或者其结合以及色彩与形状、图案的结合所作出的富有美感并适于工业应用的新设计。外观设计具有以下特征：

(1) 外观设计必须以产品为依托，离开了具体的产品也就不存在外观设计。

(2) 外观设计以产品的形状、图案和色彩等作为要素，以美感为目的，不追求实用功能。即外观设计专利仅仅保护这种造型，并不保护达到这种实用目的的技术特征。

(3) 外观设计必须适用于工业应用。即该外观设计可以通过工业手段大量复制，即可以通过工业手段再现。

(二) 不授予专利权的发明创造或事项

发明创造是专利法的保护对象，但并非对所有的发明创造都可以授予专利权。根据《专利法》第 5 条和第 25 条的规定，对下列各项不授予专利权：

1. 违反法律、社会公德或者妨害公共利益的发明创造

如果一项发明创造本身的目的与国家法律相违背，直接破坏了国家的法律秩序，则不能被授予专利权。例如，某发明人发明了一种伪造货币的机器，虽然此设备的技术特征已具备发明创造条件，但它明显违反了《刑法》的规定，构成了破坏金融管理秩序罪，因而不能授予专利权。

社会公德，一般是指社会公众普遍认为是正当合理的并能接受的伦理道德观念。如果一件发明创造的目的直接破坏了社会公德，则不能被授予专利权，如发明新式吸毒机、设计某种赌博性游艺活动等。

妨害公共利益，是指妨害国家的、社会的和公众的共同利益。如果某项发明创造在客观上给社会公共利益造成危害，就不能被授予专利权。比如，某种发明成果的应用会造成人们居住环境的污染（水污染、空气污染等），对该项成果就不能授予专利权。

2. 违反法律、行政法规的规定获取或者利用遗传资源，并依赖该遗传资源完成的发明创造

在申请专利时，当发明创造与遗传资源有关系时，专利申请人应当证明有关遗传资源的合法性，申请人应当在专利申请文件中说明该遗传资源的直接来源和原始来源；申请人无法说明原始来源的，应当陈述理由。

3. 不属于发明事项或不属于《专利法》保护范围的发明创造

(1) 科学发现

科学发现，是人们对自然界中客观存在的物质、现象、特征和规律所作出的前所未有的认识。它揭示的是已经存在但是尚未被人们认识的客观事物，它不同于利用自然规律对客观世界进行改造的技术方案。科学发现因不能直接以生产的方法制造和使用，不具备工业上的实用性，因此不属于《专利法》意义上的发明创造。《专利法》与其他国家专利法都不对科学发现授予专利权。

(2) 智力活动的规则和方法

智力活动的规则和方法,是指导人们思维、推理、分析和判断的具有智力和抽象特点的一种智力性成果。智力活动的规则和方法包括的内容非常广泛,其中有数学计算方法、生产经营管理方法、科学管理规则、学习语言规则、游戏规则、比赛规则、编辑法、情报检索法等。由于这类成果不具备技术特征,不能把它运用到工业生产中去,因此,不能被授予专利权。

(3) 疾病诊断和治疗方法

疾病诊断和治疗方法,是指确定或消除有生命的人体和动物体的病灶和病因的步骤过程。其实施的对象是人和动物,不能在工业上制造或使用。比如,中医的针灸和诊脉方法、西医的外科手术方法都不属于《专利法》所说的创造。同时,疾病诊断和治疗方法关系到人的生命与健康,从人道主义考虑,不适宜被个人独占。因此,对它不能授予专利权。但用于疾病诊断和治疗的仪器、装置等医疗设备,可以申请专利并取得专利权。

(4) 动物和植物品种

世界上绝大多数国家专利法都规定动、植物新品种不属于专利法的保护对象,只有少数国家,比如美国、德国、法国、意大利、日本、瑞典、波兰、匈牙利、罗马尼亚等分别授予动、植物新品种专利权。《专利法》第 25 条规定,动、植物新品种不受专利法保护,但对其生产方法可以授予专利权。

(5) 原子核变换方法以及用原子核变换方法获得的物质

原子核变换方法以及用原子核变换方法所获得的物质,不给予专利权保护,是因为它关系到国家经济、国防、科研和公共生活的重大利益,特别是核物质可以用于制造核武器,关系着国家安全,不宜公开。

(6) 对平面印刷品的图案、色彩或者二者的结合作出的主要起标识作用的设计。

三、授予专利权的条件

(一) 授予发明和实用新型专利权的条件

授予专利权的发明和实用新型,应当具备新颖性、创造性和实用性的特点。

1. 新颖性

新颖性是指申请专利的发明或者实用新型,不属于现有技术,也没有任何单位或者个人就同样的发明或者实用新型在申请日以前向国务院专利行政部门提出过申请,并记载在申请日以后公布的专利申请文件或者公告的专利文件中。现有技术,是指申请日以前在国内外为公众所知的技术。

(1) 新颖性的判断标准

判断一项申请专利的发明或者实用新型是否具备新颖性,应依据以下几个方面的标准:

① 时间标准。判断一项技术公开的时间,是判断是否具有新颖性的一个重要标准。国际上判断新颖性的时间标准通常有两种:一是发明日标准,即以发明创造人完成发明

创造的时间作为标准判断;二是申请日标准,即以申请专利的时间作为标准判断。从实际操作看,以申请日作为判断新颖性的时间标准,更加简便易行,而且可以鼓励发明人或申请人及早申请专利。我国和大多数国家都采取以申请日作为判断新颖性的时间界限的做法。

② 地域标准。地域标准,是指一项申请专利的发明或实用新型,在什么地域范围内公开才算没有丧失新颖性。国际上判断新颖性的地域标准通常有三种:一是世界新颖性标准,也称绝对的新颖性标准,即一项发明或实用新型必须是全世界都未公开的,在世界各国的现有技术中都没有的,这样才具有新颖性。二是本国新颖性标准,即一项申请专利的发明或实用新型只要在本国没有公开,是本国现有技术中所没有的,就具备新颖性。三是混合新颖性标准,也称相对的新颖性标准,即一项申请专利的发明或实用新型只要在世界范围内未在出版物上公开发表过,就具有新颖性。

③ 公开标准。公开就是脱离保密状态,让公众有可能知道。公开应当完整、清楚和详细,达到本专业普通技术人员依此公开能够实施的程度。公开的形式通常有三种:一是书面公开。这种公开的形式在于它必须以文字、数据、附图反映在出版物上,然后进行发表。因此,《专利法》把它称为出版物上发表的形式。二是使用公开。这种使用必须是在公众都能达到的地方进行,使公众可以看到并能清楚了解该发明或实用新型的技术特征,从而使公众可以利用。三是口头及其他形式公开。这是指以谈话、讲课和作报告等语言形式及展览等形式来公布发明或实用新型的技术内容。这种公开形式可以面对面地进行,也可以通过无线电广播、电视等进行,还可以将含有发明或实用新型的产品在展览会上展出。

(2) 不丧失新颖性的情形

根据《专利法》第 24 条的特别规定,申请专利的发明创造在申请日以前 6 个月内,有以下四种情况之一的,不丧失新颖性:一是在国家出现紧急状态或者非常情况时,为公共利益首次公开的。二是在中国政府主办或者承认的国际展览会上首次展出的。三是在规定的学术会议或者技术会议上首次发表的。规定的学术会议或技术会议,是指国务院有关主管部门或全国性学术团体组织召开的学术会议或技术会议。四是他人未经申请人同意而泄露其内容的。这是指他人对通过合法的或非法的途径获得的申请人所完成的发明创造的内容予以泄露而又未经申请人同意的。

2. 创造性

根据《专利法》第 22 条的规定,创造性是指与现有技术相比,该发明具有突出的实质性特点和显著的进步,该实用新型具有实质性特点和进步。

发明创造的"实质性特点",是指发明创造与现有技术相比所具有的本质性的区别特征,且这种区别特征应当是技术性的。通常情况下,这种区别特征就是该发明创造的发明点之所在。而"进步",则是指发明创造与现有技术的水平相比必须有所提高,而不能是一种倒退,如变劣发明或恶改发明是谈不上进步的。

3. 实用性

《专利法》第 22 条规定:实用性,是指该发明或者实用新型能够制造或者使用,并且能够产生积极效果。实用性条件所要求的是申请专利的发明或实用新型不能是抽象的、纯理论的东西,而必须是能够在实践中实现的东西。

判断实用性应当遵守如下原则:(1)具备实用性的发明创造应当能够制造或使用,即具备可实施性。一项发明创造要付诸实施,必须具有翔实的具体方案,仅有一个构思而没有具体实施方案的发明创造称作未完成发明。未完成发明不具备可实施性,也就不具备实用性。(2)具备实用性的发明创造必须能够带来积极的效果,即具备有益性。有益性是指一项发明创造对社会和经济的发展、对物质和精神文明建设所能够产生的积极效果。通常,这种积极效果可以表现为提高产品质量、改善工作和生产环境、节约能源、减少环境污染、降低生产成本等。

(二)授予外观设计专利权的条件

外观设计,顾名思义,是指工业品的外表式样。它不同于作为技术方案的发明或实用新型,它的授予条件也与发明或实用新型有所不同。授予外观设计专利权的条件应为新颖性、创造性、富有美感及实用性。但判断外观设计新颖性所依据的标准与判断发明和实用新型所依据的标准相同。

根据《专利法》第23条的规定,授予专利权的外观设计,应当具有如下特征:(1)不属于现有设计,即不属于申请日以前在国内外为公众所知的设计;(2)没有任何单位或者个人就同样的外观设计在申请日以前向国务院专利行政部门提出过申请,并记载在申请日以后公告的专利文件中;(3)授予专利权的外观设计与现有设计或者现有设计特征的组合相比,应当具有明显区别;(4)授予专利权的外观设计不得与他人在申请日以前已经取得的合法权利相冲突。

四、专利申请、审查与批准

(一)专利申请

专利权必须经专利申请人依法提出专利申请并经审查批准才能取得。

1. 专利申请人

专利申请人是指为获得某项发明创造的专利权而向国家专利行政部门提出申请的自然人、法人或其他组织。专利申请人可以是发明人或设计人本人,也可以是发明人或设计人的单位,还可以是通过转让或继承而获得专利申请权的人。

《专利法》根据实际情况对专利申请人作出了不同的规定。

(1)职务发明创造

根据《专利法》第6条的规定,职务发明创造,是指执行本单位的任务或者主要是利用本单位的物质技术条件所完成的发明创造。执行本单位的任务是指:① 在本职工作中作出的发明创造;② 履行本单位交付的本职工作之外的任务所作出的发明创造;③ 退职、退休或者调动工作后一年内作出的,与其在本单位承担的本职工作或者原单位分配的任务有关的发明创造。

职务发明创造的申请人,应当是发明人、设计人所在单位。申请被批准后,该单位为专利权人。利用本单位的物质技术条件所完成的发明创造,单位与发明人或者设计人订有合同,对申请专利的权利和专利权的归属作出约定的,从其约定。

(2) 非职务发明创造

非职务发明创造,是指与执行本单位任务无关,也不利用本单位的物质条件所完成的发明创造。非职务发明创造申请专利的权利属于发明人或者设计人。申请被批准后,该发明人或者设计人为专利权人。

(3) 合作完成或委托完成的发明创造

根据《专利法》第8条的规定,合作完成的发明创造,是指两个以上单位或者个人合作研究、设计完成的发明创造;委托完成的发明创造,是指一个单位或者个人接受其他单位或者个人委托完成的发明创造。合作完成或委托完成的发明创造,除另有协议的以外,申请专利的权利属于完成或者共同完成的单位或者个人。申请被批准后,申请的单位或者个人为专利权人。

(4) 外国人

外国人依据其所属国同中国共同参加或缔结的国际条约,或者依据互惠原则,可以作为专利申请人向中国申请专利权。《专利法》第18条规定:在中国没有经常居所或者营业所的外国人、外国企业或者外国其他组织在中国申请专利和办理其他专利事务的,应当委托依法设立的专利代理机构办理。我国公民也可以依据《专利法》的规定,向外国申请专利权。

2. 专利申请的原则

专利申请的原则,是指贯穿于专利申请的过程中,专利申请人和专利管理机关应当共同遵守的基本准则。

(1) 书面申请原则

书面申请原则,是指专利申请人在专利申请中,所履行的各种法定手续及各种申请文件都必须以书面形式办理。这是各国普遍实行的一项原则。

采用书面申请原则,便于国务院专利行政部门受理和审查,以及对申请文件的长期保存。但随着计算机和网络技术的普及,专利申请的书面申请也逐渐从纸质的书面形式扩大到数据电文等电子书面形式。根据《专利法实施细则》第2条的规定,《专利法》及其实施细则规定的各种手续,应当以书面形式或者国务院专利行政部门规定的其他形式办理。以国务院专利行政部门规定的其他形式申请专利的,应当符合规定的要求。

(2) 先申请的原则

对于同一项发明创造,有时会有两件以上的申请分别提出。对于这种情况,《专利法》第9条第2款规定:"两个以上的申请人分别就同样的发明创造申请专利,专利权授予最先申请的人。"这就是先申请原则,也是大多数国家实行的一项原则。

判断申请的先后,有一个时间标准的问题。有些国家以日为判断标准,有些国家以时刻为判断标准。我国采用的是前一种标准。两个以上的申请人分别就同一发明创造在同一天提出申请的可能性是非常小的。一旦出现这种情况,按《专利法》的规定应当由各申请人自行协商确定有权提出申请的人。如果协商意见不一致,或者一方拒绝协商,则国家专利行政管理部门对双方都不授予专利权。

（3）申请单一性原则

申请单一性原则，即一项发明创造一件申请的原则。它要求在一件专利申请文件中，只能记载一项发明创造。申请单一性原则的主要目的是方便登记和审查业务，同时也方便专利文献的查阅和专利权利的交易。大多数国家都采用这一原则。但也有例外情形，如根据《专利法》第31条的规定，属于一个总的发明构思的两项以上的发明或者实用新型，可以作为一件申请提出；同一产品两项以上的相似外观设计，或者用于同一类别并且成套出售或者使用的产品的两项以上的外观设计可以作为一件申请提出。这种例外情形的规定，可以在特殊情况下提高专利审查机关的工作效率，减少资源消耗，同时也方便公众检索。

（4）优先权原则

优先权原则，是指申请人在某一公约成员国首次提出专利申请后，在一定期限内，又向其他缔约国提出申请时，申请人有权要求以第一次申请的日期作为后来申请的日期。这是《保护工业产权巴黎公约》的重要原则之一。

《专利法》第29条规定，申请人自发明或者实用新型在外国第一次提出专利申请之日起12个月内，或者自外观设计在外国第一次提出专利申请之日起6个月内，又在中国就相同主题提出专利申请的，依照该外国同中国签订的协议或者共同参加的国际条约，或者依照相互承认优先权的原则，可以享有优先权。该规定是针对第一次申请在外国的情况，所以又称为外国优先权。

该条还规定，申请人自发明或者实用新型在中国第一次提出专利申请之日起12个月内或者自外观设计在中国第一次提出专利申请之日起6个月内，又向国务院专利行政部门就相同主题提出专利申请的，可以享有优先权。该规定是针对第一次申请在中国的情况，所以又称为本国优先权。

关于申请优先权的手续，《专利法》第30条规定，申请人要求发明、实用新型专利优先权的，应当在申请的时候提出书面声明，并且在16个月内提交第一次提出的专利申请文件的副本；申请人要求外观设计专利优先权的，应当在申请的时候提出书面声明，并且在3个月内提交第一次提出专利申请文件的副本。未提出书面声明或者逾期未提交专利申请文件副本的，视为未要求优先权。书面声明中应当写明第一次提出专利申请的申请日、申请号和受理该申请的国家；未写明申请日和受理该申请的国家的，视为未提出申请。

优先权制度的意义集中体现在优先权的效力上，它具体反映在两个方面：一是在优先期内，发明创造不因任何将该发明创造公之于世的行为而丧失新颖性；二是排除他人在优先日后就同样的发明创造提出专利申请。

3. 专利申请文件

申请专利必须提交书面的申请文件，《专利法》对申请文件的种类、内容和格式都作出了严格的规定。

（1）发明或者实用新型的专利申请文件

《专利法》第26条规定，申请发明或者实用新型专利的，应当提交请求书、说明书及其摘要和权利要求书等文件。这四种文件是每一项专利申请都必须提交的文件。

① 请求书。请求书是专利申请人请求国家专利行政管理部门授予专利权的书面文件。在我国,专利请求书是国家知识产权局印制的一种标准表格,申请人只能按表格规定的格式要求填写,否则申请将不被受理或被要求补正。请求书中主要应填写如下内容:发明或者实用新型的名称,发明人或者设计人的姓名、地址等,申请人、专利代理机构等。此外,还包括申请文件清单、附加文件清单、申请费缴纳情况以及是否存在《专利法》第24条规定的情况等。对这些内容,申请人均应根据申请的具体情况据实填写。

② 说明书。说明书是以文字形式说明请求专利保护的发明或实用新型的内容的技术性文件。它是专利申请文件中的核心文件,是权利要求书的基础,其撰写质量对专利申请能否通过起着至关重要的作用。

说明书通常包括名称、所属技术领域、背景技术、发明内容、附图说明(实用新型专利必须要具备)以及实施案例等。撰写说明书应尽量遵从上述顺序。说明书中未出现的技术特征,权利要求书中也不允许出现。专利技术的内容是公开的,这种公开性正是通过说明书才得以实现。发明专利申请的说明书的内容将自申请日起满18个月后向社会公开,公开的说明书应该能完整、清楚地反映整个技术方案。

③ 摘要。摘要是对说明书内容的简短说明,其目的是使有关人员能迅速得到关于发明或实用新型的主要内容,对发明或者实用新型的技术特征有一个大概了解。摘要是一种供查询的情报工具,本身不具有法律效力,不能作为以后修改说明书或者权利要求书的根据,也不能用于解释专利权的保护范围。

④ 权利要求书。权利要求书是申请人用以说明请求专利保护的范围的文件。专利申请人在权利要求书中应当说明发明或实用新型的技术特征,在此基础上,清楚并简要地表述请求保护的范围。在专利申请被批准后,权利要求书即成为具体说明该专利效力范围的书面文件。

一项发明创造的技术特征可以分为必要技术特征和非必要技术特征(也称附加技术特征)。必要技术特征是指一项发明不可或缺的特征。如果缺少其中任何一个必要技术特征,该发明就不能成立。必要技术特征和附加技术特征反映在权利要求书中,则表现为独立权利请求和从属权利请求。一份权利请求书中至少应当包含一项独立权利请求,但还可以有多项从属权利请求。而每一项权利请求,无论是独立的还是从属的,都构成一个完整的方案或该发明的一个案例。

(2) 外观设计的专利申请文件

由于外观设计不是技术方案,因此申请外观设计专利要求提交的文件与发明和实用新型有很大的区别。根据《专利法》第27条的规定,申请外观设计专利的,应当提交请求书以及该外观设计的图片或者照片以及对该外观设计的简要说明等文件。

① 请求书。外观设计专利申请请求书与发明或者实用新型专利申请请求书一样,是专利申请人请求国家专利行政管理部门授予专利权的书面文件,填写内容基本相同,但要注意外观设计专利申请请求书必须写明外观设计的产品名称和产品所属的类别。

② 图片或照片。图片或者照片是外观设计专利申请文件的核心,等同于发明或实

用新型专利申请的说明书和权利要求书。申请人提交的图片或者照片应当能够清楚、完整、准确地显示要求专利保护的产品的外观设计，请求保护色彩的外观设计，还应在图片或照片上注明请求保护的色彩。

③ 简要说明。根据《专利法实施细则》第28条的规定，外观设计的简要说明应当写明外观设计产品的名称、用途，外观设计的设计要点，请求保护色彩、省略视图等情况。但同时规定简要说明不得使用商业性宣传用语，也不能用来说明产品的性能。

④ 使用外观设计的产品样品或者模型。根据《专利法实施细则》第29条的规定，国务院专利行政部门认为有必要时，可以要求申请人提交使用外观设计的产品样品或者模型。但易腐、易损或者危险品不得作为样品或者模型提交。

除了以上所述的必要申请文件外，在专利申请时还可根据申请人的具体要求另外递交各种附加申请文件，比如优先权证明、发明提前公开声明、实质审查请求书、代理人委托书、著录项目变更申报书、费用减缓请求书等。

4. 专利申请的撤回

专利申请的撤回一般有两种情况：一是专利申请人自愿撤回；二是专利申请人因为存在《专利法》规定的行为被视为撤回。

《专利法》第32条规定："申请人可以在被授予专利权之前随时撤回其专利申请。"申请人撤回专利申请的，应当向国务院专利行政部门提出声明，写明发明创造的名称、申请号和申请日。

依法被视为撤回的情况有：(1) 发明专利自申请之日起3年内，申请人无正当理由逾期不请求实质审查的；(2) 国务院专利行政部门对发明专利申请进行实质审查后，认为不符合《专利法》规定而通知申请人在指定期限内陈述意见，或者对其申请进行修改，申请人无正当理由逾期不答复的；(3) 发明专利已经在外国提出过申请的，申请人请求实质审查的，国务院专利行政部门可以要求申请人在指定期限内提交该国为审查其申请进行检索的资料或审查结果的资料，申请人无正当理由逾期不提交的；(4) 申请人未按期缴纳或缴足申请费、维持费的。

（二）专利的审查和批准

我国对不同类型的专利申请采取了不同的审查制度。对发明专利的审批采用审查制，即对发明创造必须经过初步审查公开和实质审查才可授予专利权；对实用新型专利和外观设计专利的审批采用登记制，即只要经过初步审查就可以授予专利权。

1. 发明专利的审查和批准

发明专利的审批实行的是早期公开、延迟审查制，一般要经过初步审查、早期公开、实质审查、授权并公告四个阶段。

（1）初步审查

初步审查也称形式审查，是审查专利申请在形式上是否符合《专利法》的要求，主要内容包括：申请的手续是否完备，申请文件是否齐全，填写是否正确，申请人的身份是否合乎《专利法》的规定，各种必备证件是否齐备，申请专利的发明创造是否属于《专利法》保护的范围，是否缴纳了申请费等。如果该申请案不符合上述要求，国务院专利行政部门将要求申请人予以补正,补正后仍不符合要求的,将被驳回。

(2) 早期公开

《专利法》第 34 条规定,国务院专利行政部门收到发明专利申请后,经初步审查认为符合本法要求的,自申请日起满 18 个月,即行公布。国务院专利行政部门可以根据申请人的请求早日公布其申请。由于公布的时间是在正式授予专利权之前,因此称为早期公开。公布的内容主要有说明书及其摘要、权利要求书等项目。一经公布,公众可以自由索取和阅读。

(3) 实质审查

发明申请的实质审查是指国务院专利行政部门依法定程序,对发明是否符合《专利法》规定的发明专利必须具备的新颖性、创造性和实用性等实质内容进行的审查,以确定是否授予专利权。审查过程中如发现有不符合要求的申请案,国务院专利行政部门将要求申请人限期补正修改。修改后仍不符合要求的申请案将被驳回。

实质审查一般是根据申请人的主动请求而进行的。《专利法》第 35 条规定,发明专利申请自申请日起 3 年内,国务院专利行政部门可以根据申请人随时提出的请求,对其申请进行实质审查;申请人无正当理由逾期不请求实质审查的,该申请即视为撤回。

除申请人主动提出实质审查的申请以外,国务院专利行政部门认为必要时,也可以自行进行实质审查。这主要是指那些涉及国家利益或者社会公共利益,与国计民生有重大关系的发明。国务院专利行政部门自行决定进行实质审查的,应当通知申请人。

(4) 授权并公告

发明专利申请经实质审查没有发现驳回理由的,由国务院专利行政部门作出授权发明专利的决定,发给发明专利证书,同时予以登记和公告。发明专利权自公告之日起生效。

2. 实用新型和外观设计专利的审查和批准

《专利法》对实用新型和外观设计专利的审批采取的是登记制度,也就是说,对这两种专利申请只进行形式审查,不进行实质审查。《专利法》第 40 条规定:"实用新型和外观设计专利申请经初步审查没有发现驳回理由的,由国务院专利行政部门作出实用新型专利权或者外观设计专利权的决定,发给相应的专利证书,同时予以登记和公告。实用新型专利权和外观设计专利权自公告之日起生效。"

对实用新型和外观设计专利的初步审查的内容,与对发明专利的初步审查基本相同。

3. 专利申请的驳回与复审

(1) 专利申请的驳回

国务院专利行政部门在对专利申请进行审查的过程中,发现有下列情况的应当予以驳回:① 申请的对象是《专利法》所称的发明创造以外的其他智力成果或者属于暂不受《专利法》保护的发明创造;② 违反国家法律、社会公德或者妨害公共利益的发明创造；③不具有新颖性、创造性、实用性的发明创造；④他人已就同一发明创造申请在先的，或者两个以上申请人同日就相同发明创造申请专利而未能协商确定申请人的；⑤申请违反了单一性原则；⑥未依照《专利法》的要求充分公开其发明创造的内容；⑦权利要求书中提出的权利要求超出了说明书范围；⑧国务院专利行政部门经初步审查或者实质审查认为申请不符合《专利法》有关规定，要求申请人陈述意见、补正或修改，申请人陈述意见、补正或修改后，国务院专利行政部门仍然认为不符合规定的。

(2) 专利申请的复审

专利复审是一种行政复议程序，负责处理申请人对驳回专利申请不服而提出的复审请求。具体程序如下：

① 专利申请人提出复审请求。专利申请人对国务院专利行政部门驳回申请的决定不服的，可以自收到通知之日起3个月内向国务院专利行政部门请求复审。

② 国务院专利行政部门作出复审决定。专利行政部门在对请求人的请求进行复审后，作出决定，并通知专利申请人。复审决定有两种：一是维持原来的驳回决定，驳回复审请求；二是撤销原来的驳回决定，批准复审请求，专利审查程序继续进行。

专利申请人对专利行政部门复审决议不服的，可以自收到专利行政部门通知之日起3个月内向人民法院提起诉讼。

(三) 专利代理

专利代理是指专利代理机构接受委托人的委托，在代理权限范围内，以委托人名义办理专利申请或者其他专利事务的行为。为了保障专利代理机构以及委托人的合法权益，维持专利代理工作的正常秩序，国务院发布了《专利代理条例》，对专利代理的有关问题作了比较全面的规定。

我国目前设置的专利代理机构有以下几种：(1) 办理涉外专利事务的专利代理机构；(2) 办理国内专利事务的代理机构；(3) 办理国内专利事务的律师事务所。

专利代理机构的服务范围主要包括以下几个方面：提供专利事务方面的咨询；代写专利申请文件，办理专利申请，请求实质审查或复审的有关事务；办理专利申请权、专利权以及专利许可方面的事务；请求撤销专利权和宣告专利权无效的有关事务；接受聘请，指派专利代理人担任专利顾问；办理其他需要专利代理机构承办的事务。

五、专利权的期限、终止与无效

(一) 专利权的期限

专利权的期限，也称专利的有效期，是指专利权受法律保护的期限。在专利权有效期间内，专利权人享有对专利技术的垄断使用权，有权禁止其他人未经其许可而实施其专利。超出有效期后，专利权就失去效力，专利技术归公众所有，任何单位和个人都可以无偿使用。

目前，世界各国对专利保护期限长短不一，从5年至20年不等。我国《专利法》第42条规定：发明专利权的期限为20年，实用新型专利权的期限为10年，外观设计专利权的期限为 15 年,均自申请日起计算。

(二)专利权的终止

1. 专利权终止的概念

专利权终止,也称专利权消灭,是指专利权基于法律规定的事由而归于消灭。专利权终止后,原专利权人对其发明创造不再享有专有权,任何单位和个人均可无偿使用。

2. 专利权终止的原因

根据《专利法》的规定,专利权终止的原因有如下几种:

(1)保护期届满

《专利法》第 42 条对专利权的保护期限进行了明确规定,一旦保护期届满,专利权自动终止。这是专利权的正常终止,不需要登记和公告,公众可以通过查阅专利文献进行推算。

(2)专利权在期限届满前终止

① 没有按期缴纳年费。年费又称专利维持费或者续展费,是专利权人为维持其专利权的效力而应当缴纳的费用。根据《专利法》第 44 条的规定,没有按照规定缴纳年费,专利权将在期限届满前终止。如果因不可抗力而无法按期缴纳年费,导致专利权提前终止的,专利权人可以依法请求恢复其专利权。

② 专利权人以书面声明方式放弃。专利权是一种民事权利,它可以被专利权人自愿放弃,但必须以书面形式进行。如果专利权人在放弃专利权之前已经许可他人实施专利,则应征得被许可人的同意。被许可人不同意放弃专利权的,可由其代缴年费,以保证专利权的效力。

根据《专利法》第 44 条的规定,专利权在期限届满前终止的,由国务院专利行政部门登记和公告。专利权从登记和公告之日起终止。

(三)专利权的无效

1. 专利权无效的概念

专利权无效,是指对已经授予的专利权,任何单位或者个人认为专利权的授予不符合《专利法》有关规定的,可以请求国务院专利行政部门宣告其不具有法律约束力。

专利无效宣告的目的在于纠正专利授权中的失误,确保专利权的质量,保护其他发明创造人的利益。

2. 专利权无效的原因

向国务院专利行政部门申请宣告专利权无效或者部分无效的,申请人必须有特定的理由。根据《专利法实施细则》第 65 条的规定,存在以下几种情形的专利权无效:

(1)授予专利权的发明创造和实用新型,不具备新颖性、创造性和实用性;

(2)授予专利权的外观设计,同申请日以前在国内外出版物上公开发表过或者国内公开使用过的外观设计相同和相近似,并与他人在先取得的合法权利相冲突;

(3)说明书对发明或者实用新型的说明不清楚、不完整,不符合《专利法》的相关

规定;

(4) 权利要求书不符合《专利法》及其实施细则的相关规定;

(5) 申请人对其专利申请文件进行的修改,不符合《专利法》的相关规定;

(6) 已获得专利权的发明创造不属于《专利法》所称的发明、实用新型和外观设计;

(7) 同样的发明创造被重复授权;

(8) 对违反国家法律、社会公德或者妨害公共利益的发明创造授予了专利权;

(9) 已获得专利权的发明创造属于《专利法》规定的不授予专利权的项目。

3. 专利权无效宣告的程序

专利权无效宣告,一般需经过如下程序:

(1) 提交申请书和相关证据。任何单位和个人请求宣告专利权无效,必须依法向国务院专利行政部门提出请求宣告专利权无效的请求书及必要的证据,说明理由。

(2) 专利权人陈述意见、修改其权利要求书。国务院专利行政部门应当将专利权无效宣告请求书和有关文件的副本送交专利权人,要求其在指定的期间内陈述意见,并可修改其权利要求书。

(3) 审理并决定。国务院专利行政部门根据当事人的请求或者案情需要,对无效宣告请求进行审理,并根据审理情况作出审查决定,无效宣告请求审查程序终止。

4. 专利权无效宣告的法律后果

当事人对国务院专利行政部门作出的决定不服的,可以自收到通知之日起 3 个月内向人民法院起诉。

根据《专利法》第 47 条的规定,国务院专利行政部门作出的决定或者人民法院通过诉讼程序审理作出的判决,产生法律效力后,具有如下法律后果:

(1) 被宣告无效的专利权自始不存在。即无效宣告决定有一定的追溯力。

(2) 专利权无效宣告的决定,对在宣告前人民法院作出并已执行的专利侵权的判决、裁定,已经履行或者强制执行的专利侵权纠纷处理决定,以及已经履行的专利实施许可合同和专利权转让合同,不具有追溯力。但存在如下两种例外:一是因专利权人的恶意给他人造成的损失,应当予以赔偿;二是专利权人不向被许可实施专利权人或专利权受让人返还专利使用费或者转让费明显违反公平原则时,应当全部或部分返还。

(3) 一事不再理。即国务院专利行政部门作出的决定及人民法院作出的判决产生效力后,任何人不得再以同样的事实和理由,请求宣告专利权无效。

六、专利权的内容

专利权的内容是指专利权人依法享有的权利和应当承担的义务。

(一) 专利权人的权利

1. 专利权人的权利内容

(1) 专利实施权

专利的实施就是将已获得专利权的发明创造应用于产业中,实现其经济价值。专利实施权包括独占权和禁止权,独占权是指专利权人对自己取得的专利享有的独自占有和实施其专利技术的权利;禁止权是指专利权人有权禁止他人未经许可而实施其专利。

《专利法》第11条规定:"发明和实用新型专利权被授予后,除本法另有规定的以外,任何单位或个人未经专利权人许可,都不得实施其专利,即不得为生产经营目的制造、使用、许诺销售、销售、进口其专利产品,或者使用其专利方法以及使用、许诺销售、销售、进口依照该专利方法直接获得的产品。外观设计专利权被授予后,任何单位或者个人未经专利权人许可,都不得实施其专利,即不得为了生产经营目的制造、许诺销售、销售、进口其外观设计专利产品。"

(2) 专利转让权

专利权的转让即专利权主体的变更,主要是指专利权人通过签订买卖、赠予等转让合同的方式,将专利权转让给他人。转让权是专利权人对专利权进行处分的一种重要方式。《专利法》第10条第1款规定:"专利申请权和专利权可以转让。"

由于某些专利技术的重要性,专利权的转让应当履行法定程序。《专利法》第10条第2款、第3款规定:"中国单位或者个人向外国人、外国企业或者外国其他组织转让专利申请权或者专利权的,应当依照有关法律、行政法规的规定办理手续。转让专利申请权或者专利权的,当事人应当订立书面合同,并向国务院专利行政部门登记,由国务院专利行政部门予以公告。专利申请权或者专利权的转让自登记之日起生效。"

(3) 专利实施许可权

专利实施许可权指专利权人享有的许可他人实施其专利并获得报酬的权利。专利实施许可是一种最活跃的专利权行使方式。《专利法》第12条规定:"任何单位或者个人实施他人专利的,应当与专利权人订立实施许可合同,向专利权人支付专利使用费。被许可人无权允许合同规定以外的任何单位或者个人实施该专利。"

(4) 标记权

标记权是专利权人在其专利产品或其包装上标明专利标记及专利号的一种权利。《专利法》第16条第2款规定:"专利权人有权在其专利产品或者该产品的包装上标明专利标识。"使用专利标记可以使公众知晓这是专利产品,同时,也是对自己产品的宣传形式。

(5) 署名权

署名权是指发明人、设计人对自己完成的发明创造在专利申请文件中写明自己是发明人、设计人的权利。发明人、设计人与专利权人有时是一致的,有时是不一致的。在职务发明创造的情况下,专利权归单位所用,但发明人、设计人仍享有署名权;在专利权发生转让的情况下,专利权主体发生了改变,但发明人、设计人的署名权不能转让。

(6) 获得收益权

专利权人通过自己实施其专利、许可他人实施其专利或者转让其专利,都可以获得收益,实现其经济利益。即使在强制许可的情况下,专利权人同样可以获得应得的费用。

(7) 请求保护权

他人未经专利权人许可,不得擅自实施其专利,否则即构成侵权。在发生侵权的情况下,专利权人可以行使请求保护权。根据《专利法》的规定,专利权人可以请求各级专利行政部门进行处理,也可以直接向人民法院起诉。

2. 专利权的限制

对专利权的限制主要体现在:

(1) 在时间上的限制。《专利法》第42条对于发明专利的保护期规定为20年,实用新型专利保护期为10年,外观设计专利的保护期为15年,均自专利申请之日起算。

(2) 在权利行使方面的限制。根据《专利法》第75条的规定,下列行为不被视为侵犯专利权:

① 使用权用尽限制。当权利人自己制造、进口或者许可他人制造、进口的专利产品或者依照专利方法直接获得的产品上市经过首次销售之后,专利权人对这些特定产品不再享有任何意义上的支配权,即购买者对这些产品的销售、许诺销售或者使用都与专利权人无关。

② 先使用权限制。如果在专利申请日前已经开始制造与专利产品相同的产品或者使用与专利相同的技术,或者已经做好制造、使用的准备,那么依法可以在原有范围内继续制造、使用该项技术。

③ 临时过境限制。交通工具临时通过一国领域,为交通工具自身需要而在其设备或装备中使用有关专利技术的,不视为侵犯专利权。这一规定的目的是维护国际的运输自由,《专利法》规定的临时过境限制的适用应符合以下条件:一是为交通工具自身需要;二是只适用于与我国签订协议或者共同参加国际条约或者有互惠原则的国家的运输工具;三是只适用于临时通过我国的领陆、领水或者领空的外国运输工具。

④ 非生产经营限制。专为科学研究和实验而使用有关专利的,不视为侵犯专利权。

⑤ 为提供行政审批所需要的信息,制造、使用、进口专利药品或者医疗器械的,以及专门为其制造、进口专利药品或者医疗器械的。

(二) 专利权人的义务

1. 实施专利发明创造的义务

实施专利既是专利权人的权利,又是专利权人的义务。国家保护专利权人对专利的独占权,就是为了换取专利权人公开专利、实施专利,如果专利权人取得了独占权却不实施,就是只享有权利而不履行义务,国家就有权强制其实施。

2. 充分公开发明创造的义务

这是指专利权人在取得专利权之前的专利申请文件中,应当充分公开发明创造的内容,以便所属领域技术人员能够实施。这是专利权人在取得专利权之前必须履行的义务,是取得专利权的前提条件。

3. 缴纳年费的义务

《专利法》第43条规定:"专利权人应当自授予专利权的当年开始缴纳年费。"缴纳年费是各国专利法规定的专利权人的基本义务,未按期缴纳的,视为专利权终止。

4. 依法正确实施专利权的义务

专利权人在行使其专利权时,不得滥用专利权。专利权人滥用专利权的表现可以是多种多样的。例如,专利权人利用自己的独占地位,向交易对象强加不合理的条件;专利权已经终止但是仍以专利的名义进行交易等。

(三)专利实施的强制许可

1. 专利实施强制许可的概念

强制许可,是指国家专利管理机关不经专利权人的同意,通过行政程序直接允许有关申请人实施专利权人的专利的法律制度。根据《专利法》的规定,可以实施强制许可的是发明专利和实用新型专利。强制许可不适用于外观设计专利。

2. 专利实施强制许可的种类

根据不同的条件,强制许可分为以下几种:

(1)专利权人怠于行使专利的强制许可。专利权人自专利权被授予之日起满3年,且自提出专利申请之日起满4年,无正当理由未实施或者未充分实施其专利的。

(2)专利权人不许可他人实施其专利时的强制许可。这种情况是指具备实施条件的单位以合理的条件请求发明或者实用新型专利权人许可实施其专利,而未能在合理长的时间内获得这种许可,国务院专利行政部门根据该单位的申请,可以给予实施该发明专利或者实用新型专利的强制许可。

(3)为国家利益或公共利益目的颁发的强制许可。根据《专利法》的规定,在国家出现紧急状态或者非常情况时,或者为了公共利益的目的,国务院专利行政部门可以给予实施发明专利或实用新型专利的强制许可。

(4)从属专利的强制许可,又称为交叉强制许可,是指一项取得专利权的发明或者实用新型比此前已经取得专利权的发明或者实用新型具有显著经济意义的重大技术进步,其实施又依赖于前一发明或者实用新型的实施的,国务院专利行政部门根据后一专利权人的申请,可以给予实施前一发明或者实用新型的强制许可。

3. 专利实施强制许可的异议

专利权人对国务院专利行政部门关于实施强制许可的决定不服的,或者专利权人和取得实施强制许可的单位或个人对国务院专利行政部门关于实施强制许可的使用费的裁决不服的,可以根据《行政复议法》规定的程序向国务院专利行政部门申请复议,对复议决定不服的,还可以向人民法院起诉。

专利权人也可以直接对国务院专利行政部门提起诉讼,即在收到相关的决定通知之日起3个月内向人民法院起诉。

七、专利权的法律保护

(一)侵犯专利权的行为

侵犯专利权的行为是指行为人未经专利权人许可,以营利为目的,实施了受法律保护的有效专利的行为。其表现形式主要有:

1. 未经专利权人许可实施其专利

根据《专利法》的规定,未经专利权人许可实施其专利的侵权行为有:(1)未经专利权人许可制造专利产品;(2)未经专利权人许可使用专利产品;(3)未经专利权人许可许诺销售、销售专利产品;(4)未经专利权人许可使用其专利方法以及使用、许诺销售、销售依照该专利方法直接获得的产品;(5)未经专利权人许可制造、销售、进口外观设计专利产品;(6)未经专利权人许可进口专利产品或进口依照专利方法直接获得的产品。

2. 假冒或冒充专利

(1)假冒专利行为

假冒专利是指未经专利权人许可标明专利权人的专利标记或专利号,从而使社会公众误认为是专利产品的行为。这种行为以假乱真,侵害了专利权人的利益,欺骗了消费者。其具体表现是:① 未经许可,在其制造或销售的产品、产品的包装上标注他人的专利号;② 未经许可,在广告或者其他宣传材料上使用他人的专利号,使人们将所涉及的技术误认为是他人的专利技术;③ 未经许可,在合同中使用他人的专利号,使对方将合同涉及的专利技术误认为是他自己的专利技术;④ 伪造或编造他人的专利证书、专利文件或专利申请文件。

(2)冒充专利行为

冒充专利是指将非专利产品或方法冒充为专利产品或者方法,使他人误认为是专利产品或方法的行为。冒充专利和假冒专利不同,其行为不涉及他人的合法专利权,而只是冒用了专利的名义,但对社会公众形成欺骗,视为专利侵权行为。冒充专利行为具体表现为:① 制造或销售标有专利标记的非专利产品;② 专利权被宣告无效后,继续在制造或销售的产品上标注专利标记;③ 在广告或其他宣传材料中将非专利技术称为专利技术;④ 在合同中将非专利技术称为专利技术;⑤ 伪造或编造专利证书、专利文件或专利申请文件。

(二)对侵犯专利权行为的救济方式

对侵犯专利行为的救济方式,是专利权人对侵犯专利权行为请求法律保护的方法。《专利法》第65条规定:"未经专利权人许可,实施其专利,即侵犯其专利权,引起纠纷的,由当事人协商解决;不愿协商或者协商不成的,专利权人或利害关系人可以向人民法院起诉,也可以请求管理专利工作的部门处理。管理专利工作的部门处理时,认定侵权行为成立的,可以责令侵权人立即停止侵权行为,当事人不服的,可以自收到处理通知之日起十五日内依照《中华人民共和国行政诉讼法》向人民法院起诉;侵权人期满不起诉又不停止侵权行为的,管理专利工作的部门可以申请人民法院强制执行。进行处理的管理专利工作的部门应当事人的请求,可以就侵犯专利权的赔偿数额进行调解;调解不成的,当事人可以依照《中华人民共和国民事诉讼法》向人民法院起诉。"

侵犯专利权的诉讼时效为3年,自专利权人或者利害关系人得知或者应当得知侵权行为之日起计算。

(三)侵犯专利权的法律责任

1. 侵犯专利权的民事责任

侵犯专利权的民事责任是指侵犯他人专利权的民事法律后果。《专利法》规定的承担民事责任的形式主要有：

（1）停止侵权。根据《专利法》第69条的规定，侵犯专利权的，专利权人可以请求法律给予保护，责令侵权人停止侵权行为。同时，专利权人还可以请求采取扣押、查封、冻结等保全措施，以有效阻止侵权行为继续发生。

（2）赔偿损失。侵犯他人专利权，给专利权人造成损失的，侵权行为人应当承担赔偿损失的民事责任。《专利法》第71条规定："侵犯专利权的赔偿数额按照权利人因被侵权所受到的实际损失或者侵权人因侵权所获得的利益确定；权利人的损失或者侵权人获得的利益难以确定的，参照该专利许可使用费的倍数合理确定。对故意侵犯专利权，情节严重的，可以在按照上述方法确定数额的一倍以上五倍以下确定赔偿数额。权利人的损失、侵权人获得的利益和专利许可使用费难以确定的，人民法院可以根据专利权的类型、侵权行为的性质和情节等因素，确定给予三万元以上五百万元以下的赔偿。赔偿数额还应当包括权利人为制止侵权行为所支付的合理开支。"

（3）消除影响。消除影响应当由专利权人提出请求，由国务院专利行政部门或人民法院责令侵权人公开向专利权人道歉并登报承认错误。

2. 侵犯专利权的行政责任

侵犯专利权的行政责任是指侵权人实施专利侵权行为所引起的行政法律后果。《专利法》规定的侵犯专利权的行政责任主要有：

（1）假冒专利的，除依法承担民事责任外，由负责专利执法的部门责令改正并予以公告，没收违法所得，可以处违法所得5倍以下的罚款；没有违法所得或者违法所得在5万元以下的，可以处25万元以下的罚款；构成犯罪的，依法追究刑事责任。

（2）违反法律规定向外国申请专利，泄漏国家秘密的，由所在单位或者上级主管机关给予行政处分；构成犯罪的，依法追究刑事责任。

（3）侵夺发明人或者设计人的非职务发明创造专利申请和专利法规定的其他权益的，由所在单位或者上级主管机关给予行政处分。

（4）管理专利工作的部门参与向社会推荐专利产品等经营活动的，由其上级机关或者监察机关责令改正，消除影响，有违法收入的予以没收；情节严重的，对直接负责的主管人员和其他责任人员依法给予行政处分。

3. 侵犯专利权的刑事责任

侵犯专利权的刑事责任是指侵权人实施专利侵权行为情节严重、触犯刑律、构成犯罪所依法应承担的刑事法律后果。我国《专利法》规定的侵犯专利权的刑事责任主要有：

（1）假冒他人专利，构成犯罪的，依法追究刑事责任。根据《刑法》的规定，假冒他人专利，情节严重的，处3年以下有期徒刑或者拘役，并处或者单处罚金。

（2）违反《专利法》规定向国外申请专利，泄漏国家秘密，构成犯罪的，依法追究刑事责任。

（3）国家机关人员违反《保守国家秘密法》的规定，故意或者过失泄漏国家秘密，情节严重的，处3年以下有期徒刑或者拘役；情节特别严重的，处3年以上7年以下有期徒刑。

（4）从事专利管理工作的国家机关工作人员以及其他有关国家机关工作人员玩忽职守、滥用职权、徇私舞弊，构成犯罪的，依法追究刑事责任。根据《刑法》的规定，国家机关工作人员徇私舞弊，构成犯罪的，处 5 年以下有期徒刑或者拘役；情节特别严重的，处 5 年以上 10 年以下有期徒刑。

第三节　著作权法律制度

一、著作权法概述

著作权法是指调整因著作权的产生、控制、利用和支配而产生的社会关系的法律规范的总称。广义的著作权法包括著作权法、邻接权法、各种相关的法律规范以及调整国家与国家之间就相互提供著作权保护而缔结的国际条约。

（一）著作权

著作权，是指基于文学、艺术和科学作品依法产生的权利。文学、艺术和科学作品是著作权产生的前提和基础。根据我国《著作权法》的规定，著作权与版权是同一个意思，著作权是民事权利中知识产权的重要组成部分。根据著作权内容的不同，著作权可分为著作人身权和著作财产权，前者是指著作权人享有的与人身利益相联系的没有财产权内容的权利，如著作权人享有的主张自己为某文学、艺术或科学作品的作者的资格权、发表权、署名权、修改权和维护作品完整性的权利；后者是指著作权人享有的具有财产内容的权利，如复制发行权、表演权、播放权、展示权、改编权等一系列权利。

（二）我国著作权法的立法概况

我国古代既无"版权"概念，也无"著作权"一词，这两个术语都来自日本。"版权"一词在日本公认是由著名教育家福泽谕吉根据英文 copyright 创造的。我国著作权立法最早见于清朝末年，1910 年颁布了我国历史上第一部著作权法——《大清著作权律》，该法分为通例、权利期限、呈报义务、权利限制和附则共 5 章 55 条，条文简约，内容完备。《大清著作权律》既保护著作人身权，也保护著作财产权；保护对象为文艺、图画、帖本、照片、雕刻、模型；著作权内容限于对著作的专有重制之利益；实行著作物经民政部注册纳费及交纳样本才给予保护的原则。中华人民共和国成立以后，特别是成立初期，国家注重对作者利益的保护问题。1950 年全国第一次出版工作会议作出的《关于改进和发展出版工作的决议》指出："出版业应尊重著作权及出版权，不得有翻版、抄袭、篡改等行为"，"稿酬办法应在兼顾著作家、读者及出版家三方面利益原则下与著作家协商决定。尊重著作家的权益，原则上不应采取卖绝著作权的办法。"这些规定成为当时著作权保护的重要依据。1953 年国家出版总署颁布的《关于纠正任意翻印图书现象的规定》规定："一切机关团体不得擅自翻印出版社出版的图书图片以尊重版权。"这些文件是我国著作权保护立法的表现。

改革开放以来，我国法制建设取得了长足的进步，知识产权方面的法律制度也逐步建立并完善,1986年通过的《民法通则》首次对著作权作为知识产权的一部分作了规定："公民、法人享有著作权(版权),依法有署名、发表、出版、获得报酬等权利"。1990年,中华人民共和国第一部《著作权法》通过,在规范、鼓励作品的创作、传播以及加强版权保护、管理方面发挥了重要的作用,也在一定程度上推动了经济社会文化和科学事业的发展。但随着科技和经济发展带来新问题的增多,《著作权法》也与时俱进,在2001年和2010年先后两次进行修正,2020年进行了第三次修正,于2021年6月1日实施,此次修正对作品进行了明确的定义,将电影和类电影作品修改为视听作品,并将法律法规规定的其他作品修改为符合作品特征的其他智力成果,更具有前瞻性,涵盖的范围更广;针对著作权侵权赔偿数额低,对著作权保护不力的现状,将著作权侵权赔偿法定赔偿数额的上限提高到500万元,还规定了法定赔偿数额的下限为500元;对于故意侵权、情节严重的情况,法院可以判决给予赔偿额1倍至5倍的赔偿,加大了对盗版侵权的打击力度;与《关于为盲人、视力障碍者或其他印刷品阅读障碍者获得已出版作品提供便利的马拉喀什条约》(以下简称《马拉喀什条约》)相一致,将"以阅读障碍者能够感知的无障碍方式向其提供已经发表的作品"行为纳入合理使用范畴,同时限定了免费表演为合理使用的条件,即必须不以营利为目的,体现了对视障人群的关爱。

我国加入了《保护文学和艺术作品伯尔尼公约》和《世界版权公约》,标志着我国的著作权保护开始与国际接轨。2012年6月27日,在北京举行的世界知识产权组织保护音像表演外交会议正式签署了《视听表演北京条约》,填补了视听表演领域全面版权保护国际条约的空白。2013年6月27日,缔结了《马拉喀什条约》,条约要求缔约方通过国内立法,规定版权限制与例外,以保障盲人、视力障碍者或其他印刷品阅读障碍者平等欣赏作品和接受教育的权利,我国申请加入该条约,但由于原有的著作权立法与该条约的规定有一定差距而未获通过。我国参加的与著作权有关的知识产权国际条约和我国与其他国家签订的有关著作权保护的双边条约,也成为我国著作权法的重要法律渊源[①]。

(三)著作权法保护的对象

根据《著作权法》的规定,中国自然人、法人或者非法人组织的作品,不论是否发表,依法享有著作权。外国人、无国籍人的作品根据其作者所属国或者经常居住地国同中国签订的协议或者共同参加的国际条约依法享有著作权。外国人、无国籍人的作品首先在中国境内出版的,依照本法享有著作权。未与中国签订协议或者共同参加国际条约的国家的作者以及无国籍人的作品首次在中国参加的国际条约的成员国出版的,或者在成员国和非成员国同时出版的,受本法保护。

作品是指文学、艺术和科学领域内具有独创性并能以一定形式表现的智力成果,包

[①] 我国加入的有关著作权的国际条约有《保护文学和艺术作品伯尔尼公约》《世界版权公约》《与贸易有关的知识产权协议》《保护表演者、唱片录制者和广播组织国际公约》《保护录音制品制作者防止未经许可复制其录音制品公约》《世界知识产权组织版权条约》《世界知识产权组织表演和录音制品条约》。

括文字作品;口述作品;音乐、戏剧、曲艺、舞蹈、杂技艺术作品;美术、建筑作品;摄影作品;视听作品;工程设计图、产品设计图、地图、示意图等图形作品和模型作品;计算机软件;符合作品特征的其他智力成果。

著作权法的保护对象是广泛的,但也规定了著作权保护的例外情形,行使著作权不得违反宪法和法律,不得损害公共利益。同时还规定了著作权法保护不适用的对象:法律、法规、国家机关的决议、决定、命令和其他具有立法、行政、司法性质的文件,及其官方正式译文;单纯事实消息;历法、通用数表、通用表格和公式。另外,有关民间文学艺术作品的著作权保护另行规定。

二、著作权的内容

（一）著作权人及其权利

根据《著作权法》的规定,著作权人包括作者,其他依照本法享有著作权的自然人、法人或者非法人组织。著作权包括著作人身权和著作财产权。

1. 著作人身权

著作人身权,是作者基于作品依法享有的以人身利益为内容的权利,是与著作财产权相对应的人身权。著作人身权的特点有:(1)著作人身权具有一定的专属性,通常不得转让、继承和放弃;(2)法人和非法人组织在一定条件下可以视为作者,因而法人和非法人团体也可以享有著作人身权;(3)著作人身权不同于民事权利中的其他人身权。由于民事主体的民事权利能力始于出生,终于死亡,因此民事主体的其他人身权多以生命存续这一法律事实为前提,平等地享有,而著作人身权则是以创作出文学艺术作品为法律事实,它也不因创作者的生命终结而消失。著作人身权基于作品的存在而依附其上,因而无期限限制。著作人身权包括发表权、署名权、修改权、保护作品完整权。

2. 著作财产权

著作财产权,是基于对作品的利用给著作权人带来的财产收益权。由于对作品的传播利用方式的控制,可以给著作权人和传播人带来经济上的利益,著作财产权体现了著作权人同作品的利用人之间的以对作品的一定利用方式为标的的商品关系,是著作权的重要组成部分。著作财产权包括著作权人所能得到的那部分财产权益,以及实现其利益的各种手段和方式。著作财产权包括复制权、发行权、出租权、展览权、表演权、放映权、广播权、信息网络传播权、摄制权、改编权、翻译权、汇编权以及应当由著作权人享有的其他权利。

（二）著作权归属

根据著作权自动产生的原则,完成创作文学艺术作品这一法律事实一经出现,著作权法律关系也随之产生,作品的作者依法成为著作权人。

(1)著作权属于作者,是著作权归属的一般原则。在法律上,这里的作者既包括自然人,也包括法人和非法人组织。

(2)合作作品的著作权。两人以上合作的作品是合作作品。两人以上合作创作的作品,著作权由合作作者共同享有。没有参加创作的人,不能成为合作作者。合作作品的著作权由合作作者通过协商一致行使;不能协商一致,又无正当理由的,任何一方不得阻止他方行使除转让、许可他人专有使用、出质以外的其他权利,但是所得收益应当合理分配给所有合作作者。合作作品可以分割使用的,作者对各自创作的部分可以单独享有著作权,但行使著作权时不得侵犯合作作品整体的著作权。

(3) 职务作品的著作权。在创作过程中,作者和他所工作的机构之间存在着劳动关系,因此作品的著作权上就有了职务作品与非职务作品的区别。自然人为完成法人或者非法人组织工作任务所创作的作品是职务作品。职务作品的著作权有以下两种情形:

① 著作权由作者享有,但法人或者非法人组织有权在其业务范围内优先使用。作品完成两年内,未经单位同意,作者不得许可第三人以与单位使用的相同方式使用该作品。

② 有下列情形之一的职务作品,作者享有署名权,著作权由法人或者非法人组织享有,法人或者非法人组织可以给予作者奖励:其一,主要是利用法人或者非法人组织的物质技术条件创作,并由法人或者非法人组织承担责任的工程设计图、产品设计图、地图、示意图、计算机软件等职务作品;其二,报社、期刊社、通讯社、广播电台、电视台的工作人员创作的职务作品;其三,法律、行政法规规定或者合同约定著作权由法人或者非法人组织享有的职务作品。

(4) 汇编作品的著作权。汇编作品是指汇编若干作品、作品的片段或者不构成作品的数据或者其他材料,对其内容的选择或者编排体现独创性的作品,其著作权由汇编人享有,但行使著作权时,不得侵犯原作品的著作权。汇编作品因其整个形式的独创性而受到著作权法保护,但是并不因此而抹杀原有作品的著作权。也就是说,汇编作品事实上受到两重著作权保护,即原作品著作权和汇编作品著作权。

(5) 使用改编、翻译、注释、整理、汇编已有作品而产生的作品进行出版、演出和制作录音录像制品,应当取得该作品的著作权人和原作品的著作权人许可,并支付报酬。

(6) 视听作品中的电影作品、电视剧作品的著作权由制作者享有,但编剧、导演、摄影、作词、作曲等作者享有署名权,并有权按照与制作者签订的合同获得报酬。前款规定以外的视听作品的著作权归属由当事人约定;没有约定或者约定不明确的,由制作者享有,但作者享有署名权和获得报酬的权利。视听作品中的剧本、音乐等可以单独使用的作品的作者有权单独行使其著作权。

(7) 受委托创作的作品,著作权的归属由委托人和受托人通过合同约定。合同未作明确约定或者没有订立合同的,著作权属于受托人。

(8) 作品原件所有权的转移,不改变作品著作权的归属,但美术、摄影作品原件的展览权由原所有人享有。作者将未发表的美术、摄影作品的原件所有权转让给他人,受让人展览该原件不构成对作者发表权的侵犯。

著作权属于自然人的,自然人死亡后,著作财产权在本法规定的保护期内,依法转移。著作权属于法人或者非法人组织的,法人或者非法人组织变更、终止后,著作财产权在本法规定的保护期内,由承受其权利义务的法人或者非法人组织享有;没有承受其权利义务的法人或者非法人组织的,由国家享有。

（三）著作权的保护期

著作权是一种有时间限制的权利,但因著作人身权和著作财产权所要维护的利益的性质不同,二者的期间也有区别。著作人身权是与作者的人格利益相联系的,只要作品存在一天,作者与该作品与生俱来的联系事实就不会改变。因此,著作人身权中的某些内容具有专属性的权利理应受到永久的保护,作者的署名权、修改权、保护作品完整权的保护期不受限制。

著作财产权反映了权利人通过对作品的不同方式的利用所能带来经济收入的可能性。一方面法律尊重和维护作者因设计完成其文学艺术形式而获得相应的利益;另一方面也认为任何的作品都是一种文化上的传承,纯粹前无古人的作品是不存在的。所以对任何作品的支配权都不应当被永久地独占。根据这一原则,各国著作权制度对著作财产权都规定了一定的时间界限。通常做法是保护期延至作者去世后若干年,但各国长短不一。

根据我国《著作权法》的规定,自然人的作品,其发表权、复制权、发行权、出租权、展览权、表演权、放映权、广播权、信息网络传播权、摄制权、改编权、翻译权、汇编权、应当由著作权人享有的其他权利的保护期为作者终生及其死亡后50年,截止于作者死亡后第50年的12月31日;如果是合作作品,截止于最后死亡的作者死亡后第50年的12月31日。

法人或者非法人组织的作品、著作权（署名权除外）由法人或者非法人组织享有的职务作品,其发表权的保护期为50年,截止于作品创作完成后第50年的12月31日;复制权、发行权、出租权、展览权、表演权、放映权、广播权、信息网络传播权、摄制权、改编权、翻译权、汇编权、应当由著作权人享有的其他权利的保护期为50年,截止于作品首次发表后第50年的12月31日,但作品自创作完成后50年内未发表的,本法不再保护。

视听作品,其发表权的保护期为50年,截止于作品创作完成后第50年的12月31日;复制权、发行权、出租权、展览权、表演权、放映权、广播权、信息网络传播权、摄制权、改编权、翻译权、汇编权,应当由著作权人享有的其他权利的保护期为50年,截止于作品首次发表后第50年的12月31日,但作品自创作完成后50年内未发表的,本法不再保护。

（四）著作权的合理使用

著作权人以外的人在某些情况下使用他人已经发表的作品,也就是行使依法本属于著作权人有权行使的权利,可以不经著作权人的许可,不向其支付报酬,但应当指明作者的姓名、作品名,并且不得侵犯著作权人的其他权利。严格地讲,这些情况已经构成对著作权的侵犯,只是考虑到社会公众的利益以及这些行为在一定的技术发展水平下对著作权人的利益损害不大,法律上不认为这是侵权行为,并在理论上称这种使用为"合理使用"。《著作权法》第24条规定了合理使用的范围和具体方式:(1)为个人学习、研究或者欣赏,使用他人已经发表的作品;(2)为介绍、评论某一作品或者说明某一问题,在作品中适当引用他人已经发表的作品;(3)为报道新闻,在报纸、期刊、广播电台、电视台等媒体中不可避免地再现或者引用已经发表的作品;(4)报纸、期刊、广播电台、电视台等媒体刊登或者播放其他报纸、期刊、广播电台、电视台等媒体已经发表的关于政治、经济、宗教问题的时事性文章,但著作权人声明不许刊登、播放的除外;(5)报纸、期刊、广播电台、电视台等媒体刊登或者播放在公众集会上发表的讲话,但作者声明不许刊登、播放的除外;(6)为学校课堂教学或者科学研究,翻译、改编、汇编、播放或者少量复制已经发表的作品,供教学或者科研人员使用,但不得出版发行;(7)国家机关为执行公务在合理范围内使用已经发表的作品;(8)图书馆、档案馆、纪念馆、博物馆、美术馆、文化馆等为陈列或者保存版本的需要,复制本馆收藏的作品;(9)免费表演已经发表的作品,该表演未向公众收取费用,也未向表演者支付报酬,且不以营利为目的;(10)对设置或者陈列在公共场所的艺术作品进行临摹、绘画、摄影、录像;(11)将中国公民、法人或者非法人组织已经发表的以国家通用语言文字创作的作品翻译成少数民族语言文字作品在国内出版发行;(12)以阅读障碍者能够感知的无障碍方式向其提供已经发表的作品;(13)法律、行政法规规定的其他情形。

上述对著作权人权利的限制规定,同样适用于对出版者、表演者、录音录像制作者、广播电台、电视台的权利的限制。另外,为实施义务教育和国家教育规划而编写出版教科书,应当按照规定向著作权人支付报酬,指明作者姓名或者名称、作品名称,并且不得侵犯著作权人依照本法享有的其他权利。

三、著作权许可使用和转让

(一)著作权许可使用

著作权可以通过订立合同的方式许可他人使用,《著作权法》规定可以不经许可的除外。许可使用合同包括下列主要内容:许可使用的权利种类;许可使用的权利是专有使用权或者非专有使用权;许可使用的地域范围、期间;付酬标准和办法;违约责任;双方认为需要约定的其他内容。

(二)著作权转让

著作财产权可以通过订立合同的方式转让,可以在合同中约定作品的名称;转让的权利种类、地域范围;转让价金;交付转让价金的日期和方式;违约责任;双方认为需要约定的其他内容。以著作权中的财产权出质的,由出质人和质权人依法办理出质登记。

著作权许可使用合同和转让合同中著作权人未明确许可、转让的权利,未经著作权人同意,另一方当事人不得行使。使用作品的付酬标准可以由当事人约定,也可以按照国家著作权主管部门会同有关部门制定的付酬标准支付报酬。当事人约定不明确的,按照国家著作权主管部门会同有关部门制定的付酬标准支付报酬。出版者、表演者、录音录像制作者、广播电台、电视台等依照本法有关规定使用他人作品的,不得侵犯作者的署名权、修改权、保护作品完整权和获得报酬的权利。

四、与著作权有关的权利

（一）图书、报刊的出版权

图书出版者通过与著作权人订立出版合同,按照合同约定享有的专有出版权出版著作权人交付的作品,支付相应报酬,他人不得出版该作品。著作权人应当按照合同约定期限交付作品。图书出版者应当按照合同约定的出版质量、期限出版图书。图书出版者不按照合同约定期限出版,应当依法承担相应的民事责任。图书出版者重印、再版作品的,应当通知著作权人,并支付报酬。图书脱销后,图书出版者拒绝重印、再版的,著作权人有权终止合同。

著作权人向报社、期刊社投稿的,自稿件发出之日起 15 日内未收到报社通知决定刊登的,或者自稿件发出之日起 30 日内未收到期刊社通知决定刊登的,可以将同一作品向其他报社、期刊社投稿。双方另有约定的除外。作品刊登后,除著作权人声明不得转载、摘编的外,其他报刊可以转载或者作为文摘、资料刊登,但应当按照规定向著作权人支付报酬。

图书出版者经作者许可,可以对作品修改、删节。报社、期刊社可以对作品作文字性修改、删节。对内容的修改,应当经作者许可。出版者有权许可或者禁止他人使用其出版的图书、期刊的版式设计。

出版者权利的保护期为 10 年,截止于使用该版式设计的图书、期刊首次出版后第 10 年的 12 月 31 日。

（二）表演权

表演权是表演者支付一定报酬,在取得著作权人许可之后通过演出组织或其他法定或约定的方式和办法使用他人作品演出的权利。表演者对其表演享有下列权利:表明表演者身份;保护表演形象不受歪曲;许可他人从现场直播和公开传送其现场表演,并获得报酬;许可他人录音录像,并获得报酬;许可他人复制、发行、出租录有其表演的录音录像制品,并获得报酬;许可他人通过信息网络向公众传播其表演,并获得报酬。被许可人许可他人使用其表演作品的,还应当取得著作权人许可,并支付报酬。

表演者表明身份的权利及保护表演形象不受歪曲的权利保护期限不受限制。其他权利的保护期限为 50 年,截止于该表演发生后第 50 年的 12 月 31 日。

（三）录音录像权

录音录像权是录音录像制作者通过支付报酬取得著作权人许可使用他人作品制作录音录像制品的权利。录音制作者使用他人已经合法录制为录音制品的音乐作品制作录音制品,可以不经著作权人许可,但应当按照规定支付报酬;著作权人声明不许使用的不得使用。录音录像制作者制作录音录像制品,应当同表演者订立合同,并支付报酬。录音录像制作者对其制作的录音录像制品,享有许可他人复制、发行、出租、通过信息网络向公众传播并获得报酬的权利;权利的保护期为 50 年,截止于该制品首次制作完成后第 50 年的 12 月 31 日。

被许可人复制、发行、通过信息网络向公众传播录音录像制品,应当同时取得著作权人、表演者许可,并支付报酬;被许可人出租录音录像制品,还应当取得表演者许可,并支付报酬。将录音制品用于有线或者无线公开传播,或者通过传送声音的技术设备向公众公开播送的,应当向录音制作者支付报酬。

（四）广播电台、电视台播放权

广播电台、电视台播放权是广播电台、电视台在取得著作权人许可后,支付报酬,播放他人未发表的作品的权利。广播电台、电视台播放他人已发表的作品,可以不经著作权人许可,但应当按照规定支付报酬。

广播电台、电视台有权禁止他人未经其许可将其播放的广播、电视以有线或者无线方式转播、录制以及复制、通过信息网络向公众传播。广播电台、电视台行使前款规定的权利,不得影响、限制或者侵害他人行使著作权或者与著作权有关的权利。广播电台、电视台播放权的保护期为 50 年,截止于该广播、电视首次播放后第 50 年的 12 月 31 日。

电视台播放他人的视听作品、录像制品,应当取得视听作品著作权人或者录像制作者许可,并支付报酬;播放他人的录像制品,还应当取得著作权人许可,并支付报酬。

五、著作权和与著作权有关的权利的法律保护

（一）技术措施保护

技术措施,是指用于防止、限制未经权利人许可浏览、欣赏作品、表演、录音录像制品或者通过信息网络向公众提供作品、表演、录音录像制品的有效技术、装置或者部件。为保护著作权和与著作权有关的权利,权利人可以采取技术措施。

下列情形可以避开技术措施,但不得向他人提供避开技术措施的技术、装置或者部件,不得侵犯权利人依法享有的其他权利:为学校课堂教学或者科学研究,提供少量已经发表的作品,供教学或者科研人员使用,而该作品无法通过正常途径获取;不以营利为目的,以阅读障碍者能够感知的无障碍方式向其提供已经发表的作品,而该作品无法通过正常途径获取;国家机关依照行政、监察、司法程序执行公务;对计算机及其系统或者网络的安全性能进行测试;进行加密研究或者计算机软件反向工程研究。上述限制适用于对与著作权有关的权利的限制。

（二）著作权纠纷的解决方式

著作权纠纷可以调解,也可以根据当事人达成的书面仲裁协议或者著作权合同中的仲裁条款,向仲裁机构申请仲裁。当事人没有书面仲裁协议,也没有在著作权合同中订立仲裁条款的,可以直接向人民法院起诉。当事人因不履行合同义务或者履行合同义务不符合约定而承担民事责任,以及当事人行使诉讼权利、申请保全等,适用《民法典》《民事诉讼法》的规定。

（三）侵犯著作权的法律责任

1. 侵犯著作权的民事责任

有《著作权法》第 52 条、第 53 条规定的侵犯著作权行为的,应当根据情况承担停止

侵害、消除影响、赔礼道歉、赔偿损失等民事责任。侵犯著作权或者与著作权有关的权利的，侵权人应当按照权利人因此受到的实际损失或者侵权人的违法所得给予赔偿；权利人的实际损失或者侵权人的违法所得难以计算的，可以参照该权利使用费给予赔偿。对故意侵犯著作权或者与著作权有关的权利，情节严重的，可以在按照上述方法确定数额的1倍以上5倍以下给予赔偿。权利人的实际损失、侵权人的违法所得、权利使用费难以计算的，由人民法院根据侵权行为的情节，判决给予500元以上500万元以下的赔偿。赔偿数额还应当包括权利人为制止侵权行为所支付的合理开支。

2. 侵犯著作权的行政责任

《著作权法》第53条规定的侵犯著作权的行为在承担民事责任的同时，如果损害公共利益的，由主管著作权的部门责令停止侵权行为，予以警告，没收违法所得，没收、无害化销毁处理侵权复制品以及主要用于制作侵权复制品的材料、工具、设备等，违法经营额5万元以上的，可以并处违法经营额1倍以上5倍以下的罚款；没有违法经营额、违法经营额难以计算或者不足5万元的，可以并处25万元以下的罚款。

主管著作权的部门对涉嫌侵犯著作权和与著作权有关的权利的行为进行查处时，可以询问有关当事人，调查与涉嫌违法行为有关的情况；对当事人涉嫌违法行为的场所和物品实施现场检查；查阅、复制与涉嫌违法行为有关的合同、发票、账簿以及其他有关资料；对于涉嫌违法行为的场所和物品，可以查封或者扣押。主管著作权的部门依法行使前款规定的职权时，当事人应当予以协助、配合，不得拒绝、阻挠。

3. 侵犯著作权的刑事责任

对侵犯著作权行为追究刑事责任的规定最早见于1994年7月5日第八届全国人大常委会第八次会议作出的《关于惩治侵犯著作权的犯罪的决定》（以下简称《决定》）。这个《决定》是对《刑法》的补充规定，也是对著作权保护制度的有效完善。1997年3月14日第十二届全国人大第五次会议修订的《刑法》中，又专门设立了一节"侵犯知识产权罪"。《决定》的主要内容写入刑法典，规定了对侵犯著作权的犯罪的刑事处罚措施，规定了"以营利为目的，有下列侵犯著作权情形之一，违法所得数额较大或者有其他严重情节的，处三年以下有期徒刑或者拘役，并处或者单处罚金；违法所得数额巨大或者有其他特别严重情节的，处三年以上七年以下有期徒刑，并处罚金……""以营利为目的，销售明知是本法第二百一十七条规定的侵权复制品，违法所得数额巨大的，处三年以下有期徒刑或拘役，并处或者单处罚金。"《著作权法》规定，实施本法第53条规定的侵犯著作权行为，构成犯罪的，依法追究刑事责任。

复习思考题

1. 什么是商标？商标具有哪些特征？
2. 商标注册实质审查的主要内容有哪些？
3. 什么是注册商标使用许可？使用许可的方式有哪些？
4. 哪些行为属于商标侵权行为？它要承担什么法律责任？

5. 什么是驰名商标？驰名商标的认定条件有哪些？
6. 什么是专利？专利的核心内容有哪些？
7. 专利申请的原则有哪些？
8. 授予发明和实用新型专利权的条件有哪些？
9. 什么是专利实施的强制许可？强制许可的种类有哪些？
10. 侵犯专利权行为的主要表现形式有哪些？
11. 什么是作品？
12. 著作权的内容都有哪些？
13. 著作权合理使用的范围有哪些？

第十四章

劳动与社会保障法律制度

重点与难点

本章重点：劳动关系的概念和特征；劳动法的适用范围；劳动合同的订立；劳动合同的内容；劳动合同的解除和终止；集体合同；劳务派遣；工时和工资；女工和未成年工的特殊保护；劳动争议处理；社会保险

本章难点：劳动关系的认定；劳动合同的解除和终止；社会保险

第一节 劳 动 法

一、劳动法的概念和调整对象

劳动法是调整劳动关系以及与劳动关系密切联系的其他社会关系的法律规范的总称。劳动法的立法目的是保护劳动者的合法权益，构建和发展和谐稳定的劳动关系，维护社会安定，促进经济发展和社会进步。

劳动法有广义和狭义之分。狭义上的劳动法，一般是指国家最高立法机关制定的《中华人民共和国劳动法》(以下简称《劳动法》)；广义上的劳动法，指调整劳动关系以及与劳动关系有密切联系的其他社会关系的法律、行政法规、地方性法规、规章等，是一系列法律规范的总和。本章使用广义的劳动法概念。

劳动法调整两类社会关系：

（一）劳动关系

这是劳动法主要的调整对象。劳动法意义上的劳动关系是指劳动者与用人单位之间，在直接运用(劳动者的)劳动能力实现劳动过程中所发生的关系。作为劳动法调整对象的劳动关系具有下列特征：

（1）劳动关系中当事人是特定的，并包含着隶属性的社会要素。在劳动关系中，一方当事人是确定的劳动者个人，要有相应的劳动权利能力和劳动行为能力；另一方当事人是确定的用人单位，应具有相应的用人权利能力和用人行为能力。在劳动关系中，劳动者必须加入用人单位内部，成为用人单位集体的一员，隶属于该用人单位。

（2）劳动关系是有偿的。劳动者凭借自己的劳动能力为用人单位进行生产或工作，是为了从用人单位获得劳动报酬;用人单位支付劳动报酬给劳动者,是为了获得一定数量的合格产品或者取得工作效益。

(3)劳动关系中的劳动者一方必须遵守用人单位的内部劳动规则。劳动者作为用人单位集体的一员,必须遵守用人单位的内部劳动规则。这种内部劳动规则包括工时制度、劳动纪律制度、安全生产制度、技术操作规范等。

(4)劳动关系具有一定的持续性。劳动者和用人单位依法建立劳动关系后,劳动关系通常会持续一段时间。虽然劳动关系因用工形式不同,在劳动时间长短上有差异,但一般情况下通常会持续一定的时间。

(二)与劳动关系密切联系的其他社会关系

这类社会关系通常包括:

(1)管理劳动力方面的关系。即国家劳动行政主管部门以及其他有关部门与用人单位和劳动者之间,在对劳动力的管理、使用、教育和培训等方面发生的社会关系。

(2)输送劳动力方面的关系。即劳动力资源管理机构、职业教育培训机构、职业介绍机构等与用人单位、劳动者在劳动力输送、使用、管理方面发生的社会关系。

(3)社会保险方面的关系。即参加社会保险的用人单位、劳动者(死亡职工的直系亲属)与社会保险经办机构之间发生的社会关系。

(4)集体谈判和协商方面的关系。即企业工会与企业行政、政府主管部门等在集体谈判和协商过程中发生的社会关系。

(5)监督、检查劳动法律法规执行方面的关系。即国家有关机关和部门因监督检查劳动法律法规的执行情况,与用人单位发生的社会关系。

(6)处理劳动争议方面的关系。即劳动争议处理机构与用人单位、劳动者在解决处理劳动纠纷时发生的社会关系。

二、劳动法的适用范围

劳动法的适用范围包括劳动法的空间适用范围、对人的适用范围和时间适用范围。

(一)空间适用范围

在我国,劳动法具有较强的地域性特点。由于我国劳动法的立法层次不同,因而其适用的地域范围也不同,不同层次的劳动法只能在其相应的地域范围内发生法律效力。

(二)对人的适用范围

根据我国法律的规定,劳动法对人的适用范围包括两大类:

(1)中华人民共和国境内的企业、个体经济组织、民办非企业单位等组织和与其形成或建立劳动关系的劳动者。

(2)国家机关、事业单位、社会团体和与其建立劳动关系的劳动者。

在我国,不适用劳动法的主体有:① 国家机关的公务员,事业单位和社会团体中纳入公务员编制或者参照公务员进行管理的工作人员;② 事业单位与实行聘用制的工作人员中,法律、行政法规或国务院另有规定的;③ 从事农业劳动的农村劳动者;④ 现役军人、军队的文职人员;⑤ 家庭雇佣关系的劳动者。

（三）时间适用范围

由于我国劳动法的表现形式较多,因而其生效和失效时间也不尽相同。

劳动法的生效时间一般有两种:一是劳动法明确规定了从其通过或公布之日起生效;二是劳动法通过或公布之日并不立即发生效力,而是规定了具体的实行日期,在实行日期到来时才开始生效。

劳动法的失效时间一般也有两种:一是劳动法本身明文规定了失效时间或失效的特定条件,当失效时间或特定条件出现时,该法失效;二是国家制定了新法时,明确规定旧法失效,或虽不明确规定,但根据"新法优于旧法"的原则,旧法自然失效。

三、劳动者的权利和义务

依据我国《劳动法》的规定,劳动者的权利主要有:享有平等就业和选择职业的权利;获得劳动报酬的权利;休息休假的权利;获得劳动安全卫生保护的权利;接受职业技能培训的权利;享受社会保险和福利的权利;提请劳动争议处理的权利以及法律法规规定的其他权利。

劳动者的义务主要有:完成劳动任务;提高职业技能;执行劳动安全卫生规程;遵守劳动纪律和职业道德。

四、劳动法的具体制度

（一）劳动就业法律制度

劳动就业,是指具有劳动能力的公民在法定劳动年龄内,依法从事某种有报酬或劳动收入的社会活动,其实质是实现劳动力与生产资料的结合。

劳动就业问题是关系国计民生的重要问题,关系到公民基本权利的实现,关系到社会安定及国民经济的发展。劳动关系的存续必须以就业为前提,就业也意味着公民实现其劳动权。目前,关于劳动就业的立法主要有:1994 年 7 月 5 日颁布的《劳动法》专章规定了促进就业的内容;2007 年 8 月 30 日颁布的《中华人民共和国就业促进法》(简称《就业促进法》),对我国的劳动就业法律制度作出了全面的规定。

1. 我国劳动就业的方针

劳动就业方针,是指国家在经济发展的一定时期,根据当期政治经济任务和劳动力供求状况,为充分利用劳动力资源和保持劳动力供求基本平衡而确定的指导劳动就业工作的总原则。我国在不同的历史时期,制定了不同的劳动就业方针。

(1) "两扇门"就业方针

中华人民共和国成立初期,我国失业人员高达 400 多万,占全国职工总人数的 60%,为解决失业问题,国家提出了"政府介绍就业和群众自行就业相结合"的就业方针(当时被喻为"两扇门"方针)。这个方针对于恢复生产、安置大批劳动力起了很大作用,在我国劳动就业史上写下了光辉的一页。

(2)"三结合"就业方针

党的十一届三中全会以后,为了解决由于未及时实行计划生育政策、劳动力增长过快及"文化大革命"造成的大量待业人员的就业问题,国家根据具体情况,总结历史经验,在1980年8月召开的全国劳动就业工作会议上明确提出了"劳动部门介绍就业、自愿组织起来就业和自谋职业相结合"的就业方针。这一方针是适应以公有制为主体的多种经济成分需要而产生的,"三结合"就业方针自确立以来,便成为当时指导劳动就业工作的总原则,并体现在有关劳动就业的各项政策和法规之中,有效地解决了当时的就业问题。

(3)新"三结合"就业方针

20世纪90年代,我国进入社会主义市场经济时代,为适应市场经济条件下的就业需要,在1997年12月召开的全国劳动工作会议上,提出了"劳动者自主择业、市场调节就业、政府促进就业"的就业方针。不同于以往的"三结合"就业方针,新的就业方针注重就业过程中劳动者主观能动性的发挥,政府仅起宏观引导作用。该就业方针的实施,在我国形成了一个市场就业、政府指导、社会服务的全方位劳动就业制度。

2. 我国劳动就业的基本原则

劳动就业的基本原则是指在劳动就业过程中必须遵循的基本准则。根据我国法律的规定,劳动就业应遵循以下原则:

(1)国家促进就业原则

劳动就业权是每个公民都享有的使自己的劳动力与生产资料相结合实现职业劳动的权利。公民劳动就业权的实现,不完全是由劳动者的主观意志决定的,它在很大程度上依赖于社会客观条件的存在。而社会客观条件的存在,则要由国家通过承担起促进就业的职责来完成。国家通过促进经济发展,创造就业条件,扩大就业机会,并采取措施鼓励企业、事业组织、社会团体在法律、行政法规定的范围内兴办产业和拓展经营,增加就业机会;支持劳动者自愿组织起来就业和从事个体经营实现就业,建立和完善劳动就业服务体系。

(2)平等就业和双向选择原则

平等就业是指每一个劳动者都享有平等地获得就业机会的权利,而不考虑其民族、种族、性别、宗教信仰等方面的私人性的差别。国家保障劳动者享受平等的就业权,任何用人单位不得以任何借口在就业方面歧视劳动者。双向选择是指劳动者在平等就业的基础上,有权根据个人的主观愿望和自身条件,结合社会的实际需要自主地选择职业。用人单位则有权根据本单位的实际需要自主地选择劳动者。在劳动力市场上,劳动者和用人单位的法律地位是平等的。通过双向选择,可以最大限度地发挥雇佣双方的积极性和能动性,推动劳动力市场的健康发展。

(3)照顾特殊就业群体就业原则

特殊就业群体包括妇女、残疾人、少数民族人员和退役军人。这些特殊群体人员在就业竞争过程中处于不利地位,因而成为国家就业扶助的重点范畴。我国的《劳动法》《就业促进法》《妇女权益保障法》《残疾人保障法》《兵役法》等法律对妇女、残疾人、少数民族人员和退役军人的就业作了具体规定。对由于生理、健康、文化、历史和社会等原因而在劳动力市场上处于劣势的特殊群体进行就业照顾是人类进步和社会文明提高的标志。

（4）禁止使用童工原则

童工是指未满16周岁、与单位或者个人发生劳动关系从事有经济收入的劳动或者从事个体劳动的未成年人。由于其年龄过小，身体正处于成长发育时期，过早参加职业劳动或过重的体力劳动会损害他们的身体健康，甚至会对国家和社会未来劳动力的供给水平产生影响，因此，禁止使用童工是世界各国劳动立法的重要内容。我国《劳动法》对未成年人就业作了明确规定：禁止用人单位招用未满16周岁的未成年人；文艺、体育和特种工艺单位招用未满16周岁的未成年人，必须依照国家有关规定，履行审批手续，并保障其接受义务教育的权利。

3. 劳动就业服务

劳动就业服务，是指就业服务机构为劳动者实现就业和用人单位招用劳动者提供社会服务。劳动就业服务有利于提高劳动力市场运作的效益，提高市场的透明度，缩短劳动者求职时间和用人单位招人时间，有利于保护和促进就业困难人员实现再就业。目前，绝大多数国家都建立了就业服务制度。

劳动就业服务主要包括公共就业服务和职业中介服务。

公共就业服务，是指由各级政府及有关部门为促进就业而提供的全局性、公益性的信息服务以及帮助劳动者就业的免费服务和就业援助活动。公共就业服务机构由人力资源和社会保障行政部门举办，在性质上属于公益性组织，不得从事经营性活动。公共就业服务机构举办的招聘会，不得向劳动者收取任何费用。

职业中介服务，是指通过专门设立的职业中介机构，为用人单位招用人员和劳动者求职提供中介服务以及其他相关服务的活动。职业中介机构，经人力资源和社会保障行政部门审批，由法人、其他组织和公民个人举办。

4. 职业教育和培训

职业教育和培训是随着社会化大生产的出现而产生的一种教育训练活动，是社会发展的产物，是生产力发展的结果。它是根据社会职业的需求以及劳动者的择业意愿和条件，按照一定标准对劳动者进行的旨在提高其职业技能、增强就业能力和创业能力的教育训练活动。

县级以上人民政府加强统筹协调，鼓励和支持各类职业院校、职业技能培训机构和用人单位依法开展就业前培训、在职培训、再就业培训和创业培训。企业应当按照国家有关规定提取职工教育经费，对劳动者进行职业技能培训和继续教育培训。

国家对从事涉及公共安全、人身健康、生命财产安全等特殊工种的劳动者，实行职业资格证书制度。

5. 就业援助

就业援助是指政府采取税费减免、贷款贴息、社会保险补贴、岗位补贴等办法，通过公益性岗位安置等途径，对就业困难人员实行优先扶持和重点帮助。

就业困难人员是指因身体状况、技能水平、家庭因素、失去土地等原因难以实现就业,以及连续失业一定时间仍未能实现就业的人员。就业困难人员的具体范围,由省、自治区、直辖市人民政府根据本行政区域的实际情况规定。

县级以上地方人民政府采取多种就业形式,拓宽公益性岗位范围,开发就业岗位,确保城市有就业需求的家庭至少有一人实现就业。法定劳动年龄内的家庭人员均处于失业状况的城市居民家庭,可以向住所地街道、社区公共就业服务机构申请就业援助。街道、社区公共就业服务机构经确认属实的,应当为该家庭中至少一人提供适当的就业岗位。

(二)劳动合同法律制度

劳动合同是劳动法律制度中的重要内容,关系到劳动关系的规范建立和稳定。在外国,劳动合同的理论和实践已有100多年的历史,其间经历了一个由民法到劳动法的发展过程。我国劳动合同制度的历史虽然不长,但发展较快。20世纪80年代,我国通过一系列的政策法规,初步确立了劳动合同制度。1994年7月5日通过的《劳动法》以法律的形式专章规定了劳动合同,2007年6月29日通过的《劳动合同法》则以特别法的形式全面规定了我国的劳动合同法律制度。为配合该法的实施,国务院于2008年9月18日颁布了《劳动合同法实施条例》,我国的劳动合同法律制度建设进入了一个新的历史发展时期。

1. 劳动合同的含义

劳动合同又称劳动协议或劳动契约,国外还称雇佣合同或雇佣契约。在我国,劳动合同是劳动者与用人单位确立劳动关系、明确双方权利和义务的协议,是劳动者与用人单位在一定条件下建立劳动关系的法律形式。

劳动合同作为合同的一种,与一般合同在双方意思表示一致、当事人法律地位平等方面一定程度上相同。但劳动合同又是一种特殊的合同,与一般民事合同有着较大的区别。劳动合同具有以下特征:

(1)劳动合同的主体具有特定性

劳动合同是在特定的两个主体之间订立的,一方是劳动力的所有者、让渡者,另一方是劳动力的使用者,我国劳动法中称之为"劳动者"和"用人单位",国外一般称之为雇员和雇主。而一般合同的主体并不确定,只要是两个平等的民事主体均可成为合同的当事人。

(2)劳动合同的内容具有特定性

劳动合同的内容是围绕劳动展开的,而这种劳动具有特定含义。一是劳动合同中的劳动是指劳动者基于劳动关系而从事的合法、有偿的职业性劳动;二是劳动合同中的劳动体现的是劳动过程的实现,而非劳动成果的完成。只要劳动者按照劳动合同的约定给付劳动,用人单位按约定支付劳动报酬并履行相关义务,劳动合同的内容即告实现。

(3)劳动合同目的具有双重性

劳动合同是建立劳动关系的法律形式。劳动合同的目的首先是确立劳动力的所有者和劳动力的使用者之间的劳动关系,这是由劳动关系从属性和隶属性的特点决定的。

其次,在明确了劳动关系后,劳动合同就劳动关系中双方的权利义务予以约定。一般的合同由于双方是平等的民事主体,建立的只是人身和财产流转关系,约定的仅是在民事关系中的权利义务,因此与劳动合同的目的有所不同。

(4) 劳动合同主体之间的关系具有从属性

劳动合同主体之间的关系可以分成两部分:一是建立劳动关系时的关系,二是建立劳动关系后的关系。在建立劳动关系时,双方均可以双向选择,其主体之间的关系是平等的。双方订立劳动合同,建立了劳动关系以后,即形成隶属关系,主体之间的关系具有从属性的特点。劳动合同主体之间关系的从属性是劳动合同区别于民事合同的重要特征。

(5) 劳动合同时间上具有连续性。一般来说,通过劳动合同建立的劳动关系是长期和稳定的。劳动者通常期望得到稳定的工作,用人单位则需要掌握专业技术和操作熟练的劳动者。此外,国家也通过立法加强劳动合同的稳定性,希望在稳定劳动关系的基础上,促进经济发展和社会和谐。因此,劳动合同的时间一般持续较长,续订也比较常见。

2. 劳动合同的种类

依据不同的标准,可以对劳动合同进行不同种类的划分。如按照劳动合同产生方式的不同,劳动合同分为录用合同、聘用合同(聘任合同)、借调合同(借用合同);按照劳动合同主体的不同,劳动合同分为工人劳动合同、管理人员劳动合同、技术人员劳动合同和学徒工劳动合同;按照劳动者一方人数的不同,劳动合同可分为个人劳动合同和集体劳动合同等。

我国《劳动法》明确规定,依劳动合同期限的不同,劳动合同分为以下三种:

(1) 有固定期限的劳动合同

有固定期限的劳动合同是指用人单位与劳动者约定合同终止时间的劳动合同。双方当事人在订立劳动合同时,根据工作需要和各自的实际情况,经协商一致,可以明确约定合同生效和终止的时间,不论时间长短,期限都是固定的。劳动合同期限届满,劳动关系自行终止。这种劳动合同应用范围广,灵活性较大,应变能力强,既能保持劳动关系的相对稳定,又能促进劳动力的合理流动。有固定期限的劳动合同在实践中使用较为普遍。

(2) 无固定期限的劳动合同

无固定期限的劳动合同是指用人单位与劳动者约定无确定终止时间的劳动合同,即双方当事人在劳动合同上只规定该合同生效的起始日期,没有规定其终止日期。无固定期限的劳动合同中,劳动关系可以在劳动者的法定劳动年龄范围内和企业的存续期限内持续存在,只有在符合法定条件的情况下,劳动关系才可解除和终止。法律规定无固定期限劳动合同的目的在于保护劳动者的"黄金年龄",保护劳动者的职业稳定,劳动者和用人单位之间能够保持较为长期、稳定的劳动关系。

(3) 以完成一定工作任务为期限的劳动合同

以完成一定工作任务为期限的劳动合同是指用人单位与劳动者约定以某项工作的

完成为合同期限的劳动合同。以完成一定工作任务为期限的劳动合同实际上是一种特殊的定期劳动合同,不存在合同延期的问题,当合同约定的工作任务完成后,合同即行终止。以完成一定工作任务为期限的劳动合同,有利于用人单位根据需要使用劳动者的劳动力,同时也有利于劳动者充分发挥自身的专长。

3. 劳动合同的订立

劳动合同的订立,是指劳动者和用人单位为确立劳动关系,明确权利义务,就劳动合同条款达成协议的法律行为。我国《劳动法》明确规定,建立劳动关系,应当订立书面劳动合同。不过也有例外,非全日制用工双方当事人可以订立口头协议。

订立劳动合同应当遵循合法与公平原则、平等自愿原则、协商一致原则和诚实信用原则。

4. 劳动合同的内容

劳动合同的内容,是指劳动合同双方当事人协商达成的相互间权利义务的具体事项。劳动合同的内容表现为合同条款,有法定条款和约定条款。

(1) 法定条款

劳动合同的法定条款是指法律规定的劳动合同必须具备的内容。劳动合同应当具备以下条款:① 用人单位的名称、住所和法定代表人或者主要负责人;② 劳动者的姓名、住所和居民身份证或者其他有效身份证件号码;③ 劳动合同期限;④ 工作内容和工作地点;⑤ 工作时间和休息休假;⑥ 劳动报酬;⑦ 社会保险;⑧ 劳动保护、劳动条件和职业危害防护;⑨ 法律、法规规定应当纳入劳动合同的其他事项。

(2) 约定条款

劳动合同的约定条款指劳动者和用人单位之间在法定条款之外,根据双方的具体情况,经过协商认为需要约定的内容。劳动合同的约定条款一般包括以下内容:

① 试用期条款。试用期是指劳动者和用人单位为相互了解、选择而依法约定的考察期。在试用期内,劳动关系处于不稳定的状态,用人单位对劳动者是否合格进行考核,而劳动者对用人单位是否符合自己的要求进行了解。试用期的约定,既有助于劳动者防范劳动风险,又有助于用人单位防范用工风险。

② 培训条款。培训是按照企业或者工作岗位对劳动者提出的要求,以开发和提高劳动者的职业技能为目的的教育和训练过程。

培训往往和服务期有关。用人单位为劳动者提供专项培训费用,对其进行专业技术培训的,可以与该劳动者订立协议,约定服务期。劳动者违反服务期约定的,应当按照约定向用人单位支付违约金。用人单位与劳动者约定服务期的,不影响按照正常的工资调整机制提高劳动者在服务期期间的劳动报酬。

③ 保密条款。保密条款是约定劳动者对用人单位的商业秘密和与知识产权相关的保密事项负保密义务的合同内容。商业秘密是不为公众所知悉,能为权利人带来经济利益,具有实用性并经权利人采取保密措施的技术信息和经营信息。与知识产权相关的保密事项,是指与知识产权相关的,同时又不构成商业秘密,但对用人单位具有一定保密价值的事项或信息。

④ 竞业限制条款。竞业限制往往和保密相关。用人单位和劳动者可以在合同中约定掌握用人单位商业秘密的劳动者在终止或解除劳动合同后一定期限内,不能到与用人单位生产同类产品或经营同类业务且有竞争关系的其他单位任职,也不得自己生产、经营同类产品或业务,但用人单位应当给予劳动者经济补偿。

⑤ 违约金条款。用人单位与劳动者可以约定违约金责任,当约定由劳动者向用人单位承担违约金责任时,法律进行了严格限制,仅在两种情形下适用:

一是在服务期条款中,劳动者违反服务期约定的,应当按照约定向用人单位支付违约金。违约金的数额不得超过用人单位提供的培训费用。用人单位要求劳动者支付的违约金不得超过服务期尚未履行部分所应分摊的培训费用。

二是在竞业限制条款中,劳动者违反竞业限制约定的,应当按照约定向用人单位支付违约金。

除上述情形外,用人单位不得与劳动者约定由劳动者承担违约金。之所以在立法中对违约金责任进行严格限制,一方面,考虑到违约金过多过高,会限制人才的流动,不利于劳动力资源的优化配置;另一方面,违约金条款往往会侵害劳动者的自由择业权。

⑥ 补充保险和福利待遇条款。补充保险,是指除了国家基本社会保险以外,用人单位根据自己的实际情况为劳动者建立的一种商业保险,它用来满足劳动者高于基本社会保险需求的愿望。对于补充保险,国家不作强制性的统一规定,用人单位可根据自身的经济承受能力,自愿选择是否参加。

福利待遇,一般包括交通补贴、住房补贴、通信补贴,以及用人单位提供的解决职工生活需要的各种福利、设施等。目前,用人单位给予劳动者的各种福利补贴也成为劳动者收入的重要来源之一。

5. 劳动合同的效力

劳动合同由用人单位与劳动者协商一致,并经用人单位与劳动者在劳动合同文本上签字或者盖章生效。一般情况下,劳动合同依法成立即发生法律效力。如果劳动合同附有生效条件或期限,或者劳动合同的生效需要经过有关部门鉴证(公证),则劳动合同的成立和生效就有了严格区分。

劳动合同的无效是指劳动合同因违反法律、行政法规或违背自愿协商原则,从合同订立时起就不具有法律效力,包括全部无效和部分无效两种情况。劳动合同的无效有下列情形:(1)以欺诈、胁迫的手段或者乘人之危,使对方在违背真实意思的情况下订立或者变更劳动合同的;(2)用人单位免除自己的法定责任、排除劳动者权利的;(3)违反法律、行政法规强制性规定的。对劳动合同的无效或者部分无效有争议的,由劳动争议仲裁委员会或者人民法院确认。

劳动合同被确认无效,会产生以下后果:(1)劳动者已付出劳动的,用人单位应当向劳动者支付劳动报酬。劳动报酬的数额,参照本单位相同或者相近岗位劳动者的劳动报酬确定;(2)给对方造成损害的,有过错的一方应当承担赔偿责任;(3)原劳动关系要么解除,要么通过依法签订劳动合同或者完善劳动合同条款继续存续。

6. 劳动合同的履行和变更

劳动合同的履行，是指劳动合同双方当事人履行合同所规定义务的法律行为。劳动合同的履行，应遵循亲自履行原则、全面履行原则和协作履行原则。在劳动合同履行过程中，应保护劳动者的劳动报酬权和安全健康权：(1) 用人单位应当按照劳动合同约定和国家规定，向劳动者及时足额支付劳动报酬。如果用人单位拖欠或者未足额支付劳动报酬，劳动者可以依法向当地人民法院申请支付令，人民法院应当依法发出支付令；(2) 用人单位应当严格执行劳动定额标准，不得强迫或者变相强迫劳动者加班。如果用人单位管理人员违章指挥、强令劳动者冒险作业，劳动者有权拒绝而不视为违反劳动合同。劳动者对危害生命安全和身体健康的劳动条件，有权对用人单位提出批评、检举和控告。

劳动合同的变更，是指劳动合同在履行过程中，由于法定原因或约定条件发生变化，对已生效的劳动合同条款进行修改或补充的法律行为。劳动合同的变更仅限于劳动合同内容的变更，不包括当事人主体的变更。用人单位与劳动者协商一致，可以变更劳动合同约定的内容。变更劳动合同，应当采用书面形式。变更后的劳动合同文本由用人单位和劳动者各执一份。

7. 劳动合同的解除

劳动合同的解除是指劳动合同签订后，在尚未履行完毕之前，劳动合同主体依法提前终止劳动合同效力的法律行为。劳动合同的解除分为协商解除、劳动者单方解除和用人单位单方解除。

(1) 协商解除

劳动合同双方当事人经协商一致而解除劳动合同。立法对这种解除方式一般不规定条件，只要求解除合同的协议在内容、形式、程序上合法即可。在协商解除劳动合同情况下，如果是由用人单位主动提出解除的，用人单位应向劳动者支付解除劳动合同的经济补偿金。

(2) 劳动者单方解除

在具备法律规定的条件时，劳动者享有单方解除权，无须双方协商达成一致意见，也无须征得用人单位的同意。劳动者单方解除分两种情况：

一是劳动者的预告解除。劳动者需要提前一定期限通知用人单位，按照法律规定的要求和程序解除合同。劳动者提前30日以书面形式通知用人单位，可以解除劳动合同；劳动者在试用期内提前3日通知用人单位，可以解除劳动合同。

二是劳动者的即时解除。用人单位有违法或违约事实存在的情况下，劳动者不提前通知用人单位就可以单方面解除劳动合同。用人单位有下列情形之一的，劳动者可以解除劳动合同：① 未按照劳动合同约定提供劳动保护或者劳动条件的；② 未及时足额支付劳动报酬的；③ 未依法为劳动者缴纳社会保险费的；④ 用人单位的规章制度违反法律、法规的规定，损害劳动者权益的；⑤ 因用人单位以欺诈、胁迫的手段或者乘人之危，使劳动者在违背真实意思的情况下订立或者变更劳动合同而致使劳动合同无效的；⑥ 法律、行政法规规定劳动者可以解除劳动合同的其他情形。

如果用人单位以暴力、威胁或者非法限制人身自由的手段强迫劳动者劳动,或者用人单位违章指挥、强令冒险作业危及劳动者人身安全,劳动者不需事先告知用人单位,可以立即解除劳动合同,以保护自己的合法权益。

(3) 用人单位单方解除

在符合法定条件的情况下,用人单位可以单方解除劳动合同。由于对劳动者影响较大,因此在用人单位单方解除合同时,工会具有监督权。用人单位单方解除劳动合同,应当事先将理由通知工会。用人单位违反法律、行政法规规定或者劳动合同约定的,工会有权要求用人单位纠正;用人单位应当研究工会的意见,并将处理结果书面通知工会。

用人单位单方解除分三种情况:

一是用人单位即时解除。由于劳动者自身的过错,用人单位不经提前通知,就可以单方解除劳动合同,且无须支付劳动者解除劳动合同的经济补偿金。其解除条件有:① 在试用期间被证明不符合录用条件的;② 严重违反用人单位的规章制度的;③ 严重失职,营私舞弊,给用人单位造成重大损害的;④ 劳动者同时与其他用人单位建立劳动关系,对完成本单位的工作任务造成严重影响,或者经用人单位提出,拒不改正的;⑤ 因劳动者以欺诈、胁迫的手段或者乘人之危,使用人单位在违背真实意思的情况下订立或者变更劳动合同致使劳动合同无效的;⑥ 被依法追究刑事责任的。

二是用人单位预告解除。劳动者在劳动过程中不能胜任工作,或者是合同订立时所依据的客观情况发生变化,用人单位需提前30日以书面形式通知劳动者本人,或者以额外支付劳动者一个月工资代替提前通知义务,方可解除劳动合同。对此种解除,用人单位须支付经济补偿金。其解除条件有:① 劳动者患病或者非因工负伤,在规定的医疗期满后不能从事原工作,也不能从事由用人单位另行安排的工作的;② 劳动者不能胜任工作,经过培训或者调整工作岗位,仍不能胜任工作的;③ 劳动合同订立时所依据的客观情况发生重大变化,致使劳动合同无法履行,经用人单位与劳动者协商,未能就变更劳动合同内容达成协议的。

三是用人单位裁员。这是用人单位为了改善经营状况,或者因客观经济情况的变化致使原合同无法履行,由用人单位解除部分劳动者的劳动合同的行为。

裁员的实质性条件有:① 依照《企业破产法》规定进行重整的;② 生产经营发生严重困难的;③ 企业转产、重大技术革新或者经营方式调整,经变更劳动合同后,仍需裁减人员的;④ 其他因劳动合同订立时所依据的客观经济情况发生重大变化,致使劳动合同无法履行的。

裁员的人数和程序:用人单位需要裁减人员20人以上或者裁减不足20人但占企业职工总数10%以上的,可以适用裁员条件,且在程序上要提前30日向工会或者全体职工说明情况,听取工会或者职工的意见后,裁减人员方案经向劳动行政部门报告,可以裁减人员。用人单位与被裁减人员办理解除劳动合同手续,按照有关规定向被裁减人员支付补偿金,出具相关证明。

用人单位裁员时,应当优先留用三类人员:① 与本单位订立较长期限的固定期限劳动合同的;② 与本单位订立无固定期限劳动合同的;③ 家庭无其他就业人员,有需要扶养的老人或者未成年人的。用人单位裁员后,在 6 个月内重新招用人员的,应当通知被裁减的人员,并在同等条件下优先招用被裁减的人员。

需要注意的是,用人单位在预告解除劳动合同或者进行裁员时,如果具有下述情形之一的,用人单位则不能单方解除劳动合同:① 从事接触职业病危害作业的劳动者未进行离岗前职业健康检查,或者疑似职业病病人在诊断或者医学观察期间的;② 在本单位患职业病或者因工负伤并被确认丧失或者部分丧失劳动能力的;③ 患病或者非因工负伤,在规定的医疗期内的;④ 女职工在孕期、产期、哺乳期的;⑤ 在本单位连续工作满 15 年,且距法定退休年龄不足 5 年的;⑥ 法律、行政法规规定的其他情形。

8. 劳动合同的终止

劳动合同终止,是指由于出现法定情形使得劳动合同的法律效力消灭,其所确立的劳动关系终结。劳动合同终止的条件是法定的,而非双方当事人自行约定。劳动合同终止的条件有:① 劳动合同期满的;② 劳动者达到法定退休年龄或者开始依法享受基本养老保险待遇的;③ 劳动者死亡,或者被人民法院宣告死亡或者宣告失踪的;④ 用人单位被依法宣告破产的;⑤ 用人单位被吊销营业执照、责令关闭、撤销或者用人单位决定提前解散的;⑥ 法律、行政法规规定的其他情形。

为了对某些特殊劳动者进行保护,劳动合同即便到期也不得终止,而是应当延期至法定情形消失时终止。有下列情形之一的,劳动合同延期终止:① 从事接触职业病危害作业的劳动者未进行离岗前职业健康检查,或者疑似职业病病人在诊断或者医学观察期间的;② 在本单位患职业病或者因工负伤并被确认丧失或者部分丧失劳动能力的;③ 患病或者非因工负伤,在规定的医疗期内的;④ 女职工在孕期、产期、哺乳期的;⑤ 在本单位连续工作满 15 年,且距法定退休年龄不足 5 年的;⑥ 法律、行政法规规定的其他情形。在本单位患职业病或者因工负伤并被确认丧失或者部分丧失劳动能力的劳动者的劳动合同的终止,按照国家有关工伤保险的规定执行。

9. 劳动合同解除或终止的法律后果

用人单位应当在解除或者终止劳动合同时出具解除或者终止劳动合同的证明,并在 15 日内为劳动者办理档案和社会保险关系转移手续。用人单位对已经解除或者终止的劳动合同的文本,至少保存 2 年备查。特定情形下,用人单位还应当向劳动者支付经济补偿。

经济补偿是用人单位在法定条件下按照法定标准一次性支付给劳动者的经济上的补助。在下列情况下,用人单位还应当依法支付经济补偿:协商解除时由用人单位一方提出解除劳动合同的;劳动者即时解除劳动合同的;用人单位在预告解除和通过裁员程序解除劳动合同的;劳动合同期满时,除用人单位维持或者提高劳动合同约定条件续订劳动合同、劳动者不同意续订的情形外;用人单位被依法宣告破产、吊销营业执照、责令关闭、撤销或者用人单位决定提前解散的;以完成一定工作任务为期限的劳动合同因任务完成而终止的;法律、行政法规规定的其他情形。

经济补偿的标准按劳动者在本单位工作的年限,每满 1 年支付 1 个月工资的标准向劳动者支付。6个月以上不满1年的,按1年计算;不满6个月的,向劳动者支付半个月工资的经济补偿。劳动者月工资高于用人单位所在直辖市、设区的市级人民政府公布的本地区上年度职工月平均工资3倍的,向其支付经济补偿的标准按职工月平均工资3倍的数额支付,向其支付经济补偿的年限最高不超过12年。

上述标准中的月工资,是指劳动者在劳动合同解除或者终止前12个月的平均工资,按照劳动者应得工资计算。应得工资包括计时工资或者计件工资以及奖金、津贴和补贴等货币性收入。劳动者在劳动合同解除或者终止前12个月的平均工资低于当地最低工资标准的,按照当地最低工资标准计算。劳动者工作不满12个月的,按照实际工作的月数计算平均工资。

如果用人单位违法解除或终止劳动合同,则由劳动者选择是否继续履行劳动合同。如果劳动者不要求继续履行劳动合同,或者劳动合同已经不能继续履行,用人单位应当向劳动者支付赔偿金,赔偿金的数额是用人单位依法解除劳动合同时经济补偿的2倍。

劳动者依法解除劳动合同时,应当按照双方约定,办理工作交接,继续保守商业秘密。如果劳动者非法解除劳动合同,给用人单位造成损害的,应当承担赔偿责任。

10. 劳务派遣和非全日制用工

劳务派遣是指劳务派遣单位与被派遣劳动者订立劳动合同后,将该劳动者派遣到用工单位从事劳动的一种特殊的用工形式。劳务派遣一般在临时性、辅助性或者替代性的工作岗位上实施。

劳务派遣法律关系中,有三方主体参与,即劳务派遣单位、实际用工单位和劳动者。劳务派遣单位和劳动者之间是劳动关系,用工单位应当履行以下义务:(1)执行国家劳动标准,提供相应的劳动条件和劳动保护;(2)告知被派遣劳动者的工作要求和劳动报酬;(3)支付加班费、绩效奖金,提供与工作岗位相关的福利待遇;(4)对在岗被派遣劳动者进行工作岗位所必需的培训;(5)连续用工的,实行正常的工资调整机制。另外,用工单位不得将被派遣劳动者再派遣到其他用人单位。除上述法定义务外,用工单位不得向被派遣劳动者收取费用;不得随意将被派遣劳动者退回劳务派遣单位。只有在用人单位即时解除劳动合同的条件出现,或者劳动者因患病、非因工负伤,在规定的医疗期满后不能从事原工作,也不能从事由用人单位另行安排的工作,以及劳动者不能胜任工作,经过培训或者调整工作岗位,仍不能胜任工作时,用工单位才可以将劳动者退回。

非全日制用工是与全日制用工相对应的一种用工方式,是指以小时计酬为主,劳动者在同一用人单位一般平均每日工作时间不超过4小时,每周工作时间累计不超过24小时的用工形式。

非全日制用工劳动关系的确立方式有书面协议和口头协议两种。双方当事人不得约定试用期,劳动者可以与一个或者一个以上用人单位订立劳动合同;但是,后订立的劳动合同不得影响先订立的劳动合同的履行。非全日制用工双方当事人任何一方都可以随时通知对方终止用工。终止用工,用人单位不向劳动者支付经济补偿。非全日制用工小时计酬标准不得低于用人单位所在地人民政府规定的最低小时工资标准。非全日制用工劳动报酬结算支付周期最长不得超过15日。

（三）集体合同法律制度

集体合同是资本主义商品经济发展的产物。集体合同是在产业革命以后，随着工人运动的发展和工会组织的兴起而产生发展起来的。西方对集体合同的态度经历了一个反对、承认、保护的发展过程。

我国1994年的《劳动法》从法律上确立了集体合同法律制度，对集体合同的内容、订立和效力作了原则性的规定；同年，原劳动部发布《集体合同规定》，就集体合同的签订、审查和争议处理作了较具体的规定；2003年，原劳动和社会保障部发布了新的《集体合同规定》，扩大了集体协商的范围，并规定可以就劳动关系某一方面的突出问题订立专项集体合同；2007年颁布的《劳动合同法》对集体合同签订的程序、专项集体合同、行业性和区域性集体合同以及集体合同的劳动标准、集体合同的效力、集体合同的争议处理等问题作了明确规定。我国的集体合同立法逐步完善，为普遍实行集体合同制度提供了法律保障。

1. **集体合同的含义**

集体合同是协调劳动关系的一项重要法律制度，是指用人单位与本单位职工根据法律、法规、规章的规定，就劳动报酬、工作时间、休息休假、劳动安全卫生、职业培训、保险福利等事项，通过集体协商签订的书面协议。集体合同首先具有一般合同的共同特征，即主体平等性、意思表示一致性、合法性和法律约束性。除此之外，它还具有其自身的特征：

（1）集体合同是一种劳动协议。集体合同以劳动关系为存在的基础，是规定全体职工与企业之间整体性的劳动权利和劳动义务的一种协议，本质上以劳动条件为主要内容。

（2）集体合同是特定当事人之间订立的协议。合同的当事人一方是用人单位，另一方是用人单位的全体劳动者，由于劳动者人数众多，不可能每个人都与单位签订集体合同，因此由工会作为全体劳动者的代表出面与单位签订集体合同；尚未建立工会的用人单位，由上级工会指导劳动者推举的代表与用人单位订立集体合同。

（3）集体合同是定期的书面合同，其生效要经过特别程序。集体合同必须规定合同的期限，不存在不定期合同；集体合同签订后还应提交人力资源和社会保障行政部门审核，经人力资源和社会保障行政部门审核通过的集体合同才具有法律效力。

2. **集体合同的签订**

集体合同的签订，是指用人单位与本单位全体职工之间，就集体合同条款经过协商、谈判，将其内容通过书面形式确定下来，从而正式建立集体合同关系。集体合同的签订过程一般包括集体协商拟订合同草案、审议集体合同草案、签字、政府审查确认。

3. **集体合同的内容**

集体合同的内容，是指集体合同双方当事人权利义务的具体规定。我国集体合同的内容包括：劳动报酬，工作时间和休息休假，劳动安全与卫生，社会保险和福利，女职工和未成年工的特殊保护，职业技能培训，劳动合同管理，奖惩和裁员，合同期限，程序性问题包括变更、解除集体合同的程序以及履行集体合同发生争议时的协商处理办法，违反集体合同的责任以及双方认为应当协商的其他内容等。

4. 集体合同的履行

集体合同的履行,是指集体合同依法生效后,双方当事人全面按照集体合同约定行使权利、履行义务的行为。集体合同只有完全履行,才能实现订立目的,达到双方当事人订立合同时确立的目标。集体合同履行应遵循实际履行、全面履行和协作履行原则。

在集体合同履行过程中,应充分发挥有关主体的监督作用。在我国,企业工会、企业职代会及其职工代表、签约双方代表以及人力资源和社会保障行政部门、企业主管部门、地方和产业工会,都应当对集体合同的履行进行监督。尤其是工会组织,对用人单位履行集体合同的情况依法负有监督职责;用人单位违反集体合同的,工会有权提出意见或者要求纠正,可以依法要求用人单位承担责任;因履行集体合同发生争议,经协商解决不成的,工会可以依法申请仲裁、提起诉讼。

5. 集体合同的变更和解除

集体合同的变更是指集体合同生效以后,未履行完毕之前,由于主观或客观情况发生变化,当事人依照法律规定的条件和程序,对原合同中的某些条款进行增减或修改。集体合同的解除是指集体合同生效以后,未履行完毕之前,由于主观或客观情况发生变化,当事人依照法律规定的条件和程序,提前终止合同的行为。

集体合同在双方协商一致的情况下,可以变更和解除。另外,签订集体合同的环境和条件发生变化,致使合同难以履行,集体合同可以变更或解除。具体包括:(1)用人单位因被兼并、解散、破产等原因,致使集体合同或专项集体合同无法履行;(2)因不可抗力等原因致使集体合同或专项集体合同无法履行或部分无法履行;(3)集体合同或专项集体合同约定的变更或解除条件出现;(4)法律、法规、规章规定的其他情形。除此之外,因履行集体合同发生争议并申请仲裁或提起诉讼的,仲裁机构或法院可依法作出变更或解除集体合同的裁决或判决。

集体合同的变更和解除,遵循以下程序:(1)一方提出建议,向对方说明需要变更或解除集体合同的条款和理由;(2)双方就变更或解除集体合同条款经协商一致,达成书面协议;(3)协议书应当提交职工代表大会或全体职工审议通过,并报送集体合同管理机关登记备案,审议未获通过的,由双方重新协商;(4)变更或解除集体合同的协议书,在报送人力资源和社会保障行政部门的同时,企业工会应报送上一级工会备案。

6. 集体合同的终止

集体合同的终止是指由于某种法律事实的发生而导致集体合同所确立的法律关系的消灭。集体合同终止的原因主要有:(1)集体合同期限届满;(2)集体合同约定的终止条件出现。

(四)工作时间和休息休假法律制度

工作时间与休息休假制度属于工时立法的范畴,是我国劳动法律制度的基本内容,同时也是我国宪法关于公民休息权规定的具体化。随着经济的发展、社会的进步、物质生活水平的提高,劳动者在满足物质生活上的需求后,开始更多地考虑从精神上提升自己。通过工时立法,可以从法律上确定劳动者的工作时间和休息时间,保障劳动者的休息权和身体健康,维护正常的工作秩序,保证社会生产的正常进行。我国的《劳动法》《全国年节及纪念日放假办法》《职工带薪年休假条例》《企业职工带薪年休假实施办法》等对劳动者的工作时间和休息休假作了明确规定。

1. 工作时间的含义和种类

工作时间又称劳动时间,是指法律规定的劳动者在一昼夜或一周内从事劳动或工作的时间,即劳动者每天应工作的小时数、每周应工作的天数和小时数。工作时间一般以小时和天为计算单位,劳动者每天应工作的小时数称为工作日,每周应工作的天数称为工作周。工作时间是人们进行劳动或工作、实现劳动过程的时间,是劳动的自然尺度,同时也是衡量劳动者的劳动量和给付劳动报酬的计算单位。

工作时间的种类有:

(1) 标准工作时间

标准工作时间是由国家法律规定的,在正常情况下,劳动者从事劳动或工作的最长时间。标准工作时间是目前最常用、适用范围最广的一种工作时间,是其他特殊工时制度的计算依据和参照标准。目前,我国实行的标准工作时间是职工每日工作 8 小时,每周工作 40 小时。该工作时间适用于我国境内的国家机关、社会团体、企事业单位以及其他组织的职工。

(2) 缩短工作时间

缩短工作时间是指由法律直接规定对特殊岗位上的劳动者实行的短于标准工时的工作时间,即劳动者每天工作的时数少于 8 小时或者每周工作的时数少于 40 小时。缩短工作时间适用于:从事矿山井下、高山、有毒有害、特别繁重或过度紧张等作业的劳动者;从事夜班工作的劳动者;哺乳期内的女职工;未成年工和怀孕 7 个月以上的女职工;其他依法可以缩短工作时间的。

(3) 不定时工作时间

不定时工作时间又称为无定时工作时间,是劳动者没有固定工作时数限制的工作时间。劳动者由于生产特点、工作特殊需要或职责范围的关系,其工作时间有时长于标准工作日,有时短于标准工作日,无法按标准工作时间衡量,因此实行不定时工作时间。不定时工作时间一般适用于:企业中的高级管理人员、外勤人员、推销人员、部分值班人员和其他因工作无法按标准工作时间衡量的职工;企业中的长途运输人员、出租汽车司机和铁路、港口、仓库的部分装卸人员及因工作性质特殊、需要机动作业的职工;其他因生产特点、工作特殊需要或职责范围的关系,适合实行不定时工作制的职工。

用人单位要实行不定时工作时间,应按程序办理审批手续。未办理审批手续实行不定时工作时间,不能发生不定时工作时间的法律效力。对于实行不定时工作时间的劳动者,不受劳动法关于延长工作时间标准的限制。实行不定时工作时间的劳动者的工作时间长于标准工作时间的,超出部分不算延长工作时间,也不支付加班加点报酬;短于标准工作时间的,也不扣发劳动报酬。但是,不定时工作时间并不意味着对工作时间毫无限制,而是基本上按照标准时间执行,用人单位可依据实际情况进行研究,并按有关法定的审批手续报批后,在保障职工身体健康并充分听取职工意见的基础上,采用集中工作、集中休息、轮休调休、弹性工作时间等适当方式,确保职工的休息休假权利和生产、工作任务的完成。

(4) 综合计算工作时间

综合计算工作时间是指用人单位根据生产和工作的特点,分别采取以周、月、季、年等为周期综合计算劳动者工作时间的一种工时形式。综合计算工作时间适用于:交通、铁路、邮电、水运、航空、渔业等行业中因工作性质特殊,需连续作业的职工;地质及资源勘探、建筑、制盐、制糖、旅游等受季节和自然条件限制的行业的部分职工;其他适合实行综合计算工时工作制的职工。

用人单位实行综合计算工作时间,应按程序办理审批手续,否则不能发生综合计算工作时间的效力。实行综合计算工作时间的审批程序与不定时工作时间的审批程序相同。用人单位实行综合计算工作时间后,无论以周、月为周期,还是以季、年为周期综合计算工作时间,其平均日工作时间和平均周工作时间均应与法定标准工作时间基本相同。超过法定标准工作时间部分,应视为延长工作时间,企业应按规定支付职工延长工作时间的工资。另外,实行综合计算工时工作制的职工,在法定节假日、休息日轮班工作的,应视为正常工作,企业无须履行劳动法所规定的延长工作时间的手续。但在劳动报酬上,法定节假日轮班工作的应按加班处理。

除上述工作时间外,还有计件工作时间、非全日制工作时间、弹性工作时间等。

2. 延长工作时间

延长工作时间是指劳动者的工作时数超过法律规定的标准工作时间。延长工作时间包括加班和加点。加班是指职工根据用人单位的要求,在法定节假日或公休假日从事生产或工作。加点是指职工根据用人单位的要求,在标准工作日以外的时间继续从事生产或工作。为保证劳动者休息权的实现,任何单位和个人均不得擅自延长职工工作时间。

我国立法规定,不得安排怀孕7个月以上的女职工和哺乳未满周岁婴儿的女职工加班加点,而且这些人员还应缩短工作时间。用人单位延长工作时间必须符合法定条件:(1)必须是生产经营需要。(2)必须与工会协商。企业、事业单位违反国家有关工作时间的规定,工会有权要求企业、事业单位行政方面予以纠正。用人单位需要延长工作时间时,必须征求工会的意见,工会可以审查用人单位延长工作时间是否符合法律规定。(3)必须与劳动者协商。用人单位需要延长工作时间时,还应当与劳动者协商,征得劳动者的同意,不得强迫劳动。

用人单位延长工作时间的长度不是随意的。在具体延长的时间上,一般每日不得超过1小时;因特殊原因需要延长工作时间的,在保障劳动者身体健康的条件下延长工作时间每日不得超过3小时,每月不得超过36小时。

但在法定的特殊情况下,延长工作时间可以不受限制,即用人单位无须与工会和劳动者协商,并且延长的时间也不受每天不超过1小时或3小时、每月不超过36小时的限制。主要有下述情形:(1)在法定节假日和公休假日内工作不能间断的;(2)必须利用法定节假日或公休假日的停产期间进行设备检修、保养的;(3)由于生产设备、交通运输线路、公共设施等临时发生故障,影响生产和公众利益,必须进行抢修的;(4)由于发生严重自然灾害、其他灾害、事故或其他原因,使人民的财产安全、生命健康和国家财产遭到严重威胁,必须进行及时抢修的;(5)为了完成国防紧急生产任务,或者完成上级在国家计划外安排的其他紧急生产任务,以及商业、供销企业在旺季完成收购、运输、加工农副产品紧急任务的;(6)法律、行政法规规定的其他特殊情况。

用人单位依法安排劳动者在标准工作日内延长工作时间的,支付不低于工资150%的劳动报酬;用人单位依法安排劳动者在公休假日工作,而又不能安排劳动者补休的,支付不低于工资200%的劳动报酬;用人单位依法安排劳动者在法定节假日工作的,支付不低于工资300%的劳动报酬。

实行计件工资的劳动者,在完成计件定额任务后,由用人单位安排延长工作时间的,应根据上述标准支付劳动者延长工作时间的工资;经批准实行综合计算工时制的,综合计算周期内的总实际工作时间超过总法定标准工作时间的,超过部分视为延长工作时间并按规定支付不低于工资150%的劳动报酬,其中,法定节假日安排职工工作的,要支付不低于职工工资300%的劳动报酬。

3. 休息休假的含义和种类

休息休假又称休息时间,是指劳动者在规定的工作时间之外自由支配的时间。它包括劳动者每天休息的时数、每周休息的天数、节假日、年休假、探亲假等。休息休假是劳动者实现休息权的法定必要时间。逐步缩短工时,增加劳动者的休息休假时间,已成为世界各国劳动立法的趋势,也是人类社会走向进步和文明的重要标志。

休息休假的种类有:

(1) 工作日内的休息时间

工作日内的休息时间是指劳动者在每日的工作岗位上或工作过程中的工间休息时间和用餐时间,又称间歇时间。一般休息1—2小时,最少不能少于半小时。

(2) 工作日间的休息时间

工作日间的休息时间是指劳动者在一个工作日结束至下一个工作日开始之间所享有的休息时间。一般为15—16小时,其长度应以保障劳动者体力的恢复为标准。

(3) 公休假日

公休假日是指劳动者工作满一个工作周后的休息时间。公休假日的长度由法律直接规定。目前,我国劳动者的公休假日,一般为每周休息2日。

(4) 法定节假日

法定节假日是指由国家法律统一规定的用以开展纪念、庆祝活动的休息时间。各国法定节假日一般包括政治性节日、宗教性节日、民族性节日等。我国法定节假日有三类:一是全体公民放假的节日。在我国,新年放假1天(1月1日),春节放假3天(正月初一、初二、初三),清明节放假1天(农历清明当日),劳动节放假1天(5月1日),端午节放假1天(农历端午当日),中秋节放假1天(农历中秋当日),国庆节放假3天(10月1日、2日、3日)。二是部分公民放假的节日及纪念日。它包括妇女节(3月8日)妇女放假半天,青年节(5月4日)14周岁以上的青年放假半天,儿童节(6月1日)不满14周岁的少年儿童放假1天,中国人民解放军建军纪念日(8月1日)现役军人放假半天。三是少数民族习惯的节日。由各少数民族聚居地区的地方人民政府,按照该民族的习惯,规定放假日期。

上述法定节假日中,凡属于全体公民的假日,如适逢公休假日,应在工作日补假;凡属于部分公民的假日如适逢公休假日,则不补假。其他节日、纪念日,如教师节、护士节、记者节、植树节等均不放假。

(5)年休假

年休假是国家根据劳动者工作年限和劳动的繁重紧张程度每年给予的一定期间的带薪连续休假。

机关、团体、企业、事业单位、民办非企业单位、有雇工的个体工商户等单位的职工连续工作1年以上的,享受带薪年休假。单位应当保证职工享受年休假。职工在年休假期间享受与正常工作期间相同的工资收入。职工累计工作已满1年不满10年的,年休假5天;已满10年不满20年的,年休假10天;已满20年的,年休假15天。国家法定节假日、休息日不计入年休假的假期。

职工有下列情形之一的,不享受当年的年休假:职工依法享受寒暑假,其休假天数多于年休假天数的;职工请事假累计20天以上且单位按照规定不扣工资的;累计工作满1年不满10年的职工,请病假累计2个月以上的;累计工作满10年不满20年的职工,请病假累计3个月以上的;累计工作满20年以上的职工,请病假累计4个月以上的。

单位不安排职工休年休假又不依照《职工带薪年休假条例》规定给予年休假工资报酬的,由县级以上人力资源和社会保障行政部门依据职权责令限期改正;对逾期不改正的,除责令该单位支付年休假工资报酬外,单位还应当按照年休假工资报酬的数额向职工加付赔偿金;对拒不支付年休假工资报酬、赔偿金的,属于公务员和参照公务员法管理的人员所在单位的,对直接负责的主管人员以及其他直接责任人员依法给予处分,属于其他单位的,由人力资源和社会保障行政部门或者职工申请人民法院强制执行。

(6)其他休假

其他休假还有探亲假、婚丧假、产假等。

(五)工资法律制度

工资是我国现阶段劳动者及其家庭成员生活的主要来源,关系到劳动者的切身利益,也关系到社会的稳定和经济的发展。这里所讲的工资主要是指各类企业中劳动者的劳动报酬,不包括国家机关公务员的工资和参照公务员标准执行的事业单位、社会团体组织中职工的工资。我国历来重视工资立法,从中华人民共和国成立到现在,进行了一系列的工资立法,经过数次工资制度改革,已基本上建立了与社会主义市场经济相适应的工资法律制度。我国调整工资的立法主要有《劳动法》《劳动合同法》《工资集体协商试行办法》《最低工资规定》等。

1. 工资的含义

劳动法意义上的工资,是指用人单位依据国家有关规定和集体合同、劳动合同预先确定的标准,根据劳动者提供劳动的数量和质量,以货币形式支付给劳动者的各项劳动报酬。

相对于劳动者的其他收入而言,工资有以下特征:

(1) 工资是基于用人单位与劳动者之间的劳动关系而产生的。由于用人单位与劳动者有劳动关系,劳动者享有取得工资报酬的权利,用人单位则必须承担支付工资报酬的义务。

(2) 工资的标准必须是预先确定的。工资是根据劳动法律、法规、政策和集体合同、劳动合同规定的。只有预先确定的工资标准才能产生相应的法律后果,用人单位才能获得劳动者的劳动,劳动者才有权要求用人单位提供工资报酬。

(3) 工资应当以货币形式定期支付。工资必须以法定货币的形式按月支付给劳动者本人,不得以实物支付,更不得克扣或者无故拖欠劳动者的工资。

(4) 工资的支付是以劳动者提供的劳动数量和质量为依据的。工资的最终支付数额是根据劳动者劳动的数量多少和质量好坏来决定的,因此不是根据劳动者劳动数量和质量支付给劳动者的其他劳动收入,不属于工资报酬的范畴。

不属于劳动者工资范围的劳动收入有:单位支付给劳动者个人的社会保险福利费用,如养老保险费用、丧葬抚恤救济费、生活困难补助费、计划生育补贴等;劳动保护方面的费用,如用人单位支付给劳动者的工作服、清凉饮料费用等;按规定未列入工资总额的各种劳动报酬及其他劳动收入,如根据国家规定发放的发明创造奖、国家星火奖、自然科学奖、科学技术进步奖、合理化建议和技术改进奖、中华技能大奖等,以及稿费、讲课费、翻译费等。

2. 工资分配的原则

工资分配应当遵循按劳分配原则,实行同工同酬。工资水平在经济发展的基础上逐步提高。国家对工资总量实行宏观调控。

3. 工资的形式

工资的形式是指计量劳动和支付工资的形式。我国工资的形式有:

(1) 计时工资,是指按照单位时间工资标准和劳动者实际工作时间给付劳动报酬的工资形式,主要有小时工资、日工资、周工资、月工资等。

(2) 计件工资,是根据劳动者在规定时间内完成一定数量的合格产品或工作量,按照预先确定的计件工资标准支付劳动报酬的工资形式。

(3) 奖金,是用人单位根据劳动者的超额劳动和增收节支数额支付劳动报酬的工资形式,主要有月奖、季度奖和年度奖、综合奖和单项奖等。

(4) 津贴和补贴。津贴是指补偿劳动者在特殊条件下的劳动消耗及生活费额外支出的工资补充形式。补贴是为了保障劳动者的生活水平不受特殊因素的影响而支付给劳动者的工资形式。

(5) 加班加点工资。

(6) 特殊情况下支付的工资。它包括根据国家法律、法规和政策的规定,因病、工伤、产假、计划生育假、婚丧假、探亲假、年休假、停工学习、执行国家或社会义务等原因按计时工资标准或计件工资标准的一定比例支付的工资等。

4. 工资支付保障

工资支付保障是为保障劳动者劳动报酬权的实现,防止用人单位滥用工资分配权,通过立法对工资支付进行保障。

(1) 工资支付的形式。用人单位必须以货币形式发给劳动者工资,不得以实物及有价证券替代支付。

(2) 工资支付的对象。用人单位应将工资支付给劳动者本人。当劳动者本人因故不能领取工资时,也可以由劳动者授权的他人代为领取。

(3) 工资支付的时间。由用人单位确定或者用人单位和劳动者双方约定,不能随意变动。发薪日适逢公休假日或法定节假日,则应提前在最近的工作日支付,而不能错后支付。

(4) 工资支付的数额。用人单位应足额支付劳动者工资,除法定可以扣除的工资项目外,用人单位不得克扣和无故拖欠劳动者工资。劳动者在法定节假日和婚丧假期间以及依法参加社会活动期间,用人单位应当依法支付工资。

(5) 违反工资支付的法律责任。用人单位应严格执行国家有关工资支付的规定,各级人力资源和社会保障行政部门有权监督用人单位工资支付的情况,发现用人单位有下列侵害劳动者合法权益行为的,由人力资源和社会保障行政部门责令其支付劳动者工资和经济补偿,并可责令其支付赔偿金:克扣或者无故拖欠劳动者工资的;拒不支付劳动者延长工作时间工资的;低于当地最低工资标准支付劳动者工资的。

5. 最低工资保障

最低工资保障制度是国家通过立法,强制规定用人单位支付给劳动者的工资不得低于国家规定的最低工资标准,以保障劳动者能够满足其自身及其家庭成员基本生活需要的法律制度。实行最低工资保障制度是世界上许多国家通行的做法。

最低工资是指劳动者在法定或约定的工作时间内提供了正常劳动的前提下,用人单位应依法支付的最低劳动报酬。最低工资是劳动者维持其本人及家庭成员的基本生活需要的工资,是用人单位应当支付给劳动者的最低限额。最低工资不包括下列各项:延长工作时间工资;中班、夜班、高温、低温、井下、有毒有害等特殊工作环境、条件下的津贴;法律、法规和国家规定的劳动者福利待遇等。

最低工资的具体标准由省、自治区、直辖市人民政府规定,报国务院备案。最低工资标准每两年至少调整一次。用人单位支付劳动者的工资不得低于当地最低工资标准。

(六) 劳动保护法律制度

劳动保护是我国劳动法的一项重要法律制度,是国家为了保护劳动者在劳动过程中的安全和健康而设立的。获得劳动保护是劳动者的一项基本权利。由于劳动过程中存在着不安全、不卫生的因素,危害着劳动者的安全和健康,因此,国家必须通过立法建立、健全劳动保护法律制度,以保护劳动者在劳动过程中的安全和健康。我国现行有关劳动保护的立法主要有《劳动法》《劳动合同法》《安全生产法》《职业病防治法》《矿山安全法》《矿山安全法实施条例》《建设工程安全生产管理条例》《尘肺病防治条例》《危险化学品安全管理条例》《特种设备安全监察条例》《使用有毒物品作业场所劳动保护条例》《女职工劳动保护特别规定》《未成年人保护法》《未成年工特殊保护规定》和《禁止使用童工规定》等。

劳动保护是对劳动者在劳动过程中的安全和健康的保护。其内容有:(1)用人单位必须建立、健全劳动安全卫生制度,严格执行国家劳动安全卫生规程和标准,对劳动者进行劳动安全卫生教育,防止劳动过程中的事故,减少职业危害。(2)劳动安全卫生设施必须符合国家规定的标准。新建、改建、扩建工程的劳动安全卫生设施必须与主体工程同时设计、同时施工、同时投入生产和使用。(3)用人单位必须为劳动者提供符合国家规定的劳动安全卫生条件和必要的劳动防护用品,对从事有职业危害作业的劳动者应当定期进行健康检查。(4)劳动者在劳动过程中必须严格遵守安全操作规程。劳动者对用人单位管理人员违章指挥、强令冒险作业,有权拒绝执行;对危害生命安全和身体健康的行为,有权提出批评、检举和控告。(5)从事特种作业的劳动者必须经过专门培训并取得特种作业资格。(6)国家建立伤亡事故和职业病统计报告和处理制度。县级以上各级人民政府劳动行政部门、有关部门和用人单位应当依法对劳动者在劳动过程中发生的伤亡事故和劳动者的职业病状况,进行统计、报告和处理。

国家对女职工和未成年工实行特殊劳动保护。对女职工的特殊劳动保护有:(1)禁忌劳动。包括:① 矿山井下作业;② 国家规定的第四级体力劳动强度的作业;③ 每小时负重6次以上、每次负重超过20公斤的作业,或者间断负重、每次负重超过25公斤的作业。(2)四期保护。① 不得安排女职工在经期从事高处、低温、冷水作业和国家规定的第三级体力劳动强度的劳动;② 不得安排女职工在怀孕期间从事国家规定的第三级体力劳动强度的劳动和孕期禁忌从事的劳动;对怀孕7个月以上的女职工,不得安排其延长工作时间和夜班劳动;③ 女职工生育享受不少于98天的产假;④ 不得安排女职工在哺乳未满1周岁的婴儿期间从事国家规定的第三级体力劳动强度的劳动和哺乳期禁忌从事的其他劳动,不得安排其延长工作时间和夜班劳动。(3)特殊保护设施。女职工比较多的单位,应建立女职工卫生室、孕妇休息室等设施,并妥善解决女职工在生理卫生、哺乳方面的困难。

对未成年工的特殊保护有:(1)用人单位不得安排未成年工从事矿山井下、有毒有害、国家规定的第四级体力劳动强度的劳动和其他禁忌从事的劳动;(2)用人单位应当对未成年工定期进行健康检查;(3)用人单位招收使用未成年工的,除符合一般的用工要求外,还必须到当地县级以上劳动和社会保障行政部门办理登记,未成年工必须持未成年工登记证上岗。

(七)社会保险法律制度

社会保险既是劳动法的一项重要制度,同时也属于社会保障的重要内容。社会保险法律制度的内容在本书"社会保障法"一节中讲述。

(八)劳动争议处理法律制度

劳动争议处理是有关的劳动争议处理机构依法处理解决劳动争议的活动。双方当事人确立劳动关系后,在执行劳动法律、法规或履行劳动合同、集体合同过程中,不可避免地会发生各种争议。是否公正及时解决劳动争议,直接关系到当事人合法权益的保护和劳动关系的和谐稳定。目前,我国有关劳动争议处理的法律主要有《劳动法》《劳动合同法》《劳动争议调解仲裁法》等。

  1. 劳动争议的含义

  劳动争议也称劳动纠纷,是指用人单位与劳动者之间因实现劳动权利、履行劳动义务而发生的争议。劳动争议的范围包括:(1)因确认劳动关系发生的争议;(2)因订立、履行、变更、解除和终止劳动合同发生的争议;(3)因除名、辞退和辞职、离职发生的争议;(4)因工作时间、休息休假、社会保险、福利、培训以及劳动保护发生的争议;(5)因劳动报酬、工伤医疗费、经济补偿或者赔偿金等发生的争议;(6)法律、法规规定的其他劳动争议。

  2. 劳动争议的处理机构

  劳动争议处理机构是指受理劳动争议案件的组织机构。我国劳动争议处理机构有三种,即劳动争议调解组织、劳动争议仲裁机构和人民法院。

  劳动争议调解组织是依法成立的调解本单位发生的劳动争议的群众性组织。我国劳动争议调解组织有三种,即企业劳动争议调解委员会;依法设立的基层人民调解组织;在乡镇、街道设立的具有劳动争议调解职能的组织。

  劳动争议仲裁机构是国家授权、依法独立地对劳动争议案件进行仲裁的专门机构。劳动争议仲裁委员会按照统筹规划、合理布局和适应实际需要的原则设立。省、自治区人民政府可以决定在市、县设立;直辖市人民政府可以决定在区、县设立。直辖市、设区的市也可以设立一个或者若干个劳动争议仲裁委员会。劳动争议仲裁委员会不按行政区划层层设立。劳动争议仲裁委员会由劳动行政部门代表、工会代表和企业方面代表组成。劳动争议仲裁委员会组成人员应当是单数。

  人民法院是审理劳动争议案件的司法机构。劳动争议当事人对仲裁委员会的裁决不服或者对仲裁委员会不予受理的仲裁决定书或通知书不服,依法向人民法院起诉的,人民法院应当依法受理和审理。劳动争议案件由人民法院的民事审判庭审理。人民法院审理劳动争议案件,实行两审终审制。

  3. 劳动争议的解决方式及处理程序

  我国处理劳动争议的方式有协商、调解、仲裁、诉讼等。

  发生劳动争议,当事人不愿协商、协商不成或者达成和解协议后不履行的,可以向调解组织申请调解;不愿调解、调解不成或者达成调解协议后不履行的,可以向劳动争议仲裁委员会申请仲裁;对仲裁裁决不服的,除法律另有规定外,可以向人民法院提起诉讼。

  4. 集体合同争议的处理

  因签订集体合同发生争议,由双方当事人协商解决,协商不成可由劳动保障行政部门协调处理。当事人一方或双方可向劳动保障行政部门的劳动争议协调处理机构提出协调处理的书面申请;未提出申请的,劳动保障行政部门认为必要时可视情况协调处理。劳动保障行政部门应当组织同级工会和企业组织等三方面的人员,共同协调处理集体协商争议。劳动保障行政部门处理因集体协商发生的争议,应自决定受理之日起 30 日内结束。期满未结束的,可适当延长协调期限,但延长期限不得超过 15 日。

因履行集体合同而发生争议,当事人协商解决;协商不成的,当事人可以向劳动争议仲裁委员会申请仲裁;对仲裁裁决不服的,可以自收到仲裁裁决书之日起 15 日内向人民法院提起诉讼。

第二节　社会保障法

一、社会保障法的概念和调整对象

社会保障法是调整社会保障关系的法律规范的总称。所谓社会保障关系,是政府、社会和全体社会成员因参与社会保障而产生的各种社会关系。具体包括以下内容:

第一,政府与社会成员之间的关系,即各级人民政府履行对社会成员的社会保障职责时发生的关系以及社会成员享受社会保障权利时发生的关系。

第二,政府与社会保障机构之间的关系,即各级人民政府与社会保障机构之间在委托、管理和监督社会保障过程中发生的关系。

第三,社会保障机构与用人单位和劳动者之间的关系,即社会保障机构与用人单位和劳动者之间在实施社会保障过程中发生的关系。

第四,用人单位与劳动者之间的关系,即用人单位与劳动者之间在实施社会保障过程中发生的关系。

第五,社会保障机构相互之间的关系,即各个社会保障机构之间在实施社会保障过程中发生的关系。

第六,社会保障机构与其他单位之间的关系,即社会保障机构与其他单位之间在社会保障基金运营过程中发生的关系。

上述社会保障关系并非单独存在,往往是多种社会保障关系交错在一起,表现出相互联系、相互制约的特点。例如,企业职工基本养老保险,就涉及政府、社会保障机构、用人单位、劳动者等多方主体之间的社会保障关系。

二、社会保障法的体系

从世界范围来看,社会保障法的体系构成主要有两种模式:一种是根据社会保障项目(包括社会保险、社会福利、社会救助、社会优抚等)制定若干部平行的社会保障法律法规,分别规范社会保障某一方面的关系,其特点是多部社会保障单行法律法规并存,互不隶属,共同规范着社会保障关系。如德国采用此立法体例。第二种模式是由国家制定一部综合性的社会保障法律作为基本法,再根据需要制定若干具体的社会保障法规。这种体系由一法统驭、多法并行,呈现层次性。如美国采用此立法体例。

在我国,并没有一部统一的社会保障法。从当前的国情来看,由国家统一制定一部社会保障基本法尚不具备条件,只能是根据社会保障项目分别立法。我国社会保障法的体系主要包括社会保险法、社会福利法、社会救助法、社会优抚安置法等。目前,有关社会保障的立法主要有《社会保险法》《劳动法》《失业保险条例》《工伤保险条例》《社会保险费征缴暂行条例》等。

三、社会保障法的主要制度

(一)社会保险法律制度

1. 社会保险的概念

社会保险是指国家和社会通过立法确立的,以保险形式实行的,使社会成员(主要是劳动者)在面临年老、患病、工伤、失业、生育等社会风险的情况下能够获得国家和社会帮助的一种社会保障制度。社会保险作为物质帮助的一种形式,是宪法赋予公民的一项基本权利。社会保险具有社会性、基本保障性、强制性、互济性、非营利性等特点。

2. 社会保险法律制度的内容

(1) 养老保险

养老保险是指社会成员在因年老或其他原因退休或离休时所给予的生活保障。我国养老保险制度包括城镇企业职工养老保险制度、国家机关事业单位人员养老保险制度以及农村社会养老保险制度。

我国城镇企业职工养老保险制度已比较完善。城镇企业职工养老保险包括基本养老保险、企业补充养老保险、职工个人储蓄养老保险三个层次。基本养老保险是由国家统一建立并强制实施的为全体城镇企业职工提供退休后基本生活保障的一种养老保险制度;企业补充养老保险是企业及其职工在参加了法定基本养老保险,并完全履行了缴费义务的前提下,根据自己的经济负担能力,企业自主地为本单位劳动者建立的一种补充养老保险;职工个人储蓄养老保险,是职工个人根据自己收入的情况,自愿以储蓄的形式为自己建立的养老社会保险。

(2) 医疗保险

医疗保险是指社会成员在患病(非职业病)或非因公负伤时,获得一定经济帮助的一种社会保险制度。医疗保险制度的产生,根源于不以劳动者意志为转移的患病和意外人身伤害的事实,以及由此而产生的劳动者难以承受的医疗费用负担。医疗保险的目的,在于使劳动者因疾病或伤害而产生经济困难时,能够获得经济援助,并克服遇到的经济困难。我国的医疗保险包括职工基本医疗保险制度、新型农村合作医疗和城镇居民基本医疗保险制度。目前,我国的医疗保险正处在改革和完善阶段。

(3) 工伤保险

工伤保险又称职业伤害保险或者职业伤害赔偿保险,是指职工因工作而致伤、病、残、死亡,其本人或者亲属依法获得医疗救治、生活保障、经济赔偿、医疗和职业康复等帮助的一种社会保险制度。工伤,既包括因工负伤、致残、死亡,也包括职业病,即劳动者在劳动过程中接触职业性有毒有害因素所导致的疾病。在我国,工伤的范围和工伤赔偿的标准都是法定的。工伤保险制度的目的在于保障因工作遭受事故伤害或者患职业病的职工获得医疗救治和经济补偿,促进工伤预防和职业康复,分散用人单位的工伤风险。

(4) 失业保险

失业保险是为保障劳动者失去工作后,在重新恢复工作期间的基本生活需要而设立的一种社会保险制度。在发展经济的过程中,由于生产结构的调整等原因,失业现象不可避免,而失业必然会造成劳动者收入的减损甚至完全没有收入,在失业者再次找到工作之前,对其提供基本生活保障是十分必要的。

(5) 生育保险

生育保险是指国家通过立法强制实施的,在女职工因怀孕、分娩、哺乳而暂时中止劳动时,从国家和社会获得物质帮助的一种社会保险制度。妇女生育是人类自身繁衍的需要,妇女在怀孕、分娩、哺乳期间不能从事正常的生产劳动,为保证其恢复身体健康,维持正常生活和婴儿的正常成长,国家和社会有责任为其提供物质帮助。

(二) 社会福利法律制度

从广义上讲,社会福利是指政府和社会为保障人们生活、提高人们生活质量的所有保障和服务措施,这个概念涵盖了社会保障。广义上的福利不仅要满足人们的物质生活需求,而且要满足人们较高的精神生活需求。狭义的社会福利作为社会保障的一个组成部分,是指国家和社会通过举办各种福利事业和采取各种福利措施,为社会成员提供基本生活保障并不断改善生活状况的一种社会保障制度。我国采用狭义的社会福利概念。

(三) 社会救助法律制度

社会救助是指国家对于遭受灾害、失去劳动能力的公民以及低收入的公民给予物质救助,以维持其最低生活水平的一项社会保障制度。社会救助主要是对社会成员提供最低生活保障,其目标是扶危济贫,救助社会脆弱群体,对象是社会的低收入人群和困难人群。社会救助是基于一种同情和慈善的心理,体现了浓厚的人道主义思想,从对贫困者行善施舍到积极地救困助贫,进而作为政府的责任而形成的长期性的救助制度。社会救助制度包括灾害救助、贫困救助、失业救助、特殊救助等内容。

(四) 社会优抚法律制度

社会优抚是针对优抚对象所建立的社会保障制度,是指国家和社会对优抚对象及其家属所提供的各种优待、抚恤、养老、就业安置等待遇和服务的保障制度。社会优抚是我国社会保障制度的重要组成部分,目前,我国的社会优抚主要包括对军人的优抚、对军烈属的优抚、对退休(复员)军人及亲属的优抚以及其他对社会有贡献的人的优抚等内容。社会优抚制度的建立,对于维护社会稳定,推动社会经济发展和社会进步具有重要的意义。

复习思考题

1. 什么是劳动关系？劳动关系有哪些特征？
2. 我国劳动法对人的适用范围有哪些？
3. 我国劳动就业的基本原则有哪些？
4. 简述劳动合同解除的类型和条件。
5. 劳动合同终止的条件有哪些？
6. 劳动合同解除和终止的法律后果是什么？
7. 集体合同和劳动合同有什么不同？
8. 什么是劳务派遣？劳务派遣中存在哪些法律关系？
9. 什么是非全日制用工？
10. 简述我国的工时和工资法律制度。
11. 女工和未成年工特殊保护的内容有哪些？
12. 劳动争议的处理方式有哪些？
13. 我国社会保障制度的内容有哪些？
14. 社会保险和商业保险有何不同？
15. 我国社会保险制度的内容有哪些？

第十五章

经济纠纷解决法律制度

重点与难点

本章重点：民事诉讼的两审终审制及经济诉讼程序；经济仲裁的原则和经济仲裁的程序。

本章难点：对各经济诉讼活动主体的界定和经济诉讼管辖制度。

第一节 经济纠纷概述

一、经济纠纷概述

经济纠纷即经济争议。凡是因物质利益发生的纷争，无论是平等的民事主体之间发生的，以经济权利、经济义务为内容的社会纠纷，还是非平等的经济法律关系主体之间所产生的，以经济权利、经济义务为内容的社会纠纷都属于经济纠纷。前者属于民商事经济纠纷，具体包括：第一，合同纠纷，比如买卖合同纠纷、借款合同纠纷、承揽合同纠纷、建设工程合同纠纷、技术合同纠纷等；第二，婚姻家庭纠纷，比如继承权纠纷、夫妻财产争议等；第三，经济侵权纠纷，比如知识产权侵权纠纷、所有权侵权纠纷、经营权侵权纠纷等。后者属于国家相关经济管理主体与作为行政相对人的市场主体之间所发生的涉及经济内容的纠纷。

现代社会，经济纠纷在生活中普遍存在。这些经济纠纷的存在使当事人的合法经济权益遭受侵害，也使得一定的社会经济关系处于紊乱和不确定状态，扰乱了社会正常的经济秩序和生活秩序，并可能影响到社会的稳定。因此，依法正确、合理、及时地解决经济纠纷，对于维护当事人的合法经济权益、稳定家庭及社会关系、维护市场秩序、保障社会的和谐发展，都具有十分重要的意义。

二、经济纠纷解决方式

对于经济纠纷的解决，在我国主要有四种方式，即人民调解、仲裁、行政复议和诉讼。

（一）人民调解

人民调解，是指人民调解委员会通过说服、疏导等方法，促使当事人在平等协商基础上自愿达成调解协议,解决民间纠纷的活动。因其具备"使大事化小、小事化无;可使小事不闹成大事、无事不闹成有事"的独特的化解矛盾、消除纷争的非诉讼解决特色而被国际社会誉为"东方经验"或"东方一枝花"。当经济纠纷当事人无法通过和解自行协商解决纷争时,可以向人民调解委员会申请调解;也可由人民调解委员会主动调解。对于经人民调解委员会调解达成的调解协议,我国《人民调解法》明确规定其具有相应的法律约束力,当事人应当按照约定履行。当然,当事人之间就调解协议的履行或者调解协议的内容发生争议的,仍然可以向人民法院提起诉讼。此外,基层人民法院、公安机关对适宜通过人民调解方式解决的经济纠纷,可以在受理前告知当事人向人民调解委员会申请调解。

(二) 仲裁

对于当事人无法通过自行协商解决的经济纠纷,或者不愿通过人民调解委员会调解,或者调解不成的,可以依据所签合同中的仲裁条款或者事后达成的仲裁协议提交仲裁机构仲裁解决。仲裁作为一种由双方当事人自愿选择的、由仲裁机构裁决的民商事经济纠纷的重要手段,在世界范围内获得了非常广泛的运用和发展,其主要原因就是,仲裁同诉讼相比:其一,能够充分体现双方当事人的意思自治,由当事人自愿选择仲裁机构、仲裁员和所适用的法律;其二,对仲裁机构的选择不受级别和地域的限制,任何一个地方发生的纠纷,只要是当事人选择的仲裁机构,就有权对该纠纷进行裁决;其三,仲裁实行不公开原则,有利于保护当事人的商业秘密和个人隐私;其四,仲裁是一裁终局,程序简单,并且仲裁裁决具有与人民法院终审判决同等的法律效力。

(三) 行政复议

当公民、法人或者其他组织对行政机关所作出的拘留、罚款、吊销许可证和执照,责令停产停业、没收财物等行政处罚不服的;或者对财产的查封、扣押、冻结等行政强制措施不服的;或者认为行政机关侵犯其人身权、财产权的,均可通过行政救济途径解决行政争议。也就是说,行政相对人可以通过行政复议的方式维护自己的经济利益。所谓行政复议,是指公民、法人或者其他组织认为行政机关的具体行政行为侵犯其合法权益,依法向行政复议机关提出申请,请求对原具体行政行为是否合法与适当进行审查并作出处理的法律制度。当然,公民、法人或者其他组织对复议决定不服的,可以再向人民法院提起行政诉讼,或者对于法律法规没有特殊要求的,可以不通过行政复议,直接向人民法院提起行政诉讼。

(四) 诉讼

对于不同的社会主体之间所发生的经济纠纷或者利益冲突,若当事人不能通过自行协商解决,也无法通过人民调解员达成和解协议,或者当事人未在合同中签订仲裁条款,也没有在事后达成仲裁协议的,还可以通过诉讼的方式解决纷争。所谓诉讼,俗称"打官司",是指纠纷当事人通过向具有管辖权的法院起诉另一方当事人,由人民法院对当事人之间争议的事实,依照法定程序进行审理并依法裁判的活动。因为诉讼是由国家公权力介入并居中裁判,所以法院的裁判具有强制性和权威性,当事人必须执行。由此,诉讼作为一种"公力救济",是解决纠纷最行之有效的途径。当然,对于经济纠纷案件的审理,在程序上适用民事诉讼法。所以,经济诉讼是民事诉讼的组成部分。

在上述四种纠纷的解决方式中,诉讼和仲裁是最常用,也最有效的争议解决方法,在解决经济纠纷中具有独特的地位和作用。因此,本章只对这两种方式作具体阐述。

第二节 经 济 诉 讼

一、经济诉讼概述

(一)经济诉讼的概念

经济诉讼是指司法机关依法对经济纠纷案件进行审理判决的活动,是人民法院依当事人一方或双方请求,按照特定程序,依据有关的法律进行审理和判决的活动。

审理经济纠纷案件所适用的法律,在实体法方面,主要是我国的国内法,在某些涉外经济纠纷案件中,也可以根据我国法律的规定适用外国法律和我国缔结或参加的国际条约、国际惯例;在程序法方面,不论案件是否具有涉外因素都适用国内法。经济审判活动所依据的主要是我国《民事诉讼法》的有关规定。

(二)经济诉讼活动的主体

1. 人民法院

人民法院是我国的审判机关,代表国家依法行使审判职权。在经济诉讼中,人民法院代表国家公权力,介入经济诉讼当事人之间的纷争,居中裁判,并具有权威性和强制执行性。在整个诉讼程序中,人民法院作为案件的审判者,既是诉讼的参加者,也是诉讼的组织者和指挥者。人民法院应当依法定职权和法定程序,"以事实为根据,以法律为准绳",公平、公正地解决诉讼当事人之间的经济权利与经济义务纷争。所以,在整个经济诉讼过程中,人民法院始终处于主导地位,对经济纠纷案件的解决起着决定性作用。

2. 诉讼当事人

经济诉讼当事人是指因经济权益发生争执或受到侵害,以自己的名义进行诉讼,与案件审理结果有法律上的利害关系,并受人民法院裁判拘束的人。当事人有广义和狭义之分,广义的当事人包括原告、被告、共同诉讼人和第三人;狭义的当事人专指原告和被告。

原告是指为维护自己的经济权益或者自己管理的他人的经济权益,而以自己的名义向人民法院起诉,从而引起诉讼程序发生的人。被告是指被原告诉称侵犯了原告合法经济权益或与原告发生经济权益争议,而由法院通知应诉的人。通常,在民事诉讼中,原告一方和被告一方都只有一人。但在某些纠纷中,当事人一方或者双方均为两人或两人以上,也就是说原告和被告均为多数,这就形成了一种特殊的诉讼形态——共同诉讼。共同诉讼人是指当事人一方或者双方为两人或两人以上,有着共同的或者同一种类的诉讼标的,人民法院认为可以合并审理,并经当事人同意一同进行诉讼的人。根据诉讼标的的不同,可以把共同诉讼人分为必要共同诉讼人和普通共同诉讼人。

所谓第三人,是指在已经开始的诉讼中,对原告和被告争议的诉讼标的,具有全部的或者部分的独立请求权,或者虽然不具有独立请求权,但案件的处理结果与其有法律上的利害关系而参加到诉讼中来的人。第三人可分为有独立请求权的第三人和无独立请求权的第三人两种。从诉讼地位上讲,前者具有独立的诉讼地位,是将本诉中的原告和被告当被告的人;后者只是参加到其中一方当事人中,帮助被参加的一方赢得诉讼的人,在诉讼中只具从属地位。

3. 诉讼代理人

诉讼代理人是指以当事人的名义,在一定的代理权限范围内,为当事人的利益进行诉讼活动的人。根据代理权产生的不同,可以分为法定诉讼代理人和委托诉讼代理人。诉讼代理人必须是具有诉讼行为能力的人,其参加诉讼是为了更好地维护被代理的诉讼当事人的利益。诉讼代理人在代理权限范围内所为的诉讼行为,视为当事人的行为,最终的诉讼结果还是由被代理人来承担,对被代理人发生法律效力。

4. 其他诉讼参与人

其他诉讼参与人是指除当事人以外根据案件的情况和诉讼的需要而参加诉讼的人,包括法定代理人、诉讼代理人、辩护人、证人、鉴定人和翻译人员。他们以自己的名义参与诉讼,依法享有参加诉讼活动所必需的诉讼权利,承担相应的诉讼义务。但他们与案件没有直接的利害关系,不受人民法院裁判的约束,只是根据案件审理的需要,依法履行一定的诉讼义务,协助人民法院完成审判活动。

二、经济诉讼管辖

经济诉讼管辖是指规定上下级人民法院之间、同级人民法院之间受理第一审经济纠纷案件的分工和权限,可分为级别管辖、地域管辖、移送管辖和指定管辖四种。

(一) 级别管辖

级别管辖是指各级人民法院之间划分第一审民事案件的分工和权限的管辖。其分工依据主要有四项:(1)案件的性质;(2)案件争议标的金额的大小;(3)案件的复杂程度;(4)案件的影响范围。

基层人民法院管辖除其上级人民法院管辖以外的第一审经济纠纷案件。中级人民法院管辖三类第一审经济纠纷案件,即重大涉外案件、在本辖区有重大影响的案件、最高人民法院确定由中级人民法院管辖的案件。高级人民法院管辖在本辖区有重大影响的第一审经济纠纷案件。最高人民法院管辖在全国有重大影响的案件和最高人民法院认为应当由其审理的第一审经济纠纷案件。

(二) 地域管辖

地域管辖是指按照人民法院的辖区和民事案件的隶属关系划分同级人民法院管辖第一审民事案件的分工和权限的管辖。

地域管辖的一般原则是"原告就被告",即由被告住所地人民法院管辖。对公民提起的民事诉讼,由被告住所地人民法院管辖;被告住所地与经常居住地不一致的,由经常居住地人民法院管辖。对法人或者其他组织提起的民事诉讼,由被告住所地人民法院管辖。

下列经济纠纷案件实行特别地域管辖:合同纠纷案件由被告住所地或合同履行地人民法院管辖;保险合同纠纷由被告住所地或保险标的所在地人民法院管辖;交通运输合同纠纷案件由运输始发地、目的地和被告住所地人民法院管辖;侵权纠纷案件由侵权行为地或被告住所地人民法院管辖。

为了保证当事人充分行使诉讼权利,我国法律对合同纠纷案件还允许当事人在书面合同中协议选择被告住所地、合同履行地、合同签订地、标的物所在地人民法院管辖,但不得违反《民事诉讼法》对级别管辖和专属管辖的规定。

所谓专属管辖是指按照诉讼标的的特殊性质而确定的具有排他性的管辖。人民法院的专属管辖包括:因不动产纠纷提起的诉讼,由不动产所在地人民法院管辖;因港口作业发生纠纷提起的诉讼,由港口所在地人民法院管辖;因继承遗产纠纷提起的诉讼,由被继承人死亡时住所地或者主要遗产所在地人民法院管辖。专利纠纷案件由知识产权法院、最高人民法院确定的中级人民法院和基层人民法院管辖。海事、海商案件由海事法院管辖。

(三)移送管辖

移送管辖是指人民法院发现受理的案件不属于自己管辖的,应当移送有管辖权的人民法院管辖的制度。根据《民事诉讼法》的规定,人民法院发现受理的案件不属于本法院管辖的,应当移送有管辖权的人民法院,受移送的人民法院应当受理。受移送的人民法院认为受移送的案件依照规定不属于本院管辖的,应当报请上级人民法院指定管辖,不得再自行移送。

另外,根据司法解释的规定,两个以上人民法院都有管辖权的诉讼,先立案的人民法院不得将案件移送另一个有管辖权的人民法院。人民法院在立案前发现其他有管辖权的人民法院已先立案的,不得重复立案,立案后发现其他有管辖权的人民法院已先立案的,裁定将案件移送先立案的人民法院。案件受理后,受诉人民法院的管辖权不受当事人住所地、经常居住地变更的影响。有管辖权的人民法院受理案件后,不得以行政区域变更为由,将案件移送变更后有管辖权的人民法院。判决后的上诉案件和依审判监督程序提审的案件,由原审人民法院的上级人民法院进行审判;第二审人民法院发回重审或者上级人民法院指令再审的案件,由原审人民法院重审或者再审。

(四)指定管辖

指定管辖是指基于一定的事由,案件由上级法院指定某下级法院管辖的法律制度。指定管辖的实质,是法律赋予上级人民法院在特殊情况下有权变更和确定案件管辖法院,以适应审判实践的需要,保证案件及时正确地裁判。我国《民事诉讼法》规定,有管辖权的人民法院由于特殊原因,不能行使管辖权的,由上级人民法院指定管辖。人民法院之间因管辖权发生争议,由争议双方协商解决;协商解决不了的,报请它们的共同上级人民法院指定管辖。由此可知,在下列两种情况下适用指定管辖:其一,有管辖权的人民法院由于特殊原因,不能行使管辖权。这里的特殊原因,既包括事实上的原因,如地震、水灾等不可抗力;又包括法律上的原因,如受诉法院的审判人员,因当事人申请回避或者审判人员自行回避,无法组成合议庭对案件进行审理。其二,因管辖权发生争议,经双方协商未能解决争议的。这里的争议,通常是因为法院之间辖区界限不明,或者对法律的规定理解不一致;此外,也有因地方保护主义为其局部经济利益争先立案的情况。无论何种原因引起争议,均应由双方协商解决,协商不成时,应报请它们的共同上级人民法院指定管辖。

三、经济诉讼程序

经济诉讼程序是指人民法院依照法律的规定对经济纠纷案件进行审理的步骤和过程。人民法院审理经济案件,适用《民事诉讼法》规定的程序。

人民法院审判经济案件,实行两审终审制,即当事人对地方各级人民法院第一审案件的判决和裁定不服的,可以按照法定程序向上一级人民法院提起上诉;上一级人民法院按照第二审程序作出的判决、裁定为终审的判决、裁定。

(一)第一审程序

第一审程序是人民法院审理第一审经济纠纷案件所适用的程序。第一审程序有简易程序和普通程序两种。简易程序,是指基层人民法院及其派出法庭审理第一审简单的经济纠纷案件所适用的程序。普通程序是人民法院审理第一审经济纠纷案件通常适用的程序,是最完整、最系统的审判程序,包括了审判程序的全部主要内容,充分体现了经济诉讼的基本原则和制度,具有广泛的适用性。

1. 第一审普通程序

第一审普通程序包括以下几个阶段:

(1)起诉与受理。起诉是指公民、法人和其他组织因自己的经济权益受到侵害或发生争议,向人民法院提起诉讼,请求人民法院解决纠纷的一种诉讼行为。起诉必须符合下列条件:原告是与本案有直接利害关系的公民、法人和其他组织;有明确的被告;有具体的诉讼请求、事实和理由;属于人民法院受理经济诉讼的范围和受诉人民法院管辖。

受理是人民法院通过对起诉的审查,对认为起诉符合法定条件的案件予以登记立案并进行审理的诉讼行为。起诉应向人民法院递交起诉状,并按被告人数提出副本。人民法院收到起诉状后,应当进行审查。认为符合起诉条件的,应当在 7 日内立案,并通知当事人;认为不符合条件的,应当在 7 日内裁定不予受理,并说明理由。原告对不予受理的裁定不服的,可以向上一级人民法院提起上诉。

(2)审理前的准备。这是第一审普通程序中开庭审理前的必经阶段。人民法院应当在立案之日起 5 日内将起诉状副本发送被告,被告在收到之日起 15 日内提出答辩状。被告提出答辩状的,人民法院应当在收到之日起 5 日内将答辩状副本发送原告。被告不提出答辩状的,不影响人民法院审理。

人民法院对决定受理的案件,应当在受理案件通知书和应诉通知书中向当事人告知有关的诉讼权利义务,或者口头告知。合议庭组成人员确定后,应当在 3 日内告知当事人。审判人员必须认真审核诉讼材料,调查收集必要的证据。人民法院在必要时可以委托外地人民法院调查。必须共同进行诉讼的当事人没有参加诉讼的,人民法院应当通知其参加诉讼。

(3) 开庭审理。开庭审理是指在审判人员和当事人以及其他诉讼参与人的参与下,在法庭上对案件进行审理的诉讼活动。它是经济审判程序的中心环节,分为下列几个阶段:

其一,开庭前准备。凡决定开庭审理的案件,应当在开庭三日前通知当事人和其他诉讼参与人。公开审理的,应当公告当事人姓名、案由和开庭的时间、地点。原告经传票传唤,无正当理由拒不到庭的,或者未经法庭许可中途退庭的,可以按撤诉处理;被告反诉的,可以缺席判决。被告经传票传唤,无正当理由拒不到庭的,或者未经法庭许可中途退庭的,可以缺席判决。开庭审理前,书记员应当查明当事人和其他诉讼参与人是否到庭,宣布法庭纪律。

其二,审理开始。开庭审理时,由审判长核对当事人,宣布案由,宣布审判人员、书记员名单,告知当事人有关的诉讼权利义务,询问当事人是否提出回避申请。

其三,法庭调查及质证。法庭调查按照下列顺序进行:① 当事人陈述;② 告知证人的权利义务,证人作证,宣读未到庭的证人证言;③ 出示书证、物证和视听资料;④ 宣读鉴定结论;⑤ 宣读勘验笔录。当事人在法庭上可以提出新的证据。当事人经法庭许可,可以向证人、鉴定人、勘验人发问。当事人要求重新进行调查、鉴定或者勘验的,是否准许,由人民法院决定。双方当事人向法院提供的证据,应当庭质证。

其四,法庭辩论。在法庭调查及质证的基础上进行法庭辩论。法庭辩论按照下列顺序进行:①原告及其诉讼代理人发言;② 被告及其诉讼代理人答辩;③ 第三人及其诉讼代理人发言或者答辩;④ 互相辩论。法庭辩论终结,由审判长按照原告、被告、第三人的先后顺序征询各方最后意见。

判决前能够调解的可以进行调解,调解应贯穿法庭审理的始终,可以当庭调解,也可以休庭调解。调解不成的应当及时判决,判决分为当庭宣判和定期宣判两种形式。当庭宣判的,应当在 10 日内发送判决书;定期宣判的,宣判后立即发给判决书。宣告判决时,必须告知当事人上诉权利、上诉期限和上诉法院。当事人在法定的上诉期限内不提出上诉的,上诉期限届满,一审判决即发生法律效力。

2. 简易程序

简易程序是普通程序的简化,只有基层人民法院及其派出法庭在审理事实清楚、权利义务关系明确、争议不大的简单的经济纠纷案件中,才能适用简易程序。基层人民法院和它派出的法庭审理前款规定以外的民事案件,当事人双方也可以约定适用简易程序。但有下列情形之一的案件除外:(1) 起诉时被告下落不明的;(2) 发回重审的;(3) 共同诉讼中一方或者双方当事人人数众多的;(4) 法律规定应当适用特别程序、审判监督程序、督促程序、公示催告程序和企业法人破产还债程序的;(5) 人民法院认为不宜适用简易程序进行审理的。

此外,基层人民法院适用第一审普通程序审理的民事案件,当事人各方自愿选择适用简易程序,经人民法院审查同意的,可以适用简易程序进行审理。但人民法院不得违反当事人自愿原则,将普通程序转为简易程序。

适用简易程序审判的经济纠纷案件,由审判员一人独任审判,其审理期限为自立案之日起3个月。在简易程序中,原告可以口头起诉,法院可以口头或书面方式通知被告,用口头或其他简便方式传唤当事人、证人。

(二) 第二审程序

第二审程序是经济诉讼当事人不服第一审人民法院的未生效判决或裁定,在法定期限内向上一级人民法院提起上诉,上一级人民法院依法对案件进行审理所适用的程序。我国民事诉讼实行两审终审制,因此,第二审程序又称为终审程序。通过第二审程序可以维护第一审法院的正确裁判或纠正其错误,保护当事人合法权益,实现上级法院对下级法院审判工作的指导和监督。

第二审程序因当事人提起上诉而发生。上诉是当事人对地方各级人民法院第一审未生效判决、裁定不服,请求上一级人民法院对案件进行审判的诉讼行为。上诉的提起,必须具备一定的条件:

第一,提起上诉的主体必须合格。根据《民事诉讼法》的规定和最高人民法院的司法解释,第一审程序中的原告、被告、共同诉讼人、诉讼代表人、有独立请求权的第三人和人民法院判决承担实体义务的无独立请求权的第三人均可提起上诉。

第二,提出上诉的客体必须是依法允许上诉的一审裁判,即地方各级人民法院所作的未生效的一审判决和部分一审裁定。可以上诉的裁定有不予受理的裁定、驳回起诉的裁定和管辖权异议的裁定三种。

第三,必须在法定期限内提起上诉。不服第一审判决的上诉期限是判决书送达之日起15日内,不服第一审裁定的上诉期限是裁定书送达之日起10日内。

第四,必须递交上诉状。第二审人民法院对上诉案件,应当组成合议庭,开庭审理。经过阅卷和调查,询问当事人,在事实核对清楚后,合议庭认为不需要开庭审理的,也可以径行判决、裁定。第二审人民法院应当对上诉请求的有关事实和适用法律进行审查。

第二审人民法院对上诉案件,经过审理,按照下列情形分别处理:(1)原判决、裁定认定事实清楚,适用法律正确的,以判决、裁定方式驳回上诉,维持原判决、裁定;(2)原判决、裁定认定事实错误或者适用法律错误的,以判决、裁定方式依法改判、撤销或者变更;(3)原判决认定基本事实不清的,裁定撤销原判决,发回原审人民法院重审,或者查清事实后改判;(4)原判决遗漏当事人或者违法缺席判决等严重违反法定程序的,裁定撤销原判决,发回原审人民法院重审。

原审人民法院对发回重审的案件作出判决后,当事人提起上诉的,第二审人民法院不得再次发回重审。

(三) 审判监督程序

审判监督程序又称再审程序,是指为了保障法院裁判的公正,使已经发生法律效力但有错误的判决裁定、调解协议得以纠正而特设的一种再审提起和再审程序。审判监督程序的发生有三种情况:一是人民法院依审判监督程序决定再审;二是当事人申请再审;三是人民检察院抗诉提起再审。

其中,当事人申请再审是指当事人对已经发生法律效力的判决、裁定,认为有错误的,可以向上一级人民法院申请再审。当事人申请再审的,不停止判决、裁定的执行。当事人的申请符合下列情形之一的,人民法院应当再审:(1) 有新的证据,足以推翻原判决、裁定的;(2) 原判决、裁定认定的基本事实缺乏证据证明的;(3) 原判决、裁定认定事实的主要证据是伪造的;(4) 原判决、裁定认定事实的主要证据未经质证的;(5) 对审理案件需要的主要证据,当事人因客观原因不能自行收集,书面申请人民法院调查收集,人民法院未调查收集的;(6) 原判决、裁定适用法律确有错误的;(7) 审判组织的组成不合法或者依法应当回避的审判人员没有回避的;(8) 无诉讼行为能力人未经法定代理人代为诉讼或者应当参加诉讼的当事人,因不能归责于本人或者其诉讼代理人的事由,未参加诉讼的;(9) 违反法律规定,剥夺当事人辩论权利的;(10) 未经传票传唤,缺席判决的;(11) 原判决、裁定遗漏或者超出诉讼请求的;(12) 据以作出原判决、裁定的法律文书被撤销或者变更的;(13) 审判人员在审理该案件时有贪污受贿、徇私舞弊、枉法裁判行为的。

(四)督促程序和公示催告程序

督促程序是指对于以给付一定金钱或有价证券为内容的债务,人民法院根据债权人的申请,向债务人发出支付令,如果债务人在法定期间没有提出异议,债权人可以支付令为根据,请求人民法院予以强制执行的程序。督促程序不解决经济权利义务的争议,只是依债权人的申请发布支付令,督促债务人履行债务。这一程序既不传唤债务人,也不开庭审理,属于非审判程序。

公示催告程序是指人民法院根据丧失票据的当事人的申请,以公告方式催促不明确的利害关系人,在法定期间申报权利和提示票据,否则宣告票据无效的一种程序。这种程序旨在确定某一票据权利是否存在,而不是解决经济权益之争,因此没有明确的被告,也是一种非审判程序。

(五)执行程序

执行程序是指人民法院依照法律规定的程序,对发生法律效力的法律文书确定的给付内容,运用国家强制力依法采取执行措施,强制义务人履行义务的程序。

能够据以执行的法律文书有两大类:一类是人民法院制作的具有执行内容的法律文书,其中包括判决书、裁定书、调解书和支付令等;另一类是其他机关制作的由人民法院执行的法律文书,其中包括公证机关依法赋予强制执行效力的债权文书,仲裁机构制作的仲裁裁决书、调解书。

当事人具备申请执行条件的,向法院提出申请执行,应当提交申请书。申请执行的期间为两年。申请执行时效的中止、中断,适用法律有关诉讼时效中止、中断的规定。执行员接到申请执行书或者移交执行书,应当向被执行人发出执行通知,责令其在指定期间履行,逾期不履行的,强制执行。

人民法院依法可采取的强制执行措施有:(1) 查询、冻结、划拨被执行人的存款;(2) 扣留、提取被执行人的收入;(3) 查封、扣押、冻结、拍卖、变卖被执行人的财产;(4) 搜查被执行人及其住所或者财产隐匿地;(5) 强制被执行人交付法律文书指定的财物或者票证;(6)强制被执行人迁出房屋或退出土地;(7)强制被执行人履行法律文书指定的行为;(8)强制被执行人加倍支付迟延履行利息或迟延履行金;(9)执行被执行人的到期债权;(10)对无形财产及其他特定权益的执行。

第三节 经济仲裁

一、经济仲裁概述

(一)经济仲裁的概念

仲裁是根据当事人之间的协议,将双方发生争议的事项,提交仲裁机构作出具有法律约束力的裁决,以解决当事人之间争议的方法。经济仲裁是指经济纠纷的双方当事人协议将有关争议提交选定的仲裁机构作出裁决,并按裁决履行的一种制度。

仲裁法是调整仲裁关系的法律规范。我国《仲裁法》于1994年8月31日由第八届全国人大常委会第九次会议通过,自1995年9月1日起施行,后分别于2009年和2017年进行了修订。

(二)经济仲裁的原则

经济仲裁的基本原则贯穿于仲裁的整个过程,是仲裁机构和当事人必须遵守的准则。主要表现为:

1. 自愿仲裁的原则

仲裁机构对案件行使仲裁权,依据的是当事人的自愿申请,即当事人双方在纠纷发生前或发生后自愿达成仲裁协议,一旦纠纷发生,由当事人提出仲裁申请,仲裁机构依申请对纠纷行使仲裁权。

自愿原则主要体现在:(1)双方当事人自愿决定是否将他们之间发生的纠纷提交仲裁机构仲裁;(2)双方当事人自愿约定将哪些争议事项提交仲裁机构仲裁;(3)双方当事人自主决定选择仲裁机构和仲裁员;(4)双方当事人自主决定仲裁的审理方式、开庭方式等有关程序事项。

2. 公平合理的原则

仲裁要"以事实为根据,以法律为准绳",依法评断,不偏不倚,公正公平;在法律没有规定或规定不完备的情况下,仲裁庭可以按照公平合理的原则解决纠纷。

3. 独立仲裁的原则

我国《仲裁法》明确规定仲裁应依法独立进行,不受行政机关、社会团体和个人的干涉。仲裁委员会独立于行政机构,与行政机构无隶属关系;仲裁庭独立裁决案件,仲裁委员会以及其他机关、社会团体和个人不得干预。

4. 一裁终局的原则

仲裁是双方当事人自愿选择的解决经济纠纷的途径,仲裁裁决结果具有法律效力,双方当事人必须履行;裁决一经作出,当事人就同一纠纷再申请仲裁或向人民法院提起诉讼的,仲裁委员会或人民法院不予受理。

(三) 经济仲裁机构

1. 仲裁委员会

仲裁委员会是指依法设立,依据仲裁协议行使一定范围内的民商事纠纷仲裁权的机构。

仲裁委员会由设立地区的人民政府组织有关部门和商会统一组建。仲裁委员会独立于行政机关,与行政机关没有隶属关系,属民间性质的社会团体法人。

仲裁委员会的设立必须具备法定条件:

(1) 有自己的名称、住所和章程。

(2) 有必要的财产。

(3) 有该委员会的组成人员。仲裁委员会由主任 1 人、副主任 2—4 人和委员 7—11 人组成。仲裁委员会的主任、副主任和委员由法律、经济贸易专家和有实际工作经验的人员担任。仲裁委员会的组成人员中,法律、经济贸易专家不得少于 2/3。

(4) 有聘任的仲裁员。仲裁员应当符合下列条件之一:第一,从事仲裁工作满 8 年的;第二,从事律师工作满 8 年的;第三,曾任审判员满 8 年的;第四,从事法律研究、教学工作并具有高级职称的;第五,具有法律知识、从事经济贸易等专业工作并具有高级职称或者具有同等专业水平的。

2. 仲裁协会

仲裁协会是仲裁机构为共同发展和维护仲裁事业而组成的自我管理、自我教育和自我服务的社会团体。中国仲裁协会是社会团体法人。仲裁委员会是中国仲裁协会的会员。中国仲裁协会的章程由全国会员大会制定。中国仲裁协会是仲裁委员会的自律性组织,根据章程对仲裁委员会及其组成人员、仲裁员的违纪行为进行监督。

中国仲裁协会与仲裁委员会的关系是:(1) 仲裁委员会是中国仲裁协会的会员,中国仲裁协会是仲裁委员会的自律性组织,两者是组织体和成员的关系。作为组织体的成员,中国仲裁协会全体会员应自觉遵守组织体制定的章程或纪律条例。(2) 两者存在监督和被监督的关系。中国仲裁协会有权对仲裁委员会及其组成人员、仲裁员的违纪行为进行监督。

(四) 仲裁协议

1. 仲裁协议的概念

仲裁协议是指当事人之间达成的将他们之间已经发生或者将来可能发生的实体权利义务争议提交仲裁机构仲裁的意思表示。

2. 仲裁协议的形式和内容

仲裁协议是当事人在平等、自愿、协商的基础上订立的,体现了双方当事人的共同意志。仲裁协议一般要求采用书面形式且其内容必须符合法律规定。

仲裁协议包括合同中订立的仲裁条款和以其他书面形式在纠纷发生前或者纠纷发生后达成的仲裁协议。仲裁协议应当具有下列内容:(1) 请求仲裁的意思表示;(2) 仲裁事项;(3) 选定的仲裁委员会。

3. 仲裁协议的无效

有下列情形之一的,仲裁协议无效:(1) 约定的仲裁事项超出法律规定的仲裁范围的;(2) 无民事行为能力人或者限制民事行为能力人订立的仲裁协议;(3) 一方采取胁迫手段,迫使对方订立仲裁协议的。

仲裁协议对仲裁事项或者仲裁委员会没有约定或者约定不明确的,当事人可以补充协议;达不成补充协议的,仲裁协议无效。当事人约定争议可以向仲裁机构申请仲裁也可以向人民法院起诉的,仲裁协议无效。但一方向仲裁机构申请仲裁,另一方未在仲裁庭首次开庭前提出异议的除外。

4. 仲裁协议的作用

(1) 仲裁协议是仲裁机构取得管辖的依据。我国《仲裁法》第4条规定:"没有仲裁协议,一方申请仲裁的,仲裁委员会不予受理。"

(2) 排除法院的司法管辖权。《仲裁法》第5条规定:"当事人达成仲裁协议,一方向人民法院起诉的,人民法院不予受理,但仲裁协议无效的除外。"《民事诉讼法》第124条第2项规定:"双方当事人达成书面仲裁协议申请仲裁、不得向人民法院起诉的,告知原告向仲裁机构申请仲裁"。

由此可知,有效的仲裁协议不仅是仲裁发生的前提,而且还起到排除法院司法管辖的作用。

二、仲裁程序

(一)申请与受理

仲裁程序由当事人申请仲裁开始,提出申请是仲裁程序开始的必要条件。对当事人的申请,仲裁委员会应进行必要的审查,不符合条件的,不予受理。

当事人申请仲裁应当符合下列条件:

第一,有仲裁协议。当事人采用仲裁方式解决纠纷,应当自愿达成仲裁协议。如果没有仲裁协议,一方申请仲裁的,仲裁委员会不予受理。

第二,有具体的仲裁请求和事实、理由。请求的具体事项应是明确的,如请求确认合同有效或合同无效;请求仲裁机构裁决负有义务的一方当事人履行义务,如支付货款,支付赔偿金等;请求仲裁机构变更某种法律关系,如要求延期交货、减少赔款数额等。

此外,还必须有客观存在的事实与理由,有充分确凿的证据提供给仲裁委员会,使仲裁委员会能依法客观、公正地对纠纷作出准确的裁决,从而保护当事人合法权益。

第三,属于仲裁委员会的受理范围。根据我国《仲裁法》的规定,只有发生在平等主体的公民、法人和其他组织之间的合同纠纷和其他财产权益纠纷,才可以由仲裁机构进行仲裁。除此以外的纠纷,均不属于仲裁委员会的仲裁范围。根据我国《仲裁法》的规定,下列纠纷不能仲裁:一是婚姻、收养、监护、扶养、继承纠纷;二是依法应当由行政机关处理的行政争议。

当事人申请仲裁的,应当向仲裁委员会递交仲裁协议、仲裁申请书及副本。仲裁申请书应当载明下列事项：(1) 当事人的姓名、性别、年龄、职业、工作单位和住所，法人或者其他组织的名称、住所和法定代表人或者主要负责人的姓名、职务；(2) 仲裁请求和所根据的事实、理由；(3) 证据和证据来源、证人姓名和住所。

对于当事人递交的仲裁申请是否符合条件，仲裁委员会要依法进行审查，审查的内容包括：(1) 是否有仲裁协议，仲裁协议是否有效；(2) 是否有具体的仲裁请求及事实、理由；(3) 是否属于仲裁委员会受理的范围；(4) 仲裁申请书是否符合法律要求；(5) 是否符合仲裁时效。

（二）开庭和裁决

1. 仲裁庭的组成

仲裁庭是指由当事人选定或者由仲裁委员会主任指定的仲裁员组成的，对当事人申请仲裁的案件按照仲裁程序进行审理并作出裁决的组织形式。

仲裁庭有两种组成形式：一种是由三名仲裁员组成的合议制仲裁庭。三名仲裁员当中，设一名首席仲裁员。另一种是由一名仲裁员组成的独任制仲裁庭。一名仲裁员成立仲裁庭的，应当由当事人共同选定或共同委托仲裁委员会主任指定仲裁员。

仲裁庭组成后，仲裁委员会应当将仲裁庭的组成情况书面通知当事人。仲裁员具有法定的可能影响案件公正裁决的情况时，应依法回避。仲裁员有下列情形之一的，必须回避，当事人也有权提出回避申请：(1) 是本案当事人或者当事人、代理人的近亲属；(2) 与本案有利害关系；(3) 与本案当事人、代理人有其他关系，可能影响公正仲裁的；(4) 私自会见当事人、代理人或者接受当事人、代理人的请客送礼的。

当事人提出回避申请，应当说明理由，在首次开庭前提出。回避事由在首次开庭后知道的，可以在最后一次开庭终结前提出。仲裁员是否回避，由仲裁委员会主任决定；仲裁委员会主任担任仲裁员时，由仲裁委员会集体决定。因回避而重新选定或者指定仲裁员后，当事人可以请求已进行的仲裁程序重新进行，是否准许，由仲裁庭决定；仲裁庭也可以自行决定已进行的仲裁程序是否重新进行。

2. 开庭和裁决

仲裁应当开庭进行。当事人协议不开庭的，仲裁庭可以根据仲裁申请书、答辩书以及其他材料作出裁决。仲裁不公开进行，当事人协议公开的，可以公开进行，但涉及国家秘密的除外。

仲裁庭对于仲裁的案件，在认为必要时，可以自行收集证据；对专门性问题可以交由鉴定部门鉴定。当事人在仲裁过程中，有权进行辩论，辩论终结时，首席仲裁员应当征询当事人的最后意见。在仲裁裁决作出前，当事人可以先行调解，调解不成的，应当及时作出裁决。裁决应当按照多数仲裁员的意见制作裁决书，裁决书自作出之日起发生法律效力。

仲裁庭作出的仲裁裁决具有终局性，非经法定程序，任何人及任何组织都无权更改。为保证仲裁机构裁决的准确性与合法性，保护当事人合法权益，应遵循有错必纠的原则。我国《仲裁法》规定：当事人提出证据证明裁决有下列情形之一的，可以向仲裁委员会所在地的中级人民法院申请撤销裁决：(1) 没有仲裁协议的；(2) 裁决的事项不属于仲裁协议的范围或者仲裁委员会无权仲裁的;(3)仲裁庭的组成或者仲裁的程序违反法定程序的;(4)裁决所依据的证据是伪造的;(5)对方当事人隐瞒了足以影响公正裁决的证据的;(6)仲裁员在仲裁该案时有索贿受贿、徇私舞弊、枉法裁决行为的。人民法院经组成合议庭审查核实裁决有前款规定情形之一的,应当裁定撤销。人民法院认定该裁决违背社会公共利益的,应当裁定撤销。

人民法院受理撤销裁决的申请后,认为可以由仲裁庭重新仲裁的,通知仲裁庭在一定期限内重新仲裁,并裁定中止撤销程序。仲裁庭拒绝重新仲裁的,人民法院应当裁定恢复撤销程序。

(三)仲裁裁决的执行

仲裁裁决的执行是指仲裁裁决生效后,负有义务的一方未履行其义务,人民法院根据另一方的申请依法定程序强制当事人履行义务,从而使裁决的内容得以实现的行为。

当事人应当履行裁决。一方当事人不履行的,另一方当事人可以依照《民事诉讼法》的有关规定向人民法院申请执行。受理申请的人民法院应当执行。一般来说,只有当一方当事人不履行义务时,另一方当事人才可申请强制执行。一方当事人申请执行裁决,而另一方当事人申请撤销裁决的,人民法院应当裁定中止执行。

根据我国《民事诉讼法》第237条第2款的规定,被申请人提出证据证明仲裁裁决有下列情形之一的,经人民法院组成合议庭审查核实,裁定不予执行:(1)当事人在合同中没有订有仲裁条款或者事后没有达成书面仲裁协议的;(2)裁决事项不属于仲裁协议的范围和仲裁机构无权仲裁的;(3)仲裁庭的组成或者仲裁程序违反法定程序的;(4)裁决所根据的证据是伪造的;(5)对方当事人向仲裁机构隐瞒了足以影响公正裁决的证据的;(6)仲裁员在仲裁该案时有贪污受贿、徇私舞弊、枉法裁决行为的。人民法院认定执行该裁决违背社会公共利益的,裁决不予执行。

三、涉外仲裁的特别规定

(一)涉外仲裁的概念

涉外仲裁是指我国的涉外仲裁机构对涉外经济贸易、运输和海事中发生的纠纷,依据仲裁程序进行仲裁的活动。

(二)涉外仲裁的特点

第一,涉外仲裁事项具有涉外因素。涉外仲裁的事项主要是在涉外经济贸易、运输和海事中发生的争议。双方当事人至少有一方是外国人,特殊情况下也可以都是中国公民。

第二,涉外仲裁具有较大的灵活性。涉外仲裁与国内仲裁相比,双方当事人都具有更大的灵活性和自主性。双方当事人可以选择合法的仲裁地点、仲裁机构,也可以选择所适用的实体法。此外,涉外仲裁还可以按照商业惯例对争议作出裁决。

第三,仲裁与调解相结合。调解是在仲裁过程中进行的,调解也是在双方当事人自愿的基础上进行的。调解后双方达成一致意见的,仲裁庭可以依据和解协议作出裁决书结案;调解不成,则进行仲裁审理。当然,调解并非是仲裁的必经程序,不经调解直接进行仲裁审理也是可以的。

（三）涉外仲裁委员会

涉外仲裁委员会可以由中国国际商会组织设立。涉外仲裁委员会由主任一人、副主任若干人和委员若干人组成。

复习思考题

1. 经济纠纷的解决方式有哪些？
2. 经济诉讼管辖的分类有哪些？
3. 什么是督促程序和公示催告程序？
4. 仲裁协议的内容有哪些？
5. 仲裁程序的内容有哪些？

参 考 文 献

陈甦主编:《民法总则评注》,法律出版社2017年版。
崔国斌:《专利法:原理与案例》,北京大学出版社2012年版。
杜颖:《商标法》,北京大学出版社2016年版。
冯晓青、刘友华:《专利法》,法律出版社2010年版。
黄晖:《商标法》,法律出版社2004年版。
黄薇主编:《中华人民共和国民法典释义》,法律出版社2020年版。
霍中文、马家昱主编:《经济法概论》,河南大学出版社出版2016年版。
霍中文、毛立新主编:《经济法概论》,北京大学出版社2012年版。
江伟主编:《民事诉讼法》,北京大学出版社2015年版。
《经济法学》编写组编:《经济法学》,高等教育出版社2018年版。
《劳动与社会保障法学》编写组编:《劳动与社会保障法学》,高等教育出版社2017年版。
李昌麒主编:《经济法学》,法律出版社2016年版。
刘春田主编:《知识产权法》,高等教育出版社2015年版。
刘春田主编:《知识产权法》,中国人民大学出版社2014年版。
《民法学》编写组编:《民法学》,高等教育出版社2019年版。
《民事诉讼法学》编写组编:《民事诉讼法学》,高等教育出版社2018年版。
《商法学》编写组编:《商法学》,高等教育出版社2019年版。
施天涛:《公司法论》,法律出版社2018年版。
施天涛:《商法学》,法律出版社2020年版。
《十二国著作权法》翻译组译:《十二国著作权法》,清华大学出版社2011年版。
史际春:《企业和公司法》,中国人民大学出版社2018年版。
孙宪忠、朱广新主编:《民法典评注:物权编》,中国法制出版社2020年版。
田平安主编:《民事诉讼法》,中国人民大学出版社2013年版。
王利明等:《民法学》,法律出版社2020年版。
王迁:《著作权法》,中国人民大学出版社2015年版。
王晓晔主编:《反垄断立法热点问题》,社会科学文献出版社2007年版。
魏振瀛主编:《民法》,北京大学出版社、高等教育出版社2021年版。
吴汉东主编:《知识产权法》,北京大学出版社2019年版。

吴汉东主编:《知识产权法》,法律出版社2014年版。

谢鸿飞、朱广新主编:《民法典评注:合同编·典型合同与准合同》,中国法制出版社2020年版。

谢鸿飞、朱广新主编:《民法典评注:合同编·通则》,中国法制出版社2020年版。

杨紫烜、徐杰主编:《经济法学》,北京大学出版社2015年版。

杨紫烜主编:《经济法》,北京大学出版社、高等教育出版社2015年版。

叶林:《证券法》,中国人民大学出版社2013年版。

张守文主编:《经济法学(第七版)》,北京大学出版社2018年版。

赵旭东主编:《公司法学》,高等教育出版社2015年版。

赵旭东主编:《商法学》,高等教育出版社2015年版。

《知识产权法学》编写组编:《知识产权法学》,高等教育出版社2019年版。

周友苏主编:《证券法新论》,法律出版社2020年版。

朱锦清:《证券法学》,北京大学出版社2019年版。

后　　记

本书以现行常见的经济立法为依据,针对财经类大学生学习经济法的需要,围绕经济生活中最为常见的经济法实践问题,从经济法理论、市场主体、宏观调控、市场规制等方面进行了系统阐述。本书具有较强的实践性,力求系统、准确、全面地阐述我国经济立法。同时,本书也尽力反映我国经济法理论研究的成果,吸收其中的精华。所以,本书适合财经类院校及专业作为经济法学课程的教材,对其他从事经济法教学、科研、司法和经济管理工作的读者也有一定的参考价值。

本书由马明华、虎岩任主编,张剑、陈伟昌、袁大帅任副主编。各章编写分工如下(以撰写章节先后为序):

霍中文:第一章;

胡亚丽:第二章、第十五章;

虎　岩:第三章、第九章;

叶亚飞:第四章、第六章;

马明华:第五章、第十三章第三节;

陈伟昌:第七章;

袁大帅:第八章;

霍　冰:第十三章第一节、第二节;

陈明星:第十章;

马家昱:第十一章、第十二章;

张　剑:第十四章。

本书在编写过程中,参阅了其他同行的经济法相关专著、教材和论文,吸收了其中的一些成果;北京大学出版社对本书的出版给予了大力支持,在此一并表示感谢。

由于时间仓促和水平有限,疏漏在所难免,欢迎广大读者批评指正。

编　者

2021 年 6 月